Steve Pavlina

Das universelle Prinzip der Selbstentfaltung

Persönlichkeitsentwicklung
für intelligente Menschen

Aus dem Englischen
von Burkhard Hickisch

GOLDMANN
ARKANA

Die Originalausgabe erschien 2008 unter dem Titel
»Personal Development for Smart People.
The Conscious Pursuit of Personal Growth«
bei Hay House Inc., USA.

FSC

Mix
Produktgruppe aus vorbildlich
bewirtschafteten Wäldern und
anderen kontrollierten Herkünften

Zert.-Nr. SGS-COC-1940
www.fsc.org
© 1996 Forest Stewardship Council

Verlagsgruppe Random House FSC-DEU-0100
Das FSC-zertifizierte Papier *Super Snowbright* für dieses Buch
liefert Hellefoss AS, Hokksund, Norwegen

1. Auflage

Deutsche Erstausgabe April 2010
© 2010 der deutschsprachigen Ausgabe
Arkana, München
in der Verlagsgruppe Random House GmbH
© 2008 by Steve Pavlina
Umschlaggestaltung: UNO Werbeagentur, München
Umschlagmotiv: Fancy/Veer/Korbis
Redaktion: Kathrin Heigl
SB × Herstellung: cb
Satz: Fotosatz Reinhard Amann, Aichstetten
Druck: GGP Media GmbH, Pößneck
Printed in Germany
ISBN: 978-3-442-21889-9

www.arkana-verlag.de

Für Erin –
von Dir habe ich gelernt zu lieben.
Unsere Seelen tanzen miteinander.

Inhalt

Einleitung

*»Wenn ich mich mit einem Problem beschäftige, denke ich
nie an Schönhweit. Ich zerbreche mir nur den Kopf
darüber, wie ich das Problem lösen kann. Wenn ich das
Problem dann gelöst habe und die Lösung nicht schön ist,
weiß ich, dass sie falsch ist.«*

R. Buckminster Fuller

Erinnern Sie sich noch daran, wann Sie anfingen, sich für
persönliche Entwicklung zu interessieren? Ich erinnere
mich noch sehr gut. Es war im Januar 1991, und ich saß in
einer Gefängniszelle. Ich war wegen schweren Raubes in
Haft, und es war nicht das erste Mal, dass ich mit dem
Gesetz in Konflikt geraten war. Mir war klar, dass ich in
großen Schwierigkeiten steckte. Ich war damals 19 Jahre
alt.

Mit dem Stehlen hatte ich während meines ersten Se-
mesters an der Universität von Kalifornien angefangen,
kurz nachdem ich nach Berkeley gezogen war. Ich stahl

nicht des Geldes wegen oder um damit anzugeben, sondern einfach nur wegen dem Nervenkitzel. Mein Zwang zu stehlen wurde so stark, dass Ladendiebstahl zu meiner täglichen Routine gehörte, genauso wie mein Espresso. Mir war egal, was ich mitgehen ließ, denn es war nur der Akt an sich, der mich immer wieder reizte. Ein typischer Diebstahl bestand darin, ein Dutzend Schokoriegel mitgehen zu lassen und diese dann an einem öffentlich zugänglichen Ort zu deponieren. Ich stellte mir vor, wie andere Menschen diese Riegel essen würden. Ich selbst aß sie nicht, weil ich davon überzeugt war, dass sie nicht gesund waren.

Ich saß in jenem Januar schon seit mehreren Tagen im Gefängnis und hatte nichts zu tun, als mir immer wieder meine Dummheit vor Augen zu führen. Und mit einem Mal sah ich meine Situation so klar wie nie zuvor. Auf der Highschool hatte ich nur die besten Noten gehabt, war Vorsitzender des Mathematik-Klubs und der Kapitän der schulischen Zehnkampf-Mannschaft gewesen. Eine strahlende Zukunft in der Computerwissenschaft lag vor mir, aber irgendwie hatte ich es geschafft, sie mir zu verbauen. Ich ging davon aus, dass ich die nächsten ein bis zwei Jahre hinter Gittern verbringen würde.

Als ich nach drei Tagen Haft wieder in meiner Einzimmerwohnung saß, erhielt ich ein Schreiben der Universität, in dem mir meine Exmatrikulation mitgeteilt wurde. Anscheinend ist das so üblich, wenn man nicht zum Unterricht erscheint und keinen guten Notendurchschnitt hat. In jenem Moment wurde mir klar, dass ich zwei Möglichkeiten hatte, auf meine Situation zu reagieren: entweder persönlich zu wachsen oder aber alles hinzuschmeißen.

Während ich in den folgenden Monaten auf meinen Gerichtstermin wartete, hatte ich riesige Angst. Die meisten Tage schlief ich bis nach Mittag. Ich verschanzte mich hinter Videospielen, manchmal 18 Stunden lang. (Und ich meine hier Nintendo-Spiele für eine Person, nicht Online-Spiele mit vielen Teilnehmern.) Es ist nicht leicht, sich zu motivieren, wenn man damit rechnet, die nahe Zukunft im Gefängnis verbringen zu müssen.

Schließlich kontaktierte ich einen Rechtsanwalt und suchte sein Büro auf, um mit ihm über meine Situation zu sprechen. Bevor ich auch nur meinen Mund aufmachen konnte, platzte er heraus: »Steve, ich habe mir Ihren Fall angesehen. Da es Ihr erster Verstoß ist, bin ich mir sicher, dass wir die Anklage auf einfachen Diebstahl reduzieren können. Wenn Sie Ihre Schuld eingestehen, kommen Sie mit einer geringfügigen Strafe davon und müssen nur ein paar Stunden Gemeindearbeit leisten. Ich habe einen guten Draht zum Staatsanwalt und bin mir sicher, dass er genau so verfahren wird. Ich empfehle Ihnen dringend, auf ein Gerichtsverfahren zu verzichten, denn die Beweislage gegen Sie ist erdrückend, da Sie auf frischer Tat ertappt worden sind.«

Meine Gedanken begannen sofort zu rasen. Erster Verstoß? Weiß er überhaupt, wovon er spricht? Weiß er denn nicht von meinen früheren Verstößen? Und wenn er glaubt, ich sei zum ersten Mal mit dem Gesetz in Konflikt geraten, denkt das dann vielleicht auch der Richter? Sollte ich ihn auf seinen Irrtum hinweisen?

Während ich innerlich um eine Entscheidung rang, hörte ich, wie eine Stimme in meinem Hinterkopf sagte: Halt deine verdammte Klappe! Ich erkannte, dass es mir schaden könnte, wenn ich jetzt mit der Wahrheit herausrückte, denn es bestand eine kleine Chance, dass das Ganze so funktionieren würde. Schlimmstenfalls würde ich es mir mit meinem Rechtsanwalt verderben, aber bestenfalls bekam ich ein Resultat, das ich mir nicht entgehen lassen sollte. Schwerer Raub ist ein Verbrechen; einfacher Diebstahl dagegen nur ein Vergehen. Ich kam zu dem Entschluss, dass ich es riskieren musste – schließlich war das Eingehen von Risiko ein vertrauter Zeitvertreib für mich.

Ein paar Wochen später war mein Gerichtstermin, und ich war völlig nervös. Mein Plan bestand darin, meinen Mund zu halten und nur dann etwas zu sagen, wenn es unbedingt sein musste. Vor dem Gerichtssaal warf ich einen Blick auf die Anklageschrift. Keiner meiner früheren Verstöße war aufgeführt. War es menschliches Versagen oder ein Computerirrtum? Wie dem auch sei, dieser große Fehler war zu meinen Gunsten.

Ich betrat zusammen mit meinem Rechtsanwalt den Gerichtssaal. Das Gericht ging tatsächlich davon aus, dass es sich um ein einmaliges Vergehen handelte. Ich erhob keinen Einspruch gegen den Vorwurf des einfachen Diebstahls und wurde zu 60 Stunden Gemeindearbeit verurteilt. Mein Kopf schwirrte, als ich den Gerichtssaal wieder verließ. Mir waren soeben die nächsten zwei Jahre meines Lebens geschenkt worden.

Ich leistete die 60 Stunden mit einem Gefühl ab, als würde ich in meinem Traumjob arbeiten, denn mir war sehr wohl bewusst, dass es auch gut 17.520 Stunden hätten sein können. Ich kann mich an keine glücklichere Zeit in meinem Leben erinnern als an jene Tage, in denen ich in Emeryville Marina Müll aufsammelte. Erst wenn man erwartet, seine Freiheit zu verlieren, weiß man, wie gut sie sich anfühlt. Ich war zutiefst dankbar für diese zweite Chance, obgleich ich das Gefühl hatte, sie gar nicht zu verdienen.

Ich wünschte, ich könnte sagen, dass mein Aufschwung nach diesen Ereignissen schnell und einfach war, aber das war nicht der Fall. Obgleich mir ein großes Geschenk zuteil geworden war, hatte ich große Schwierigkeiten, mein Leben tatsächlich zu verändern. Ich verabschiedete mich von meinen Freunden in Berkeley und zog wieder zurück in meine Heimatstadt Los Angeles, wo ich in einem schlecht bezahlten Verkaufsjob landete. Selbst als Vorbestrafter hätte ich wahrscheinlich eine bessere Arbeit finden können, aber ich wollte es nicht so. Mir war wichtig, auf Nummer sicher zu gehen, nicht aufzufallen und ein ruhiges Leben ohne Stress und Aufregung zu führen. Ich hatte keine Lust dazu, irgendetwas zu wagen.

Im Laufe eines ruhigen, ereignislosen Jahres arbeitete ich an mir selbst. Ich entwickelte Schritt für Schritt einen ethischen Kodex, an den ich mich halten wollte – dazu gehörten Werte wie Ehre, Ehrlichkeit, Integrität, Bescheidenheit und Fairness. Dieser bewusste Rekonstruktionsprozess sollte noch ein paar weitere Jahre andauern, und während die Monate vergingen, wurde mein Selbstwertgefühl wieder stärker. Schließlich fasste ich den Entschluss, mit dem Studium weiterzumachen. Ich stellte mir vor, dass die Fehler meiner Vergangenheit irgendwie gelöscht werden würden, wenn es mir gelang, einen Abschluss in Computerwissenschaft zu machen.

Im Herbst 1992 schrieb ich mich an der California State University in Northridge ein. Die Computerwissenschaft war an dieser Universität noch im Aufbau begriffen, sodass es viel Raum für neue Studenten gab. Ich musste nur die üblichen Bewerbungsunterlagen ausfüllen, und niemand bekam mit, dass sie mich in Berkeley von der Uni geworfen hatten. Inzwischen war ich 21 Jahre alt und nicht mehr dieselbe Person wie mit 18. Etwas hatte sich verändert. Ich hatte eine Leidenschaft für persönliches Wachstum entwickelt und das starke Verlangen, dieses Mal mein absolut Bestes zu geben.

Da ich das Gefühl hatte, bereits drei Jahre verloren zu haben, konnte ich mich nicht mit dem Gedanken anfreunden, dass es noch einmal vier Jahre dauern sollte, bis ich einen Abschluss haben würde. Ich wusste, dass ich für meine Situation verantwortlich war, daher versuchte ich verzweifelt, die Dinge zu beschleunigen. Ich setzte mir also das ehrgeizige Ziel, in nur drei Jahren mit dem Studium fertig zu werden, indem ich das Dreifache des normalen Studienmaterials durcharbeitete. Wer mich kannte, dachte, ich wäre verrückt geworden, aber niemand konnte in mein Herz schauen. Ich war zu 100 Prozent motiviert und wusste, dass mich nichts daran hindern konnte, mein Ziel zu erreichen.

Um mich auf die viele Arbeit vorzubereiten, befasste ich mich mit den Methoden des Zeitmanagements und setzte das, was ich gelernt hatte, sofort um. Ich hörte mir täglich Motivationskassetten an, um eine positive innere Einstellung zu erzeugen. Außerdem praktizierte ich jeden Tag Techniken zur Stressbewältigung und fand kreative Wege, um meine Produktivität zu steigern. Ich erlebte einen ungeheueren Energiefluss und eine starke Antriebskraft, weil ich wusste, dass ich nun endlich mein Bestes gab. Ich arbeitete hart und bekam hervorragende Noten. Dabei belegte ich sogar doppelt so viel Mathematik, wie eigentlich notwendig war. Bei meiner Abschlussprüfung erhielt ich in den Computerwissenschaften die besondere Auszeichnung »bester Student des Jahres«.

In meinem letzten Semester arbeitete ich nebenbei als freiberuflicher Programmierer, entwickelte mehrere Computerspiele für einen örtlichen Spieleproduzenten und war stellvertretender Vorsitzender des universitären Computerklubs. Es war viel harte Arbeit und bewusste Anstrengung notwendig, aber ich erreichte mein Ziel und machte meinen Abschluss nach drei Jahren. Dieser Erfolg half mir dabei, die Schmerzen und Schuldgefühle loszulassen, die mich in Bezug auf meine Vergangenheit plagten, während ich gleichzeitig wertvolle neue Lektionen lernte.

In den Monaten nach meiner Abschlussprüfung machte ich mich mit der Entwicklung von Computerspielen selbständig und lernte meine zukünftige Frau kennen. Dennoch blieb persönliches Wachstum meine absolute Priorität. Ich hatte damals noch nicht viel Ahnung von der ganzen Sache, denn ich stand erst am Anfang eines Lebens auf der Grundlage bewussten Wachstums. Im Laufe der nächsten Jahre las ich Hunderte von Büchern und hörte mir Dutzende von Kassetten zum Thema persönliche Entwicklung an, zum Beispiel über Psychologie, Motivation, Erfolg, Produktivität, Karriere-Entwicklung, Problemlösung, Gesundheit, Wohlstand, bewusste Lebensweise, Spiritualität, Meditation und mehr.

Ich muss zugeben, dass die meisten Informationen zur Selbsthilfe nicht sehr hilfreich waren. Die Autoren klangen begeistert, aber ihre Ideen waren oftmals nicht wirklich neu, in sich nicht stimmig, unvollständig, unpraktisch oder einfach nur falsch. Ich hatte den Verdacht, dass viele bei der Wirkung ihrer Methoden maßlos übertrieben. Wenn Sie ein begeisterter Leser von solchen Büchern sind, haben Sie bestimmt schon ähnliche Erfahrungen gemacht. Vielleicht haben Sie sich ein Buch über Ernährung gekauft und mussten feststellen, dass es dem Autor nur darum ging, teure Nahrungsergänzungen zu verkaufen. Dennoch bin ich auch auf ein paar wahre Perlen der Weisheit gestoßen, die mir neue Einsichten schenkten und mir halfen, mein Leben zu verbessern. Die größten Durchbrüche erzielte ich jedoch damit, dass ich selbst experimentierte, anstatt Informationen von anderen zu verschlingen.

Ich führte meine Computerspiele-Firma viele Jahre lang. Mit manchen Entwicklungen hatte ich Erfolg, mit anderen nicht. Die ganze Zeit über bewahrte ich mir jedoch mein leidenschaftliches Interesse an persönlicher Entwicklung. Im Laufe der Zeit verlor ich schließlich meine Begeisterung für Computerspiele. Meine eigene Firma brachte mir immer weniger Erfüllung. Also traf ich die Entscheidung, mich ganz dem Thema der persönlichen Entwicklung zu verschreiben und mein Hobby zur primären Einkommensquelle zu machen.

Gründung von StevePavlina.com

Im Jahr 2004 zog ich mit meiner Frau und unseren Kindern von Los Angeles nach Las Vegas. Im Oktober 2004 zog ich mich offiziell aus der Entwicklung von Computerspielen zurück und nahm meine neue Internet-Firma für persönliche Entwicklung – StevePavlina.com – in Betrieb. Ich fing mit einem Blog an, schrieb Artikel und produzierte Audioprogramme, um anderen zur Verfügung stellen zu können, was ich in über einem Jahrzehnt der Beschäftigung mit persönlichem Wachstum gelernt hatte. Innerhalb von drei Jahren besaß ich genügend Material, um 20 Bücher damit zu füllen, und hatte dennoch das Gefühl, gerade erst in das Thema eingestiegen zu sein. Ich stellte den Inhalt meiner Webseite kostenlos zur Verfügung, denn durch Werbung, Partnerprogramme, Sonderangebote und Spenden wurden ausreichend Einnahmen erzielt.

Obgleich ich im Bereich der persönlichen Entwicklung zunächst keinen Namen besaß, explodierte StevePavlina.com förmlich durch die vielen Aufrufe. Schnell entwickelte sie sich zur weltweit populärsten Webseite über persönliche Entwicklung mit Lesern in mehr als 150 Ländern. All dies geschah durch Mundpropaganda, da viele Menschen, die vom kostenlosen Inhalt der Seite profitierten, sie an Freunde, Familienmitglieder oder Arbeitskollegen weiterempfahlen. Ich habe niemals auch nur einen Cent für Marketing oder Werbung ausgegeben. Schon bald erwirtschaftete die Webseite Zehntausende von Dollar im Monat, obwohl sie keine Produkte herstellte, keine Angestellten und keine Kunden hatte. Dadurch wurden sogar noch mehr Besucher neugierig und wollten wissen, wie ich so viel Geld verdienen konnte, obwohl ich alles kostenlos zur Verfügung stellte. Der Inhalt der Webseite ist bis auf den heutigen Tag kostenfrei verfügbar, jeden Monat kommen neue Texte hinzu.

Der Betrieb von StevePavlina.com steigerte mein Wissen über persönliches Wachstum enorm, denn auf diese Weise bekam ich die Möglichkeit, mit vielen Menschen über die einzigartigen Herausforderungen zu kommunizieren, vor die sie sich gestellt sahen. Nach Tausenden von Interaktionen mit meinen Lesern fing ich an, immer wiederkehrende Muster zu entdecken. Ich stellte darüber hinaus fest, dass ich einen Artikel über ein bestimmtes Thema schrieb, und andere dann eine zentrale Aussage von mir nahmen und sie auf ein ganz anderes Gebiet anwendeten. Da schrieb ich zum Beispiel etwas zum Thema Schlaf, und jemand fand heraus, wie sich ein bestimmter Ratschlag auf seine Arbeit beziehen ließ. In mir entstand der Verdacht, dass den scheinbar chaotischen Erfahrungen mit dem Thema Wachstum eine verborgene Ordnung zugrunde liegen könnte.

Was bedeutet »Das universelle Prinzip der Selbstentfaltung«?

Das universelle Prinzip der Selbstentfaltung ist ein Ausdruck, mit dem ich meinen Ansatz zum Thema persönliches Wachstum beschreibe. Anstatt es mir einfach zu machen und mich darauf zu beschränken, einfache Problemlösungen anzubieten – wie zum Beispiel sich gesünder zu ernähren oder mehr Geld zu verdienen –, geht es mir darum, eine wirklich unbequeme Frage zu beantworten: Was bedeutet es für uns, als bewusste Menschen in unserer Persönlichkeit zu wachsen, und wie kann man diesen Prozess auf intelligente Weise steuern?

Es gab zwei Entwicklungslinien in meinem Leben, die dazu führten, dass ich mir diese Frage stellte. Die erste war, dass mich das Konzept der Intelligenz schon lange faszinierte. Die zweite bestand aus den direkten Studien, die ich auf dem Gebiet der persönlichen Entwicklung unternahm.

Während meines Studiums der Computerwissenschaft hatte ich mich auf das Gebiet der künstlichen Intelligenz (KI) spezialisiert. Ich machte die Erfahrung, dass es sehr schwer ist, intelligente Computerprogramme zu erzeugen, was zum größten Teil daran liegt, dass wir nicht wirklich wissen, was Intelligenz eigentlich ist. Ich arbeitete grundlegende KI-Techniken in meine frühen Computerspiele ein, aber diese Programme ahmten intelligentes Verhalten einfach nur nach und konnten daher nicht wirklich als intelligent bezeichnet werden. Schon sehr bald fragte ich mich: *Woher weiß ich überhaupt, ob ich intelligent bin?* Aber ich konnte keine Antwort finden, die mich zufriedenstellte. Schließlich führte meine intensive Beschäftigung mit persönlicher Entwicklung dazu, dass ich zu einer neuen Definition von Intelligenz gelangte, die sowohl meinen logischen Verstand als auch meine Intuition mehr befriedigte. Ich stelle Ihnen diese Definition in Kapitel 7 vor.

Nachdem ich mich viele Jahre mit persönlicher Entwicklung befasst hatte, musste ich feststellen, dass dies ein umfangreiches Gebiet mit einem weit gestreuten Wissen ist. In jedem Lebensbereich lässt sich etwas auf sinnvolle Weise verändern, sei es Gesundheit, Arbeit, Finanzen, Beziehungen oder spirituelle Überzeugungen. Jeder Teilbereich hat seine eigenen selbsternannten Experten, die alle unterschiedliche Vorstellungen haben und entsprechende Ratschläge geben. Beziehungsexperten erzählen uns, wie wir erfüllende Beziehungen pflegen, Wohlstandsexperten lehren uns den richtigen Umgang mit Geld, und Gesundheitsexperten helfen uns, unser körperliches Befinden zu verbessern.

Unglücklicherweise widersprechen sich diese Experten oft. Manche empfehlen einen hohen Proteinanteil in der Ernährung, andere einen hohen Kohlenhydratanteil. Die einen sagen, man wird erfolgreich sein, wenn man bereit ist, hart und selbstdiszipliniert zu arbeiten, während andere dazu raten, loszulassen und es Gott oder dem Universum zu überlassen, sich um die Details zu kümmern. Manche Experten ermutigen uns, persönliche Veränderungen vorzunehmen, andere meinen, wir sollten uns so akzeptieren, wie wir sind. Wenn wir nun versuchen, all diese verschiedenen Vorstellungen konkret anzuwenden, entsteht nichts als ein großes, undurchschaubares Durcheinander.

Ich erkannte schnell, dass eine intelligente Herangehensweise an das Thema persönliche Entwicklung diese Unstimmigkeiten irgendwie auflösen musste. Ein solcher Ansatz musste vom Logischen und vom Intuitiven her Sinn machen und sowohl den Kopf als auch das Herz zufriedenstellen. Er musste logisch korrekt sein, um die linke Gehirnhälfte zu befriedigen, und er musste intuitiv richtig sein, um auch die rechte Gehirnhälfte mit einzubeziehen.

Die Eigenschaften der Grundprinzipien

Die physikalischen Gesetze sind universell. Obgleich bestimmte Anwendungsbereiche sich sehr voneinander unterscheiden können, verändern sich ihre Gesetzmäßigkeiten nicht aufgrund unseres Aufenthaltsortes, unserer Kultur oder unserer Stimmungen; die Grundprinzipien bleiben stets gleich, und zwar unabhängig davon, ob wir es mit Raketen oder U-Booten zu tun haben. Warum sollte es in Bezug auf persönliche Entwicklung anders sein? Könnte es nicht auch universelle Gesetze des Bewusstseins geben?

Ich entschloss mich dazu, diese Frage bei den Hörnern zu packen und etwas zu tun, was noch nie zuvor getan worden war. Ich hatte vor, das gemeinsame Muster zu finden, das allen erfolgreichen Wachstumsbemühungen zugrunde lag, und wollte Erkenntnis darüber gewinnen, welche Grundprinzipien universell anwendbar waren.

Um diese Grundprinzipien näher einzugrenzen, stellte ich mehrere Kriterien auf, denen diese Prinzipien genügen mussten. Zu diesen Kriterien gehörten Universalität, Vollständigkeit, Unreduzierbarkeit, Kongruenz und praktische Anwendbarkeit.

Zunächst müssen diese Prinzipien universal sein. Sie müssen von jedem überall angewendet werden können und für alle Lebensbereiche gleichermaßen funktionieren: Gesundheit, Beziehungen, Arbeit, spirituelles Wachstum und so weiter. Sie müssen zeitlos sein, was bedeutet, dass sie auch noch in 1000 Jahren so gültig sein werden, wie sie es schon vor 1000 Jahren gewesen sind. Sie müssen unabhängig vom jeweiligen kulturellen Zusammenhang sein und für alle Erdbewohner gelten, ebenso für diejenigen, die sich hoch oben in einer Raumstation befinden. Sie müssen individuell und kollektiv funktionieren und für Gruppen jeder Größenordnung wirksam sein.

Zweitens müssen diese Prinzipien vollständig sein, das heißt, sie müssen ohne Ausnahme alle kritischen Elemente beinhalten. Es muss möglich sein, alle Gesetzmäßigkeiten in Bezug auf persönliches Wachstum auf diese Prinzipien zurückführen zu können. Idealerweise sollten sie eine Struktur bilden, die sowohl einfach als auch elegant ist.

Drittens müssen die grundlegenden Prinzipien nichtreduzierbar sein, ähnlich wie Primzahlen in der Mathematik. Sie müssen grundlegende atomare Einheiten für das bewusste Wachstum bilden. Es sollte daher möglich sein, verschiedene Prinzipien miteinander zu verbinden, um untergeordnete Prinzipien zu bilden, und die entstehenden Kombinationen müssen in sich stimmig und universell anwendbar sein.

Viertens müssen diese Prinzipien in sich kongruent sein. Sie dürfen nicht in Konflikt miteinander stehen. Sie müssen logisch, aber auch intuitiv erfassbar sein.

Fünftens sollten diese Prinzipien praktisch anwendbar

sein. Sie müssen zu realen, positiven Resultaten führen. Man sollte mit ihrer Hilfe die persönlichen Entwicklungsprobleme diagnostizieren können und zu machbaren Lösungen gelangen. Die Kenntnis der Prinzipien sollte unser persönliches Wachstum beschleunigen und nicht behindern.

Nehmen wir zum Beispiel die Aufforderung: »Liebe deinen Nächsten wie dich selbst.« Diese Vorstellung kann vielen Menschen bei ihrem persönlichen Wachstum helfen (und tut dies auch tatsächlich), aber unglücklicherweise verstößt sie gegen die meisten unserer Kriterien und ist daher nicht als Prinzip geeignet. Erstens ist das Konzept nicht universell. Es lässt sich gut auf bestimmte Lebensbereiche anwenden, wie zum Beispiel auf Beziehungen und sogar auf die Arbeitswelt, aber es ist nicht sehr hilfreich, wenn wir es zu Rate ziehen wollen, um unsere körperliche Gesundheit zu verbessern. Zweitens ist es nicht unreduzierbar. Die Aufforderung leitet sich vielmehr aus dem allgemeineren Prinzip des Einsseins ab, das wiederum von den Prinzipien der Wahrheit und der Liebe abgeleitet werden kann (siehe Kapitel 4). Für sich genommen ist die Aufforderung unvollständig, denn sie hilft uns nur in Teilbereichen. »Liebe deinen Nächsten wie dich selbst« ist ein vernünftiger Ratschlag, der uns helfen kann, zwischenmenschliche Beziehungen zu verbessern, aber er hilft uns nicht, unsere Rechnungen zu bezahlen. So existieren zahlreiche ähnliche Konzepte mit positiven Anwendungsmöglichkeiten, die wir dennoch in unserem Zusammenhang nicht gebrauchen können, weil sie nicht alle unsere Kriterien erfüllen.

Es ist nicht leicht, eine verborgene Ordnung zu finden, die allen bewussten Entwicklungen zugrunde liegt, denn sie muss relativ allgemein und abstrakt sein und dennoch viele praktische Anwendungsmöglichkeiten haben. Da wir uns mit dem bewussten Denken befassen, wird diese Ord-

nung zwar nicht so eingängig sein wie eine mathematische
Formel, aber sie sollte so weit wie möglich an dieses Ideal
heranreichen.

Ich habe zahlreiche philosophische, psychologische
und spirituelle Konzepte untersucht, die bis heute entwickelt worden sind, um dieser Herausforderung gerecht zu
werden. In einigen von ihnen wurden ein paar Prinzipien
klar definiert, sie lieferten jedoch keine zufriedenstellende
Erklärung des Gesamtbildes. Immer wieder habe ich mich
gefragt: *Was ist das Muster, das allem zugrunde liegt?* Hinweise gab es überall, aber die vollständige Struktur blieb
stets im Dunkeln. Die Aufgabe schien fast unmöglich zu
bewältigen zu sein, darüber hinaus gab es nicht einmal
eine Garantie, ob es überhaupt eine Antwort geben würde.
Alles endete damit, dass ich eine beinah endlose Abfolge
von Teillösungen ausschließen musste. Immer wieder war
es sehr frustrierend, auf eine Lösung zu stoßen, die auf
den ersten Blick verlockend aussah, bei näherem Hinsehen
jedoch voller Fragezeichen war.

Die sieben Prinzipien

Ich brauchte fast zweieinhalb Jahre, aber dann fand ich die
Lösung, nach der ich gesucht hatte. Sie besteht aus nur
drei Grundprinzipien: *Wahrheit, Liebe* und *Macht*. Aus die-
sen drei Grundprinzipien ergeben sich vier direkt unterge-
ordnete Prinzipien: *Einssein, Autorität, Mut* und *Intelligenz.*
Einssein besteht aus Wahrheit und Liebe. Autorität ist
Wahrheit und Macht. Mut ist Liebe und Kraft. Und Intelli-
genz ist eine Kombination aus Wahrheit, Liebe und Macht.
Daraus ergibt sich, dass »kluge Leute« ihr persönliches
Potenzial entwickeln, indem sie sich immer mehr mit den
Prinzipien Wahrheit, Liebe und Macht verbinden. Wie wir
in Kapitel 7 sehen werden, ergibt sich daraus auch eine

sehr elegante Definition von Intelligenz: *Intelligenz ist die Ausrichtung auf die Prinzipien Wahrheit, Liebe und Macht.*

Es ist nicht wichtig, dass Sie die Prinzipien an dieser Stelle schon verstehen. Wir werden jedes Prinzip in einem eigenen Kapitel untersuchen und uns darüber hinaus in weiteren Kapiteln damit befassen, welchen praktischen Nutzen wir aus ihnen ziehen können. Sobald Sie die sieben Prinzipien verstanden haben und erkennen, wie sie in allen Lebensbereichen wirken, betrachten Sie Ihre persönliche Entwicklung in einem ganz neuen Licht.

Bei einigen der Prinzipien hat es auf den ersten Blick den Anschein, als handele es sich um etwas, das uns der gesunde Menschenverstand sagt. Das Prinzip der Wahrheit versteht jeder Wissenschaftler intuitiv. Das Prinzip der Liebe ist ein wesentlicher Bestandteil aller großen Religionen. Und das Prinzip der Macht findet immer wieder Anwendung in der Geschäftswelt und der Regierung. Leider neigt unsere Gesellschaft dazu, die einzelnen Prinzipien getrennt zu behandeln und nicht miteinander zu verbinden. In der Kindheit wird uns beigebracht, uns der Wahrheit zu verpflichten, während unsere Macht gleichzeitig durch Autoritätspersonen geschwächt wird. Wir werden ermutigt, Liebe in unsere Beziehungen und unsere spirituelle Praxis einfließen zu lassen, während auf Wahrheit und Macht dabei nicht so viel Wert gelegt wird. Wir werden darauf konditioniert, unsere Macht einzusetzen, um beruflich voranzukommen und unsere Finanzen zu verbessern, Wahrheit und Liebe aber müssen in diesen Bereichen eher zurückstecken. Dies ist ein gewaltiger Irrtum, denn die Grundprinzipien sind universell. Es ist nicht möglich, sie voneinander zu trennen, ohne dadurch das zu opfern, was weit wichtiger ist – nämlich unsere wahre Natur als bewusste Wesen.

Dieses Buch soll Ihnen zeigen, wie Sie alle Bereiche Ihres Lebens auf diese universellen Prinzipien ausrichten können. Dazu ist es nötig, Wahrheit in Ihre Beziehungen zu bringen, Ihre berufliche Entwicklung auf Liebe auszurichten und Ihre spirituelle Praxis mit Macht auszuüben. Dies alles ist notwendig, wenn Sie als bewusster, intelligenter Mensch leben wollen. Je mehr Sie Ihr Leben auf diese Prinzipien ausrichten, desto klüger werden Sie.

Dieses Buch bietet einen neuen Denkansatz in Bezug auf persönliches Wachstum. Es stellt nicht nur in sich schlüssige Konzepte vor, sondern bietet auch praktische Handlungsanweisungen. Sie werden keine unterschiedlichen Regeln in Bezug auf Ihre Gesundheit, Ihr Berufsleben und Ihre Beziehungen mehr befolgen müssen. Die Grundprinzipien des Wachstums verändern sich nicht von einem Lebensbereich zum anderen und auch nicht von Person zu Person. Sobald Sie verstehen, wie die Prinzipien funktionieren, werden Sie in der Lage sein, sie auch zu nutzen, um bei all ihren Unternehmungen bessere Resultate zu erzielen.

Wie Sie mein Buch am besten lesen

Dieses Buch besteht aus zwei Teilen. Im ersten Teil geht es um die sieben Grundprinzipien der persönlichen Entwicklung, beginnend mit den drei wesentlichen Prinzipien Wahrheit, Liebe und Macht. Indem Sie sich diese grundlegenden Prinzipien zu eigen machen, schaffen Sie ein solides Fundament, auf dem Ihr Wachstum in allen Lebensbereichen voranschreiten kann. Wenn Sie diesen Teil des Buchs lesen, geht es ganz einfach darum, die sieben Grundprinzipien genau zu verstehen. An manchen Stellen gebe ich darüber hinaus Anwendungsbeispiele, mit deren Hilfe Sie Ihr neues Wissen vertiefen können, diese können Sie aber beim ersten Durchlesen auch noch auslassen. Die Übungen sollen Ihnen in erster Linie zeigen, wie Sie das

Gesagte konkret anwenden können. Da einige Prinzipien auf anderen aufbauen, ist es vielleicht am besten, die ersten sieben Kapitel in einem Zug zu lesen.

Im zweiten Teil geht es darum, das Gelernte in die Tat umzusetzen. Ich zeige Ihnen, wie Sie die sieben Prinzipien anwenden können, um mit ihrer Hilfe konkrete positive Veränderungen in Ihrem Leben zu erzielen. Jedes Kapitel behandelt einen anderen Lebensbereich, zum Beispiel Beruf, Gesundheit, Beziehungen usw. Sie können diese Kapitel in beliebiger Reihenfolge lesen, springen Sie einfach direkt zu dem Abschnitt, der Sie am meisten interessiert. Dennoch ist es natürlich am besten, den ersten Teil ganz zu lesen, bevor Sie mit dem zweiten anfangen.

Wenn Sie noch mehr Hilfe benötigen oder mit Gleichgesinnten über persönliche Entwicklung diskutieren möchten, sollten Sie die (englischsprachigen) Diskussionsforen zum Thema »Das universelle Prinzip der Selbstentfaltung« unter **www.StevePavlina.com/forums** besuchen. Dort werden Sie von Tausenden Menschen aus der ganzen Welt willkommen geheißen und unterstützt, die an persönlichem Wachstum interessiert sind. Die Benutzung der Foren ist völlig kostenlos, es gibt dabei keinen Haken.

Außerdem erwähne ich in meinem Buch einige Webseiten unter StevePavlina.com, die Ihnen zusätzlich kostenlose Informationen bieten. Ansonsten ist dieses Buch, so wie es ist, in sich vollständig. Die Webseiten dienen als ergänzende Informationsquellen, ebenso wie die oben erwähnten Diskussionsforen. Wenn Sie weder zu Hause noch bei der Arbeit Zugang zum Internet haben, sollten Sie nicht vergessen, dass die meisten öffentlichen Bibliotheken diesen Service kostenlos anbieten.

Ich verspreche Ihnen jedenfalls drei Dinge: Erstens werde ich, in Übereinstimmung mit dem Prinzip der Wahrheit, vollkommen ehrlich und direkt zu Ihnen sein. Ich habe kein Interesse daran, Sie mit falschen Vorstellungen

zu füttern und in die Irre zu führen. Zweitens werde ich, in
Übereinstimmung mit dem Prinzip der Liebe, mein Bestes
geben, um mich von Mensch zu Mensch mit Ihnen zu verbinden. Ich bin hier, um Ihnen als Freund und Ratgeber zu
dienen, und bin nicht etwa Ihr Guru. Und zu guter Letzt
möchte ich Ihnen, in Übereinstimmung mit dem Prinzip
der Macht, dabei helfen, *Ihre* wahre Macht zu entdecken
und sich Ihren Ängsten zu stellen. Manchmal werde ich Sie
daher ermutigen und unterstützen, an anderen Stellen
eher herausfordern. Es wird nicht leicht sein, das, was Sie
in diesem Buch erfahren, in die Tat umzusetzen. Auch für
mich war es nicht einfach. Wirkliches bewusstes Wachstum geschieht selten ohne Herausforderungen, doch lohnt
es sich immer, sich ihnen zu stellen.

Lassen Sie uns nun mit Ihrem bewussten persönlichen
Wachstum beginnen.

Teil 1:

Grundlegende Prinzipien

Kapitel 1:

Wahrheit

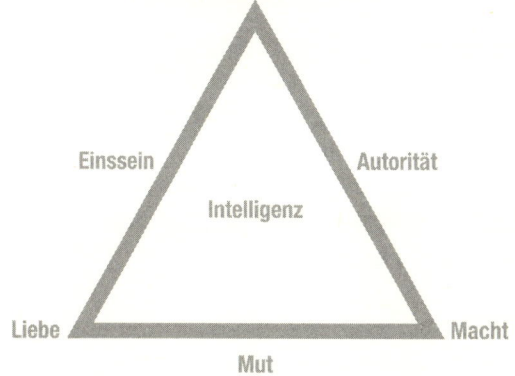

Einssein · Autorität · Intelligenz · Liebe · Macht · Mut

>>*Das Leben stellt uns vor keine andere Aufgabe, wenn wir
es nur erkennen würden, als es bedingungslos zu
akzeptieren. Alles, wovor wir unsere Augen verschließen,
alles, was wir leugnen, schlecht machen oder verachten,
wird uns am Ende einholen. Was unangenehm,
schmerzlich oder von großem Übel zu sein scheint, kann
sich in eine Quelle der Schönheit, Freude und Stärke
verwandeln, wenn wir ihm unvoreingenommen
gegenübertreten. Wer in der Lage ist, die Dinge so zu
sehen, für den ist jeder Moment voller Glück.*<<*

Henry Miller

Wahrheit ist das wichtigste Prinzip der persönlichen Entwicklung. Wir wachsen als Menschen hauptsächlich dann,
wenn wir neue Wahrheiten über uns selbst und unsere
Wirklichkeit entdecken. Ohnehin lernen wir alle wichtige
Lektionen – und zwar unabhängig von der Art und Weise,
wie wir leben –, aber wir können unser Wachstum enorm

beschleunigen, indem wir bewusst nach der Wahrheit Ausschau halten, uns willentlich von Falschheit abwenden und Tatsachen nicht verleugnen.

Nur authentisches persönliches Wachstum ist wirkliches Wachstum. Wir können keine Abkürzungen nehmen, indem wir uns etwas vormachen. Wir müssen uns vielmehr dazu verpflichten, neue Wahrheiten zu entdecken und zu akzeptieren – egal, wie schwierig und unangenehm ihre Konsequenzen auch sein mögen. Wir können keine Probleme lösen, wenn wir nicht zunächst zugeben, dass sie existieren. Wie können Sie im Berufsleben erfolgreich sein, wenn Sie sich nicht eingestehen, dass Ihre gegenwärtige Arbeit Ihnen nicht gefällt? Wie können Sie Ihre Beziehungssituation verbessern, wenn Sie sich weigern zu akzeptieren, dass Sie sich leer und alleingelassen fühlen? Wie können Sie Ihren Gesundheitszustand verbessern, wenn Sie sich nicht eingestehen, dass Ihre gegenwärtigen Gewohnheiten Ihnen nicht dienlich sind?

Die Realität entscheidet letztlich, was wahr ist und was nicht. Wenn unsere Gedanken, Überzeugungen und Handlungen nicht mit der Wahrheit übereinstimmen, werden wir nicht das erreichen, was wir erreichen könnten. Sich mit der Wahrheit zu verbinden, garantiert zwar noch keinen Erfolg, aber wenn wir für die Falschheit Partei ergreifen, ist unser Misserfolg vorprogrammiert. Wenn wir uns für die Wahrheit entscheiden, werden unsere Probleme nicht über Nacht verschwinden, aber wir werden einen entscheidenden Schritt in die richtige Richtung gemacht haben.

Indem wir unsere Probleme leugnen, wenden wir uns von der Wahrheit ab. Die Lügen, die wir uns selbst erzählen, führen zu noch mehr Lügen, wodurch wir unseren Geist mit Falschheiten infizieren, die auf diese Weise zu einem Teil unserer Persönlichkeit werden. Dadurch schneiden wir uns von unserem wahren Selbst ab und leben als bloßer Schatten des strahlenden Wesens, das wir eigentlich sind. Wir sind nicht hier, um eine derartige Existenz zu erleiden. Wir sind hier, um unser Leben nach unseren eigenen Wünschen zu gestalten. Es steht mir nicht zu, zu sagen, wie ein solches Leben für Sie aussehen sollte, aber ich werde mein Bestes geben, um Ihnen dabei zu helfen, es für sich herauszufinden.

Für den Rest dieses Kapitels nehme ich Sie mit auf eine Reise durch das Land der Wahrheit. Am Ende werden Sie in der Lage sein, das herauszufinden und zu akzeptieren, was Ihrer persönlichen Wahrheit entspricht. Diese Ideen sind manchmal ziemlich abstrakt, daher ist mein Ziel in diesem Kapitel, Sie zunächst mit den übergreifenden Konzepten vertraut zu machen. Im zweiten Teil dieses Buchs werden Sie lernen, diese Konzepte auf alle Lebensbereiche anzuwenden. Sie werden erkennen, wie Sie die einzelnen Prinzipien genau einsetzen können, um Ihren persönlichen Erfolg zu optimieren.

Wir wollen damit beginnen, die Schlüsselkomponenten der Wahrheit zu betrachten: *Wahrnehmung, Vorhersage, Genauigkeit, Akzeptanz und Selbsterkenntnis.*

Wahrnehmung

Wahrnehmung ist der grundlegendste Aspekt der Wahrheit. Wenn wir uns in einem Lebensbereich verbessern wollen, müssen wir ihn uns zunächst genau ansehen. Wenn wir zum Beispiel wissen wollen, wie es um unsere Beziehung bestellt ist, müssen wir uns fragen: Wie fühle ich mich in dieser Beziehung? Welche Bereiche funktionieren gut? Welche Bereiche sollten verbessert werden? Stellen Sie Ihrem Partner die gleichen Fragen und vergleichen Sie Ihre Antworten. Sich ein klares Bild vom Ist-Zustand zu machen, wird Ihnen die Entscheidung erleichtern, welche Veränderungen Sie vornehmen wollen.

Wahrnehmung ist ein wesentlicher Bestandteil des persönlichen Wachstums, da wir auf das reagieren, was wir als wahr erkennen. Wenn Sie der Wahrheit Ihrer Situation ins Gesicht schauen, formen sich neue Wünsche in Ihnen. Wenn Sie auf die Waage steigen und sehen, dass Sie mehr wiegen, als Ihnen lieb ist, dann denken Sie *Ich möchte abnehmen.* Indem Sie sich Klarheit darüber verschaffen, was Sie nicht wollen, wird Ihnen klarer, was Sie wollen. Diese neuen Wünsche können Sie in eine neue positive Richtung lenken, dennoch wird sich nichts verändern, bevor Sie sich nicht eingestanden haben, dass Sie eine Veränderung wünschen.

Der erste Schritt auf Ihrem Weg zu persönlichem Wachstum sollte darin bestehen, Sie erkennen zu lassen, dass Sie mit der gegenwärtigen Situation nicht zufrieden sind. Es ist völlig in Ordnung, wenn Sie sich in dieser Position befinden. Es ist okay, dass Sie etwas anderes wollen, aber nicht wissen, wie Sie es bekommen können. Aber es ist nicht in Ordnung, sich selbst zu belügen und so zu tun, als sei alles perfekt, obwohl Sie wissen, dass dies nicht stimmt. Wir können uns der Vollkommenheit nur annähern, indem wir uns eines lebenslangen Wachstums erfreuen – einschließlich aller zeitweiligen Mängel.

Ich habe gut reden, wenn ich Sie auffordere, der Wahrheit ins Gesicht zu blicken, denn in der Realität kann dies sehr schwierig sein. Es ist nicht leicht, sich einzugestehen, dass Sie mit Ihrer Beziehung nicht mehr zufrieden sind. Es ist nicht leicht zu akzeptieren, dass Sie die falschen Karriere-Entscheidungen getroffen haben. Es ist nicht leicht, sich selbst im Spiegel zu betrachten und sich einzugestehen, dass Sie die Person, zu der Sie geworden sind, nicht mögen. Aber wie schwierig dies alles auch sein mag, es ist dennoch absolut notwendig. Wir können nicht von A nach B gelangen, wenn wir hartnäckig leugnen, dass wir uns *bei* A befinden. A zu leugnen, gegen A zu kämpfen oder A gegenüber Widerstand zu leisten, führt nur dazu, dass wir bei A stehen bleiben.

Was würden Sie gerne an Ihrem Leben verändern? Haben Sie irgendwelche Süchte oder destruktive Gewohnheiten, die Sie überwinden möchten? Wünschen Sie sich mehr Erfüllung in einem anderen Job? Würden Sie lieber ganz woanders wohnen? Machen Sie Ihre Augen auf. Schauen Sie sich um und stellen Sie fest, was Sie an Ihrem Leben mögen und was nicht. Sie brauchen sich dabei noch keine bestimmten Ziele zu setzen; nehmen Sie Ihre Gedanken und Gefühle bewusst wahr und schauen Sie sich an, wie Sie auf sie reagieren.

Vorhersage

Vorhersage ist der Mechanismus, durch den wir aus der Erfahrung lernen und so erkennen, was für uns wahr ist. Wenn wir mit einer neuen Situation oder einem neuen Ereignis konfrontiert sind, können zwei Dinge geschehen: Entweder werden unsere Erwartungen erfüllt oder nicht. Wenn unsere Erwartungen erfüllt werden, bleibt unsere Vorstellung von der Wirklichkeit intakt. Wenn dagegen eine Erfahrung unseren Erwartungen zuwiderläuft, muss unser Geist sein Modell der Wirklichkeit verändern, damit die neuen Informationen darin Platz finden. Auf diese Weise lernen wir aus der Erfahrung und entdecken neue Wahrheiten.

Unsere Fähigkeit zur Vorhersage ist extrem flexibel. Wenn wir etwas Neues lernen, versucht unser Geist aus der Erfahrung zu verallgemeinern. Er speichert lieber allgemeingültige Muster als spezifische Details. Wir erinnern uns nicht so leicht an Feinheiten, haben aber normalerweise eine starke Erinnerung an grundlegende Muster. Zum Beispiel verstehen wir geschriebene Sprache, können uns aber nicht daran erinnern, wie wir jedes einzelne Wort gelernt haben. Wir wissen, wie bestimmte Nahrungsmittel schmecken, aber wir erinnern uns nicht an jede einzelne Mahlzeit.

Unser Geist trifft automatisch Vorhersagen über die Zukunft, selbst wenn wir uns dessen nicht bewusst sind. Wenn wir die Umrisse eines Objekts auf dem Regal sehen, dann kann unser Geist vorhersagen, dass dieser Gegenstand ein Buch sein wird, wenn wir es in die Hand nehmen. Wir erwarten, dass das Buch ein bestimmtes Gewicht, eine bestimmte Beschaffenheit und ein bestimmtes Aussehen hat. Solange unsere Erwartungen erfüllt werden, bleibt unser mentales Muster intakt.

Aufgrund Ihrer bisherigen Leseerfahrung haben Sie bestimmte Vorstellungen darüber, was Sie in diesem Buch finden werden. Wenn sein Inhalt Ihre Erwartungen erfüllt, werden Sie nichts Neues lernen, und die Lektüre ist eine reine Zeitverschwendung. Um Sie in Ihrem Wachstum zu unterstützen, muss das Buch gegen Ihre Erwartungen verstoßen und Ihnen unerwartete »Aha!«-Momente schenken.

Unser Geist erzeugt aus unseren speziellen Erfahrungen ständig Verallgemeinerungen, die er speichert und dazu gebraucht, neue Ereignisse vorherzusagen. Dies geschieht automatisch und normalerweise ohne dass wir uns dessen bewusst sind. Wenn uns allerdings klar ist, dass unser Geist auf diese Weise funktioniert, können wir uns bewusst dafür entscheiden, eine neue Ebene des Verstehens anzustreben.

Die Vorhersagekraft des Geistes lässt sich auf zweierlei Weise dazu nutzen, das persönliche Wachstum zu beschleunigen. Zum einen können wir uns auf neue Erfahrungen einlassen, die mit nichts zu vergleichen sind, was wir bislang erlebt haben, und dadurch buchstäblich intelligenter werden. In neuen Situationen schaltet unser Geist auf den Lernmodus um, wodurch wir in der Lage sind,

neue Muster zu erkennen. Je mehr Muster unser Geist speichert, desto besser wird er in der Vorhersage und desto
klüger werden wir.

Lesen Sie ein Buch über ein Thema, das Ihnen völlig un-
bekannt ist. Sprechen Sie mit Menschen, die Sie normalerweise meiden. Besuchen Sie eine unbekannte Stadt. Gehen
Sie über die Muster hinaus, die Ihr Geist bereits kennt. Um
wachsen zu können, müssen wir uns regelmäßig neuen
Herausforderungen stellen und neue Vorstellungen und
Ideen entwickeln, damit unser Geist frischen Input erhält.
Wenn wir lediglich die altbekannten Erfahrungen wiederholen, stagnieren wir, und unser Verstand verkümmert.

Was wir in einem Bereich lernen, lässt sich oft auch auf
einen anderen anwenden. Leonardo da Vinci zum Beispiel,
der zu Recht als Genie bezeichnet wird, war in vielen
Bereichen brillant, darunter Kunst, Musik, Wissenschaft,
Anatomie, Technik, Architektur und noch viele andere.
Während man nun sagen könnte, seine weitläufigen Interessen seien ein Resultat seiner Intelligenz, so glaube ich
vielmehr, dass sie der Grund für seinen außergewöhn-
lichen Geisteszustand waren – oder zumindest wesentlich
dazu beigetragen haben. Indem er sich intensiv mit vielen
Dingen beschäftigte, stieß da Vinci auf Muster, die andere
nicht bemerkten. Auf diese Weise verbesserte sich seine
Fähigkeit, die richtigen Problemlösungen zu finden. Was
in einem Bereich als Allgemeingut betrachtet wird, kann,
auf andere Disziplinen angewandt, große kreative Auswirkungen haben.

Übermäßige Routine ist der größte Feind der Intelligenz.
Wenn wir uns nur immer wieder der gleichen Art von Input aussetzen, können wir unmöglich wachsen. Wir erfüllen dann nur etliche Male die Erwartungen unseres Geistes,
anstatt ihn dazu anzuregen, neue Verknüpfungen herzustellen. Wenn Sie klüger werden wollen, müssen Sie ständig
neugierig bleiben. Schaffen Sie sich nur ausreichend Routi-

nen, um ein stabiles Fundament zu haben, auf dessen Grundlage Sie neue Territorien erkunden können. Trauen Sie sich Dinge zu tun, die Sie nie zuvor getan haben. Setzen Sie sich neuen Informationen, neuen Ideen und neuen Erfahrungen aus. Je öfter Sie sich in Situationen begeben, die nicht Ihren Erwartungen entsprechen, desto schneller lernen Sie und desto größer wird Ihre Intelligenz.

Die andere Weise, die Vorhersagekraft des Geistes zu nutzen, besteht darin, gezielte Vorhersagen zu machen und diese dazu zu nutzen, bessere Entscheidungen zu treffen. Denken Sie an das, was Sie vorhaben, und fragen Sie sich: *Was erwarte ich wirklich von meinem Leben?* Stellen Sie sich vor, dass ein unbeteiligter, äußerst logisch vorgehender Beobachter Ihre konkrete Situation untersucht und eine Vorhersage darüber trifft, wie Ihr Leben auf der Grundlage Ihrer gegenwärtigen Verhaltensmuster in 20 Jahren aussehen wird. Was für eine Zukunft wird Ihnen diese Person voraussagen?

Wenn Sie mutig sind, bitten Sie mehrere Personen, die Sie gut kennen, Ihnen ehrlich mitzuteilen, was sie glauben, wo Sie in zwei Jahrzehnten stehen. Die Antworten dieser Personen überraschen Sie möglicherweise.

Wenn Ihnen Ihre langfristigen Erwartungen bewusst sind, umgehen Sie das Muster der Verweigerung und blicken der Wahrheit direkt ins Gesicht. Dadurch haben Sie die Möglichkeit, Ihre positiven Vorhersagen zu verstärken und die nötigen Veränderungen vorzunehmen, um sicherzustellen, dass Ihr Geist keine negativen Vorhersagen trifft.

Unsere Gefühle sind ein wichtiger Bestandteil unserer geistigen Vorhersagen. Positive Gefühle entstehen durch positive Vorhersagen, negative Gefühle sind das Resultat negativer Vorhersagen. Wenn wir uns gut fühlen, antizipiert unser Geist die positiven Ereignisse, die wir uns wünschen. Wenn wir uns schlecht fühlen, erwarten wir unangenehme Situationen. Negative Emotionen dienen als Warnung, dass

wir unser Verhalten ändern sollten, um ungewollte Prognosen gar nicht erst eintreten zu lassen.

Achten Sie genau darauf, welche Erwartungen Sie haben.
Hadern Sie nicht mit ihnen und versuchen Sie nicht, sie zu
leugnen, denn dadurch stürzen Sie sich nur in Selbstzweifel. Akzeptieren Sie Ihre Erwartungen und arbeiten Sie mit
ihnen. Sobald Sie merken, dass Sie eine negative Situation
erwarten, sollten Sie sich Ihre Überzeugungen ansehen, um
den Grund dafür zu finden. Nehmen Sie so lange Veränderungen vor, bis sich Ihre Erwartungen verändern. Wenn Sie
auf positive Erwartungen stoßen, sollten Sie sich bewusst
anschauen, was für Sie funktioniert, und mehr in dieser
Richtung tun.

Genauigkeit

Je mehr Ihr inneres Abbild der Realität mit der tatsäch-
lichen Wirklichkeit übereinstimmt, desto kompetenter und
leistungsfähiger werden Sie. Eine größere Genauigkeit
führt zu einer größeren Lebenstauglichkeit. Mit einer ge-
nauen Karte treffen wir wahrscheinlich bessere Entscheidungen, die dazu führen, dass wir unsere Ziele erreichen.
Mit einer ungenauen Karte ist die Wahrscheinlichkeit hoch,
Rückschläge und Frustrationen zu erleben.

Totale Klarheit ist sehr selten. Wenn wir einen bestimmten Beruf ausüben, können wir nicht wissen, ob ein anderer uns vielleicht besser gefallen hätte. Wenn wir in einer
Partnerschaft leben, können wir nie sicher sein, ob nicht
hinter der nächsten Ecke ein Partner wartet, der besser zu
uns passt. Immer wenn wir eine Entscheidung treffen,
bleibt uns verborgen, was geschehen wäre, wenn wir zu
einem anderen Entschluss gekommen wären.

Das Schlimmste ist, dass wir selbst dann keine Garantie
haben, uns richtig zu verhalten, wenn wir uns unserer

Sache sicher sind. Wir alle haben schon Fehler gemacht, nicht wahr? Immer wieder einmal kommt es vor, dass sich etwas, von dessen Richtigkeit wir felsenfest überzeugt waren, langfristig als falsch erweist.

Wir können versuchen, eine gegebene Situation so gut es geht zu verstehen, und im Allgemeinen ist dies die richtige Vorgehensweise, aber wir können niemals alle Unsicherheiten ausschalten. Daher bleiben uns zwei grundlegende Optionen: die Unvorhersehbarkeit des Lebens zu leugnen und sich in einem falschen Gefühl der Sicherheit zu wiegen oder die Unbeständigkeit des Lebens zu akzeptieren und mit ihr umgehen zu lernen. Im ersten Fall zeichnen wir die Karte so, wie wir sie uns vorstellen – unabhängig davon, wie das Terrain tatsächlich aussieht. Im zweiten Fall versuchen wir, unsere Karte so wirklichkeitsnah wie möglich zu gestalten, auch wenn uns nicht gefällt, wie sie hinterher aussieht. Die zweite Option ist die bessere.

Wenn wir die nun einmal bestehende Unsicherheit des Lebens akzeptieren, werden unsere Entscheidungen immer genauer ausfallen. Es wird leichter werden, Fehler zu vermeiden – zum Beispiel alles Geld zu verspielen oder eine unglückliche Beziehung anzufangen –, und wir werden in einer besseren Position sein, echte Gelegenheiten beim Schopf zu ergreifen. Wir müssen nicht erstarren, nur weil das Leben nicht vorhersehbar ist. Es kommt darauf an, intelligent mit Risiken umzugehen, anstatt ihre Existenz zu leugnen. Wir sollten lernen, von der Unsicherheit des Lebens zu profitieren und sie sogar zu genießen.

Ein anderes Problem liegt darin, dass unsere Vorhersagen falsch sein können. Gewisse Unstimmigkeiten korrigieren sich von selbst, indem wir neue Erfahrungen sammeln und die Realität immer besser verstehen, aber oftmals verschlimmern sich unsere Irrtümer auch und werden zu einem Teufelskreis. Hier sind ein paar Beispiele dafür, wie die Vorhersagekraft des Geistes uns an der Nase herumführen kann:

Zu starke Verallgemeinerung. Wir sind ein paar Mal bei Verabredungen an der Nase herumgeführt worden, und schon trifft unser Geist die Schlussfolgerung, dass Verabredungen immer zu Enttäuschungen führen. Als Konsequenz denken wir, es lohnt sich nicht, sich weiterhin zu verabreden, weil das stets zu Resultaten führt, die man besser vermeidet. Dies bedeutet unglücklicherweise, dass wir nie wieder eine *positive* Erfahrung in diesem Bereich machen werden, die unserem Geist die Möglichkeit geben würde, seine Schlussfolgerung zu korrigieren. Alte Muster bleiben so lange intakt, bis sie durch neue Erfahrungen in Frage gestellt werden.

Vorurteil. Wir hören von Kollegen, wie diese sich darüber beklagen, dass mit dem neuen Mitarbeiter nur schwer auszukommen ist. Dies führt zu negativen Erwartungen in Bezug auf diese Person. Wenn wir das erste Mal mit ihr zu tun haben, erwarten wir bereits Schwierigkeiten und lassen uns nicht wirklich auf eine Zusammenarbeit ein. Die andere Person spürt unsere negative Einstellung ihr gegenüber, verhält sich entsprechend und erfüllt dadurch unsere Erwartungen. Aufgeschnappte Urteile zu übernehmen, ohne eigene Erfahrungen gemacht zu haben, führt oftmals zu falschen Schlussfolgerungen.

Sich selbst erfüllende Prophezeiung. Ein paar unserer Freunde versuchen, ein Online-Business zu starten, aber es gelingt ihnen nicht, sodass sie schließlich aufgeben. Anhand dieses Beispiels geht unser Geist davon aus, dass es nicht leicht ist, eine Internet-Firma zu gründen, was es wahrscheinlich macht, dass auch wir selbst keinen Erfolg dabei haben werden. Ein Jahr später entschließen wir uns dazu, unsere eigene Firma im Internet zu starten. Wir sabotieren unser Vorhaben unbewusst, indem wir vermeidbare Fehler machen, und geben schließlich auf, genauso wie unsere Freunde es getan haben.

Diese problematischen Muster haben alle etwas gemein: Die auf ihrer Grundlage getroffenen Vorhersagen sind zu pessimistisch. Solche Muster verstärken die Angst, mindern das Selbstwertgefühl und führen zu negativen Emotionen wie Sorgen und Stress. Im schlimmsten Fall können pessimistische Vorhersagen Hilflosigkeit und Depressionen hervorrufen und sogar zum Selbstmord führen. Wenn wir aber andererseits zu optimistisch sind, ist dies ebenso problematisch, da dies zu unrealistischem Vertrauen, zu hoher Risikobereitschaft und manischem Verhalten führen kann.

Die besten Vorhersagen sind diejenigen, die genau sind. Und wenn es darum geht, sich selbst zu stärken, ist es besser, ein starkes Selbstwertgefühl, positive Gefühle und ein vernünftiges Maß an Initiative zu fördern, als in geringem Selbstwertgefühl, negativen Emotionen und übertriebener Ängstlichkeit zu versinken. Diese Vorhersagen sind nicht einfach nur passive Beobachtungen, sondern haben eine aktiv verursachende Wirkung.

Akzeptanz

Sobald wir mit einem vernünftigen Maß an Genauigkeit herausgefunden haben, was für uns authentisch und wahr ist, besteht unsere nächste Aufgabe darin, diese Wahrheit vollständig und uneingeschränkt zu akzeptieren. Hierzu gehört, die langfristigen Konsequenzen der eigenen Vorhersagen zu akzeptieren.

Betrachten Sie Ihren physischen Körper. Ist er gesund, fit und stark? Oder ist er ungesund, wabblig und schwach? Was wird geschehen, wenn Sie Ihre ungesunden Gewohnheiten beibehalten? Akzeptieren Sie die Wahrheit, wohin diese Gewohnheiten Sie sehr wahrscheinlich bringen werden? Sind Sie bereit, die Konsequenzen zu tragen?

Wie sieht es mit Ihren Finanzen aus? Haben Sie so zahlreiche Einnahmen, dass es Ihnen an nichts mangelt? Oder wartet das Armenhaus auf Sie? Was erwarten Sie, was wird geschehen, wenn Ihre finanziellen Muster weiter fortbestehen? Akzeptieren Sie die volle Wahrheit der Situation, in der Sie sich befinden?

Es ist natürlich nicht leicht vorauszusagen, in welche Richtung Ihr Leben verlaufen wird. Jedoch können Sie auf der Grundlage der verfügbaren Fakten eine vernünftige, rationale Prognose stellen. Wenn Sie sich das Leben von jemand anderem anschauen, das Ihrem eigenen ähnelt, und Sie die Zukunft dieser Person vorhersagen sollten, was für eine Aussage würden Sie dann treffen? Stellen Sie sich vor, Sie wären Sherlock Holmes, suchten nach Beweisen und müssten dann das Ergebnis Ihrer Untersuchungen präsentieren. Was würden Sie erwarten?

Eine der wichtigsten Fähigkeiten, die es auf dem Gebiet des persönlichen Wachstums zu entwickeln gilt, besteht darin, sich die ganze Wahrheit einzugestehen, auch wenn sie uns nicht gefällt oder wir uns ohnmächtig fühlen, unsere Situation zu verändern. Wenn wir unangenehmen Wahrheiten ins Gesicht schauen, werden wir oft mit starken inneren Widerständen konfrontiert. Sie wollen uns durch Ablenkung, Wirklichkeitsflucht, Leugnen und Aufschieben davon abhalten, die Wahrheit zu erkennen. Aber nur, wenn wir uns die Wahrheit direkt ansehen, können wir die nötige Stärke entwickeln, um uns bewusst mit ihr auseinandersetzen zu können. Eine einfache Daumenregel lautet: Was wir fürchten, müssen wir uns irgendwann bewusst anschauen.

Immer wenn Sie mit etwas konfrontiert sind, das Sie nicht mögen, und sich machtlos fühlen, eine Veränderung herbeizuführen, besteht der erste Schritt darin, Ihre Situation so, wie sie ist, zu akzeptieren. Sagen Sie sich: *Ich fühle mich nicht wohl in dieser Situation, habe aber im Moment nicht die Kraft, sie zu verändern.*

Gestehen Sie es sich offen ein, wenn Sie im Augenblick nicht in der Lage sind, das zu verändern, was Ihnen nicht gefällt – obwohl Sie wissen, dass Sie für jeden Ihrer Lebensbereiche selbst verantwortlich sind. Akzeptieren Sie einfach, dass die Dinge im Moment so stehen, aber leugnen Sie nicht, wie die Situation in Wahrheit ist. Tun Sie niemals so, als würde Ihnen der Job gefallen, den Sie eigentlich hassen. Tun Sie niemals so, als seien Sie in einer Beziehung glücklich, die Sie nicht erfüllt. Tun Sie niemals so, als wären Ihre Finanzen in Ordnung, wenn sie es in Wirklichkeit nicht sind. Wenn Sie wollen, dass sich Ihre Situation ändert, müssen Sie zunächst mit sich selbst ins Reine kommen und sich die ganze Wahrheit eingestehen.

Erst wenn Sie die Wirklichkeit so akzeptieren, wie sie ist, werden Sie anfangen, bessere Entscheidungen zu treffen, denn diese basieren dann auf der Wahrheit und nicht auf einer Fiktion. Wenn Sie sich eingestehen, dass Ihr Körper fürchterlich außer Form ist, hören Sie auf, so zu tun, als ginge es Ihnen prima. Geben Sie sich nicht länger der Selbsttäuschung hin, dass Ihre schlechten Essgewohnheiten und Ihr Mangel an Bewegung Sie nicht weiter stören. Dann fangen Sie an zu begreifen, dass Sie andere Entscheidungen treffen müssen, wenn sich Ihre Situation wirklich verändern soll – es wird nicht von allein geschehen. Erst wenn Sie die gegenwärtige Situation voll und ganz akzeptieren, können Sie damit beginnen, sich das zu erschaffen, was Sie sich wünschen.

Selbsterkenntnis

Wenn Sie der Wahrheit mehr Raum in Ihrem Leben geben wollen, müssen Sie ein hohes Maß an Selbsterkenntnis entwickeln. Sie müssen sich Ihrer Stärken, Schwächen, Talente, Kenntnisse, Vorurteile, Anhänglichkeiten, Wünsche, Gefühle, Instinkte, Gewohnheiten und Geisteszustände bewusst sein.

Als Menschen haben wir oft Wünsche, die im Konflikt zueinander stehen. Ein Teil von uns möchte gesund und glücklich sein und ein bewusstes Leben führen. Ein anderer möchte nichts weiter als essen, schlafen, Sex haben und faul sein. Ohne bewusste Wahrnehmung fallen wir durch Nachlässigkeit in reflexartige Muster und leben eher wie unbewusste Tiere, nicht wie empfindungsfähige Menschen.

Der Grad der bewussten Wahrnehmung ist bei keinem konstant. Manchmal wird unser Denken von starrer Logik beherrscht, ein andermal sind wir von emotionalen Problemen überwältigt. Manchmal fühlen wir uns unglaublich spirituell, an anderen Tagen machen wir uns Sorgen um unsere Finanzen. Beizeiten ernähren wir uns so, dass wir uns gesund fühlen und viel Energie haben, dann wieder stopfen wir uns mit Junk Food voll.

Immer wenn wir Entscheidungen aus einem bestimmten Bewusstseinszustand heraus treffen und entsprechend handeln, verstärken wir diese Geisteshaltung und erhöhen so die Wahrscheinlichkeit, dass wir uns in Zukunft ähnlich verhalten werden. Wenn wir zum Beispiel etwas aus Wut tun, bestärken wir dieses Reaktionsmuster in unserem Gehirn. Jeder Bewusstseinszustand neigt dazu, sich selbst aufrechtzuerhalten, daher spulen wir in der Regel immer wieder die gleichen Verhaltensweisen ab. Ein wesentlicher Bestandteil der persönlichen Entwicklung liegt darin, die Bindung an niedrige Bewusstseinszustände loszulassen und beständig mit einer größeren Bewusstheit zu leben. In praktischer Hinsicht bedeutet dies, Zwangsverhalten, negative Emotionen und auf Angst beruhende Verhaltensweisen loszulassen und stattdessen bewusst und prinzipienorientiert zu handeln. Damit wir unser Verhalten erfolgreich verändern können, müssen wir zunächst lernen, unsere Gedanken bewusst wahrzunehmen.

Die bewusste Wahrnehmung lässt sich gut dadurch steigern, dass wir wichtige Entscheidungen nur dann treffen, wenn wir sie vorher gut durchdacht haben. Der beste Zeitpunkt, um Entscheidungen zu treffen, ist der Moment, in dem wir uns wach fühlen, einen klaren Kopf haben und in der Lage sind, die Dinge gegeneinander abzuwägen. Dies ist der richtige Zeitpunkt, um sich über große Veränderungen im Leben Gedanken zu machen, wie zum Beispiel ein Berufs- oder Beziehungswechsel oder ein Umzug in eine andere Stadt. Wir müssen lernen, unseren höheren Bewusstseinszuständen zu vertrauen. Schreiben Sie Ihre Entscheidungen auf und stellen Sie sich voll und ganz hinter sie. Wenn Sie dann in niedrigere Zustände absinken (was unausweichlich der Fall sein wird) und die größere Perspektive aus den Augen verlieren, sollten Sie dennoch Ihre Entscheidungen nicht zurücknehmen, auch wenn Sie das Gefühl haben, nicht mehr voll hinter ihnen zu stehen. Im Laufe der Zeit werden sich Ihre äußeren Umstände so verändern, dass sie die höheren Bewusstseinszustände unterstützen. Bewusst zu leben wird immer einfacher, je mehr wir es tun.

Als ich einmal in einem hohen Bewusstseinszustand war, traf ich die Entscheidung, meinen Beruf zu wechseln. Ich hörte auf, Computerspiele zu entwickeln, und konzentrierte mich ganz auf das Thema persönliche Entwicklung. Das war gar nicht leicht für mich, besonders weil ich mit den Computerspielen sehr erfolgreich war. Dennoch fühlte ich mich mit meiner Entscheidung wohl und wusste, dass sie richtig war. Ein paar Wochen später war ich jedoch wieder in die Spiele-Entwicklung versunken und sah kein Licht am Ende des Tunnels. Je tiefer mein Bewusstseinszustand sank, desto mehr stellte ich meinen Berufswechsel in Frage. Ich musste mich daran erinnern, dass ich meinen Entschluss aus einem hohen Bewusstseinszustand heraus getroffen hatte und dass es die richtige Entscheidung gewesen war. Erst dadurch konnte ich meine Bedenken loslassen und der ursprünglich getroffenen Entscheidung vertrauen.

Meine Entscheidungen mögen nicht immer perfekt sein, aber wenn ich mich an diese Vorgehensweise halte, kann ich wenigstens darauf vertrauen, dass sie durchdacht sind und der Wahrheit entsprechen.

Wenn wir beständig wichtige Entscheidungen aus einem hohen Bewusstseinszustand heraus treffen, werden sie immer mehr miteinander übereinstimmen. Wir bleiben nicht länger in einem Zustand der Unentschlossenheit, in dem wir zwischen Alternativen hin und her springen und uns nicht entscheiden können. Denken Sie daran, wenn Sie aus Wut, Angst, Trauer oder aus einem Schuldgefühl heraus einen Entschluss fassen, können Sie sich nicht mit der Wahrheit verbinden, weil Ihre Vorhersagen durch den niedrigen Bewusstseinszustand negativ gefärbt sind.

Wenn wir uns selbst erkennen, nehmen wir die Wahrheit wahr. Ist unsere Bewusstheit hoch, kommen wir der Wahrheit näher, als wenn wir in einem niedrigen Bewusstseinszustand sind. Wenn wir nicht mit der Wahrheit verbunden sind, führen unsere Entscheidungen nicht zu den besten Resultaten. Entscheidungen, die auf der Grundlage der Wahrheit getroffen werden, sind genauer und bringen in der Regel bessere Resultate als Entscheidungen, die wir aus einem niedrigen Bewusstseinszustand heraus treffen. Entscheidend ist, dass wir erkennen, wann wir uns im Einklang mit der Wahrheit befinden und wann nicht, und dass wir wichtige Entschlüsse nur noch dann fassen, wenn dieses Grundprinzip seine Wirkung für uns entfalten kann.

Hindernisse, die der Wahrheit im Wege stehen

Es gibt zahlreiche Einflüsse, die uns davon abhalten, dass unsere Entscheidungen auf dem Prinzip der Wahrheit beruhen. Sie tragen dazu bei, dass sich falsche mentale Muster bilden. Viele dieser falschen Muster verstärken sich selbst und sind nicht leicht zu korrigieren. Aber je mehr uns diese Blockaden bewusst sind, desto größer ist die Chance, sie überwinden zu können.

Konditionierung durch die Medien

Medienunternehmen machen ihren Profit zum größten Teil mit Werbeeinnahmen. Damit Werbung sich lohnt, müssen wir irgendwann tatsächlich etwas kaufen – sei es ein Auto, ein Medikament oder ein Lebensmittel. Menschen, deren Weltbild mit der Realität übereinstimmt, kaufen nur das, was sie wirklich wollen oder brauchen, deshalb werden in der Werbung häufig Halbwahrheiten oder sogar offene Lügen verbreitet, um den Umsatz zu steigern. Wenn beispielsweise eine Brauerei uns davon überzeugen kann, dass das Trinken von Alkohol uns beliebt und sexy macht, verdient sie mehr, als wenn sie eine genaue Beschreibung der Folgen des Alkoholkonsums liefern würde.

Um den Informationen der Medien völlig trauen zu können, müssen wir sicher sein, dass die Wahrheit der entsprechenden Quelle nicht einem Wert geopfert wird, der mit ihr im Konflikt steht. Das Problem mit unternehmenseigenen Medien besteht darin, dass die Wahrheit

nicht immer siegt, wenn sie in Konflikt mit dem Profit-
streben gerät.

Der kumulative Effekt der allgegenwärtigen Massenmedien besteht darin, uns eine falsche Sicht der Realität über-
zustülpen – eine, die die Werte der Werbenden hochhält. Je
mehr wir uns einem Massenmedium wie dem Fernsehen
aussetzen, desto verzerrter wird unser Weltbild. Je mehr
Zeit wir darüber hinaus mit Medienkonsum verbringen,
desto weniger Zeit investieren wir, um aus der direkten Erfahrung zu lernen. Es ist ein Weg, der auf lange Sicht zu
Faulheit, Apathie und Verfall führt und nicht zu intelligenter Selbstverwirklichung.

Wir können diese negativen Auswirkungen verringern,
indem wir die direkte Erfahrung suchen, anstatt uns mit
deren billigem Abklatsch in den Massenmedien zu begnügen. Immer wenn Sie der Konditionierung durch die Medien ausgesetzt sind, sollten Sie sich klarmachen, dass
bestimmte Leute ein Interesse daran haben, auf Ihre Weltsicht in einer Weise Einfluss zu nehmen, die oftmals mit
der Wahrheit in Konflikt steht. Ich bin dennoch optimistisch, dass die Gesellschaft über das Bedürfnis, von den
Massenmedien kontrolliert zu werden, immer mehr hinauswachsen wird, indem immer mehr Menschen verstehen, dass Macht und Wahrheit sich nicht widersprechen
müssen. Wie wir in Kapitel 5 sehen werden, funktionieren
Macht und Wahrheit viel besser als Verbündete; zusammen
bilden sie das Prinzip der Autorität.

Soziale Konditionierung

Soziale Konditionierung ist ein enger Verwandter der Konditionierung durch Massenmedien. Die Gesellschaft, in der
wir leben – einschließlich Familie, Freunde, Arbeitskollegen und Bekannte – hat einen großen Einfluss darauf, wie

wir die Realität begreifen. Durch unsere Interaktionen mit anderen werden wir ständig von sozialen, kulturellen, pädagogischen und religiösen Vorstellungen beeinflusst. Unglücklicherweise steht bei diesen konditionierten Überzeugungen nicht die Wahrheit an erster Stelle, und so fühlen wir uns oft selbst gezwungen, es mit der Wahrheit nicht so genau zu nehmen. Auf lange Sicht gesehen führt diese Abtrennung von der Wahrheit zu Selbstzweifeln, was dazu führt, dass wir aufgrund von Schwäche und Verwirrung unsere Macht nicht nutzen. Indem wir uns wieder mit der Wahrheit verbinden, steht uns diese Macht erneut zur Verfügung.

Mitunter hat soziale Konditionierung auch positive Auswirkungen auf uns. Eine gemeinsame Sprache hilft uns zum Beispiel, miteinander zu kommunizieren und direkten Austausch zu pflegen. Es gibt aber auch Formen der sozialen Konditionierung, die zu falschen Überzeugungen führen, die uns schwächen, wie zum Beispiel die unberechtigte Angst, vor einem großen Publikum zu sprechen.

Es ist wichtig, dass wir unsere sozial konditionierten Überzeugungen erkennen und gründlich hinterfragen. Wenn Sie das Gefühl haben, es gäbe einen Konflikt zwischen Ihren Überzeugungen, Verhaltensweisen und Gefühlen, dann sollten Sie sich fragen, ob Sie wirklich an das glauben, was Ihnen beigebracht worden ist. Sind Ihre Überzeugungen richtig, und entsprechen sie der Wahrheit? Stimmen sie mit Ihrer konkreten Wahrnehmung überein? Um sich mit der Wahrheit zu verbinden, müssen Sie alle falschen, ungenauen und in sich nicht stimmigen Überzeugungen loslassen.

Ich wurde katholisch erzogen und ging zwölf Jahre lang auf eine katholische Schule. Meine ganze Familie und die meisten meiner Freunde sind ebenfalls katholisch, sodass ich in meiner Kindheit und Jugend keinen Zugang zu anderen Glaubenssystemen hatte. Dennoch fing ich in den

letzten Teenagerjahren an, das zu bezweifeln, was mir beigebracht worden war, weil es oft in Konflikt mit dem stand,
was ich selbst in der Realität beobachtete. Als ich mir
schließlich eingestand, dass ich nicht mehr im Einklang
mit dem Katholizismus war, fühlte ich mich frei, meinen
wahren spirituellen Überzeugungen nachzugehen. Zwar
wurde ich bisweilen wegen dieser Entscheidung geächtet,
aber ich stellte fest, dass Selbstvertrauen wichtiger ist als
soziale Konformität. Ich hege nicht die Absicht, irgendein
anderes Glaubenssystem schlechtzumachen, sondern empfehle einfach nur, das größte Vertrauen in die eigene Ur-
teilskraft zu legen, selbst wenn das Umfeld eine andere
Meinung hat. Ein gesundes Selbstvertrauen befreit uns;
Selbstzweifel sperren uns ein.

Falsche Überzeugungen

Wir lernen etwas Falsches, wenn wir Überzeugungen annehmen, die entweder teilweise oder völlig unwahr sind.
Diese Überzeugungen können zufällig erworben oder uns
bewusst von anderen eingetrichtert worden sein. Falsche
Überzeugungen führen dazu, dass unsere zukünftigen
Entscheidungen fehlerhaft sind und wir nicht das erreichen, was wir uns vorstellen.

Als ich nach dem College meine Firma für Computerspiele gründete, hatte ich viele falsche Vorstellungen darüber, wie eine reale Firma funktionierte, und so machte
ich dumme Fehler, die mich viel Zeit und Geld kosteten.
Ich nahm zum Beispiel irrtümlicherweise an, dass ein un-
terschriebener Vertrag von der Gegenseite immer eingehalten würde, und bedachte nicht, dass jeder Geschäfts-
abschluss in sich Risiken birgt. Ich unterschrieb wichtige
Verträge und wurde, was mein Einkommen betraf, schnell
von der Erfüllung dieser Verträge abhängig, nur um dann

die Erfahrung zu machen, dass sich meine Geschäftspartner nicht an die Verträge hielten. Ich brauchte Jahre, um diese falschen Vorstellungen zu überwinden, aber nachdem ich sie Schritt für Schritt ausgemerzt hatte, traf ich die richtigen Entscheidungen, und mein stockendes Geschäft wurde profitabel.

Ein großer Teil bewussten Wachstums besteht darin, falsche Überzeugungen zu erkennen und zu eliminieren. Bleiben Sie neuen Ideen und frischen Informationen gegenüber immer aufgeschlossen. Schauen Sie sich Ihre Annahmen an, wenn Sie den Verdacht haben, dass Sie auf dem falschen Dampfer sind. Später in diesem Kapitel werden ich Ihnen ein paar Übungen zeigen, die Ihnen dabei helfen.

Emotionale Beeinträchtigung

Starke Emotionen können unsere Fähigkeit beeinträchtigen, die Realität so wahrzunehmen, wie sie ist. Gefühle wie Angst, Wut, Kummer, Schuld, Scham, Frustration, Einsamkeit und Überforderung verhindern, dass wir einen klaren Gedanken fassen können, und bewirken, dass wir Falsches mit der Wahrheit verwechseln. In gleicher Weise können positive Emotionen dazu führen, dass wir zu optimistisch sind, unrealistische Risiken eingehen und ehrgeizige Versprechen abgeben, die wir dann nicht einhalten können.

Indem wir unsere bewusste Wahrnehmung verfeinern, lernen wir zu erkennen, wann unser Urteil von starken Gefühlen beeinflusst wird. Unsere Gefühle können dafür verantwortlich sein, dass wir die Realität nicht richtig wahrnehmen, aber ein hoher Grad an Selbsterkenntnis kann uns dabei helfen, nicht auf der Grundlage falscher Voraussetzungen zu handeln.

Sie sollten nur dann wichtige Entscheidungen treffen, wenn Sie bei klarem und nüchternem Verstand sind, also weder zu optimistisch noch zu pessimistisch. Außerdem haben unsere Gefühle ihre eigene, kraftvolle Intelligenz, die Ihnen dabei helfen kann, die richtigen Entscheidungen zu fällen. Betrachten Sie Ihre Gefühle als Kondensat Ihrer geistigen Vorhersagen. Es ist stets ratsam, nur die Entscheidungen zu treffen, die zu positiven Gefühlen führen.

Suchtverhalten

Süchte wie Rauchen, Trinken oder exzessives Surfen im Internet erschweren es, die Realität zu akzeptieren, da diese Verhaltensweisen Ignoranz und Verweigerung verstärken. Wenn Sie zum Beispiel jeden Tag Zigaretten rauchen, dann macht dieses Verhaltensmuster es für Sie schwierig, die Tatsache zu akzeptieren, dass Rauchen katastrophale Auswirkungen auf die Gesundheit hat. Wenn Sie Angst haben, es nicht zu schaffen, mit dem Rauchen aufzuhören, werden Sie die Wahrheit übers Rauchen wahrscheinlich gar nicht wissen wollen, denn dies würde Sie zwingen, sich Ihre Ängste anzuschauen und tatsächlich mit dem Rauchen aufzuhören.

Süchte sind ein guter Nährboden für Falschheit. Vielen Menschen sind ihre Süchte peinlich, und sie schämen sich ihretwegen und geben sich die größte Mühe, sie zu verbergen. Eine falsche Fassade aufrechtzuerhalten ist ihnen wichtiger als die Wahrheit. Geheimnisse, Täuschungen und Lügen treten an Stelle von ehrlicher Kommunikation.

Der erste Schritt, eine Sucht zu überwinden, besteht darin, der Wahrheit ins Gesicht zu schauen: *Ich bin süchtig.* Auch wenn das Überwinden einer Sucht ein regelrechter Kampf sein kann, rutschen wir wenigstens nicht noch weiter in die Falschheit ab, wenn wir uns die Situation so, wie sie ist, eingestehen und sie vorbehaltlos akzeptieren. Es ist völlig in Ordnung zu sagen: *Ich bin süchtig und möchte mich verändern, aber im Moment habe ich nicht die Kraft dazu.* Vollkommen ehrlich mit sich selbst zu sein ist sehr viel besser, als die Sucht zu leugnen. Wenn wir den ersten Schritt tun, stellen wir oft fest, dass die inneren und äußeren Mittel, die wir brauchen, um die Sucht zu überwinden, plötzlich zur Verfügung stehen. Die Reaktion der Mitmenschen ist mitfühlend und unterstützend und nicht herablassend und wertend.

Unreife

Um die Realität voll akzeptieren zu können, ist ein bestimmter Grad an Reife notwendig, und diese Reife entsteht durch Erfahrung. Je mehr neue Erfahrungen wir machen, desto mehr reifen wir innerlich heran. Je mehr Schutz und Trost wir suchen, indem wir uns zerstreuen und vor der Realität in fantastische Welten flüchten, desto länger leiden wir an unserem unreifen und ungenauen Denken.

Kinder haben ein sehr ungenaues Weltbild, da sie noch nicht über viele Erfahrungen verfügen. Ihr Geist ist nicht in der Lage, genaue Vorhersagen zu treffen. Daher kann man ein unerfahrenes Kind leicht mit einem Trick an der Nase herumführen, den ein Erwachsener sofort durchschauen würde. Im Gegensatz zum Kind hat der Erwachsene genug Erfahrung, um das Ergebnis vorherzusagen.

Wir können uns nicht gleichzeitig mit der Wahrheit verbinden und vor ihr ausreißen. Wenn wir bewusst leben wollen, müssen wir unsere Wirklichkeitsflucht beenden und uns auf die tiefere Erfahrung des persönlichen Wachstums einlassen, denn nur so können wir zu innerer Reife gelangen.

Sekundärer Nutzen

Sekundärer Nutzen ist ein allgemein verbreitetes Problem, das dann auftritt, wenn wir einen vorübergehenden Vorteil daraus ziehen, uns auf Falschheit einzulassen. Wir lügen zum Beispiel bei der Arbeit, um nicht gefeuert zu werden, leugnen unsere Beziehungsprobleme, um den Frieden zu wahren, oder nehmen ungesundes Essen zu uns, weil es bequem ist.

Sich von der Wahrheit zu entfernen ist auf lange Sicht niemals eine kluge Entscheidung. Die Ursache einer solchen Distanzierung liegt darin, dass wir unsere eigenen Vorhersagen nicht akzeptieren und uns weigern, uns offen und ehrlich mit ihnen auseinanderzusetzen. Wenn wir über den sekundären Nutzen hinaussehen, stoßen wir unweigerlich auf eine noch größere Falschheit, die wir aber hartnäckig leugnen. Unsere Weigerung, uns mit dieser Lüge auseinanderzusetzen, erzeugt eine abwärtsführende Spirale. Scheinbare kurzfristige Vorteile ersetzen ein wahres Vorwärtskommen und bestärken eine Lebensweise, bei der wir bestimmte Dinge unterdrücken und leugnen. Je mehr wir vom sekundären Nutzen Gebrauch machen, desto unaufrichtiger werden wir.

Nehmen wir beispielsweise an, wir gehen einer Arbeit nach, von der wir intuitiv fühlen, dass sie nicht die richtige für uns ist. Wir wissen, dass wir uns in einer Sackgasse befinden. Wenn wir in die Zukunft blicken, sehen wir nur seelenlose Leere. Es gelingt uns nicht, die Wahrheit unserer Situation zu akzeptieren, und so leben wir in Selbstverleugnung und reden uns ein, dass alles schon irgendwie gut werden wird. Aus Angst, uns der Wahrheit zu stellen, suchen wir nach anderen Wegen, um die Leere zu füllen. Wir lassen uns vom sekundären Nutzen blenden. Anstatt unserer wahren Lebensaufgabe zu folgen, streben wir nach Geld, Anerkennung und Trost. Anstatt wirklich zu wachsen, entschließen wir uns dazu, die Karriereleiter nach oben zu klettern. Anstatt wirkliche Freundschaften und menschliche Intimität zu pflegen, begnügen wir uns mit oberflächlichen Kontakten, die unser wahres Selbst nicht kennen, geschweige denn akzeptieren oder lieben. Anstatt uns wirklichen Herausforderungen zu stellen, wiegen wir uns in der Illusion von Sicherheit.

Wenn wir den sekundären Nutzen im Auge haben, bleiben wir permanent unzufrieden, innerlich leer und unglücklich. Er ist wie eine kurz wirkende Droge, die uns nie Erfüllung bringen kann. Wenn wir in diesem Teufelskreis der Sucht gefangen sind, sollten wir einmal tief in uns hineinschauen. Auch wenn wir noch nicht in der Lage sind, die langfristigen Konsequenzen zu tragen, sollten wir uns die Wahrheit zumindest selbst eingestehen. Wir sollten unser Leben nicht damit verschwenden, falsche Errungenschaften aufrechtzuerhalten und zu verteidigen.

Wie wir wahrhaftiger werden können

Es ist völlig normal, wenn Sie so viel Falschheit und Verleugnen in Ihrem Leben entdecken, dass Sie sich Sorgen machen, ob Sie es überhaupt schaffen können, sich wieder auf die Wahrheit auszurichten. Lassen Sie sich nicht entmutigen. Jeder Schritt, den Sie auf die Wahrheit zugehen, erleichtert Ihren Weg zu größerer Ehrlichkeit, Bewusstheit und Akzeptanz. Es ist nicht nötig, dass Sie alle Probleme von heute auf morgen lösen.

Hier sind ein paar einfache, praktische Übungen, die Sie machen können, um sich wieder mit der Wahrheit zu verbinden.

Selbstbewertung

Eine kurze Selbstbewertung ist eine gute Möglichkeit, um mehr Wahrheit in Ihr Leben zu bringen. Bewerten Sie jeden Lebensbereich einfach mit einer Zahl von 1 bis 10. Eine 1 bedeutet, dass Sie in diesem Bereich absolut nicht das bekommen, was Sie sich vorstellen; eine 10 bedeutet, dass in diesem Bereich alle Ihre Wünsche erfüllt werden. Nehmen Sie sich einen Moment Zeit, um diese Übung jetzt durchzuführen. Bitte bewerten Sie die folgenden Lebensbereiche:

Lebensbereich /   **Ihre Bewertung (1–10)**

Gewohnheiten und tägliche Routine   _____

Beruf und Arbeit   _____

Geld und Finanzen   _____

Gesundheit und Fitness   _____

Geistige Entwicklung und Ausbildung   _____

Soziales Leben und Beziehungen   _____

Zuhause und Familie   _____

Gefühle   _____

Charakter und Integrität   _____

Lebensaufgabe und Beitrag zur Gemeinschaft _____

Spirituelle Entwicklung   _____

Ihre Antworten sollten uns eine gute Momentaufnahme Ihrer gegenwärtigen Situation liefern. Es ist normal, dass einige Bereiche weniger Punkte bekommen, manchmal sogar viel weniger als andere. Interessanterweise sind es ausgerechnet unsere schwächsten Bereiche, in denen wir auf Falschheit und Leugnen ausweichen, da es uns schwer fällt, uns mit diesen Themen auseinanderzusetzen. Aber wir können uns in diesen Bereichen nur verbessern, wenn wir bereit sind, der Wahrheit ins Gesicht zu schauen und sie zu akzeptieren.

Ich möchte nun, dass Sie sich die Zahlen aus einer anderen Perspektive heraus anschauen. Streichen Sie jede Bewertung, die nicht 9 oder 10 ist, durch und ersetzen Sie die durchgestrichene Zahl durch eine 1. Alle Zahlen sind nun 1, 9 oder 10.

Wenn Sie einem Bereich keine 9 oder 10 geben können, dann haben Sie dort offensichtlich noch nicht das erreicht, was Sie sich wünschen. Dies kann sehr unangenehm sein, besonders wenn Sie dem Bereich eine 7 gegeben haben. Eine 7 sieht auf den ersten Blick ziemlich gut aus, aber eine ehrliche 9 oder 10 geht weit über eine 7 hinaus. Eine 10 geht so weit über eine 7 hinaus, dass man sie aus der Position der 7 wahrscheinlich noch nicht einmal sehen kann.

Eine 7 bekommen wir dann, wenn wir zulassen, dass sich zu viel Falschheit und Leugnen in unser Leben einschleichen. Eigentlich handelt es sich um eine vorgetäuschte Bewertung, eine verkleidete 1. Entweder haben wir das, was wir wollen, oder wir haben es nicht. Wir geben uns dann eine 6, 7 oder 8, wenn wir wissen, dass wir nicht das haben, was wir uns wünschen, aber noch nicht bereit sind, uns wirklich damit auseinanderzusetzen.

Ich weiß, dies klingt unangemessen hart, aber aufgrund meiner eigenen Erfahrung und meiner Beobachtung von anderen weiß ich, dass viele Menschen ihre Lebensbereiche mit einer 7 (oder mit einer ähnlichen Zahl) bewerten, wenn sie sich von der Wahrheit abgeschnitten haben. Eine 7 ist bloß ein Job und keine sinnvolle Lebensaufgabe. Eine 7 ist ein angenehmes Lebensarrangement anstatt einer zutiefst erfüllenden Beziehung. Eine 7 ist ein Einkommen, das die monatlichen Ausgaben deckt, anstatt Überfluss und Fülle zu bringen. Wenn wir einen Lebensbereich mit einer 7 bewerten, meinen wir in Wirklichkeit: »Dies ist zwar nicht das, was ich mir vorstelle, aber ich weiß nicht, ob ich noch mehr erreichen kann, und daher tue ich so, als wäre ich damit zufrieden. Es könnte schlechter sein.« Die Wahrheit sieht jedoch so aus, dass wir bereits in der schlechtesten Situation sind, die man sich vorstellen kann, wenn wir nicht das haben und erfahren, was wir uns wünschen.

Eine ehrliche Bewertung hat mehr mit dem Weg zu tun, auf dem wir uns befinden, als mit der Situation, in der wir gegenwärtig sind. Ich liebe zum Beispiel das, was ich im Moment tue. Ich gebe meiner Tätigkeit definitiv eine 10. In meinem Gebiet habe ich einen gewissen Erfolg, aber das ist nicht der Grund, warum ich es so hoch bewerte. Wenn ich zurück zu der Zeit gehe, als ich mit dieser Tätigkeit angefangen habe, und sie für jenen Zeitpunkt bewerten sollte, dann hätte ich ihr auch damals eine 9 oder 10 gegeben. Obwohl es in jenen Tagen noch keine äußeren Anzeichen für Erfolg gab, wusste ich, dass ich auf dem richtigen Weg war. Die gegenwärtige Situation spielte keine Rolle. Die hohe Bewertung kam dadurch zustande, dass ich wusste, ich bewegte mich in die richtige Richtung.

Wenn Sie Ihren Lebensbereichen eine 7 geben, dann bedeutet dies, dass Sie dort auf dem falschen Weg sind, es aber nicht akzeptieren wollen. Sie wollen nicht zugeben, dass Sie sich in einer Sackgasse befinden, und bewerten daher aus Ihrer gegenwärtigen Situation heraus. »Schau nur, wie weit ich auf diesem falschen Weg schon gekommen bin,« rufen Sie aus. Sie geben sich eine 7 aufgrund Ihrer gegenwärtigen Position, obgleich der Weg, auf dem Sie sich befinden, in Wirklichkeit nur eine 1 verdient. Ihre Position spielt keine Rolle, Ihre Bewertung muss dem Weg entsprechen, auf dem Sie sich befinden. Sie können sich aus dem Nichts eine neue Arbeit suchen, eine neue Beziehung oder einen neuen spirituellen Pfad und dennoch diesem Lebensbereich eine 9 oder 10 geben, wenn Sie wissen, dass Sie auf dem richtigen Weg sind.

Schauen Sie sich nun jeden Lebensbereich noch einmal an und fragen Sie sich: Was will ich wirklich? Was ist mein Traum, meine große Vision? Wonach sehne ich mich wirklich tief im Inneren, was ich mir nicht eingestehen will, weil ich nicht glaube, dass ich es erreichen kann? Welche Erfahrungen möchte ich auf jeden Fall machen? Akzeptieren Sie, dass Sie das wollen, was Sie wollen, und hören Sie auf, Ihre wahren Wünsche zu unterdrücken.

Tagebuch führen

Ein Tagebuch zu führen ist der einfachste und wirkungsvollste Weg, um neue Wahrheiten zu entdecken. Indem wir unsere Gedanken schriftlich festhalten, kommen wir zu Einsichten, die uns sonst nicht zugänglich sind.

Während manche ihr Tagebuch dazu benutzen, einfach nur ihre Gedanken und Erfahrungen festzuhalten, liegt die wirkliche Kraft des Tagebuchschreibens in dessen Fähigkeit, uns dabei zu helfen, über das lineare Denken hinauszugehen und die eigenen Gedanken aus einer holistischen Sicht oder aus der Vogelperspektive heraus zu betrachten. Benutzen Sie dieses Werkzeug, um knifflige Probleme zu lösen, neue kreative Ideen zu formulieren, Klarheit in undurchsichtige Situationen zu bringen und sich Rechenschaft darüber abzulegen, welche Fortschritte Sie schon gemacht haben auf dem Weg zu Ihrem Ziel. Mit einem Tagebuch können Sie nicht nur Dinge festhalten, sondern auch Ihre persönliche Entwicklung stark beschleunigen, wenn Sie es dazu einsetzen.

Viele Menschen benutzen Tagebücher aus Papier, andere das Word-Programm im Computer und wieder andere eine spezielle Tagebuchsoftware. Ich schrieb jahrelang in Tagebücher aus Papier, aber im Jahre 2002 wechselte ich zu Tagebuchsoftware und bin dabei geblieben. Die Vorteile sind enorm. Tippen geht schneller als schreiben, und die Eintragungen sind in einer sicheren, privaten Datei abgespeichert. Man kann die eingebaute Suchfunktion benut-

zen, um in Sekundenschnelle bestimmte Eintragungen auf-
zuspüren; man kann Kategorien erzeugen, um die Eintragungen nach bestimmten Themen zu ordnen. Und man
kann leicht Sicherheitskopien erstellen. Umfassendere Programme erlauben es zusätzlich, Bilder, Audio-Aufnahmen,
Videos, Tabellen, Dateien, Links zu Webseiten und vieles
mehr einzufügen. Sobald Sie einmal Tagebuchsoftware benutzt haben, werden Sie nie wieder zu Papier und Bleistift
greifen wollen.

Wenn Sie einen konkreten Eintrag aus meinem persönlichen Tagebuch sehen wollen, so finden Sie diesen in
einem Artikel über das Tagebuchschreiben unter **www.
StevePavlina.com/journaling**. Ich machte diesen speziellen Tagebucheintrag ein paar Monate bevor ich StevePav-
lina.com startete, als ich mir vorzustellen versuchte, wie
ich mit einer Webseite zum Thema persönliche Entwicklung Einkommen erzielen könnte. Es war interessant zu-
rückzuschauen und festzustellen, dass ich den Ansatz,
mit dem ich schließlich erfolgreich war, damals beinahe
aufgegeben hätte.

Medienfasten

Um die Konditionierung durch Medien zu verringern, empfehle ich ein 30-tägiges Medienfasten. Schalten Sie 30 Tage
lang nicht den Fernseher ein; lesen Sie keine Zeitungen,
Magazine und Online-Medien. Schotten Sie sich vollständig ab und beobachten Sie, was geschieht.

Ich habe meine eigenen Erfahrungen beim Medienfasten in dem Artikel »8 Changes I Experienced After Giving
Up TV« (**www.StevePavlina.com/notv**) dokumentiert. Indem ich 30 Tage lang kein Fernsehen einschaltete, konnte
ich mich auf wichtigere Aktivitäten konzentrieren, ich verbrachte mehr Zeit mit Freunden und ging öfter an die fri-

sche Luft. Die Erfahrung öffnete mir die Augen, und ich empfehle Ihnen sehr, dies ebenfalls auszuprobieren. Mehr Informationen über 30-Tage-Experimente gebe ich Ihnen in Kapitel 8.

* * *

Ich möchte dieses Kapitel über die Wahrheit abschließen, indem ich Ihnen eines meiner absoluten Lieblingsgedichte vorstelle. Es trägt den Titel »Der Kerl im Spiegel«. Ich habe es das erste Mal als Jugendlicher gelesen und es hatte eine große Wirkung auf mich. Ich hoffe, Ihnen gefällt es ebenso gut wie mir.

Wenn Du hast, was Du willst, im Kampf um Erfolg
und die Welt Dich einen Tag zum König macht:
Dann stell Dich vor den Spiegel und schau Dich dort an.
Und sieh, was der Mensch zu sagen hat.

Er ist nicht Dein Vater, Deine Mutter, Deine Frau.
Vor deren Urteil Du bestehen musst.
Der Mensch, dessen Meinung für Dich am meisten zählt,
ist der, der Dich im Spiegel anschaut.

Auf ihn kommt es an, kümmere Dich nicht um den Rest,
denn dieser Mensch ist bis zum Ende bei Dir.
Du hast die schwierigste Prüfung bestanden,
wenn der Mensch im Spiegel Dein Freund ist.

Du kannst es Jack Horner gleichtun
Und eine Pflaume stibitzen,
und denken, was für ein toller Kerl Du bist,
aber der Mensch im Spiegel sagt, Du bist nur ein Nichtsnutz,
wenn Du ihm nicht in die Augen schauen kannst.

Auf Deinem Lebensweg kannst Du die Welt betrügen,
Dir anerkennend auf die Schulter klopfen lassen:
Doch Dein Lohn werden Kummer und Tränen sein,
wenn Du den Mensch im Spiegel betrogen hast.

© 1934 Dale Wimbrow (1895–1954). Abdruck mit freundlicher
Genehmigung.

Ich empfehle Ihnen, die Anweisungen in der ersten Stro-
phe wörtlich zu befolgen. Stellen Sie sich vor einen Spiegel
und schauen Sie sich an. Ist die Person, die Sie aus dem
Spiegel anblickt, Ihr Freund?

Wenn Sie als Mensch wachsen wollen, müssen Sie sich
der Wahrheit verpflichten und alle Falschheit aufgeben.
Wahrheit fördert das Wachstum; Falschheit zerstört es.
Immer, wenn Sie das Gefühl haben, vom richtigen Weg abgekommen zu sein, sollten Sie innehalten und sich fragen: *Steht das, was ich denke und tue, im Einklang mit der*
Wahrheit? Wenn die Antwort nein lautet, sollten Sie alles
tun, um mehr Wahrheit, Bewusstheit und Akzeptanz in
Ihre gegenwärtige Situation zu bringen.

Wir wollen jetzt unsere Aufmerksamkeit auf das lenken, was uns in erster Linie dabei hilft, die Wahrheit zu
entdecken: das Prinzip der...

Kapitel 2:

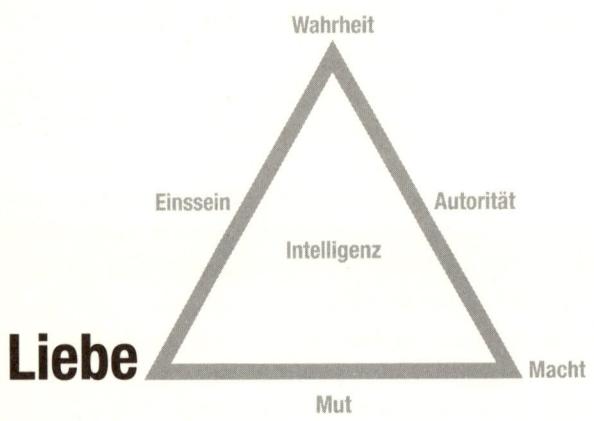

»*Alles gibt seine Geheimnisse preis,*
wenn wir es nur genug lieben.«

George Washington Carver

Liebe ist das zweite Grundprinzip der persönlichen Entwicklung. Zweifellos ist Liebe in erster Linie ein Gefühl,
aber es ist noch viel mehr. Mit jeder Begegnung haben wir
die Wahl, auf den anderen zuzugehen oder ihm die kalte
Schulter zu zeigen. Wir können versuchen, mit anderen
Menschen zu kommunizieren und uns mit ihnen zu verbinden, oder wir können stur sein und uns vor ihnen zurückziehen. Wir können voll in die Aufgaben eintauchen,
die uns jeden Tag erwarten, oder die Dinge verzögern und
aufschieben. Wir können bewusst auf eine Person oder
Sache zugehen und eine Beziehung herstellen oder reser-
viert bleiben und alles aus einer Distanz heraus betrach-

ten. Die Entscheidung, sich auf die Welt und andere Menschen einzulassen, ist das Wesen der Liebe.

Manchmal entsteht Liebe spontan. Wir fühlen uns zu einer bestimmten Person, Aktivität und Örtlichkeit hingezogen, ohne zu wissen warum. Aus irgendeinem Grund nehmen wir eine starke Verbindung wahr. Vielleicht machen wir eine neue Bekanntschaft und haben das Gefühl, dass sich daraus eine Freundschaft entwickeln könnte. Vielleicht fühlen wir uns besonders dazu hingezogen, Gitarre zu spielen, oder wir spüren eine tiefe Verbindung zu einem bestimmten Ort. Nicht immer können wir nachvollziehen, warum solche Gefühle in uns entstehen, aber Verbindungen zu knüpfen ist eindeutig ein integraler Bestandteil des menschlichen Lebens. Man könnte sogar so weit gehen, zu sagen, dass dies der wahre Grund ist, warum wir überhaupt hier sind.

Jeden Tag stehen wir vor der Entscheidung, die Verbindung herzustellen oder nicht. Wir bestimmen durch unsere Handlungen, worauf wir uns einlassen und was wir vermeiden. Reden wir mit unserem Partner oder widmen wir uns dem Fernsehprogramm? Verbringen wir unseren Urlaub wieder an unserem Lieblingsort oder fahren wir diesmal dorthin, wo wir noch nie waren? Beschäftigen wir uns mit unserem Haustier oder gehen wir lieber auf eine Party? Immer wenn wir uns dazu entschließen, eine Verbindung herzustellen, entscheiden wir uns gleichzeitig dafür, alle anderen Möglichkeiten außer Acht zu lassen.

Wenn Sie in Ihrer persönlichen Entwicklung bewusst wachsen wollen, müssen Sie sich gut überlegen, welche Verbindungen Sie verstärken und welche Sie abklingen lassen möchten. Von diesen Entscheidungen hängt es ab, welche Form Ihr Leben letztlich annimmt. Langfristig gesehen spiegelt Ihr Leben wider, womit Sie sich die meiste Zeit über verbinden. Sie richten sich von ganz allein stärker auf das Prinzip der Liebe aus, wenn Sie sich mit Ihren Verbindungen wohl fühlen.

Zusätzlich zur *Verbindung* gibt es noch zwei weitere wichtige Aspekte der Liebe: *Kommunikation* und *Anteilnahme*. In den nachfolgenden Abschnitten werden wir uns alle drei Elemente näher anschauen.

Verbindung

Um als Menschen wachsen zu können, müssen wir zu Meistern im Knüpfen zwischenmenschlicher Beziehungen werden. Wenn wir uns mit anderen verbinden, schenken wir ihnen unsere Aufmerksamkeit und lassen uns auf sie ein. Wir können uns jedoch nicht nur mit anderen Menschen verbinden, sondern auch mit Gruppen, Objekten, Orten, Ideen, Werten und Aktivitäten. Um die Verbindung herzustellen, bedarf es nur unserer Aufmerksamkeit. Denken Sie an Ihre Mutter. Denken Sie an Demokratie. Denken Sie an Ihr Lieblingslied. Richten Sie Ihre Aufmerksamkeit auf etwas und spüren Sie, wie Sie dadurch sofort mit dem Inhalt Ihrer Aufmerksamkeit verbunden sind.

Erinnern Sie sich daran, wie Sie als kleines Kind das physische Universum kennen gelernt haben? Sie schauten sich um und nahmen Gegenstände wahr, die Ihre Aufmerksamkeit auf sich zogen. Dann bewegten Sie sich auf sie zu, nahmen sie in die Hand und spielten mit ihnen. Sie erkundeten Ihre Umgebung durch direkte, »handgreifliche« Erfahrung. Wenn Sie etwas fanden, das Ihnen nicht gefiel, versuchten Sie es in Zukunft zu vermeiden. Wenn Sie Gefallen an etwas fanden, schenkten Sie ihm mehr Aufmerksamkeit. Manchmal führt allein unser geistiger Fokus dazu, dass wir uns in einen Zustand der Liebe begeben.

Als Erwachsene vergessen wir oft, dass wir uns unsere Wünsche am besten erfüllen, indem wir direkt auf das zugehen, was uns interessiert, und uns gezielt mit ihm verbinden. Aber anstatt das zu tun, stellen wir unsinnige Regeln auf, die unsere Fähigkeit begrenzen, uns mit dem zu verbinden, was wir gerne möchten. Wir gründen nicht unsere eigene Firma, weil es zu riskant ist. Wir können nicht mit jener Person sprechen, weil wir bereits eine Beziehung haben. Wir können uns nicht mit anderen Glaubenssystemen befassen, weil unsere Religion es verbietet.

Solche Verbote wurzeln in Angst und Nicht-Verbundenheit und haben keinen Platz in einem Leben, das auf bewusstem Wachsen beruht. Wenn wir uns dafür entscheiden, bewusst zu leben, stellen wir oft fest, dass unser konkretes Verhalten diesem Wunsch widerspricht. Aber wenn wir wirklich liebevoller werden wollen, müssen wir bereit sein, uns aktiver zu verbinden.

Viele meiner besten Erfahrungen mit persönlichem Wachstum stellten sich ein, als ich mich entschloss, mich mit etwas zu verbinden, das mir wichtig war, selbst wenn andere meine Entscheidung nicht guthießen. Ein gutes Beispiel dafür war mein Wunsch, Vegetarier zu werden. Eines Tages beschloss ich, mich einen Monat lang vegetarisch zu ernähren, weil es mich sehr interessierte, diese Erfahrung zu machen. Mir gefiel die vegetarische Lebensweise so gut, dass ich sie gleich beibehielt. Vier Jahre später ging ich sogar zu einer vollständig veganen Ernährung über. Die Entscheidung, mich mit etwas zu verbinden, das für mich attraktiv war, führte dazu, dass ich viele neue Menschen kennen lernte, mit denen ich gleiche Werte teilte. Außerdem konnte ich eine Ernährungsweise hinter mir lassen, die sich nicht mehr mit meinem wahren Selbst in Einklang befand. Ein paar Menschen kritisierten das, was ich tat, aber für mich war es die richtige Entscheidung.

Um zu lernen und zu wachsen, müssen wir die Freiheit haben, uns mit dem zu verbinden, was uns gefällt, und uns von dem zu trennen, was uns nicht gefällt. Niemand kann uns diese Freiheit geben. Sie ist unser Geburtsrecht als menschliche Wesen. Wir brauchen von niemandem die Erlaubnis dafür, selbst zu entscheiden, welche Verbindungen die besten für uns sind. Es liegt an uns, die Initiative zu ergreifen, uns mit dem zu verknüpfen, was wir uns wünschen, und uns von dem abzukoppeln, was uns nicht gefällt. Indem wir bewusst Verbindungen herstellen, die sich gut für uns anfühlen, geben wir dem Prinzip der Liebe immer mehr Raum in unserem Leben.

Kommunikation

Kommunikation ist das Mittel, mit dem wir Liebe ausdrücken. Das Wort selbst stammt vom Lateinischen »communicare«, wo es »mitteilen«, »gemeinsam machen« und »vereinigen« bedeutet. Es ist also nur natürlich, dass wir nach Gemeinsamkeiten Ausschau halten, wenn wir mit anderen kommunizieren. Für neue Verbindungen ist es von entscheidender Bedeutung, diese Gemeinsamkeiten ausfindig zu machen.

Kommunikation ist dann erfolgreich, wenn wir uns zunächst mit dem verbinden, was uns vertraut ist, um uns danach ins Unbekannte zu wagen. Wenn wir eine neue Person kennen lernen, besteht der erste Schritt darin, gemeinsame Interessen und Wertvorstellungen herauszufinden. Auf diese Weise entsteht ein Band des Vertrauens und der Freundschaft. Der nächste Schritt ist dann, Unterschiede festzustellen und aus ihnen zu lernen. Wer uns zu ähnlich ist, kann uns nicht viel lehren. Die besten Beziehungen bieten zahlreiche Gemeinsamkeiten als starkes Band, ermöglichen aber auch Wachstum in neue Richtungen.

Die intensivste Form der Kommunikation ist das mündliche Gespräch von Angesicht zu Angesicht. Auf diese Weise erfassen wir nicht nur den Inhalt, sondern auch den

Gesichtsausdruck und die Körpersprache. Ich fühle mich in der Regel tiefer mit Menschen verbunden, wenn ich mit ihnen direkt und nicht via Telefon oder E-Mail kommuniziere.

Es braucht seine Zeit, bis sich gute Kommunikationsfähigkeiten entwickeln. Je mehr wir kommunizieren, desto besser werden sie. Obwohl es spezielle Techniken gibt, die wir erlernen können, zum Beispiel lächeln, eine offene Körperhaltung und Blickkontakt, sollten wir nicht vergessen, dass der wesentliche Zweck von Kommunikation darin besteht, eine Verbindung mit der anderen Person herzustellen. Selbst wenn wir eine bestimmte Absicht verfolgen, wie zum Beispiel die andere Person zu überzeugen, ihr etwas beizubringen oder sie zu unterhalten, besteht der erste Schritt immer darin, ein gefühlsmäßiges Band zu knüpfen. Große Redner, gute Lehrer und Entertainer versuchen zunächst das Eis zu brechen und eine Beziehung zu ihrem Publikum aufzubauen; erst wenn das geglückt ist, konzentrieren sie sich auf ihr eigentliches Thema.

Eine authentische Kommunikation erfordert gegenseitiges Verstehen, das in Liebe und Vertrauen wurzelt; andernfalls können wir die Wahrheit nicht mit anderen teilen. Es genügt nicht, dass wir einfach nur unsere Meinung darlegen und davon ausgehen, der andere würde uns schon verstehen und das, was wir sagen, akzeptieren. Es reicht ebenfalls nicht, nur aufmerksam zuzuhören und anzunehmen, dass man das Gesagte schon verstanden hat. In einer guten Kommunikation existiert ein liebevolles Band zwischen der Person, die spricht, und der Person, die zuhört.

Es gibt nur wenige Dinge im Leben, die uns mehr erfüllen, als wenn wir mit einer anderen Person bewusst kommunizieren. Das Gespräch ist dann frei von Ego-Spielchen, falschen Fronten oder manipulativen Taktiken. Beide Ge-

sprächspartner lassen sich voll aufeinander ein, um zu
lernen und zu wachsen. Sobald wir solch eine offene, liebevolle Kommunikation mit einem anderen Menschen erfahren haben, ist es schwer, sich mit weniger zufrieden zu
geben.

Anteilnahme

Anteilnahme ist das tiefe Gefühl der Verbundenheit, das
die emotionale Seite der Liebe erst möglich macht. Es ist
das herrliche Empfinden der Vollständigkeit, das dadurch
entsteht, dass unser wahres Selbst mit dem wahren Selbst
des anderen verschmilzt.

Schauen Sie sich die Beziehung zu einer anderen Person an. Wo existiert sie eigentlich? Sie existiert nicht in der
äußeren Welt. Sie können nicht auf die Beziehung zeigen
und sagen:»Da drüben, das ist meine Beziehung!« Sie existiert einzig und allein in Ihren Gedanken. Konsequenterweise hat die Verbindung zu einer anderen Person die Bedeutung, die Sie ihr in Ihrem Denken und Fühlen geben.
Die Beziehung wird real durch die Bedeutung, die Sie ihr
geben. Wenn Sie nicht mehr an sie glauben, dann existiert
sie auch nicht mehr, auch wenn es äußerlich noch den Anschein hat. Die physische Verbindung mag bestehen bleiben, wie zum Beispiel eine bestimmte Wohnsituation, aber
die wahre menschliche Verbindung ist zerbrochen.

Wenn wir begreifen, dass es keine äußeren Beziehungen
gibt und alle Verbindungen ausschließlich im Geist existieren, dann wird uns auch bewusst, dass der wahre Sinn
von Beziehungen darin liegt, mehr über uns selbst zu erfahren. Immer wenn wir in irgendeiner Form kommunizieren, erkunden wir in Wahrheit verschiedene Aspekte von
uns selbst. Wenn wir eine starke Verbundenheit zu einer
anderen Person spüren, verbinden wir uns in Wahrheit mit

einem wichtigen Teil in uns selbst. Indem wir an anderen
teilnehmen, lernen wir uns selbst mehr zu lieben.

Jeden Tag bekomme ich über meine Webseite sehr viel
Feedback per E-Mail. Die meisten Absender haben mich
persönlich nie getroffen, geschweige denn ein Wort mit
mir gewechselt. Da ich jedoch viele persönliche Informationen über das Internet mitteile, betrachten mich manche
von ihnen als engen Freund, weil sie viel über mich wissen. Daher schreiben sie mir aus der Perspektive, dass
zwischen uns bereits ein Band der Liebe besteht. Wenn sie
mich das erste Mal kontaktieren, teilen sie mir oft Dinge
über sich selbst mit, die sie noch nicht einmal ihrem Partner erzählen würden. In ihren Gedanken nehmen sie schon
seit Monaten oder Jahren so stark Anteil an mir, dass sie
sich wohl damit fühlen, mit mir über private Angelegen-
heiten zu sprechen. Und natürlich gebe ich mein Bestes,
um die liebevolle Atmosphäre zu erwidern, in der die Kommunikation geschieht.

Aus meiner persönlichen Perspektive hat sich jedoch
sogar eine noch größere Veränderung ergeben. Wenn ich
mich selbst besser kennen lerne, indem ich meine Gedanken durch das Schreiben erkunde, beobachte ich, dass sich
meine äußere Welt ebenfalls verändert, um mein inneres
Wachstum zu reflektieren. Anstatt mit oberflächlichem Geplauder zu beginnen, kommen die Menschen sofort auf die
Themen zu sprechen, die ihnen am Herzen liegen. Selbst
Jugendliche kommunizieren mit mir auf diese Weise. Je
mehr ich im Inneren mit mir selbst kommuniziere, desto
tiefer werden die Beziehungen zu anderen Menschen.
Heutzutage bieten sich mir unzählige Gelegenheiten, tief-
gründige menschliche Verbindungen herzustellen und
aufrechtzuerhalten. Im Laufe der Jahre gab es eine Flut
von Belegen dafür, dass unsere Beziehungen zu anderen
Menschen immer die Beziehung widerspiegeln, die wir zu
unterschiedlichen Teilen von uns selbst haben. Wenn Sie

Schwierigkeiten haben, in der Außenwelt mit Menschen in Kontakt zu kommen, dann kann das sehr gut daran liegen, dass Sie im Inneren nicht genug mit sich selbst in Kontakt sind. Wenn Sie lernen, mit sich liebevoll im Inneren verbunden zu sein, wird es Ihnen viel leichter fallen, auch zu anderen Menschen ein Band zu knüpfen.

Sobald wir begreifen, dass alle Beziehungen innerhalb von uns »ablaufen«, können wir uns bewusst dafür entscheiden, sie uns selbst anders darzustellen, wodurch sich auch die äußerliche Manifestation verändert. Wenn wir uns nicht mit unserem wahren Selbst verbunden fühlen, werden auch unsere zwischenmenschlichen Beziehungen nicht von einem Gefühl der Verbundenheit gekennzeichnet sein. Wenn wir möchten, dass unsere menschlichen Beziehungen voll von Liebe und Akzeptanz sind, müssen wir lernen, mehr Aspekte in uns selbst zu lieben und zu akzeptieren.

Sich selbst bedingungslos zu lieben, ist das Ergebnis einer bewussten Entscheidung. Wir haben die Freiheit, diesen Entschluss jeden Tag in jedem Moment zu treffen. Wir müssen uns nicht mit Situationen abfinden oder bestimmte Konventionen einhalten. Aber um diese Entscheidung bewusst treffen zu können, müssen wir uns selbst besser kennen lernen. Welche verborgenen Eigenschaften Sie bei sich selbst auch entdecken werden, Sie sind und bleiben es immer wert, geliebt zu werden.

Hindernisse, die der Liebe im Wege stehen

Bestimmte Probleme können dazu führen, dass es uns schwerfällt, neue Verbindungen einzugehen und bestehende zu vertiefen, denn sie tragen dazu bei, dass wir uns ständig in einem Zustand der Abgetrenntheit befinden. Hier sind ein paar der stärksten Hindernisse und Blockaden, die bewirken, dass wir nicht im Einklang mit der Liebe sind.

Die Vorstellung, getrennt zu sein

Sich bewusst mit anderen zu verbinden, ist sehr schwer, wenn unser Geist mit Gedanken übersät ist, die ihn in einem abgetrennten Zustand halten. Die Annahme, dass wir von Natur aus alle getrennte Wesen sind, ist einer der schrecklichsten Gedanken, die wir überhaupt haben können. Die Überzeugung, von anderen getrennt zu sein, wird zu einer sich selbst erfüllenden Prophezeiung. Ein derartig abgetrennter Geisteszustand bringt Verhaltensweisen hervor, die einen abgetrennten Lebensstil nur noch weiter zementieren. Anstatt auf liebevolle Weise auf andere zuzugehen, halten wir uns ängstlich zurück. Anstatt jemanden in den Arm zu nehmen, begnügen wir uns mit einem Handschlag. Anstatt aktiv ein Gespräch anzufangen, warten wir passiv darauf, dass unser Gegenüber den ersten Schritt macht.

Es ist wichtig zu erkennen, dass die Vorstellung, jeder sei ein komplett von allen anderen getrenntes Wesen, eine unbewiesene Annahme ist. Wenn Sie schlafen und träumen, nehmen Sie dann auch an, dass die Charaktere im Traum getrennte Wesen sind, die sich von Ihnen unterscheiden? Vielleicht nehmen Sie es an, während Sie schlafen, aber wenn Sie aufwachen, wissen Sie, dass es nicht wahr ist. Die Traum-Charaktere sind lediglich Projektionen Ihres Geistes. Sie existieren nur in Ihrem Inneren und sind nicht von Ihnen getrennt. Was geschieht nun, wenn Sie diesen Geisteszustand mit in die Welt des Wachseins nehmen?

Es steht nirgendwo in Stein geschrieben, dass alle anderen von uns getrennt sind. Wenn wir stattdessen davon ausgehen, dass alle anderen (so wie die Charaktere in unseren Träumen) ein Teil von uns sind, geschieht etwas Magisches. Als Erstes stellen wir fest, dass es keine Fremden gibt. In unserer Realität exisieren keine unbedeutenden

Personen. Da jeder ein Teil von uns ist, hat uns jeder etwas zu lehren. Eine andere Person zu lieben ist dasselbe wie einen Teil von uns selbst zu lieben. Da jeder Teil von uns liebenswürdig ist, ist auch kein Mensch der Liebe unwürdig. Andere und sich selbst zu lieben ist letztlich genau dasselbe.

Als ich Anfang zwanzig war, bekam ich die einmalige Gelegenheit, eine besondere Frau kennen zu lernen. In einem unserer ersten Gespräche stellte sich heraus, dass es mir sehr leicht fiel, mich dieser Frau zu öffnen. Ich hatte keine Ahnung, warum, aber ich fühlte mich in ihrer Nähe absolut sicher und vertraute ihr uneingeschränkt. Wir wurden von einem Tag auf den anderen enge Freunde – und das meine ich wortwörtlich. Ich hatte noch nie erlebt, dass ich mich so tief und so schnell mit einer anderen Person verbunden habe.

Im Laufe der folgenden Monate fiel mir auf, dass diese Frau in der Lage war, eine ähnlich enge Beziehung zu fast allen aufzubauen, mit denen sie zu tun hatte. Völlig fremde Menschen fingen an, ihr schon in den ersten zehn Minuten eines Gesprächs ihre Lebensgeschichte zu erzählen. Ich fragte sie, wie das nur möglich sei, und sie erklärte mir, es sei das Resultat der besonderen Einstellung, die sie gegenüber anderen Menschen habe. Sie wusste, dass wir alle tief im Inneren ein bestimmter Teil desselben Ganzen sind. Daher brauchte sie gar keine neuen Beziehungen zu Menschen knüpfen, sondern setzte gleich an der Verbindung an, die ihrer Meinung nach bereits bestand. Ihre geistige Haltung verband sie stark mit dem Prinzip der Liebe, denn sie ging davon aus, dass jeder schon in einer liebevollen Beziehung mit ihr war.

Diese Vorstellung war mir damals völlig fremd, denn ich glaubte fest daran, dass wir alle getrennte Individuen sind. Um eine wirkliche Verbindung zu jemandem herstellen zu können, musste man zueinander passen und genügend Zeit, gemeinsame Interessen und ein wenig Glück haben. Manchmal kam eine Verbindung zustande, manchmal nicht. Dennoch konnte ich das, was diese Frau erlebte, nicht leugnen.

Schließlich gelang es mir, meine Skepsis zu überwinden, und ich versuchte mir vorzustellen, dass ich bereits mit allen verbunden war. Es war nicht gerade leicht, dies konstant zu beherzigen, aber je öfter ich es mir vorstellte, desto wirklicher wurde es. Emotional verwandelte ich mich in eine liebevollere Person. Ich fand leichter neue Freunde, und mein soziales Leben war erfüllt wie nie. Manchmal wusste ich bereits, wenn ich jemanden zum ersten Mal traf, dass wir gute Freunde werden würden. Fast automatisch verhielt ich mich gegenüber Menschen, die ich gerade kennen gelernt hatte, so, als wären wir schon jahrelang miteinander befreundet, und mir fiel auf, dass sie mich ähnlich behandelten.

Natürlich handelte es sich bei dieser besonderen Frau, die mir beigebracht hatte, mich mit allen zu verbinden, um Erin, die seit 1998 meine Frau ist. Sie spricht immer noch mit allen, als seien sie ein Teil ihrer eigenen Seele – und zwar unabhängig von ihrer beruflichen Position, Persönlichkeit oder der äußeren Erscheinung. Kaum eine Woche vergeht, in der sie nicht mit jemandem zusammen am Telefon oder in direkter Gegenwart weint, weil sie eine tiefe persönliche Verbindung miteinander haben. Indem sie sich mit dem Prinzip der Liebe verbindet, kann sie anderen dabei helfen, in einer relativ kurzen Zeitspanne enorm zu wachsen.

Wir können uns sehr leicht mit anderen Menschen verbinden, indem wir davon ausgehen, dass die Verbindung bereits besteht. Anstatt erst das Eis brechen zu müssen, können wir einfach annehmen, dass es gar kein Eis gibt. Auf einer bestimmten Ebene sind wir bereits miteinander in Kontakt. Je mehr Sie dieser Betrachtungsweise folgen, desto mehr fremde Menschen werden auf Sie zukommen und Sie in ein Gespräch verwickeln. Wenn wir uns liebevoll mit anderen verbunden fühlen, behandeln uns andere auch auf die gleiche Weise.

Es gibt eine Fähigkeit, die wir mit Geduld und Praxis entwickeln können. Wir brauchen nicht blind an die Philosophie zu glauben, die dieser Vorstellung zugrunde liegt, um Nutzen aus ihr ziehen zu können. Wir müssen nur unsere Vorstellungskraft aktivieren. Wenn Sie das nächste Mal mit einer Gruppe von Menschen zusammen sind, können Sie sich vorstellen, dass jede Person darin bereits von Natur aus mit Ihnen verbunden ist. Gehen Sie davon aus, dass das Band der Liebe bereits existiert, und schauen Sie, was passiert.

Angst vor Zurückweisung

Die Angst vor Zurückweisung macht normale soziale Interaktionen zu einer gigantischen Bedrohung. Sie erzeugt Gefühle der Leere, Einsamkeit und Isolation und unterminiert unseren positiven Wunsch, mit anderen Menschen in Kontakt zu treten. Auf diese Weise wird unsere Verbindung mit dem Prinzip der Liebe gekappt.

Gibt es irgendetwas, das aus sich heraus gefährlich sein könnte, wenn wir auf eine andere Person zugehen und sagen: »Hallo, mein Name ist Steve. Ich glaube, wir kennen uns noch nicht. Wie heißen Sie?« Vielleicht glaubt die andere Person spontan, wir wollten ihr etwas verkaufen, und bleibt skeptisch, aber meistens ist sie interessiert genug, dass sich ein Gespräch entwickeln kann. Im schlimmsten Fall geht die entsprechende Person einfach weiter, und nichts geschieht. Im besten Fall gewinnen Sie einen faszinierenden Freund fürs Leben. Wie oft können wir es uns leisten, eine solche Wette einzugehen? Wenn wir unser

Herz öffnen und mit Liebe kommunizieren, werden wir mit Sicherheit auf andere Menschen stoßen, die uns auf die gleiche Weise antworten.

Die Ironie dabei ist, dass gerade dann, wenn wir uns getrennt und abgeschnitten fühlen, das Heilmittel darin besteht, mit anderen Kontakt aufzunehmen. Je mehr Zeit wir mit optimistischen, interessierten und fröhlichen Menschen verbringen, desto mehr sinkt die Wahrscheinlichkeit, dass wir uns niedergeschlagen fühlen. In Wirklichkeit ist unsere Nicht-Verbundenheit mit anderen Menschen ein Zeichen dafür, dass wir mit den besten Teilen von uns selbst nicht verbunden sind.

Sie sind ein wertvoller Mensch. Wenn Sie deshalb nicht mit anderen in Beziehung treten, weil Sie Angst davor haben, zurückgewiesen zu werden, dann nehmen Sie anderen die Möglichkeit, Sie kennen zu lernen. Viele Menschen würden gerne mit Ihnen Kontakt aufnehmen. Sie brauchen jemanden, der sie versteht und daran erinnert, dass sie nicht allein sind. Wenn Sie mit anderen in Verbindung treten, geben Sie ihnen genau das, was sie sich wünschen. Auf andere zuzugehen, birgt ein geringfügiges Risiko, aber der langfristige Nutzen ist so groß, dass der Misserfolg nur dadurch zustande kommt, dass Sie es gar nicht erst versuchen. In Kapitel 3 und 6 lernen Sie, wie Sie genügend Mut aufbauen können, um dieses weit verbreitete Hindernis zu überwinden.

Unverträglichkeit

Obgleich es möglich ist, mit buchstäblich jedem Menschen auf einer tieferen Ebene in Beziehung zu treten, ist es leichter, mit denjenigen zu kommunizieren, die etwas mit uns gemein haben. Eine gemeinsame Kultur, gemeinsame Werte und ein ähnliches Temperament schmieren die Räder

der Kommunikation. Sie erleichtern es, neue Verbindungen herzustellen und existierende zu vertiefen. Wenn Sie Ihr Leben mit neuen Freundschaften bereichern wollen, dann ist es günstig, sich dafür die Menschen auszusuchen, die zu Ihnen passen, besonders im Hinblick auf Charaktereigenschaften, Wertvorstellungen und die allgemeine Geisteshaltung.

Haben Sie sich jemals dabei beobachtet, dass Sie zustimmend nicken, wenn jemand anderes etwas sagt, auch wenn Sie nicht mit allem übereinstimmen, was diese Person sagt? Sie wissen, wenn Sie selbst den Mund aufmachen und ihre eigene Meinung kundtun würden, dann hätten diese Worte nicht das gleiche Gewicht. Das ist eine verbreitete Erfahrung, wenn wir mit Menschen kommunizieren, deren Werte sich nicht mit unseren vertragen. Wenn keine grundlegende Übereinstimmung vorhanden ist, wird die Kommunikation zäh, die Missverständnisse häufen sich, und es wird schwierig, mit Wahrheit und Liebe in Kontakt zu bleiben.

Wenn Sie weiter in Ihrer Persönlichkeit wachsen, werden sich Ihre Vorlieben und Verträglichkeiten sicherlich verändern. Das ist nicht weiter schlimm. Zögern Sie nicht, alle Gruppen, Personen, Arbeitsplätze und Aktivitäten aufzugeben, die nicht länger in Einklang mit Ihnen sind – und schon bald werden sich Gelegenheiten ergeben, die besser zu Ihnen passen. Wenn Sie das Gefühl haben, es sei Zeit, sich zu verändern, sollten Sie das, was Sie zurücklassen wollen, in Liebe loslassen. Entfernen Sie die Verbindung aus dem Bereich der direkten Interaktion und machen Sie sie zu einer zeitlosen, geschätzten Erinnerung. Speichern Sie dann diese Erinnerung ab und bereiten Sie sich auf etwas Neues vor.

Der Prozess des Loslassens kann sehr schwierig sein, aber er ist ein zentraler Teil des persönlichen Wachstums. Wenn Sie sich nicht von Unverträglichkeiten verabschieden, führen Sie ein Leben, in dem Sie bestimmte Dinge und Zustände nur ertragen. Dadurch verhindern Sie, dass sich neue Verbindungen bilden, die zu Ihnen passen. Darüber hinaus würden Sie sich nur noch mehr von sich selbst abtrennen. Ertragen ist kein Akt der Liebe, sondern die Weigerung, sich selbst zu lieben.

Wenn wir unser Leben mit Beziehungen füllen, die zu uns passen, geschieht etwas sehr Kraftvolles. Zunächst einmal fühlen wir uns liebevoll unterstützt und ermutigt, uns authentisch auszudrücken. Zweitens wird es einfacher, mit den Menschen umzugehen, die nicht so gut zu uns passen, da wir wissen, dass wir eine stabile Grundlage an Beziehungen haben, auf die wir bauen können. Jesus beispielsweise hat mit Menschen kommuniziert, die völlig andere Wertvorstellungen hatten als er selbst, dennoch verbrachte er die meiste Zeit mit seinen Aposteln, die ihn unterstützten und an ihn glaubten. Vielleicht war Judas nicht gerade ein guter Verbündeter, aber 11 von 12 ist keine schlechte Quote! Wie würden Sie sich fühlen, wenn Sie ein Dutzend loyaler Freunde hätten, die Sie *Herr* und *Meister* nennen und wie einen Lehrer und Retter behandeln würden? Würde Ihnen das nicht helfen, mit der Liebe verbunden zu bleiben? Warten Sie nicht darauf, dass Ihnen liebevolle Beziehungen in den Schoß fallen. Gehen Sie hinaus und schaffen Sie sich diese Beziehungen bewusst!

Mangel an sozialen Fähigkeiten

Wenn Sie sich im sozialen Kontakt mit anderen Menschen nicht wohlfühlen und es Ihnen schwerfällt, mit anderen warm zu werden, dann mag das einfach an mangelhafter Erfahrung liegen. Wie bei jeder anderen erlernbaren Fähigkeit entwickeln sich auch gute Kommunikationseigenschaften nur in der täglichen Praxis.

Obgleich es viele Bücher darüber gibt, wie wir unsere sozialen Fähigkeiten verbessern können, möchte ich keines wirklich empfehlen, denn nahezu alle Autoren beschränken sich auf gute Ratschläge und Tipps, zum Beispiel wie man ein Gespräch anfängt, welche Fragen man am besten stellt oder wie man die Körpersprache seines Gegenübers interpretiert. Wer solche Methoden benutzt, beschränkt sich nur auf die oberflächlichen Aspekte der Kommunikation und wirkt dadurch oft seicht und aufgesetzt. Wenn wir versuchen, auf einer niedrigen Stufe mit Hilfe dümmlicher Techniken mit anderen in Beziehung zu treten, werden wir nur besser darin, langweilige Gespräche zu beginnen, die niemandem etwas bringen.

In der richtigen geistigen Verfassung müssen wir nicht die Verhaltensweisen anderer nachahmen. Mit genug Übung werden wir uns in den unterschiedlichsten sozialen Situationen wohlfühlen. Und sobald wir uns wohlfühlen, drücken wir uns auf natürliche Weise aus. Locker und entspannt zu sein, ist die beste Grundlage für eine erfolgreiche zwischenmenschliche Kommunikation.

Wenn wir vollkommen damit zufrieden sind, wer wir sind, tritt das Ego immer mehr in den Hintergrund. Wir machen uns keine Sorgen mehr darüber, wie wir aussehen, wie wir uns anhören oder was andere wohl über uns denken. Wir konzentrieren uns auf den Inhalt des Gesprächs und auf den Menschen, mit dem wir uns unterhalten. Dabei macht es keinen Unterschied, ob wir mit einem alten Freund sprechen oder vor Hunderten von Leuten einen Vortrag halten.

Um unsere sozialen Fähigkeiten entwickeln zu können, müssen wir einen Zustand herstellen, der es uns erlaubt, dass unser natürlicher Kommunikationsstil zur Geltung kommt. Am besten fangen wir damit in einer Gruppe an, deren Mitglieder uns wohlgesonnen sind und in der wir uns wohlfühlen. Entwickeln Sie Ihre Fähigkeiten in einer

solchen Gemeinschaft und nutzen Sie dann Ihre Verbindungen, um auch in Bereiche vorzudringen, in denen Sie
sich nicht so wohlfühlen.

Ein junger Mann, der beispielsweise zu schüchtern ist,
um Frauen anzusprechen, bemerkt vielleicht, dass er ganz
natürlich mit den anderen Teilnehmern eines Online-Com-
puterspiels kommuniziert. In der Welt der Spiele fällt es
ihm leichter, mit der Liebe verbunden zu bleiben, weil er
die Liebe zum Spiel schon mitbringt. Um Erfahrung im
Kontaktaufnehmen mit Frauen zu sammeln, kann er sich
vornehmen, die weiblichen Mitspieler zu kontaktieren,
selbst wenn diese Tausende von Kilometern entfernt sind.
Als nächsten Schritt kann er ein paar dieser Freundschaften vertiefen und sie aus der Spielewelt herausnehmen,
indem er zum Schreiben von E-Mails und zum Telefonie-
ren übergeht. Sobald er sich mit diesen Verbindungen
wohlfühlt, kann er sich einem örtlichen Spiele- oder Com-
puterclub anschließen und Frauen von Angesicht zu Angesicht kennen lernen. Indem er seine Komfortzone Schritt
für Schritt ausweitet, kann er sein soziales Netzwerk immer mehr ausdehnen.

Indem Sie in einem Rahmen beginnen, der zu Ihnen
passt (in dem es Ihnen nicht schwerfällt, mit der Liebe verbunden zu bleiben), und dann Ihre Fühler immer mehr
über den Rand hinaus ausstrecken, können Sie Ihre sozialen Fähigkeiten enorm verbessern. Wenn Sie Erfahrungen
in neuen Situationen machen, verliert das Unbekannte seinen Schrecken, und der Grad Ihres Wohlbefindens steigt.
Dieser Prozess kann für den Rest Ihres Lebens weitergehen und muss niemals wirklich aufhören. Ein lebenslanges
persönliches Wachstum kann sogar als eine ständige Expansion liebevoller Verbindungen betrachtet werden.

Wie Sie die Beziehung zu anderen vertiefen

Hier sind ein paar spezielle, nicht-manipulative Methoden, die Sie dazu gebrauchen können, Ihre Fähigkeit zu verstärken, sich mit anderen in Liebe zu verbinden. Einige der Übungen werden Ihnen dabei helfen, neue Kontakte herzustellen, während andere dafür nützlich sind, bestehende Beziehungen zu vertiefen.

Die Verbindungs-Übung

Dies ist eine sehr einfache Übung zur Verbesserung Ihrer Kontaktfähigkeit. Denken Sie an eine Person, die Sie bereits kennen und lieben. Wenn Sie eine solche Person nicht aus dem Hut zaubern können, können Sie auch an jemanden denken, den Sie bewundern und respektieren. Stellen Sie sich diese Person nun geistig vor und senden Sie ihr Liebe. Stellen Sie sich diese Liebe als eine positive Energie vor, die aus Ihnen herausströmt. Fühlen Sie die Verbindung, die bereits zwischen Ihnen und der anderen Person besteht. Erkennen Sie, dass Sie beide ein Teil desselben Ganzen sind. Schwelgen Sie einen Moment lang in diesem Gedanken und achten Sie darauf, wie gut er sich anfühlt.

Machen Sie nun die folgende Übung: Stellen Sie sich einen alltäglichen Gegenstand vor, mit dem Sie keine besonderen Gefühle verbinden, zum Beispiel einen Bleistift oder einen Kugelschreiber. Wählen Sie ein solches Objekt in Ihrer Reichweite aus und nehmen Sie es in die Hand. Betrachten Sie es und fühlen Sie die nicht-physische Verbindung, die bereits zwischen Ihnen existiert. Stellen Sie sich vor, dass dieses Objekt ein Teil von Ihnen ist. Auf einer bestimmten Ebene gibt es keinen Unterschied zwischen Ihnen und dem Objekt. Senden Sie ihm Ihre Liebesenergie und sagen Sie zu ihm »Ich liebe dich« und »Du bist wunderschön.« Dies mag ein wenig merkwürdig klingen, aber Sie werden feststellen, dass es sich trotzdem gut anfühlt. Wenn Sie einen alltäglichen Gegenstand so einfach lieben können, was und wen können Sie dann noch alles lieben?

Betrachten Sie weiterhin das Objekt in Ihrer Hand. Stellen Sie sich – während Sie ihm weiterhin liebende Gedanken schicken – vor, dass Sie im Gegenzug auch seine Liebe empfangen. Tun Sie einfach so, als würde der Gegenstand Ihre Liebe erwidern. Sie könnten sich vorstellen, wie er sagt: »Ahhh… ich liebe dich auch.« Nehmen Sie die liebevolle Verbindung zwischen Ihnen und dem Objekt wahr und achten Sie darauf, wie gut sie sich anfühlt.

Die Wahrheit ist, dass wir absolut alles lieben können. Liebe ist nicht etwas, was uns zufällig geschieht. Liebe ist die bewusste Entscheidung, die tiefe nicht-physische Verbindung anzuerkennen, die alle und alles miteinander vereint. Lieben bedeutet zu sagen: »Wir sind alle gleich.«

Erzähle ich Ihnen das alles, damit Sie sich in Ihre Möbel verlieben? Nein, ich möchte Sie nur dazu ermutigen, eine innere Haltung einzunehmen, die es einfacher für Sie macht, Liebe zu geben und zu empfangen. Es ist einfacher, die Liebe als etwas zu betrachten, das bereits existiert, als anzunehmen, dass wir sie erst aus dem Nichts erzeugen müssen.

Die Zeitreise-Meditation

Dies ist eine Meditationsübung, die mir sehr gut gefällt. Ich glaube, dass sie auch Ihnen sehr gefallen wird. Suchen Sie zunächst einen Ort auf, an dem Sie sich körperlich entspannen können. Legen Sie sich hin oder setzen Sie sich auf einen bequemen Stuhl oder in einen gemütlichen Sessel, schließen Sie Ihre Augen und atmen Sie für ein paar

Minuten tief ein und aus. Stellen Sie sich nun gedanklich einen Raum vor, in dem zwei Stühle einander gegenüberstehen. Sie sitzen in dem einen Stuhl, und in dem anderen sitzt Ihr zukünftiges Ich – die Person, die Sie in fünf Jahren sein werden. Ihr zukünftiges Ich weiß alles, was Sie wissen, und darüber hinaus, was Ihnen in den nächsten fünf Jahren zustoßen wird. Stellen Sie sich nun vor, dass Sie sich mit dieser Person unterhalten. Fragen Sie alles, was Sie wissen wollen, und hören Sie gut auf die Antworten.

Wenn das Gespräch beendet ist, bitten Sie Ihr zukünftiges Ich, sich zu erheben und den Raum zu verlassen. Stellen Sie sich nun vor, dass Ihr vergangenes Ich von vor fünf Jahren hereinkommt und Platz nimmt. Sie sind jetzt das zukünftige Ich *dieser* Person. Denken Sie einen Moment lang darüber nach, was dieses vergangene Ich in der Zwischenzeit alles durchgemacht hat. Wie sah Ihr Leben vor genau fünf Jahren aus? Stellen Sie sich vor, dass Ihr vergangenes Ich Ihnen Fragen darüber stellt, wie Ihr Leben weitergegangen ist. Sehen Sie, wie Sie seine Fragen mit Mitgefühl, Verständnis und Bestärkung beantworten. Erzählen Sie von den Herausforderungen, die in den nächsten Jahren auf Ihr vergangenes Ich warten – Herausforderungen, die Sie bereits bestanden haben.

Wenn auch dieses Gespräch zu Ende ist, kommt Ihr zukünftiges Selbst wieder herein, und alle drei Ich-Versionen stehen auf. Ihre Körper fangen an zu glühen und durchscheinend zu werden. Sie verschmelzen ineinander zu einem einzigen Lichtwesen. Wenn dies passiert, kann es sein, dass intensive Gefühle in Ihnen hochkommen. Ihre drei Ich-Versionen sind nun ein integriertes Ganzes, ein Einzelwesen, das außerhalb der Zeit existiert. Dieses Wesen ist Ihr wahres Selbst.

Ich empfehle Ihnen, diese Meditation wenigstens einmal auszuprobieren, selbst wenn Sie noch nie zuvor meditiert haben. Sie hilft Ihnen dabei, die zeitlose Dimension

Ihrer Existenz zu begreifen – dass Sie mehr sind als ein körperliches Wesen, das sich durch die Zeit bewegt. Wenn Sie sich dessen bewusst sind, werden alle Sorgen von Ihnen abfallen und von Gefühlen der Ausdehnung und der Verbundenheit ersetzt werden.

Sich gemeinsam austauschen

Sie können sich in Liebe mit einer anderen Person verbinden, indem Sie sich einfach miteinander austauschen. Unterhalten Sie sich. Sprechen Sie über ihre Erfahrungen. Erzählen Sie sich gegenseitig Geschichten. Lachen Sie miteinander. Essen Sie gemeinsam. Spielen Sie zusammen. Teilen Sie sich Ihre Gefühle und Gedanken mit. Das Leben ist voller Gelegenheiten, um interessante Momente mit anderen Menschen zu erleben.

Haben Sie keine Angst, die Initiative zu ergreifen. Es kann vorkommen, dass Sie jemanden zum Mittagessen einladen, diese Person aber ablehnt. Lassen Sie sich davon nicht aus der Fassung bringen, sondern laden Sie einfach jemand anderen ein. Schon bald werden Sie auf die Person stoßen, die Ihre Initiative freudig begrüßt.

Eine beliebte Form, etwas mit einem anderen Menschen zu teilen, besteht darin, etwas zusammen zu unternehmen – sich zu einem Rendezvous verabreden, auf eine Party gehen oder zusammen in den Urlaub fahren. Dies kann zu bleibenden Erinnerungen führen, die die Beziehung weiter stärken. Gemeinsame Unternehmungen schaffen Vertrauen, und Vertrauen führt zu einem stärkeren zwischenmenschlichen Band.

Geistiges Vorspulen

Wenn Sie die Beziehung zu einer Person, die Sie gerade kennen gelernt haben, vertiefen möchten, können Sie sich Ihr Verhältnis zu dieser Person geistig vorspulen. Stellen Sie sich, wenn Sie allein sind, ein paar Minuten lang vor, dass Sie beide schon mehrere Jahre lang gute Freunde sind. Nehmen Sie das, was Sie bereits über die Person wissen, und projizieren Sie es in die Zukunft. Wenn Sie zum Beispiel wissen, dass die andere Person gerne Golf spielt, können Sie sich vorstellen, dass Sie oft zusammen Golf spielen und dabei auf Ihrer Lieblingsbahn viele positive Erfahrungen machen. Fühlen Sie, wie das emotionale Band zwischen Ihnen immer stärker wird. Wenn Sie die andere Person das nächste Mal sehen, werden Sie wahrscheinlich das Gefühl haben, dass Ihre Freundschaft bereits stärker geworden ist. Ihr Gegenüber wird dieses Gefühl vielleicht ebenfalls verspüren.

Das Vorspulen ist eine natürliche Methode, die Sie wahrscheinlich bereits benutzen, ohne auch nur einen Moment darüber nachzudenken. Es ist normal, sich in Tagträumen über eine mögliche Zukunft mit einer Person, die man mag, zu ergehen – besonders, wenn man romantische Hintergedanken hat. Aber Sie können das Vorspulen auch bewusst nutzen, um eine liebevolle Beziehung zu einem neuen Freund, einer Bekanntschaft oder einem Geschäftspartner aufzubauen.

Gefühle direkt bekennen

Diese Methode erfordert ein wenig Mut, aber wenn Sie sie benutzen, funktioniert sie meist bestens. Das direkte Bekennen besteht darin, einer anderen Person verbal seine Zuneigung zu gestehen. Sagen Sie zum Beispiel während eines Gesprächs einfach: »Weißt du, du bist wirklich ein guter Freund.« Wenn zwischen Ihnen nicht gerade eine unterschwellige Abneigung besteht, reagiert die andere Person darauf fast immer positiv. Wenn diese Empfindungen offen ausgesprochen sind, haben Sie wahrscheinlich das Gefühl, dass Ihre Beziehung zu der anderen Person eine neue Ebene erreicht hat.

Schon sehr früh in unserer Verbindung habe ich diesen Ansatz in Bezug auf Erin benutzt. Wir hatten noch nicht einmal unser erstes richtiges Rendezvous, da sagte ich eines Abends am Telefon: »Erin, ich möchte, dass du weißt, dass ich dich sehr gerne habe. Obwohl wir noch nie zusammen ausgegangen sind, betrachte ich uns schon als Freund und Freundin. Was meinst du dazu?« Glücklicherweise erzählte sie mir, dass sie die gleichen Empfindungen verspürte. Mit diesem einfachen Bekenntnis hoben wir unsere Beziehung auf eine neue Ebene von Intimität und gegenseitigem Vertrauen.

Wenn Sie sich nicht wohl damit fühlen, Ihre Gefühle direkt zu bekennen, können Sie auch von einer subtileren Version Gebrauch machen. Selbst ein Handschlag oder ein echtes Lächeln kann die bereits bestehende Verbindung bestärken.

Wertschätzung ausdrücken

Eine andere Möglichkeit, sich liebevoll mit anderen zu verbinden, besteht darin, ihnen Ihre ernst gemeinte Wertschätzung auszudrücken. Loben Sie die andere Person für ihre Leistungen und Erfolge. Weisen Sie auf ein einzigartiges Talent oder eine besondere Fähigkeit hin oder teilen Sie einfach das mit, was Sie beeindruckt. Tun Sie dies nur, wenn Sie auch wirklich davon beeindruckt *sind*. Loben Sie niemals, wenn Sie es nicht ernst meinen, sondern den anderen auf diese Weise nur manipulieren wollen.

Einige der wenigen Organisationen, in denen ich Mitglied bin, ist Toastmasters International, eine Vereinigung mit Tausenden von Ablegern überall auf der Welt. Der Hauptfokus von Toastmasters besteht darin, anderen dabei zu helfen, ihre Kommunikations- und Führungsqualitäten zu entwickeln. Auf einem typischen Toastmasters-Treffen erhält jeder Sprecher eine formelle Bewertung durch die anderen Klubmitglieder. Ein beliebtes Hilfsmittel bei diesem Prozess ist die so genannte Sandwich-Methode. Zunächst erzählt man dem Vortragenden, was einem an seiner Rede gefallen hat, als Nächstes macht man ein paar Vorschläge, wie er seinen Vortrag noch verbessern kann. Dann endet man mit einem Lob und positiver Ermutigung. Dies ist nicht nur eine ausgezeichnete Art, Feedback zu geben, sondern stärkt auch das Band zwischen den Klubmitgliedern. Lob ist von vornherein in die Struktur der Treffen eingebaut, sodass jeder, der eine Rede hält, garantiert davon ausgehen kann, eine positive Wertschätzung für seine Bemühungen zu erfahren.

Manchmal kommt es vor, dass einzelne Mitglieder bei diesen Treffen überkritisch sind, was den Kameradschaftsgeist des Klubs sofort negativ beeinflusst, auch wenn die Kritik fair und berechtigt zu sein scheint. Ich fühle mich immer mehr verbunden, wenn wir uns auf das Positive konzentrieren, wozu auch gehört, sich gegenseitig zu loben und viel miteinander zu lachen. Solche Treffen verlasse ich stets mit einem gehobenen Gefühl; ich fühle mich ermutigt und unterstützt.

Dankbarkeit

Die letzte Methode, um eine Verbindung zu anderen herzustellen, besteht darin, der anderen Person dankbar zu
sein. Manchmal ist es am einfachsten, Dankbarkeit zu
empfinden, indem wir uns vorstellen, was wir ohne diese
Person wären. Was würde Ihnen fehlen, wenn diese Person
für immer aus Ihrem Leben verschwinden würde? Achten
Sie auf die Gedanken, die in Ihnen hochkommen, wenn Sie
sich diese Frage stellen.

Sie können auch auf einer anderen Ebene dankbar sein.
Was an Ihrer Familie, Ihrer Gemeinde, Ihrem Land oder
unserem Planeten lässt Sie Dankbarkeit empfinden? Was
würde Ihnen am meisten fehlen, wenn es diese Dinge nicht
mehr gäbe?

Obgleich viele Menschen Las Vegas für eine »Stadt der
Sünde« halten und mit ihr Spielsucht und weitere Laster as-
soziieren, entschloss ich mich dazu, mich auf andere Weise
mit dieser Stadt zu verbinden. Las Vegas ist die Stadt, in der
Erin und ich unser erstes gemeinsames Haus kauften, wir
beruflich erfolgreich wurden und viele wunderbare Freunde
kennen lernten. Indem ich Las Vegas dankbar bin, fällt mir
der Kontakt zu den anderen Menschen, die dort leben, nicht
schwer, denn als Bewohner dieses erstaunlichen Ortes voller Energie verbindet uns ein gemeinsames Band. Wenn Sie
für Ihre Gemeinde dankbar sind, wird es Ihnen leichter fallen, sich auf positive Weise mit ihren Bewohnern zu verbinden, denn auf diese Weise erkennen Sie die Verbindung an,
die bereits existiert.

* * *

Liebe ist das Prinzip, das es uns ermöglicht, nach und nach
unser wahres Selbst zu entdecken. Wir erreichen dies, indem wir Beziehungen zu anderen Menschen eingehen und

dann durch Kommunikation die Tiefe unseres Bandes aus-
loten. Je mehr wir uns auf die Welt, in der wir leben, einlassen, desto mehr verbinden wir uns mit dem Prinzip der
Liebe.

Die Vorstellung, dass wir völlig getrennt voneinander
sind, ist nur eine Illusion. Betrachten Sie Beziehungen als
äußere Projektionen Ihres wirklichen Selbst, und Sie werden sehen, dass Ihnen jede Beziehung dabei hilft, sich
selbst von innen nach außen zu lieben. Immer, wenn Sie
mit einer anderen Person kommunizieren, erkunden Sie in
Wahrheit die Tiefen Ihres eigenen Bewusstseins, denn dort
liegt der Bereich, in dem die Beziehung überhaupt existiert. Wenn wir lernen, alle und alles zu lieben, verbinden
wir uns mit unserem wahren Selbst. Es besteht kein realer
Unterschied darin, ob wir andere lieben oder uns selbst;
beide Arten zu lieben sind untrennbar miteinander verknüpft.

Auch wenn es für Sie zu schwer ist, sich zu öffnen und
mit anderen Menschen Kontakt aufzunehmen, sollten Sie
sich keine Sorgen machen. Die anderen Prinzipien werden
Ihnen dabei helfen, Ihre Fähigkeiten auf diesem Gebiet zu
entwickeln, besonders das Prinzip der…

Kapitel 3:

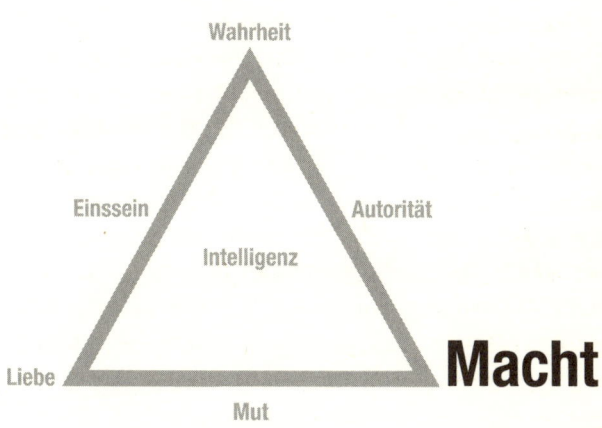

»Die meiste Macht hat derjenige,
der sich selbst unter Kontrolle hat.«

Seneca

Macht ist das dritte Prinzip der persönlichen Entwicklung. Es ist unsere Fähigkeit, unsere Umgebung bewusst und willentlich zu gestalten. Wenn unsere Macht schwach ist, können wir unsere Bedürfnisse und Wünsche nicht wirklich befriedigen und werden dadurch zu einem Opfer unserer Umwelt. Ist unsere Macht hingegen stark, können wir unser Leben nach unseren Wünschen gestalten, und unsere unmittelbare Umgebung wird dies widerspiegeln.

Für manche ist *Macht* beinahe ein schmutziges Wort, das negative Assoziationen zu Missbrauch, Korruption und hemmungsloser Gier weckt. In Wahrheit jedoch ist die Ausübung von Macht nicht aus sich heraus böse oder korrupt. Dieses Prinzip kann entweder mit Wahrheit und Liebe verbunden werden, oder aber mit Falschheit und Trennung.

Im Dreiklang können Wahrheit, Liebe und Macht viel Gutes bewirken. Wenn ehrliche, mitfühlende Menschen machtlos bleiben und nur unehrliche, selbstsüchtige Menschen an die Macht gelangen, leiden wir alle. Der Welt tut es gut, wenn diejenigen, die mit Wahrheit und Liebe verbunden sind, sich auch dieses dritte Element zu eigen machen. Wenn Sie zu diesen Personen gehören sollten, dann fordere ich Sie auf, Ihre Macht bewusst einzusetzen, da so wir alle einen Nutzen davon haben werden.

Wenn es uns gelingt, unsere Macht zu stärken, können wir unsere Bedürfnisse und Wünsche mit größerer Leichtigkeit erfüllen. Es ist dann einfacher für uns, bedeutungsvolle Ziele zu setzen und sie zu erreichen. Die Alternative besteht darin, in Machtlosigkeit zu verharren und die eigenen Bedürfnisse und Wünsche zu missachten. Wenn wir das leugnen, was wir brauchen, können wir physisch sterben; wenn wir unsere Wünsche leugnen, verdunkeln wir unser Bewusstsein und sterben innerlich ab.

Manche Glaubenssysteme lehren, dass Machtlosigkeit ein wünschenswerter Charakterzug ist, aber nichts könnte weiter von der Wahrheit entfernt sein. Machtlosigkeit ist weder edel noch intelligent. Es ist ein Weg, der in die Irre führt, weil er in Angst, Leugnen und geringem Selbstwertgefühl wurzelt. Wenn wir bewusster leben wollen, müssen wir lernen, unsere Macht weise einzusetzen und nicht vor der Verantwortung zu fliehen, die mit ihr verknüpft ist.

Den Umgang mit Macht zu meistern ist nicht einfach. Im Gegenteil, die Entwicklung und richtige Anwendung der eigenen Macht kann die größte Herausforderung auf dem Weg der persönlichen Entwicklung darstellen. Dennoch ist Macht ein wesentlicher Bestandteil bewussten Wachstums. Ohne Macht sind wir nur passive Opfer unserer Umstände.

Mit Macht werden wir zu bewussten Gestaltern unserer Realität.

Um Macht besser zu verstehen, wollen wir uns ihre sechs Schlüsselkomponenten genauer betrachten, welche lauten: *Verantwortung, Wünsche, Selbstbestimmung, Fokus, Anstrengung und Selbstdisziplin.*

Verantwortung

Es ist unmöglich, die eigene Macht zu entwickeln, bevor wir nicht die totale Verantwortung für unser Leben übernommen haben. Sicherlich ist es möglich, Kontrolle aufzugeben, aber die letzte Verantwortung wird immer bei uns selbst liegen. An dieser Erkenntnis führt kein Weg vorbei. Wenn unser Körper unförmig geworden ist, dann sind wir aus der Puste, wenn wir nur die Treppe hochgestiegen sind. Wenn unser Kreditrahmen voll ausgeschöpft ist, dann müssen wir mit den Schulden klarkommen. Wenn uns unsere Arbeit nicht gefällt, dann leiden wir jeden Tag bei dieser ungeliebten Tätigkeit.

Niemand kann uns unsere Erfahrung abnehmen. Ich kann mit Ihnen über Ihr Leben diskutieren, kann Ihnen Ihre Situation vor Augen führen und mein Bestes tun, um Ihnen zu helfen. Aber hinterher kehre ich in mein eigenes Leben zurück und lasse Sie Ihr Leben führen. Sie selbst haben diesen Luxus nicht.

Wenn wir versuchen, die Last der Verantwortung zu leugnen oder vor ihr zu fliehen, müssen wir uns nur später mit ihr auseinandersetzen. Wir können uns gehen lassen und unseren Beruf nicht mehr so ernst nehmen, viel Junk-Food essen und unsere Familie anschreien, aber das Chaos, das dadurch angerichtet wird, müssen wir selbst ausbaden. Je schneller wir erkennen, dass totale Verantwortung unvermeidlich ist, desto besser für uns.

Als wir noch Kinder waren, haben andere bis zu einem gewissen Grad die Verantwortung für unser Wohlbefinden übernommen, aber in der Gegenwart müssen wir – und nur wir – mit den Auswirkungen klarkommen. Ob wir von liebevollen und aufmerksamen Eltern oder von wütenden Alkoholikern aufgezogen wurden, die Last der Verantwortung für unser Leben ruht voll und ganz auf unseren eigenen Schultern. Dies mag sehr unfair erscheinen, besonders wenn wir die Erfahrungen, die wir in der Kindheit gemacht haben, nicht groß beeinflussen konnten, aber so hat es das Schicksal nun mal gewollt.

Es macht keinen Sinn, Gott, den Eltern, der Regierung oder sonst wem die Schuld dafür zu geben, dass das Leben so hart ist. Andere als Sündenbock hinzustellen, verstärkt nur die eigene Machtlosigkeit. Es spielt keine Rolle, wer zu der gegenwärtigen Situation beigetragen hat – alles, was zählt, ist, dass wir mit der Situation leben müssen. Kein Ausmaß an Schuldzuschreibung macht dieser Last leichter.

Ich lernte eine der größten Lektionen in meinem Leben, als ich mit 19 Jahren wegen schwerem Diebstahl im Gefängnis saß. Ich war mehrere Tage in Haft und zerbrach mir den Kopf darüber, wie ich hier nur hatte landen können. An einem gewissen Punkt erkannte ich, dass ich mich selbst in diese Zelle gesteckt hatte: Ich saß im Knast, weil ich mich geweigert hatte, die Kontrolle über mein Leben zu übernehmen. In jenem Moment übernahm ich endlich die vollständige Verantwortung für mich. Es dauerte dennoch viele Jahre, bis ich mich von den Auswirkungen meiner falschen Entscheidungen völlig erholt hatte. Aber das Wissen, dass ich verantwortlich war, ermöglichte es mir, ein völlig neues Leben zu beginnen – ein Leben, das ich selbst gewählt hatte.

Es kommt niemand, um uns zu retten. Niemand schenkt uns unseren Traumjob, und niemand löst unsere Beziehungsprobleme. Niemand nimmt uns unser Übergewicht ab. Wenn nicht wir aktiv unsere Probleme lösen, werden sie für immer ungelöst bleiben.

Um andere Ergebnisse zu bekommen, müssen wir die Ärmel hochkrempeln und sie uns selbst erschaffen. Die volle Verantwortung für das eigene Leben zu übernehmen, bedeutet bereit zu sein, alles zu tun, was notwendig ist, um das zu erreichen, was wir uns wünschen. Wir müssen bereit sein, den erforderlichen Preis zu zahlen, um unsere Bedürfnisse befriedigen und unsere Wünsche erfüllen zu können. Wir müssen unser Leben aktiv gestalten, anstatt passiv zuzusehen, wie es sich vor unseren Augen abspult. Wir werden dabei sicherlich Fehler machen, aber wir dürfen dies nicht zum Anlass nehmen, um den Kopf in den Sand zu stecken.

Obwohl es eine große Herausforderung für uns sein kann, die totale Verantwortung zu übernehmen, so ist es doch nicht unmöglich. Sie hatten vielleicht noch keine Gelegenheit, Ihr Leben selbst zu bestimmen, aber wenn Sie sich dazu verpflichten, Ihre eigene Macht zu entwickeln, werden Sie schließlich in der Lage sein, Ihr Leben nach Ihren Wünschen zu gestalten. Der menschliche Wille ist viel stärker als jedes Hindernis auf seinem Weg. Wir werden sicherlich vor Herausforderungen gestellt werden und Rückschläge erleiden, während wir lohnende Ziele anstreben, aber wenn wir weiterhin bereit sind, den nötigen Preis zu zahlen, werden wir letztendlich Erfolg haben.

Wünsche

Wünsche sind der Treibstoff der Macht. Es gibt kaum etwas Schöneres im Leben, als die schrittweise Erfüllung der eigenen Wünsche zu genießen, die durch den Einsatz von persönlicher Macht entsteht. Und damit meine ich nicht nur das Feiern unserer großen Errungenschaften. Es geht vielmehr darum, sich über jeden erfolgreichen Schritt in unserer Entwicklung zu freuen.

Was wünschen Sie sich? Welche Fantasien haben Sie? Nach was sehnen Sie sich so sehr, dass Sie nicht aufhören können, daran zu denken, selbst wenn Sie es für unmöglich halten? Erlauben Sie es sich zu träumen. Nehmen Sie sich die Zeit, Ihre tiefsten Wünsche wahrzunehmen – egal, wie unpraktisch und undurchführbar sie zu sein scheinen. Es ist vollkommen in Ordnung, das Unmögliche zu wollen. Es ist hingegen nicht in Ordnung, so zu tun, als käme es nicht auf Ihre Wünsche an.

Leugnen Sie niemals, dass sie das wollen, was Sie wollen. Wenn Sie Ihre Wünsche verleugnen, unterbrechen Sie die Verbindung mit Wahrheit, Liebe und Macht. Sie entfernen sich von der Wahrheit, indem Sie sich selbst anlügen. Sie entfernen sich von der Liebe, indem Sie nicht auf Ihre innersten Bedürfnisse hören. Und Sie entfernen sich von der Macht, indem Sie Ihre Wünsche nicht in die Tat umsetzen. Wenn Sie Ihre Macht entwickeln wollen, müssen Sie Ihre Wünsche so akzeptieren, wie sie spontan auftreten, und zwar unabhängig davon, wie seltsam sie auch sein mögen.

Die meisten Menschen haben keine Verbindung zu ihren wirklichen Wünschen. Sie erlauben es anderen, darüber zu entscheiden, was sie selbst wollen, oder sie begnügen sich mit dem, von dem sie annehmen, dass sie es auch bekommen werden. Sie glauben an den sozial konditionierten Unsinn, der Sinn des Lebens bestünde darin, jahrzehntelang einer ungeliebten Arbeit nachzugehen, sich zu verschulden, sich mit geistloser Unterhaltung abzulenken, zu heiraten, Kinder zu bekommen, kaputt in den Ruhestand zu gehen und unbemerkt zu sterben. Konsequenterweise führen sie ein Schattenleben in stiller Verzweiflung, für immer machtlos und unglücklich. Sie verfallen der Illusion der falschen Wünsche. Nur *wahre* Wünsche erzeugen wahre Macht.

Selbstbestimmung

Selbstbestimmung bedeutet, dass wir völlig frei darüber entscheiden können, was wir wollen. Wir brauchen von niemandem seine Erlaubnis oder Zustimmung. Wir treffen unsere Entscheidungen selbst und lassen sie uns nicht von anderen diktieren. Wir brauchen uns nicht dafür zu rechtfertigen, was wir wollen. Wir wollen das, was wir wollen, und das reicht.

Um Macht wirksam einzusetzen, müssen wir die volle Verantwortung für unser Leben übernehmen und bereit sein, in jeder Situation Entscheidungen zu treffen. Dazu gehören auch unklare, bedrohliche und riskante Situationen. Es steht nirgendwo geschrieben, dass wir immer die richtige Entscheidung treffen müssen. Die einzige Regel besteht darin, dass wir die Verantwortung haben – egal, was auch geschieht. Da wir der vollen Verantwortung nicht entrinnen können, macht es Sinn, den Entscheidungsprozess bewusst zu gestalten, damit wir das Ergebnis wenigstens bis zu einem gewissen Grad beeinflussen können.

Wenn wir an wichtigen Kreuzungen im Leben stehen, sollten wir unsere Macht benutzen, um eine bewusste Entscheidung zu treffen. Kommen Sie zu einem klaren Ja oder Nein und machen Sie nicht den Fehler, nur schweigend zuzustimmen. Damit wir uns mit unserer wahren Macht verbinden können, müssen wir wirkliche Entscheidungen treffen.

Das Leben stellt uns ständig die Frage: *Was willst du?* Wir haben die Freiheit, diese Frage so zu beantworten, wie wir es wünschen. Wenn wir uns mit Wahrheit und Liebe verbinden, ist es leichter, die unterschiedlichen Möglichkeiten gegeneinander abzuwägen, aber es gibt nicht von vornherein richtige oder falsche Antworten. Es existiert nur die Freiheit der Auswahl. Wird unsere Antwort Schweigen sein oder werden wir unsere Macht einsetzen und eine bewusste Entscheidung treffen?

Wir müssen die soziale Konditionierung durchbrechen, die behauptet, wir müssten uns an Regeln halten, die andere für uns aufgestellt haben. Es gibt keine derartige Verpflichtung. Nur durch unsere eigenen Entscheidungen und deren Konsequenzen werden wir beschränkt. Im Grunde sind wir freie und unabhängige Wesen. Es liegt an uns, wie wir diese Freiheit nutzen.

Fokus

Wahre Macht existiert nur in der Gegenwart. Die Vergangenheit besitzt keine Macht, denn sie ist abgeschlossen und vorbei. Die Zukunft besitzt keine Macht, denn sie existiert nur in unserer Vorstellung. Wir haben nicht die Macht, gestern oder morgen zu handeln. Immer wenn wir etwas über die Gegenwart hinausprojizieren, schwächen wir uns, weil wir uns einer Illusion hingeben. Es macht daher Sinn, sich nur auf den gegenwärtigen Moment zu konzentrieren, denn er ist der einzige Zeitpunkt, in dem wir wirkliche Macht haben.

Wir glauben, dass die Zeit eine Art Produktionsmittel ist, das wir aufbrauchen, in ähnlicher Weise, wie wir Geld ausgeben. Wenn wir eine Tätigkeit ausführen, die eine Stunde dauert, dann verbringen wir eine Stunde mit dieser Aufgabe. Wie verbringen Sie Ihren Tag? Wo wollen Sie Ihren nächsten Urlaub verbringen? Wie verbringen Sie Ihre Mittagspause? Obgleich wir gewohnt sind, in dieser Weise über zeitabhängige Ereignisse zu sprechen, ist der Bezugsrahmen dafür nicht korrekt. Zeit ist kein verfügbares Produktionsmittel. Wir können Zeit nicht verbringen (ausgeben). Egal, was wir auch tun, die Zeit vergeht von selbst. Wir haben nicht die Wahl, ob wir unsere Zeit nutzen wollen oder nicht. Wir haben nur die Möglichkeit zu bestimmen, worauf wir im gegenwärtigen Moment unsere Aufmerksamkeit richten.

In Wirklichkeit befinden wir uns niemals in der Vergangenheit oder Zukunft, sondern einzig und allein im Hier und Jetzt. Selbst wenn wir uns an die Vergangenheit erinnern oder uns die Zukunft vorstellen, denken wir diese Gedanken in der Gegenwart. Wir haben nur das Jetzt – es ist das Einzige, was uns jemals zur Verfügung steht. Wir können das Vergehen der Zeit nicht kontrollieren, aber wir *können* unseren gegenwärtigen Fokus kontrollieren. Das ist alles – keine Vergangenheit, keine Zukunft, nur die Gegenwart in diesem Moment.

Wenn nur der gegenwärtige Moment existiert, welchen Sinn macht es dann, sich über langfristige Ziele Gedanken zu machen? Wie können wir dann überhaupt irgendetwas erreichen?

Wir müssen begreifen, dass wir nur in der Gegenwart handeln können und uns nur in der Gegenwart an den Ergebnissen unseres Handelns erfreuen können. Wir können nichts in der Vergangenheit oder Zukunft erfahren oder erreichen, weil wir dort nicht anwesend sind. Menschen, die gelernt haben, sich Ziele zu setzen, verstoßen oft gegen diese Tatsache. Aber es ist schwer, etwas zu erreichen, das nicht auf dem richtigen Modell der Realität beruht – ein solches Ziel ist ein aussichtsloses Unterfangen.

Wir können uns keine Ziele stecken, um die Zukunft zu kontrollieren. Das wäre sinnlos, denn die Zukunft existiert nur in unserer Fantasie. Der eigentliche Sinn von Zielen liegt darin, die Qualität der Gegenwart zu verbessern. Wenn wir uns Ziele setzen, entwickeln wir hier und jetzt eine größere Klarheit und einen stärkeren Fokus. Immer, wenn Sie ein bestimmtes Ziel erreichen wollen, sollten Sie sich daher fragen: »Wie verbessert sich meine gegenwärtige Realität dadurch, dass ich mir dieses Ziel stecke?«

Wenn das Ziel die gegenwärtige Realität nicht verbessert, dann macht es keinen Sinn, und Sie können es genauso gut fallen lassen. Aber wenn es Ihnen eine größere Klarheit und einen gezielten Fokus bringt und Sie darüber hinaus noch motiviert, dann sollten Sie unbedingt an diesem Ziel festhalten.

Viele Menschen setzen sich Ziele und gehen dann davon aus, dass viele Opfer und viel Durchhaltevermögen notwendig sein werden, um sie auch zu erreichen. Aber eine solche Strategie ist zum Scheitern verurteilt. Immer, wenn Sie sich ein neues Ziel setzen, sollten Sie sich genau vor Augen führen, welche Auswirkungen es auf Ihre gegenwärtige Realität hat. Setzen Sie sich Ziele, die Ihnen schon jetzt ein Gefühl von Macht, Motivation und Tatendrang geben – lange bevor das tatsächliche Ergebnis erzielt sein wird. Setzen Sie sich keine Ziele, die Sie schwach und machtlos machen oder stressen. Benutzen Sie Ziele als Möglichkeit, Ihren gegenwärtigen Fokus zu verbessern, und nicht, um die Zukunft zu kontrollieren.

Nehmen wir an, Sie setzen sich das Ziel, Ihre eigene Firma zu gründen. Sie stellen sich vor, dass Sie zu einem bestimmten Zeitpunkt Ihr eigener Herr sein werden, das tun können, was Sie gerne tun, und damit viel Geld verdienen. So weit so gut. Dann denken Sie darüber nach, wie viel Arbeit auf Sie wartet, welche Risiken Sie eingehen müssen, und immer mehr entmutigende Gedanken tauchen auf. Das zeigt, dass Sie die Gegenwart verlassen haben und sich mitten in Ihrer zukünftigen Illusion befinden. Fokussieren Sie also wieder die Gegenwart und erkennen Sie, dass nichts von diesen Dingen geschehen ist. Sie sind nur in Ihrem Kopf entstanden. Wie verrückt, sich Resultate vorzustellen, die Sie sich nicht einmal wünschen!

Versuchen Sie es stattdessen auf diese Weise: Stellen Sie sich vor, dass Sie Ihr eigenes Geschäft gründen und dass es wunderbar sein wird, wenn alles wie am Schnür-

chen läuft. Konzentrieren Sie sich dann wieder auf die Gegenwart und überlegen Sie, wie dieses Ziel Ihre Lebensqualität in diesem Moment – und nicht in einem Jahr oder in
fünf Jahren – verbessern kann. Was bewirkt Ihr Ziel, eine
eigene Firma zu gründen, im Hier und Jetzt? Gibt es Ihnen
Hoffnung? Inspiriert es Sie? Weckt es Wünsche in Ihnen?
Erlauben Sie es diesen Gedanken, Sie eine Weile innerlich
zu beschäftigen. Überlegen Sie, wie Ihr Vorhaben, eine
eigene Firma zu leiten, Ihre Lebensqualität hier und jetzt
verbessert. Wenn Ihnen keine sofortige Verbesserung ein-
fällt, sollten Sie das Ziel verwerfen und stattdessen ein
anderes wählen.

Wollen Sie abnehmen, eine neue Beziehung anfangen
oder einer Arbeit nachgehen, die Ihnen mehr Spaß macht?
Hören Sie auf, sich auf dem Weg dorthin Untergangsszena-
rien vorzustellen, und malen Sie sich stattdessen aus, wie
jedes Ziel Ihre gegenwärtige Realität verbessert, lange bevor es überhaupt erreicht ist. Wie fühlen Sie sich, wenn Sie
in diesem Moment an Ihre körperliche Fitness denken?
Was geschieht mit Ihnen, wenn Sie daran denken, Ihren
Seelenpartner zu finden oder einer Tätigkeit nachzugehen,
die Ihnen wirklich Freude bereitet? Was verändert sich in
Ihrer gegenwärtigen Realität, wenn Sie Ihre Aufmerksamkeit auf diese Ziele konzentrieren? Fühlen Sie sich motivierter? Fühlen Sie sich sogar getrieben, etwas Konkretes
zu tun?

Wenn Sie sich ein Ziel setzen, das Ihre gegenwärtige
Situation positiv verändert, welche Rolle spielt es dann
noch, wie lange es dauern mag, bis Sie dieses Ziel erreicht
haben? Es ist nicht von Bedeutung, ob es eine Woche oder
fünf Jahre dauern wird. Der ganze Weg dorthin macht
Spaß. Viel wichtiger ist, dass Sie in diesem Moment glücklich und zufrieden sind. Alles, was Sie tun, geschieht dann
aus einem Zustand der Freude, was außerdem dazu führt,
dass Sie sehr produktiv sind. Anstatt Ziele anzustreben,

die Sie irgendwann in einer fernen Zukunft glücklich machen, sollten Sie sich auf Ziele konzentrieren, die Sie im Hier und Jetzt glücklich machen.

Wenn wir uns Ziele setzen, können wir uns auf eine Illusion in der Zukunft konzentrieren und uns vorstellen, dass das Erreichen dieses Zustandes mit viel Leiden und Opfern verknüpft sein wird – oder wir nutzen unsere Ziele dazu, unsere Motivation und Begeisterung im gegenwärtigen Moment zu steigern. Obwohl es den Anschein hat, als setzten wir uns Ziele für die Zukunft, setzen wir sie uns in Wirklichkeit, um unsere Gegenwart zu verändern. Je besser Sie das verstehen, desto einfacher werden Sie das erreichen, was Sie sich vorgenommen haben.

Wenn Ihnen dieser Zusammenhang klar ist, werden Sie sich bald andere Ziele setzen. Stecken Sie sich eine Vielzahl verschiedener Ziele und achten Sie darauf, was mit Ihnen geschieht, wenn Sie sich auf diese Ziele konzentrieren. Auf diese Weise zeigt sich über kurz oder lang ein bestimmtes Muster. Sie stellen fest, dass bestimmte Ziele Sie inspirieren und andere nicht. Das Muster, das den Zielen zugrunde liegt, die Sie inspirieren, ist Ihr Lebenszweck. Wenn Sie sich bewusst werden, welchen Sinn Ihr Leben hat, fühlen Sie sich inspiriert und motiviert, sobald Sie Ihre Aufmerksamkeit auf Ihren Lebenszweck richten. Wir werden uns in Kapitel 9 ausführlich mit dem Lebenszweck beschäftigen; dort finden Sie auch eine Übung, die Ihnen dabei helfen soll, Ihren eigenen Lebenszweck zu erkennen.

Als ich eine klare Vorstellung von meinem eigenen Lebenszweck entwickelte, stellte ich fest, dass Ziele, die zu stark von diesem Zweck abwichen, mich nicht inspirierten und daher reine Zeitverschwendung für mich waren. Zu einem bestimmten Zeitpunkt setzte ich mir das Ziel, Millionär zu werden – das heißt ein Nettovermögen von mindestens einer Million Dollar zu besitzen. Millionär zu werden schien mir ein angemessener Meilenstein auf meinem

Weg des persönlichen Wachstums zu sein, aber tatsächlich handelte es sich um ein sinnloses Ziel, das mich nicht wirklich interessierte. Immer wenn ich mich auf dieses Ziel ausrichtete, trennte ich mich von anderen Menschen und von meinem wahren Selbst ab. Ich sah in anderen Menschen nicht mehr das, was sie waren, sondern nur noch Dollarscheine. Als ich das Ziel schließlich aufgab, fühlte ich mich sofort besser. Ich konzentrierte mich stattdessen auf andere Ziele, die mir wirklich etwas bedeuteten.

Manchmal lässt unser Lebenszweck uns Ziele setzen, die wir sonst eher ablehnen würden. Als StevePavlina.com im Oktober 2004 zum ersten Mal freigeschaltet wurde, war es mein Ziel, die beste Webseite schlechthin zum Thema persönliche Entwicklung zu schaffen. Für viele Menschen wäre das gar kein richtiges Ziel. Es ist sehr vage formuliert und schwer zu beurteilen. Was bedeutet überhaupt »beste«? Das Ziel verfügte über keinen Stichtag, an dem ich es erreicht haben wollte. Es gab Tausende von konkurrierenden Webseiten, ich hatte keinen Finanzierungsplan und wusste selbst nicht genau, wie ich mein Ziel erreichen könnte. Darüber hinaus besaß ich keinerlei Referenzen – keinen Doktortitel, keine veröffentlichten Bücher, keine Berufspraxis als Berater, keine Workshops und Seminare. Ich war ein Spiele-Entwickler und hatte Computerwissenschaft und Mathematik studiert.

Aber trotz dieser Probleme fühlte ich mich extrem motiviert, wenn ich mich auf dieses Ziel konzentrierte. Ich dachte an die vielen Menschen, die meine Seite besuchen und dort sinnvolle Anregungen finden würden, die ihnen wirklich halfen. Diese Vorstellung gab mir ein Gefühl von Macht und Stärke und ich wusste irgendwie, dass der Erfolg unausweichlich war.

Der Fokus auf dieses Ziel motivierte mich sehr stark zum Schreiben, und so schrieb ich jede Woche neue Artikel und stellte sie kostenlos auf meine Webseite. In den ersten vier

Monaten hatte die Seite nicht viele Aufrufe und erwirtschaftete überhaupt nichts. Im fünften Monat nahm ich ganze 53 Dollar ein. Aber in den folgenden drei Jahren wuchs die Webseite um Hunderte von kostenlosen Artikeln – genug, um damit 20 Bücher zu füllen. Ich gab nicht einen Cent für Werbung oder Marketing aus, allein durch Mundpropaganda stieg die Zahl der Aufrufe auf zwei Millionen im Monat. Als ein Resultat dieses gewaltigen Zuspruchs spielte die Seite jeden Monat Zehntausende von Dollar ein, hauptsächlich durch Werbung, Partnerprogramme und Schenkungen. Für viele Menschen war StevePavlina.com die beliebteste Webseite zum Thema persönliche Entwicklung, und das aufgrund meines bodenständigen Ansatzes und der vielen praktischen Ratschläge. Ich hatte mein Ziel erreicht, weil ich mich auf die Gegenwart konzentrierte und motiviert war, hier und jetzt etwas zu tun.

Unsere Ziele müssen gar nicht spezifisch, klar formuliert und messbar sein. Wir benötigen keine festen Stichtage und detaillierten Stufenpläne. Alles, was wir brauchen, ist der brennende Wunsch, aktiv zu werden. Nur Ziele, die Ausdruck eines echten und tiefen Wunsches sind, können diese Energie in uns freisetzen.

Wir lernen viel über uns selbst, wenn wir entdecken, welche Ziele uns wirklich anspornen. Ich brauchte Jahre, um zu erkennen, dass mich materielle Ziele eher demotivieren. Mir sind Geld, Besitz oder finanzielle Unabhängigkeit einfach nicht wichtig genug, um auch nur einen Finger für diese Ziele zu rühren. Wenn es sein muss, schlafe ich auch auf einer Parkbank – und zwar mit einem Schild um den Hals, auf dem steht: »Blogge für eine warme Mahlzeit!«

Anderen Menschen bei ihrem persönlichen Wachstum zu helfen, ist das Einzige, was mich wirklich interessiert und auf Touren bringt. Ich breche in Freude aus, wenn ich sehe, dass andere »Aha!«-Momente haben, die ihnen helfen, im Leben voranzukommen. Diese Momente sind der

Treibstoff, der mich in Aktion versetzt. Wenn ich mir Ziele setze, die darauf abzielen, eine Verbesserung im Leben anderer Menschen zu bewirken, fühle ich mich in meiner Kraft und dazu getrieben, in diese Richtung zu handeln.

Wenn Ihre Ziele auf dem Papier großartig aussehen, aber nicht Motivation und Verlangen in Ihnen freisetzen, dann sind sie wertlos. Geben Sie sich nicht mit kümmerlichen Zielen zufrieden, für die Sie keine Leidenschaft haben. Selbst wenn ein Vorhaben solide ist und machbar zu sein scheint und andere Menschen Sie dazu ermutigen, es in die Tat umzusetzen – Sie werden es mit hoher Wahrscheinlichkeit nicht erreichen, wenn es keine Begeisterung in Ihnen entfacht. Konzentrieren Sie sich lieber auf Ziele, die Sie hier und jetzt inspirieren und motivieren, denn nur in der Gegenwart haben wir wirkliche Macht.

Anstrengung

Wenn unsere Wünsche Realität werden sollen, müssen wir irgendwann handeln. Indem wir uns Ziele gesetzt haben, die uns wirklich inspirieren, sind wir auf natürliche Weise motiviert, diese auch in die Tat umzusetzen. Wir arbeiten hart, aber es kommt uns nicht wie harte Arbeit vor, weil wir inspiriert sind. Zum größten Teil tun wir einfach das, was wir gerne tun.

Wie sieht es mit dem Gesetz der Anziehung aus? Könnten wir nicht einfach nur den ganzen Tag herumsitzen und das, was wir uns wünschen, dadurch manifestieren, dass wir die Macht der Intention benutzen? Nein. Denn eine solche Haltung zeigt nur, dass wir nicht verstanden haben, wie das Gesetz der Anziehung wirklich funktioniert. Wenn wir uns ausschließlich auf das konzentrieren, was wir wollen, werden wir feststellen, dass sich neue Möglichkeiten in unserem Leben ergeben. Wenn wir sie jedoch nicht auch nutzen, verkümmern diese Gelegenheiten, und wir kommen unseren Zielen keinen Schritt näher.

Unser physischer Körper ist Teil des Prozesses, durch den sich eine bestimmte Absicht manifestiert. Echte Wünsche zwingen uns regelrecht dazu, aufzustehen und etwas zu tun. Wenn wir keinen Tatendrang in uns verspüren, ist unsere Intention schwach. Wir versuchen etwas zu erschaffen, das wir nicht wirklich wollen, und sterben dabei innerlich ab.

Wenn Sie völlig unmotiviert sind, auch nur einen Finger krumm zu machen, um Ihre Ziele zu erreichen, dann haben Sie sich die falschen Ziele gesetzt. Sie sollten sich stattdessen Ziele setzen, die Sie so inspirieren, dass Sie es gar nicht abwarten können, sie in die Tat umzusetzen – Ihr Körper bewegt sich dann fast von allein. Was wir uns wirklich wünschen, aktiviert uns auch zum Handeln. Wenn wir uns stattdessen mit falschen Wünschen antreiben wollen, werden wir einfach nicht in Bewegung kommen. Nur wenn wir innerlich bewegt sind, bewegen wir uns auch äußerlich.

Wie verhalten Sie sich, bevor Sie in den Urlaub fahren, auf den Sie sich schon lange gefreut haben? Liegen Sie lustlos im Bett und beklagen sich darüber, dass es zu viel Anstrengung ist, zum Flughafen zu fahren und ein Flugzeug zu besteigen? Oder fühlen Sie sich motiviert und können es gar nicht abwarten? Wenn Ihre Ziele Sie nicht mindestens so inspirieren wie ein bevorstehender Urlaub, dann taugen sie nichts.

Bedeutende Ziele erreichen wir normalerweise nur mit harter Arbeit, aber wenn die Ziele stimmig sind, ist diese Anstrengung nichts Negatives für uns. Wir werden mit Hindernissen und Herausforderungen konfrontiert sein, aber wir verspüren genügend Tatendrang, Motivation und Macht, um mit ihnen fertig zu werden. Wählen Sie Ziele, die so anregend für Sie sind, dass Ihnen selbst große Anstrengungen leichtfallen.

Selbstdisziplin

Selbstdisziplin ist ein weiteres dieser schmutzigen Wörter. Uns wird beigebracht, alles nicht so ernst zu nehmen und mit dem Strom zu schwimmen. Bloß nicht schwitzen! Die moderne Gesellschaft ist durchdrungen von dem Mythos, dass alles schnell und leicht sein muss. Er mag dazu dienen, dass wir einen Haufen Zeug kaufen, den wir nicht brauchen, aber er hilft uns nicht, wenn Erfolg und Erfüllung uns etwas bedeuten.

Selbst wenn wir hoch motiviert sind, Ziele zu verfolgen, die uns wichtig sind, kommen immer wieder Zeiten, in denen unsere Motivation nachlässt und wir unsere Willenskraft aktivieren müssen, um weiterzumachen. Selbstdisziplin ist unsere Bereitschaft, das zu tun, was notwendig ist, um das zu erreichen, was wir wollen – und zwar unabhängig von unserer gegenwärtigen Stimmung. Wenn wir nicht motiviert, sondern apathisch, gelangweilt oder einfach nur faul sind, treibt uns die Selbstdisziplin wieder an und hält uns in Gang. Sie ist unser ausfallsicheres Hilfssystem, wenn unsere Motivation nachlässt.

Hoch motiviert zu sein, ist wunderbar, aber der energetische Schub, den eine solche Motivation mit sich bringt, ist nicht konstant, sondern hat Höhen und Tiefen. Selbst wenn wir das, was wir tun, über alles lieben, liegen trotzdem noch viele nervtötende und schwierige Aufgaben vor uns, die uns nicht besonders gefallen. Zum Beispiel lieben wir unsere Kinder und verbringen gerne Zeit mit ihnen, aber dennoch gibt es Tage, an denen das Betreuen eine einzige Plackerei ist, für die wir noch nicht einmal Dank ernten. Natürlich können wir eine Pause einlegen. Wir können um Hilfe bitten, wenn wir sie brauchen. Aber selbst wenn wir uns die Zeit nehmen, uns zu erholen, gibt es immer noch Situationen, in denen wir keine Lust haben, das zu tun, was notwendig ist, um das zu erreichen, was wir uns wünschen. Und genau an diesem Punkt kann Selbstdisziplin uns helfen.

Motivation und Selbstdisziplin sind Zwillingswerkzeuge der Macht. Am Anfang eines Projekts ist die Motivation oft sehr hoch, weil unsere Vision noch frisch ist und unsere Ziele und Träume uns im Kopf herumtanzen. Vielleicht haben wir uns dazu entschlossen, unsere Ernährung umzustellen oder ein Fitnessprogramm zu absolvieren. Wir gehen die damit verbundene Herausforderung bewusst ein, und die ersten paar Tage sind ein Kinderspiel. Aber nach einigen Wochen ist die ursprüngliche Motivation verblasst. Jetzt geht es nur noch darum, die Dinge umzusetzen, und wir fragen uns, ob es die Anstrengung überhaupt wert ist. In dieser Situation kann Selbstdisziplin uns davon abhalten, alles hinzuschmeißen; sie gibt uns stattdessen die Möglichkeit, auch gegen innere Widerstände weiterzumachen. Mit Motivation beginnt das Rennen, aber nur Selbstdisziplin trägt uns schließlich über die Ziellinie.

Die Motivation ist dann am höchsten, wenn wir bereits in Bewegung sind. Sobald wir aufhören, uns zu bewegen, lässt unsere Motivation natürlicherweise nach. Wenn wir aber nun genügend Selbstdisziplin aufbringen, um weiter am Ball zu bleiben, dann bewirkt unser Schwung oft auch, dass unsere natürliche Motivation weiter aufrechterhalten bleibt. Es bedarf einer großen Anstrengung, um aus dem Ruhezustand ins Handeln zu kommen, aber sobald wir uns in Bewegung gesetzt haben, ist es einfacher, in Schwung zu bleiben.

Selbstdisziplin muss mit Vernunft und Verstand ausbalanciert werden. Es macht keinen Sinn, sich zu überfordern, aber es *macht* Sinn, die Zeit zu nutzen, die man sonst verschwenden würde. Selbstdisziplin bedeutet, dann handeln zu können, wenn man handeln sollte. Dies beinhaltet, die Disziplin aufzubringen, die notwendig ist, um bestimmte Dinge rechtzeitig zu schaffen, ohne dass dafür extreme Maßnahmen zu Hilfe genommen werden müssen. Die ganze Nacht hindurch für eine Prüfung zu büffeln, ist keine Selbstdisziplin, sondern nur die Konsequenz daraus, dass man nicht rechtzeitig angefangen hat zu lernen.

Es gibt Tage, da wache ich inspiriert auf, und meine Arbeit fließt nur so aus mir heraus. Aber es gibt auch Zeiten, da bin ich faul und unmotiviert. Motivation allein reicht meist nicht aus, um die Projekte auch abzuschließen. Wenn ich mich allein auf sie verlassen würde, könnten Sie dieses Buch nicht lesen, weil es nie das Licht der Welt erblickt hätte. Selbstdisziplin trägt mich durch Zeiten, in denen meine Motivation nicht stark genug ist, um mich zum Handeln zu zwingen. Ein machtvolles Wesen in meinem Inneren sagt dann: *Keine Verzögerungen. Du musst dich heute ranhalten.* Und sobald ich die erste halbe Stunde überstanden habe, fällt es mir fast immer leicht, damit weiterzumachen.

Probleme, Hindernisse und Rückschläge sind keine Barrieren für Menschen mit einer großen Selbstdisziplin. Eine disziplinierte Person betrachtet ein Problem so, wie ein Bodybuilder eine Hantel anschaut: *Ich werde dich in die Hand nehmen und nach dem Training stärker sein.* Stellen Sie sich eine 20-Kilo-Hantel vor. Ist sie leicht oder schwer? Die Beantwortung der Frage hängt davon ab, wie stark Sie sind. Manche betrachten eine solche Hantel als schwer, während andere sie für leicht halten. In ähnlicher Weise hängt es von unserer Selbstdisziplin ab, ob bestimmte Probleme groß oder klein sind. Je mehr Selbstdisziplin wir an den Tag legen, desto leichter bewältigen wir auftretende Schwierigkeiten.

Die Disziplin aufzubringen und das zu tun, was getan werden muss, selbst wenn man keine Lust dazu hat, ist nicht einfach. Sich selbst zu disziplinieren ist das Härteste, was wir jemals tun müssen. Es ist so schwierig, dass manche Menschen beinahe alles tun, um es zu vermeiden –

sie schieben es endlos hinaus, nehmen Drogen und begehen sogar Selbstmord. Aber trotz aller Schwierigkeiten, die wir mit ihr haben, bleibt Selbstdisziplin einer der wichtigsten Aspekte im Prozess der persönlichen Entwicklung. Ohne sie sind wir dazu verdammt, nur einen schwachen Abglanz unseres Potenzials zu leben. Stellen Sie sich all die wunderbaren Errungenschaften vor, die in Ihrer Reichweite liegen, wenn Sie selbstdiszipliniert genug sind, um Ihre Vorhaben konsequent in die Tat umzusetzen. Es ist ein wunderbares Gefühl, sich Ziele zu setzen und zu wissen, dass man sich selbst vertrauen kann, dass man alles tun wird, was nötig ist, um sie auch zu erreichen.

Hindernisse, die der Macht entgegenstehen

Ein paar Hindernisse konditionieren uns darauf, uns selbst zu schwächen, indem wir entweder unsere Macht leugnen oder versuchen, sie auf andere abzuschieben. Wenn wir diese Hindernisse bewusst wahrnehmen, lernen wir mit unserer Macht umzugehen und sie weise einzusetzen. Wie machtlos wir auch in der Vergangenheit gewesen sein mögen, unsere wahre Macht wartet darauf, dass wir kommen und sie uns holen.

Ängstlichkeit

Ängstlichkeit ist eine Geisteshaltung, in der wir uns für zu schwach, zu klein, zu unbedeutend halten, um wirkliche Macht zu verdienen. Wer sind wir schon, dass wir es verdienen, ein sinnvolles und erfülltes Leben zu führen? Wir sind nur eine unbedeutende Person unter vielen Milliarden Menschen.

Diese Überzeugung wird zu einer sich selbst erfüllenden Prophezeiung. In Wirklichkeit sind wir so stark, dass wir unsere eigene Kraft gegen uns selbst richten und uns dadurch vorübergehend schwächen. Wir sind wie ein Gott, der verkündet:»Ich habe lieber keine Macht.« Und genau das geschieht dann auch.

Aus Ängstlichkeit begnügen wir uns mit mickrigen, leeren Zielen, die uns nicht inspirieren – wenn wir uns überhaupt irgendwelche Ziele setzen. Wir gehen einer Arbeit nach, die uns nichts bedeutet, leben an einem Ort, um den wir uns nicht kümmern, und begnügen uns mit entmachtenden Beziehungen mit anderen schwachen Menschen, die ihr Selbstmitleid auf uns abladen. In der Zwischenzeit schreit unser wahres Selbst uns förmlich an, aber wir unterdrücken diese Stimme mit nutzloser Unterhaltung, Junk-Food und anderen Ablenkungen.

Es ist nicht vorgesehen, dass Sie ein Leben versteckt unter einem Stein führen. Das sind nicht Sie. Sie verkaufen sich unter Wert und unterschätzen Ihre wahren Fähigkeiten gewaltig. Es ist Ihre Realität, und Sie sind dafür verantwortlich. Hören Sie auf, diese Tatsache zu leugnen, und stellen Sie sich endlich Ihrer Verantwortung.

Sie sind nicht geboren worden, um ein triviales und oberflächliches Leben zu führen. Wachen Sie auf, schauen Sie sich an, und gestehen Sie sich ein:»Dies ist alles Müll. Ich bin zu mehr in der Lage!« Fangen Sie an, auf diese machtvolle innere Stimme zu hören. Sie wird Sie nicht an der Nase herumführen.

Feigheit

Feigheit besteht darin, die eigene Macht zu benutzen, um die eigenen Ängste und nicht die eigenen Wünsche zu nähren. Anstatt uns das zu erschaffen, was wir möchten, erschaffen wir uns das, was wir nicht möchten.

Wenn wir uns darüber beklagen, dass wir zu viele Fehler machen würden, wenn wir selbst Macht hätten, schüren wir die Angst zu versagen. Tatsache ist, dass wir manchmal Misserfolg haben *werden*. Manche unserer Fehlschläge werden sogar spektakuläre Missgriffe sein, aber das sollte uns nicht weiter kümmern. Es ist immer noch besser, als das machtvolle Wesen, das jeder von uns ist, einzusperren, besser, als sich vor der Wahrheit zu verstecken und wie eine Maus im Loch zu leben. Wenn wir durch Misserfolg zusammenschrumpfen, schwächen wir nur uns selbst. Wenn wir hingegen Fehler machen und aus ihnen lernen, wachsen wir und werden stärker.

Wenn wir uns darüber beklagen, dass uns Macht zu viel Verantwortung geben würde, schüren wir damit nur die Angst vor Erfolg. Die Wahrheit ist, dass wir ständig für alles verantwortlich sind, was mit uns geschieht. Wir haben keine andere Wahl, als die Welt auf unseren Schultern zu tragen, denn wir können das, was wir klar und deutlich sehen, nicht verneinen. Wir können unsere Verantwortung nicht dadurch reduzieren, dass wir so tun, als wären wir machtlos. Vollständiger Verantwortung kann man nicht entfliehen.

Die einzig sinnvolle Wahl besteht darin, die eigene Macht bewusst anzunehmen und das Beste aus ihr zu machen. Konzentrieren Sie sich auf das, was Sie wollen, und nicht auf das, was Sie nicht wollen, und akzeptieren Sie die schwerwiegende Verantwortung der Macht.

Negative Konditionierung

Vielleicht sind Sie in die Irre geführt worden und glauben, dass Macht schlecht und böse ist. Wahrscheinlich wurde Ihnen beigebracht, andere Werte seien viel wichtiger als Macht, zum Beispiel Loyalität, Sanftmut und Gehorsam. Es ist kein Zufall, dass diese Eigenschaften oft von denen gelobt werden, die mit Zwang und Kontrolle nach Macht streben. Geben Sie Ihre Macht nicht an diejenigen ab, die sich mit Ihrer Hilfe an den Schwachen schadlos halten und Ihnen gleichzeitig erzählen, es sei nicht gut, stark zu sein.

Wenn Sie wirklich glauben, dass Schwäche besser als Stärke ist, dann folgt daraus logischerweise, dass Sie sich bewusst immer mehr schwächen sollten. Ruinieren Sie Ihre Gesundheit, sabotieren Sie Ihre Karriere und beenden Sie Ihre Beziehungen. Machen Sie sich so machtlos, wie nur möglich, und sehen Sie dann, wie sich das anfühlt. Dies alles widerspricht natürlich dem gesunden Menschenverstand, daher erwarte ich natürlich nicht, dass Sie sich tatsächlich so dumm verhalten.

Ich möchte Sie dazu ermutigen, alle falschen Überzeugungen in Bezug auf Macht mit Ihrem eigenen gesunden Menschenverstand in Einklang zu bringen. Ziehen Sie es vor, schwach zu sein, oder wären Sie lieber stark? Hätten Sie gerne weniger Fähigkeiten oder mehr? Lassen Sie alle negativen Vorstellungen über Macht los, die Ihnen nicht länger dienlich sind.

Wie Sie Ihre eigene Macht in die Hand nehmen

So wie unsere Muskeln schwächer werden, wenn wir sie nicht gebrauchen, wird auch unsere Macht schwächer, wenn wir sie nicht einsetzen. Umgekehrt gilt das Gleiche. Je mehr wir unsere Macht trainieren, desto mächtiger werden wir. Jeder verfügt über Macht, aber nicht jeder entwickelt sie im gleichen Ausmaß. Hier sind mehrere Methoden, mit deren Hilfe Sie trainieren können, machtvoller zu werden.

Sich schrittweise steigern

Sich Schritt für Schritt immer größeren Herausforderungen zu stellen, ist eine gute Möglichkeit, die eigene Macht und besonders die dafür unerlässliche Selbstdisziplin zu stärken. Wenn wir Muskeln trainieren, stemmen wir Gewichte. Wir tun dies so lange, bis wir nicht mehr können, und machen dann eine Pause. In ähnlicher Weise können wir unsere Macht stärken, indem wir uns Herausforderungen stellen, die wir erfolgreich meistern können, die uns aber dennoch an unsere Grenzen bringen. Ich empfehle Ihnen nicht, etwas zu tun, das Ihre Kräfte übersteigt und Sie immer wieder scheitern lässt – aber ich empfehle Ihnen auch nicht, auf Nummer sicher zu gehen und sich gemütlich in der eigenen Komfortzone einzurichten. Sie sollten die Herausforderungen in Angriff nehmen, die Sie gegenwärtig bewältigen können, die Sie aber dennoch ordentlich fordern.

Um uns schrittweise zu steigern, müssen wir die Anforderung mit jedem erfolgreichen Schritt vergrößern, denn wenn wir immer auf dem gleichen Niveau bleiben, können wir nicht stärker werden.

Wir sollten allerdings nicht zu viel von uns verlangen, wenn wir versuchen, unsere Macht zu stärken. Wenn wir unser ganzes Leben über Nacht verändern wollen, indem wir uns Dutzende neuer Ziele setzen, werden wir beinahe zwangsläufig scheitern. Dies lässt sich vergleichen mit einer Person, die das erste Mal im Fitnessstudio ist und sich beim Bankdrücken gleich 300 Pfund auflegt. Sie wird keine gute Erfahrung damit machen. Es ist besser, die gegenwärtige Ausgangsposition zu akzeptieren, ohne sich dabei zu kritisch zu sehen.

Wenn Sie sehr weit unten anfangen müssen, ist es für Sie vielleicht eine riesige Herausforderung, vor zwölf Uhr mittags aus dem Bett zu kommen und Ihre Rechnungen rechtzeitig zu bezahlen. Als nächste Schritte können Sie dann Ihre Ernährung verbessern, täglich Sport treiben und schädliches Suchtverhalten überwinden. Sobald Sie mehr Macht über Ihr Leben erhalten haben, können Sie sich größere Ziele setzen, zum Beispiel eine Arbeit finden, die Ihnen wirklich Spaß macht, oder eine erfüllende Partnerschaft eingehen.

Vergleichen Sie sich nicht mit anderen. Wenn Sie glauben, schwach zu sein, scheinen alle anderen stark zu sein. Wenn Sie glauben stark zu sein, wirken alle anderen dagegen schwach. Es macht keinen Sinn, derartige Vergleiche anzustellen. Schauen Sie sich einfach nur an, in welchem Zustand Sie sich gegenwärtig befinden, und nehmen Sie sich vor, schrittweise über diesen Zustand hinauszuwachsen.

Nehmen wir an, Sie möchten die Fähigkeit entwickeln, an jedem Tag in der Woche acht Stunden arbeiten zu können. Vielleicht versuchen Sie, acht Stunden durchzuhalten, ohne sich ablenken zu lassen, und es gelingt Ihnen am ersten Tag, aber am zweiten scheitern Sie damit komplett. Das ist völlig in Ordnung. Sie haben einen Durchlauf von acht Stunden geschafft. Zwei Durchläufe sind zu viel für Sie, also korrigieren Sie das, was Sie sich vorgenommen haben. Könnten Sie konzentriert eine Stunde am Tag arbeiten, und zwar fünf Tage am Stück? Wenn das immer noch zu viel ist, verringern Sie die Arbeitszeit auf 30 Minuten oder welchen Zeitraum auch immer, den Sie bewältigen können. Sobald es Ihnen gelingt, sollten Sie die Arbeitszeit Schritt für Schritt erhöhen. Wenn Sie eine bestimmte Zeitspanne eine Woche lang gemeistert haben, können Sie sich in der nächsten Woche steigern. Fahren Sie mit dieser schrittweisen Steigerung fort, bis Sie Ihr Ziel erreicht haben.

Indem Sie die Latte jede Woche ein bisschen höher legen, bleiben Sie im Rahmen Ihrer Möglichkeiten und werden jedes Mal ein wenig stärker. Beim Training mit Gewichten hat die physische Aktivität selbst keinerlei Bedeutung. Es hat aus sich heraus keinen Wert, ein Stück Metall hoch und nieder zu bewegen. Der Wert besteht in dem daraus resultierenden Muskelzuwachs. Nichtsdestoweniger profitieren wir auch von dem, was wir konkret tun, um unsere Macht und unsere Selbstdisziplin zu vergrößern. Umso besser. Es ist fantastisch, wenn unser Training etwas Wertvolles hervorbringt und uns gleichzeitig stärker macht. Wir schlagen dann zwei Fliegen mit einer Klappe.

Meister der ersten Stunde

Es heißt, der Tag zeige sich in der ersten Stunde – wie wir den Tag beginnen, so wird auch der Rest des Tages verlaufen. Wenn wir in der ersten Stunde nach dem Aufstehen diszipliniert unsere Routine leben, werden wir sehr wahrscheinlich einen hochproduktiven Tag haben. Wenn wir aber in der ersten Stunde herumtrödeln, ist die Wahrscheinlichkeit groß, dass auch der Rest des Tages gleichermaßen unproduktiv ist. Verbringen Sie also die erste Stunde mit Sport, Lesen, Putzen, Schreiben oder anderen produktiven Tätigkeiten.

Viele Menschen teilen mir mit, dass es ein Gefühl von großem Wohlbefinden erzeugt, wenn sie als Erstes am Morgen eine wichtige Aufgabe erfolgreich abschließen, und dass diese Energie noch stundenlang anhält. Ich habe ebenfalls diese Erfahrung gemacht. Eine wichtige Aufgabe schon früh zu erledigen, motiviert und gibt Energie. Wenn wir die erste Stunde gut meistern, haben wir das Gefühl, dass der Tag bereits erfolgreich war, unabhängig davon, was später noch alles geschehen mag.

Persönliche Quoten

So wie ein Verkäufer monatliche Verkaufsquoten erzielen muss, können wir das Konzept der Quoten benutzen, um unsere Leistung auf jedem erdenklichen Gebiet zu steigern. Setzen Sie sich in irgendeinem Lebensbereich ein tägliches Mindestziel. Auf diese Weise ist gewährleistet, dass Sie Schritt für Schritt vorankommen, und es ist gleichzeitig ein fantastischer Weg, um Selbstdisziplin zu entwickeln.

Sie können dafür jedes Maßsystem benutzen, das für Sie funktioniert. Ein Schreibender könnte sich jeden Tag eine bestimmte Menge an Worten, Absätzen oder Seiten vornehmen. Wenn Sie Ihre Finanzen organisieren, könnten Sie sich vornehmen, täglich eine gewisse Anzahl von Über- weisungen oder Quittungen zu bearbeiten.

Ich habe mit beiden Quotenarten experimentiert, sowohl mit der, die auf Tätigkeiten basiert, als auch mit der, die sich am konkreten Ergebnis orientiert. Zunächst benutzte ich die erste Art, weil die Zielvorgaben bei einer Tätigkeit einfacher zu kontrollieren waren. Es fällt mir leichter, mir vorzunehmen, für zwei Stunden zu schreiben, als 2000 Wörter am Tag zu produzieren. Unglücklicherweise waren meine Ergebnisse schwächer, wenn ich mir eine Quote auf- grund der Tätigkeit setzte. Ich hielt mich an die vorgege- bene Zeit, verspürte aber nicht den gleichen Drang, eine be- stimmte Menge zu schaffen. Heutzutage ziehe ich Quoten vor, die am Ergebnis orientiert sind, zum Beispiel einen neuen Artikel fertig zu stellen, denn auf diese Weise bin ich motivierter und effektiver.

Ich empfehle Ihnen sehr, mit beiden Arten von täglichen Zielvorgaben zu experimentieren, um herauszufinden, was für Sie am besten funktioniert. Halten Sie die Quote am Anfang gering, sodass Sie sie leicht erreichen können. Erhöhen Sie die Vorgaben dann stufenweise und betrach- ten Sie sie als positive Anforderungen.

Erledigen Sie zuerst das Unangenehme

Wenn Sie eine schwierige Aufgabe zu erledigen haben, sollten Sie dies gleich als erste Handlung am Morgen tun. Ordnen Sie Ihre täglichen Aufgaben nach Schwierigkeitsgraden und fangen Sie immer mit der schwersten an. Viele Menschen beginnen ihren Tag mit Routineaufgaben wie zum Beispiel E-Mails lesen. Auf diese Weise laufen sie Gefahr, einfache Aufgaben zeitlich so weit auszudehnen, dass andere Dinge dadurch aufgeschoben werden, weil sie wissen, dass noch unangenehme Tätigkeiten auf sie warten. Es besteht zum einen keine Motivation, schnell zu arbeiten, weil man dann nur damit bestraft wird, dass man die unangenehmen Sachen erledigen muss. Von daher ist es nur natürlich, dass wir uns Zeit lassen. Diese Angewohnheit führt in der Regel dazu, dass unangenehme Aufgaben auf den nächsten Tag verschoben werden. Ein solches Verhalten schwächt unsere Macht, weil die Bewältigung der Anforderungen, die wir hinausschieben, den größten positiven Effekt auf uns haben würde.

Zum anderen werden wir immer dann, wenn wir eine Tätigkeit beendet haben, mit einer leichteren belohnt, wenn wir unsere Aufgaben nach dem Schwierigkeitsgrad ordnen und das Schwierigste zuerst tun. Dies motiviert uns, den ganzen Tag über ein zügiges Arbeitstempo beizubehalten. Es gibt keinen Grund, Dinge zu verzögern, wenn etwas Leichteres auf uns wartet. Stellen Sie die Routinetätigkeiten ganz an den Schluss, und Sie werden sehen, dass Ihnen die Arbeit viel schneller von der Hand geht.

Ich war überaus erstaunt, welch große Veränderung die Änderung dieser Gewohnheit für mich bewirkte. Früher las ich zuerst am Morgen meine E-Mails und verbrachte über eine Stunde damit, meine tägliche Korrespondenz zu erledigen. Nun lese ich die E-Mails später am Tag, und die Bearbeitung dauert durchschnittlich nur noch 15 bis 30 Minuten. Ich schreibe einfachere und präzisere Mitteilungen, denn wenn ich damit fertig bin, ist mein Arbeitstag vorbei.

Belohnen Sie sich am Ende des Tages und nicht am Anfang. Wenn Sie sich das Beste für den Schluss aufbewahren, haben Sie etwas, auf das Sie sich freuen können. Sie werden sich am Abend nach getaner Arbeit viel mehr entspannen. Erledigen Sie Ihre Arbeit schon früh und genießen Sie dann den Rest des Tages.

Konkurrenz

Wenn Sie gerne mit anderen konkurrieren, sollten Sie diese Eigenschaft zu Ihrem Vorteil nutzen. Wettbewerb und Konkurrenz können sehr motivierend wirken, und der Antrieb, gewinnen zu wollen, kann Ihnen dabei helfen, Ihre Macht zu stärken. Viele arbeiten härter, wenn sie dadurch etwas gewinnen können, als wenn sie nur persönlich etwas davon hätten. Konkurrenz mit anderen bewirkt oftmals, dass wir das Beste aus uns herausholen.

Ich habe an mehreren Redner-Wettbewerben teilgenommen, weil ich härter an meinen Fähigkeiten arbeite, wenn ich in einer Konkurrenzsituation bin. Ich muss disziplinierter darin sein, meine Rede zu schreiben, sie zu proben und sie schließlich zu halten, wenn ich einen Wettbewerb mit anderen fähigen Rednern gewinnen will, anstatt einfach nur vor einem Publikum zu sprechen. Die Konkurrenzsituation führt dazu, dass ich bessere Reden schreibe, als wenn ich nur auf mich allein gestellt bin.

Im Verkaufsbereich und im Bereich des Sports ist der Wettbewerb eine normale Sache, aber worauf lässt sich diese Idee sonst noch anwenden? Wir könnten im Büro einen Wettbewerb starten, wer innerhalb eines Monats am meisten abnimmt. Wir könnten einen Freund herausfordern und mit ihm wetteifern, wer innerhalb von 90 Tagen das meiste Geld verdient. Wir könnten mit unserem Partner konkurrieren und sehen, wer in einem Monat die meisten neuen Bücher liest.

Das Schöne an Wettbewerb und Konkurrenz ist, dass wir auch dann gewinnen, wenn wir verlieren. Wir verlieren vielleicht den Wettbewerb, profitieren aber in vielerlei Hinsicht, wahrscheinlich mehr, als wenn wir uns nicht der Konkurrenz gestellt hätten. Ein Wettbewerb ist eine großartige Möglichkeit, aus dem Trott auszubrechen und die eigenen Fähigkeiten – und damit die eigene Macht – auf eine neue Stufe zu heben.

Ausruhen

Ausruhen ist nicht nur ein wichtiger Teil des Gewichttrainings, sondern es ist auch von Bedeutung, wenn es darum geht, die persönliche Macht zu stärken. Wechseln Sie zwischen Anspannung und Entspannung ab, um immer leistungsfähiger zu werden. Sobald Sie eine Herausforderung erfolgreich bestanden haben, sollten Sie sich ausruhen, bevor Sie die nächste in Angriff nehmen. Strecken Sie sich. Machen Sie einen Spaziergang oder ein kurzes Nickerchen. Geben Sie sich die Möglichkeit zu entspannen und aufzutanken.

Genauso wie man aufpassen muss, sich beim Training mit Gewichten nicht zu überanstrengen, gibt es auch beim Aufbau der eigenen Macht gewisse Risiken. Wenn Sie sich mehrere Tage lang ununterbrochen ausgebrannt und unmotiviert fühlen, haben Sie sich zu viel zugemutet. Lassen Sie Ihre Arbeit ein paar Tage lang ruhen. Nehmen Sie einen kurzen Urlaub. Erholen Sie sich psychologisch für die nächste Herausforderung, sodass Sie gestärkt an die Arbeit zurückkehren.

* * *

Wir sind nicht hier, um schwach und passiv zu sein. Wir sind hier, um unsere Fähigkeiten und Talente voll zum Ausdruck zu bringen. Persönliche Macht zu entwickeln, erfordert großen Einsatz, aber es lohnt sich, diese Anstrengung auf sich zu nehmen. Je größer unsere Macht ist, desto erfolgreicher werden wir darin sein, uns das Leben zu erschaffen, das wir uns wünschen. Je tiefer wir graben, desto mehr Schätze kommen zum Vorschein.

Sich eine erfolgreiche Karriere aufzubauen, ist eine Herausforderung. Eine erfolgreiche Beziehung zu führen, ist eine Herausforderung. Finanzielle Unabhängigkeit zu erreichen, ist eine Herausforderung. All diese Errungenschaften fallen uns nicht einfach in den Schoß. Wir müssen sie uns verdienen. Übernehmen Sie die Verantwortung für Ihr Leben und stellen Sie sich den Herausforderungen, die Sie umgeben. Ihre Probleme existieren, um Ihnen beim Wachstum zu helfen, nicht um Sie fertig zu machen. Gewichte haben die Funktion, schwer zu sein.

Wenn Sie Ihre persönliche Macht entwickeln, tun Sie damit nicht nur etwas für sich selbst. Wenn Sie Ihre Macht mit Wahrheit und Liebe verbinden, werden Sie zu einer starken Kraft des Guten. Aber um diese Stufe zu erreichen, müssen Sie das nächste Prinzip begreifen. Es lautet...

Kapitel 4:

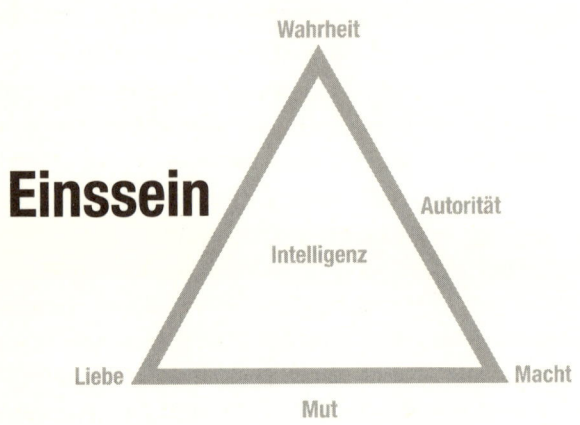

> »Alle Unterschiede existieren nur scheinbar
> und nicht von Natur aus. Einssein ist das Geheimnis,
> das allem zugrunde liegt.«

Swami Vivekananda

Nachdem wir die drei Grundprinzipien Wahrheit, Liebe und Macht kennen gelernt haben, geht es nun um die zusätzlichen Prinzipien Einssein, Autorität und Mut. Sie leiten sich von den verschiedenen Paarungen der ersten drei Prinzipien ab. Einssein ist Wahrheit plus Liebe. Autorität ist Wahrheit plus Macht. Mut ist Liebe plus Macht. Diese zusätzlichen Prinzipien werden Ihnen helfen, die Grundlagen einer bewussten Lebensweise besser zu verstehen. Das Prinzip Intelligenz ist die Dreierkombination aus Wahrheit plus Liebe plus Macht. Mit diesem Prinzip befassen wir uns in Kapitel 7.

Einssein ist das Prinzip, das durch die Kombination von

Wahrheit und Liebe zustande kommt. Während Liebe auf der freien Entscheidung beruht, sich mit anderen Wesen oder Dingen zu verbinden, erkennen wir im Gefühl des Einsseins, dass es unser natürlicher Zustand ist, mit allen und allem verbunden zu sein. Liebe ist die *Entscheidung*, sich zu verbinden. Einssein ist das *Wissen*, dass wir bereits verbunden sind. Einssein hat kein bestimmtes Ziel; es besteht in dem Gefühl, nach allen Seiten hin mit allen Wesen und Dingen verbunden zu sein. Einssein ist reine, bedingungslose Liebe.

Vor ein paar Jahren hatte ich beim Mittagessen in meinem Garten ein besonderes Erlebnis, als ich ein paar Vögel beobachtete. Ich versuchte mir vorzustellen, wie sich totales Einssein anfühlen würde. Plötzlich spürte ich, wie mein Bewusstsein sich über meinen Körper hinaus ausbreitete. Ich begriff sofort, dass die Vögel vor mir genauso mein physischer Körper waren wie ich selbst. Mein Bewusstseinsfeld dehnte sich weiter aus, und ich spürte, dass ich genauso die Gartenmauer war. Schließlich umfasste mein Fühlen alles, was sich in meinem Gesichtsfeld und darüber hinaus befand. Mein Bewusstsein war nicht länger örtlich fixiert; es war überall. Ich sah immer noch alles durch meine körperlichen Augen, aber meine inneren Sinne teilten mir mit, dass ich mehr war als nur dieser singuläre Bezugspunkt. Ich verspürte eine intensive Welle positiver Gefühle, die so überwältigend war, dass sie mich aus meinem Zustand hinauswarf.

Obgleich diese Erfahrung nur ein paar Sekunden andauerte, hatte sie eine tiefe und anhaltende Wirkung auf mich. Mehrere Wochen lang versuchte mein Geist sich diese Erfahrung zu erklären. Ich musste mein altes Modell der Realität aufgeben, das auf der Annahme beruhte, die Welt bestünde aus voneinander getrennten Individuen und Objekten. Ich sah nicht länger eine Welt unabhängiger Einzelpersonen, sondern begann die Realität als einen riesigen Körper zu betrachten, der aus individuellen Zellen bestand. Manche Zellen waren sich dieses Körpers gar nicht bewusst und konkurrierten ungewollt mit ihren Nachbarn. Andere Zellen jedoch nahmen den Körper wahr und arbeiteten für sein Wohlergehen. Die intelligentesten Zellen verstanden, dass die Gesundheit des Körpers und die Gesundheit der Zellen untrennbar miteinander verbunden waren. Der Körper kann ohne seine Zellen nicht existieren, und umgekehrt können die Zellen nicht ohne den Körper überleben. Einssein ist die tiefe Wahrnehmung dieser einfachen Tatsache.

Mit ein wenig Übung lernte ich, diesen glücklichen erweiterten Bewusstseinszustand willentlich zu erzeugen. Es war, als lauschte ich einem vertrauten Radiosender. Der Sender strahlte sein Programm rund um die Uhr aus, aber ich musste die richtige Frequenz einstellen, um es auch hören zu können. Ich fand heraus, dass der einfachste Weg, die richtige Frequenz zu finden, darin bestand, dass ich mich fragte: *Wo sind Glück und Freude?* Diese Frage half mir dabei, die richtige Frequenz zu finden. Sobald ich sie gefunden hatte, nahm die Lautstärke kontinuierlich zu, bis ich mich extrem glücklich und verbunden fühlte.

Die geistige Haltung des Einsseins lässt sich nicht aufspalten. Sie ist kein Nebenprodukt, das wir im Prozess der persönlichen Entwicklung einfach der Liste zu erledigender Aufgaben hinzufügen, nur um dann wieder in die Getrenntheit zurückzufallen, wenn wir am nächsten Tag auf dem Weg zur Arbeit sind. Wenn wir das Einssein erleben, verändert es uns von Kopf bis Fuß. Wir können dann andere nicht länger als von uns getrennte Wesen betrachten.

Nun wollen wir das Prinzip des Einsseins genauer untersuchen, indem wir uns mit seinen verschiedenen Aspekten befassen: *Einfühlungsvermögen, Mitgefühl, Ehrlichkeit, Fairness, Mitwirkung und Verbundenheit.*

Einfühlungsvermögen

Das Gefühl des Einsseins erzeugt ein Gefühl der Verbundenheit mit allen anderen Menschen. Wir erkennen, dass wir
keine einsame Insel sind, sondern fangen an, die unsichtbaren Fäden zu sehen, die uns alle miteinander verbinden.
Auf der einen Seite ist die Wahrnehmung des Einsseins eine
Gnade, auf der anderen ein Fluch. Es ist ein Segen zu erkennen, dass wir alle von Natur aus miteinander verbunden
sind. Und es ist ein Fluch festzustellen, dass viele Menschen
immer noch ohne dieses Bewusstsein leben.

Weil Einssein uns nachdrücklich mit anderen verbindet,
kann es große Freude, aber auch große Trauer hervorrufen. Wenn wir die positive Seite akzeptieren, dann erklären
wir uns auch mit der negativen Seite einverstanden. Khalil
Gibran schrieb dazu in seinem Buch *Der Prophet*:

*Je tiefer sich jenes Leid in euer Wesen gräbt, desto
mehr Freude könnt ihr fassen.*
*Ist nicht der Becher, der euren Wein enthält, derselbe
Becher, der im Töpferofen glühte?*
*Und ist nicht die Laute, die eure Seele erfreut, eben
das Holz, das Messerklingen höhlten?*
*Wenn ihr glücklich seid, blickt tief in euer Herz, und
ihr werdet erkennen, dass gerade das, was euch
leiden ließ, euch jetzt Freude schenkt.*
*Wenn ihr bekümmert seid, blickt abermals in euer
Herz, und ihr werdet sehen, dass ihr in Wahrheit
über das weint, was zuvor eure Freude war.*

[Khalil Gibran: Der Prophet, dtv, München 2003, S. 31]

Wenn wir im Zustand des Einsseins sind, nehmen wir die
Freude, aber auch das Leid des größeren Körpers wahr
und transzendieren dadurch die niedrigere Bewusstseins-

ebene, auf der wir uns für getrennte Zellen halten. Manchmal bewirkt dieser Zustand die überschwänglichsten Gefühle, die wir uns vorstellen können, und manchmal fühlt er sich an, als würden wir mit Messern innerlich ausgehöhlt.

Der Wahrheitsaspekt des Einsseins bestimmt seine emotionale Wirkung. Wenn wir von einer positiven Entwicklung des größeren Körpers ausgehen und das Gefühl haben, die Menschheit bewegt sich in eine wünschenswerte Zukunft, fühlen wir uns wunderbar. Wenn wir aber eine negative Vorhersage treffen, verspüren wir starke Trauer darüber, dass der größere Körper vom richtigen Weg abgekommen ist. Wir können uns niemals komplett vom Schicksal des größeren Ganzen abschirmen. Wir können die Triumphe der Menschheit feiern und andererseits auch ihre Fehler bedauern. Es ist nicht ausreichend, nur nichts Falsches zu tun. Um nach dem Prinzip des Einsseins zu leben, müssen wir uns dazu verpflichten, aktiv zur positiven Entwicklung beizutragen.

Mitgefühl

Die Erfahrung des Einsseins ist die notwendige Grundlage dafür, Mitgefühl und Freundlichkeit auszudrücken. In diesem Seinszustand fühlen wir uns auf natürliche Weise mit allen verbunden. Liebevolles Handeln bedarf keiner Willenskraft oder Anstrengung, wenn wir erkennen, dass wir jedes andere Wesen sind. Wir müssen uns nicht daran erinnern, den Nächsten so zu behandeln wie uns selbst. Wir wissen, dass wir mit unserem Nächsten eins sind, und es ist mühelos, in Einklang mit diesem Prinzip zu handeln.

Als ich eines Morgens spazieren ging, sah ich einen Obdachlosen die Müllcontainer eines Einkaufszentrums durchstöbern. Die Geschäfte hatten noch nicht geöffnet, sodass er und ich die einzigen Menschen weit und breit waren. Bevor ich die Erfahrung des Einsseins gemacht hatte, wäre ich einfach an ihm vorbeigegangen, ohne ihn eines Blickes zu würdigen. Aber jetzt wusste ich im Herzen, dass er nicht von mir getrennt war. Er *war* ich. Ich musste mich nicht erst davon überzeugen, sondern fühlte es tief in meinem Inneren. Ohne zu zögern, ging ich auf den Mann zu, lächelte ihn an, gab ihm ein bisschen Geld und wünschte ihm alles Gute. Er schaute mich überrascht an und bedankte sich. Ich nahm nicht etwa Verbindung mit ihm auf, weil ich mich dadurch gut fühlen wollte. Ich tat es, weil Mitgefühl die natürliche Art und Weise ist, sich mit der Welt zu verbinden, wenn man sich im Zustand des Einsseins befindet.

Mein altes Selbst hätte diesen Mann als etwas betrachtet, das völlig von mir getrennt ist. Ich hätte vielleicht Mitleid mit ihm gehabt. Ich hätte vielleicht angenommen, dass er das Geld, das ich ihm geben könnte, sowieso nur für Alkohol ausgibt. Ich hätte vielleicht das gefühlt, was ich für Mitgefühl gehalten hätte, aber es wäre nur ein Schatten des wirklichen Einsseins gewesen. An jenem Tag hatte ich jedoch keinen einzigen dieser negativen Gedanken. Ich schaute den Mann an und sah mich selbst. Ich sah, dass er wie ich eine weitere Zelle im größeren Körper der Menschheit war. Ich sah eine Zelle, die es nicht leicht hatte, und wollte ihm helfen und ihn ermutigen. Eigentlich gab ich ihm nicht wirklich etwas. Ich half nur einem Teil von mir selbst.

Einssein macht Mitgefühl bedingungslos. Es spielt keine Rolle, welche Rasse, Religion, sexuelle Vorlieben oder Lebensstile wir haben. Es spielt keine Rolle, wenn andere uns durch ihr Verhalten verletzen. Wir sind mit allen verbunden. Alle verdienen unsere Liebe.

Ehrlichkeit

Wenn wir eins sind mit allem, wird Lügen für uns ein Gräuel, weil Unehrlichkeit Trennung und Distanz herstellt. Ehrliche Kommunikation wird vollkommen natürlich für uns, sobald wir erkannt haben, dass wir von Natur aus miteinander verbunden sind. Andere anzulügen ist das Gleiche, als würden wir uns selbst anlügen.

Stellen Sie sich vor, was geschehen würde, wenn sich die Zellen unseres Körpers gegenseitig anlügen – oder einfach nur nicht die Wahrheit sagen – würden. Nehmen wir an, ein paar Ihrer weißen Blutkörperchen signalisieren, dass alles in Ordnung ist, während sie in Wirklichkeit eine sich ausbreitende Infektion nicht mehr abwehren können. Vielleicht rechtfertigen sie die falsche Information damit, Sie nicht unnötig beunruhigen zu wollen. Dient ein solches Verhalten dem Wohlergehen des größeren Körpers?

In unserer Kommunikation mit anderen sollten Sie sich stets bemühen, offen und ehrlich zu sein. Spielen Sie nicht mit Lug und Trug. Sorgen Sie dafür, dass Sie und andere sich an die Wahrheit halten.

Ist brutale Ehrlichkeit immer die beste Vorgehensweise? Echte Ehrlichkeit ist Wahrheit, die durch Liebe abgemildert wird. Die Wahrheit wie eine Waffe zu benutzen, ist kein liebevoller Akt, aber Licht in eine obskure Situation zu bringen, ist sicherlich im Interesse aller.

Selbst wenn es schmerzlich und unangenehm zu sein scheint, die Wahrheit zu sagen, richten wir mehr Schaden an, wenn wir mit ihr hinterm Berg halten. Es ist nicht nötig, in der Öffentlichkeit eine Maske aufzusetzen. Um wirklich bedingungslose Liebe zu erfahren, müssen wir der Welt ungepanzert gegenübertreten.

Auf meiner Webseite habe ich eine schwierige und beschämende Phase meiner Vergangenheit öffentlich gemacht – meine Zeit als Kleptomane, in der ich den inneren Zwang verspürte, fast jeden Tag etwas zu stehlen. Es hatte sicherlich eine reinigende Wirkung, anderen diese Dinge mitzuteilen, aber ich war mir zunächst nicht sicher, ob sie überhaupt etwas damit anfangen könnten. Zu meiner Überraschung erzählten mir viele Menschen, dass meine Geschichte eine tiefe und anhaltende Wirkung auf sie gehabt hatte. Sie erkannten in meinem Werdegang ihre eigene schmerzvolle Vergangenheit, und das half ihnen, ähnliche Wunden zu heilen, die sie sich selbst zugefügt hatten. Indem ich mein eigenes Leid nicht verschwieg, konnte ich anderen helfen, wieder Freude zu empfinden, was mich wiederum in die Lage versetzte, die Freude hinter meinem eigenen Leid wiederzuentdecken. Wenn wir aus einer Position des Einsseins kommunizieren, laden wir eine Vollkommenheit in unser Leben ein, die wir zuvor nicht gekannt haben.

Fairness

Das Gefühl der Fairness entsteht auf natürliche Weise aus der Erfahrung des Einsseins. Fairness bedeutet, dass wir lernen, uns gegenseitig auf eine Art und Weise zu behandeln, die sowohl unser individuelles Wohlergehen als auch das große Ganze würdigt. Konkret bedeutet es, anderen dabei zu helfen, sich mit Wahrheit, Liebe und Macht zu verbinden.

Fairness ist nicht dasselbe wie Gleichheit. Die Zellen in einem Körper können in dem Sinn als gleichwertig angesehen werden, als sie alle ein Teil desselben Ganzen sind. Ihrer Form und Funktion nach sind diese Zellen jedoch eindeutig *nicht* gleich, sondern sie spezialisieren sich zum Wohle des Ganzen – aus ihnen werden Blutzellen, Gehirnzellen, Hautzellen und so weiter. In ähnlicher Weise ist es auch nicht im Interesse von uns Menschen, Gleichheit zu

erzwingen, mit Ausnahme der gleichen grundlegenden
Menschenrechte. Unsere Stärke liegt in unserer Verschie-
denheit, und daher ist es wichtig, dass jeder von uns diese
Unterschiede wahrnimmt und als Talente entwickelt. Eine
solche Entwicklung kann sicherlich als fair betrachtet werden, obwohl sie nicht für alle gleich ist.

Wenn wir mit anderen zu tun haben, behandeln wir dann
alle gleich, unsere Freunde, Familienmitglieder und vollkommen Fremde? Natürlich tun wir dies nicht. Vom Einssein auszugehen, ändert daran nichts; es zwingt uns nicht,
alle nach einem blinden Gleichheitsprinzip zu behandeln.
Das Einssein eröffnet uns einfach nur eine größere Perspektive, wenn wir Entscheidungen treffen. Anstatt selbstloser
gegenüber Freunden und Familienmitgliedern als gegenüber Fremden zu sein, ermutigt uns das Wissen um das
Einssein dazu, in den Bereichen selbstlos und freigiebig
zu sein, wo wir einen größeren Einfluss ausüben können,
und zwar unabhängig von unserem gegenwärtigen sozialen Netzwerk. Manchmal erfordert diese Erkenntnis, einem
engen Freund zu helfen, und manchmal bedeutet sie, einem
völlig fremden Menschen zu Hilfe zu kommen.

Wenn wir mit dem Einssein verknüpft sind, gehört jeder zu unserer Familie. Wir haben vielleicht nicht die
Möglichkeit, unsere Milliarden Familienmitglieder gleichermaßen zu behandeln, aber wir können uns bewusst
dafür entscheiden, wo wir etwas Positives bewirken *können*. Das ist Fairness.

In einem größeren sozialen Zusammenhang nimmt
Fairness die Form von Gerechtigkeit an. Damit Gerechtigkeit herrschen kann, müssen wir Entscheidungen treffen,
die ein gerechtes Gleichgewicht zwischen den Bedürfnissen des Einzelnen und den Bedürfnissen des größeren
Ganzen herstellen. Idealerweise bedeutet dies, dass wir
versuchen, das Konfliktpotenzial zwischen diesen beiden
Ebenen auf ein Minimum zu beschränken. Gerechtigkeit

findet nicht nur im Gerichtssaal statt. Alle Menschen müssen dafür sorgen, dass es gerecht zugeht. Immer wenn wir Ungerechtigkeit tolerieren, verstärken wir Getrenntheit anstatt Einssein, und darunter leiden letztendlich alle.

Einen positiven Beitrag leisten

Das Gefühl des Einsseins ermutigt uns, unsere individuelle Mitwirkung am Ganzen zu optimieren und auszuweiten. Es reicht nicht, einfach nur so zu leben, dass man über die Runden kommt. Wenn wir ein gutes Leben führen, ohne unsere Kapazitäten voll zu nutzen, leugnen wir die Verantwortung für unsere Rolle im größeren Körper. Wir weigern uns dann, etwas von bleibendem Wert für uns selbst und für andere zu erschaffen.

Als ich mich entschlossen hatte, mich aus der Entwicklung von Computerspielen zurückzuziehen, verbrachte ich einen Großteil meiner Freizeit damit, unabhängigen Spiele-Entwicklern zu helfen – besonders denjenigen, die dabei waren, ihr erstes Spiel fertig zu stellen und herauszubringen. Ich stellte Ihnen kostenloses Knowhow zur Verfügung, betrieb ein beliebtes Online-Diskussionsforum und gab viele kostenlose Ratschläge. Sobald mein Berufswechsel jedoch vollzogen war, hörte ich auf, anderen auf dieser Ebene zu helfen. Allerdings versuchte ich den Übergang so reibungslos wie nur möglich zu gestalten. Obgleich manche meinen Schritt nicht nachvollziehen konnten, betrachte ich ihn als fairen Entschluss, weil ich glaube, dass ich auf dem Gebiet der persönlichen Entwicklung einen größeren positiven Beitrag zum Ganzen leisten kann. Ich bedauerte meine Entscheidung jedenfalls in keiner Weise.

Das Einssein kann unseren Beitrag sogar noch lohnender machen. Ohne das Gefühl des Einsseins bleibt unser Beitrag auf den individuellen Rahmen beschränkt: *Was springt für mich dabei heraus? Was habe ich davon? Warum sollte ich diese Anstrengung unternehmen?* Wenn Einssein gefühlt wird, löst sich dieser Konflikt auf, weil der Lohn von einer höheren Warte aus betrachtet wird. Wir haben am Erfolg anderer Anteil, und ihre Errungenschaften bedeuten uns ebenso viel wie unsere eigenen.

Haben Sie sich schon einmal so richtig über den Erfolg einer anderen Person gefreut? Ich tue dies oft, wenn ich das lese, was Besucher meiner Webseite mir im Hinblick auf ihre Durchbrüche in der persönlichen Entwicklung schreiben. Ich feiere ihren Erfolg wie meinen eigenen. Wenn einer von uns etwas erreicht, erreichen wir alle etwas.

Einssein steht nicht im Konflikt mit Individualität. Die Zellen im Körper sind einzigartige Individuen mit unterschiedlichen Eigenschaften. Wenn jede Zelle identisch wäre, würde der größere Körper nicht existieren. Es kommt auf die individuelle Funktionsfähigkeit jedes Teils an, aber den einzelnen Zellen ist dabei klar, dass sie zu einem größeren Ganzen beitragen und sich nicht nur um ihr eigenes Überleben und Glück sorgen. Würden die Zellen nicht zur Gesundheit des Körpers beitragen, müsste er sterben und alle Zellen mit sich in den Tod reißen. Umgekehrt trifft das Gleiche zu: Damit der Körper existieren kann, müssen die Zellen gesund und funktionsfähig sein. Der Körper sorgt für die Zellen, und die Zellen sorgen für den Körper.

Als individuelle Zelle ist unsere Reichweite sehr begrenzt. Wenn wir nur für uns selbst leben, wird unser Leben vor dem Hintergrund der Menschheit nicht sehr viel bewirken. Von wenigen Ausnahmen abgesehen, sind die Errungenschaften einer einzelnen Zelle quasi bedeutungslos. Wenn wir uns jedoch am höheren Wohl des Körpers ausrichten, kommt unserer Rolle eine größere Bedeutung zu. Nun sind wir das Instrument eines Riesen und leisten einen Beitrag zur Pracht und Herrlichkeit des Ganzen. Wir sind ein holografischer Teil des einen Bewusstseins.

Der Zustand der Menschheit ist unser eigener Zustand, und die Errungenschaften der Menschheit sind unsere Errungenschaften. Alles, was lebende oder verstorbene Menschen jemals erreicht haben, können wir als unseren eigenen Erfolg feiern. Unsere Großartigkeit wird nur durch die Expansion des Bewusstseins selbst begrenzt. Was würden Sie gerne zu dieser Expansion beitragen?

Verbundenheit

Das Gefühl des Einsseins führt auf natürliche Weise zur Entwicklung eines globalen Bewusstseins. So wie jede einzelne Zelle für die Gesundheit des ganzen Körpers verantwortlich ist, sind wir verantwortlich für die Gesundheit des gesamten Planeten. Wir können nicht länger Entscheidungen ausschließlich auf einer persönlichen, familiären oder kommunalen Ebene treffen. Wir müssen in Betracht ziehen, welche Auswirkungen unsere Gedanken und Handlungen auf den ganzen Planeten haben.

Die Geisteshaltung der Verbundenheit ist eine Ehrfurcht gebietende Verantwortung, und viele fühlen sich zu Anfang von ihr überwältigt. Das ist vollkommen normal. Die Verantwortung für den gesamten Planeten zu übernehmen, kann sich wie ein riesiges Gewicht auf den eigenen Schultern anfühlen. Wie kann eine einzelne Person für so viel verantwortlich sein? Aber diese Verantwortung von sich zu weisen bedeutet, einer Illusion anheimzufallen. Wir können die Verantwortung für das, was mit der Welt geschieht, nicht ablehnen, da wir ein Teil von ihr sind.

Wenn wir glauben, dass unser Planet gerettet werden

muss, dann sind wir dafür verantwortlich. Wenn wir der Meinung sind, dass unsere Führer vom richtigen Weg abgekommen sind, dann sind wir dafür verantwortlich, uns wieder in die richtige Richtung zu lenken. Wenn wir sehen, dass bestimmte Probleme in der Welt nicht angemessen angegangen werden, dann sind wir dafür verantwortlich, dass die Menschheit nicht länger die Augen vor diesen Problemen verschließt.

Ohne die Erfahrung des Einsseins gemacht zu haben, können Sie mir wahrscheinlich nicht zustimmen. Es kann nicht sein, dass Sie für die ganze Welt verantwortlich sein sollen. Sie sind nur ein winziges Individuum unter Milliarden von Menschen auf diesem Planeten. Sie sind nur eine kleine Zelle und nicht der ganze Körper.

Aber wenn wir uns auf die Wahrheit einlassen, nämlich dass wir ein zusammenhängendes Ganzes bilden, dann akzeptieren wir bewusst unsere Verantwortung für alles, was in unserer Realität geschieht. Es ist nicht länger möglich, sich klein zu machen und sich vor dieser Erkenntnis zu verstecken. Verbundenheit ist die Antwort auf die Frage: *Warum sollte ich mich darum kümmern?*

Der positive Effekt besteht darin, dass Verbundenheit uns die Kraft gibt, diese Verantwortung bewusst auf uns zu nehmen, ohne uns von ihr überwältigt zu fühlen. Verbundenheit hat zur Folge, dass wir niemals allein sind. Überall steht Hilfe bereit.

Wir brauchen keine riesige globale Organisation aufzubauen, um alle Probleme auf der Erde zu lösen. Wir müssen uns nur bewusst sein, dass unser Handeln Auswirkungen auf das Ganze hat, und daher noch heute Entscheidungen treffen, die uns mit dem größeren Wohl verbinden. Denken Sie daran, wie unser Körper aufgebaut ist; handeln Sie auf der Ebene der Zellen.

Zumindest können wir von uns erwarten, dass wir unser Bestes geben. Und das Beste, das wir in dieser Zeit tun können, besteht darin, das Einssein zu fühlen, als gutes Beispiel voranzugehen und andere zu lehren, das Gleiche zu tun. Je mehr Menschen das Einssein wahrnehmen und je mehr wir uns miteinander verbinden, desto besser ist das für den gesamten Planeten.

Wenn wir uns als Teil dieses Einsseins begreifen wollen, müssen wir aufhören, uns als getrennte Wesen zu betrachten. Was auch immer uns voneinander trennt, stört das Einssein. Je mehr wir trennende Denk- und Verhaltensmuster an den Tag legen, desto unmöglicher wird es, die Erfahrung des Einsseins zu machen. Zu diesen Mustern gehören Nationalismus, Rassismus, Sexismus und ähnliche Geisteshaltungen, die auf Trennung beruhen. Desgleichen gehört dazu, in einem Job zu arbeiten, in dem wir dafür belohnt oder bestraft werden, dass wir andere Menschen überflügeln; ein Glaubenssystem, in dem manche Menschen gerettet werden und andere nicht; und ein familiäres Beziehungsmodell, das darauf beruht, dass wir bestimmte Menschen mehr lieben als andere. Unabhängig davon, wie eingefahren diese Muster sind, wenn wir unser soziales Bewusstsein anheben wollen, müssen wir letztlich all diese Muster der Trennung aufgeben.

Wie Sie Einssein erfahren können

Niemand kann uns in einen Zustand des Einsseins zwingen. Einssein kann nur durch bewusste Entscheidung wahrgenommen werden. Diese Entscheidung hat eine mentale und eine emotionale Komponente. Zur mentalen gehört, dass wir die Welt durch eine Linse betrachten, in der alles miteinander vernetzt ist, in der wir Teil eines größeren Körpers sind und ein neues Maß an Verantwortung akzeptieren, das sich aus dieser Perspektive ergibt. Zur emotionalen Komponente gehört, uns willentlich in diese immer schon bestehende Verbindung hineinzufühlen und sie als Glück und Freude wahrzunehmen.

Um Einssein wirklich erfahren zu können, müssen wir unsere mentale und emotionale Seite miteinander verflechten. Wir müssen erkennen, dass Einssein unser wahrer Zustand ist, und bewusst unsere liebevolle Verbundenheit mit anderen fühlen. Wenn wir die Dinge nur aus der mentalen Perspektive betrachten, verstehen wir zwar die Logik des Einsseins und stimmen mit ihr überein, aber wir begreifen sie nicht wirklich intuitiv. Dadurch fehlt uns der Antrieb, auch wirklich nach dieser Erkenntnis zu handeln. Wenn wir andererseits alles nur von der emotionalen Seite aus sehen, nehmen wir zwar intuitiv wahr, dass wir auf einer bestimmten Ebene miteinander verbunden sind, aber wir verfügen dann noch nicht über ein vernünftiges Modell der Wirklichkeit, mit dessen Hilfe das intuitive Verstehen erklärt werden kann. Wir fühlen uns verbunden und sind manchmal regelrecht ekstatisch, aber es fällt uns nicht leicht, diese Gefühle in unser Leben zu integrieren.

Wenn wir ein Gespür für Einssein entwickeln wollen, ist es hilfreich, sich zuerst entweder auf die mentale oder auf die emotionale Seite zu konzentrieren – je nachdem, ob wir uns eher zur Logik oder zur Intuition hingezogen fühlen. Fangen Sie mit der Seite an, die Sie bevorzugen, und nehmen Sie später dann die andere Seite hinzu. Sie können sogar hin und her springen, um sich Schritt für Schritt über beide Aspekte Klarheit zu verschaffen.

Ich habe mit der mentalen Seite des Einsseins begonnen. Zu Beginn verspürte ich kein emotionales Empfinden unserer Verbundenheit. Ich konnte jedoch klar sehen, dass sich der Zustand der Welt deutlich verbessern würde, wenn die Menschen kooperieren würden, anstatt miteinander zu konkurrieren. Es war logisch begründbar, warum Gewaltlosigkeit intelligenter ist als Gewalt. Dennoch fühlte ich diese Wahrheit nicht in meinem Bauch. Wenn ich bewusst Entscheidungen traf, konnte ich auf der Grundlage dieses Einsseins handeln, aber ich musste mich sehr anstrengen, um auf diese Weise zu denken, und es fühlte sich auch nicht gerade natürlich für mich an.

Erst als ich anfing, auch die emotionale Seite zu erleben, verstand ich das Ganze vollkommen. Zuerst war die Verantwortung, die mit diesem Gefühl einherging, überwältigend. Als ich mich jedoch auf die Verbundenheit einstimmte und sie schließlich direkt fühlte, erlebte ich das Einssein auf eine natürliche und nicht bedrohliche Art und Weise.

Hier sind ein paar spezielle Übungen, die Sie machen können, um die Erfahrung des Einsseins zu entwickeln und zu vertiefen. Manche befassen sich mit der mentalen Seite, manche mit der emotionalen.

Weltweites Einssein

Nehmen Sie sich zehn Minuten Zeit; setzen Sie sich an einen ruhigen Ort, entspannen Sie sich und stellen Sie sich vor, Sie leben in einer Welt, in der jeder auf das Einssein ausgerichtet ist. Stellen Sie sich eine Welt vor, in der sich alle Menschen wohl fühlen und miteinander verbunden sind. Stellen Sie sich vor, dass Konkurrenz durch Kooperation ersetzt ist. Wie wäre es, wenn Sie auf der Straße durch eine fremde Menschenmenge gehen und dabei das Gefühl haben, es handelt sich um lauter enge Familienmitglieder? Wie würden sich die Menschen in einer Welt verhalten, in der das Wir-Denken das Ich-Denken ablöst, wo sich niemand auf Kosten anderer profiliert und wo jeder persönliche Verantwortung für das Wohlergehen aller anderen übernimmt?

In dieser Welt des Einsseins können wir immer erwarten, fair behandelt zu werden, und zwar unabhängig von

Rasse, Geschlecht oder sexueller Ausrichtung. Wenn wir Hilfe brauchen, können wir jederzeit jeden darum bitten und würden wie Familienmitglieder behandelt werden. Die Vorstellung eines persönlichen Fortschritts auf Kosten anderer ist uns völlig wesensfremd. Das Mantra der Welt lautet: »Wir sitzen alle im selben Boot.«

Diese neue Welt kennt keine Waffen, keine Gefängnisse und keine nationalen Grenzen. Es gibt weder Gewalt noch Krieg. Die Menschen haben immer noch unterschiedliche Meinungen, aber sie kooperieren miteinander, um die beste Lösung zu finden, während jedes Individuum mit Mitgefühl und Fairness behandelt wird.

Erlauben Sie Ihrem Geist und Ihren Gefühlen, sich frei durch diese Eine Welt zu bewegen. Stellen Sie sich vor, wie es wäre, tatsächlich dort zu leben. Achten Sie darauf, wie es sich für Sie anfühlt.

Obgleich bei dieser Übung die Fantasie gefragt ist, wird sie Ihr Verstehen des Einsseins vertiefen. Selbst in der realen Welt werden wir positive Auswirkungen spüren, wenn wir anfangen, uns mit dem Einssein zu verbinden. Wenn wir mit anderen kooperieren und sie fair und mitfühlend behandeln, können wir davon ausgehen, ähnlich behandelt zu werden. Wenn wir alle anderen wie Freunde oder Familienmitglieder behandeln, werden diese sich ähnlich verhalten. Im Laufe der Zeit ziehen wir Menschen an, die im Einklang mit dem Einssein sind, wodurch wir in unserem eigenen Leben einen Mikrokosmos dieses größeren Ideals schaffen können.

Verbringen Sie Zeit in der Natur

Zeit in der Natur zu verbringen ist eine einfache Möglichkeit, das Gefühl des Einsseins zu erfahren. Selbst wenn Ihnen nur eine Stunde oder weniger zur Verfügung steht, sollten Sie die Gelegenheit nutzen, um die Stadt hinter sich zu lassen und sich mit Ihren natürlichen Wurzeln zu verbinden. Beobachten Sie die Tiere. Berühren Sie die Bäume. Spüren Sie den Wind in Ihrem Gesicht.

Fühlen Sie, dass Sie ein Teil der Natur sind und die Natur ein Teil von Ihnen ist. Sie sind kein fremder Besucher in dieser Umgebung – hier ist Ihr Platz. Achten Sie darauf, wie gut es sich anfühlt, nichts zu tun und nichts zu denken, sondern einfach unter Pflanzen und Tieren zu sein. Verbinden Sie sich wieder mit der Wahrheit, dass Sie ein Teil des Tierreichs sind.

Eines meiner liebsten Naturgebiete ist Sedona in Arizona, das vier Stunden Fahrzeit von meinem Haus in Las Vegas entfernt liegt. Während meines letzten Aufenthaltes dort wanderte ich in den Bergen und hatte einen herrlichen Ausblick auf den Boynton Canyon. Ich saß eine Stunde lang ganz allein da, beobachtete den Sonnenuntergang und genoss den ruhigen, meditativen Zustand, in dem ich mich befand. Ich fühlte einen so großen Frieden, dass ich bis zur letzten Minute dort blieb, sodass kaum mehr genug Tageslicht für meinen Rückweg blieb. Solche Erfahrungen sind eine ausgezeichnete Möglichkeit, die emotionale Komponente des Einsseins zu erleben.

Körperlicher Kontakt

Eine weitere angenehme Möglichkeit, Einssein zu erfahren, ist der liebevolle körperliche Kontakt mit einer anderen Person. Kuscheln und schmusen Sie mit Ihrem Partner oder Ihrer Partnerin. Nehmen Sie ein Kind auf den Schoß. Wiegen Sie ein Baby in Ihren Armen. Sagen Sie dabei nichts – genießen Sie nur schweigend die Verbindung, die zwischen Ihnen besteht.

Während Sie beide im körperlichen Kontakt miteinander bleiben, können Sie sich vorstellen, wie sich Ihr Bewusstsein erweitert und den Körper der anderen Person mit einschließt. Hören Sie in Ihrem Inneren die Worte *Ich bin du.* Es gibt keine Trennung, keine Grenze zwischen Ihnen beiden. Sie lösen sich gegenseitig ineinander auf und teilen das gleiche Bewusstsein. Genießen Sie das Gefühl reiner Verbundenheit, frei von allen trennenden Gedanken. Denken Sie nicht nur, dass Sie eins sind; *wissen* Sie, dass Sie eins sind.

Körperlicher Kontakt kann nicht nur ein Gefühl des Einsseins schaffen, sondern auch die Intimität mit einer anderen Person stärken; eine Verbindung, die selbst dann noch weiter bestehen kann, wenn Sie nicht mehr körperlich miteinander verbunden sind. Wenn dieses Band zu einem anderen Menschen stärker wird, transformiert es auf subtile Weise Ihren Umgang mit anderen. Verliebte verhalten sich auf natürliche Weise bewusst und mitfühlend.

Wenn ich mich nicht verbunden fühle, gehe ich auf meine Kinder zu (im Moment vier und acht Jahre alt) und nehme sie in den Arm. Sie drücken mich dann so fest sie können. Es fühlt sich großartig an, eine liebevolle körperliche Beziehung mit ihnen zu pflegen.

Zu Tieren eine Beziehung herzustellen, kann ebenfalls zu einem Gefühl des Einsseins führen. Erin und ich hatten immer ein Kätzchen, das zufrieden in unserem Schoß schnurrte, wenn wir es streichelten. Unglücklicherweise reagierte ich auf die kleine Katze allergisch, sodass wir ein neues Zuhause für sie finden mussten. Es war nicht leicht, sie wegzugeben, weil es sich so gut anfühlte, mit ihr verbunden zu sein.

Die Spiegel-Übung

Wählen Sie willkürlich eine Person aus – zum Beispiel einen Freund, einen Arbeitskollegen oder eine Berühmtheit. Erstellen Sie eine kurze Liste der wesentlichen Charaktereigenschaften dieses Individuums. Machen Sie dann ein Pluszeichen (+) neben die Eigenschaften, die Ihnen gefallen, und ein Minuszeichen (–) neben diejenigen, die Sie nicht mögen.

Betrachten Sie nun Ihre Liste und stellen Sie sich dabei vor, dass jemand anderes diese Liste über *Sie* angefertigt hat. Wenn Ihnen klar wird, dass die aufgelisteten Eigenschaften ein gutes Bild darüber geben, was Ihnen selbst gefällt oder nicht gefällt, werden Sie wahrscheinlich ein paar neue Erkenntnisse über sich sammeln.

Ich habe diese Spiegel-Übung vielen Menschen auf der ganzen Welt empfohlen, und diejenigen, die sie tatsächlich machen, sind oft erstaunt darüber, was sie ans Tageslicht bringt. Probieren Sie es selbst aus. Die Übung dauert nur ein paar Minuten und hilft Ihnen zu erkennen, dass andere Menschen sich letzten Endes doch nicht so sehr von Ihnen unterscheiden.

Normalerweise loben wir bei anderen das, was uns an uns selbst gefällt, während wir die Eigenschaften verurteilen, die wir uns weigern, für uns selbst anzuerkennen. Habe ich eigentlich schon erwähnt, was für eine wunderschöne, brillante und liebeswürdige Person Sie sind?

* * *

Einssein ist ein Prinzip, das uns vor große Herausforderungen stellt, wenn wir es ständig anwenden wollen. Dies liegt zum größten Teil daran, dass die Welt sich so stark mit dem Zustand der Getrenntheit identifiziert. Ein wesentlicher Bestandteil des Einsseins besteht in der Fähigkeit, keine trennenden Gedanken zu haben und es dem eigenen Bewusstsein zu erlauben, über die Begrenzungen des Egos hinauszugehen. Je mehr unser individuelles Ego unsere bewusste Wahrnehmung dominiert, desto mehr trennen wir uns automatisch von den anderen Menschen ab.

Ich wünschte, ich könnte sagen, dass ich immer aus einem Zustand des Einsseins heraus handle, aber das würde nicht der Wahrheit entsprechen. Ich war mental, emotional und spirituell in diesem Zustand und weiß, wie herrlich er ist. Wenn ich einen guten Tag habe, besitze ich die Klarheit, um dieses Einssein bewusst wahrzunehmen. Leider habe ich nicht immer einen guten Tag.

Machen Sie sich nicht selbst fertig, wenn es für Sie schwierig sein sollte, den Zustand des Einsseins zu erreichen und aufrechtzuerhalten. Für den Moment genügt es, das Konzept zu kennen. Wenn Sie das Gefühl haben, die Zeit ist reif, können Sie bewusst daran arbeiten, die Verbindung mit diesem Prinzip zu vertiefen. In der Zwischenzeit aber machen wir weiter mit dem Prinzip der ...

Kapitel 5:

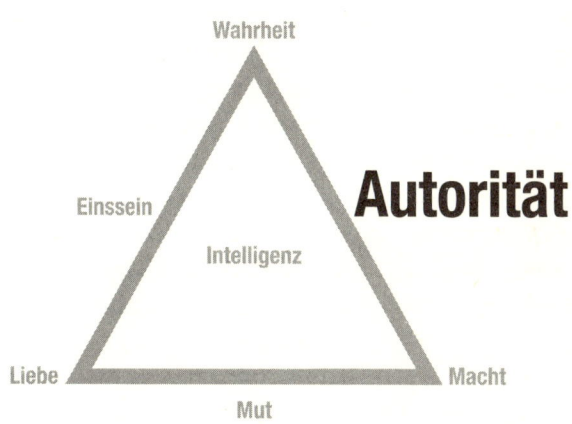

*»Es ist bei weitem besser, mächtige Dinge zu wagen,
glorreiche Triumphe zu ernten, auch wenn sie durch
Misserfolge erkauft wurden, als sich zu den armen
Seelen zu gesellen, die weder viel Freude noch viel Leid
haben, weil sie in einem grauen Zwielicht leben,
wo es weder Sieg noch Niederlage gibt.«*

Theodore Roosevelt

Autorität ist das Prinzip, das sich aus Wahrheit und Macht ableitet. Wahrheit vermag ohne Macht nichts auszurichten. Macht ohne Wahrheit bringt sinnlose Handlungen hervor. Das Prinzip der Autorität lehrt uns, bewusst Wissen und Handeln miteinander zu verbinden, um auf diese Weise intelligente Resultate zu manifestieren.

Wenn wir ohne Autorität leben, verhalten wir uns nicht richtig und verschwenden nur unsere Zeit. Vielleicht erwerben wir einen gewissen Grad an Wissen, aber wir werden es nicht richtig anwenden können. Wenn wir handeln, sind unsere Aktivitäten chaotisch und ohne Ziel. Wir haben das Potenzial, ein machtvolles, selbstbestimmtes Leben zu führen, aber solange wir unsere wahre Autorität nicht gebrauchen, bleibt dieses Potenzial auf den Bereich der Fantasie beschränkt.

Mit Autorität übernehmen wir nicht nur die Verantwortung für unser Leben, sondern das vollständige Kommando. Unsere Kontrolle wird nicht perfekt und vollkommen sein, aber wir werden stark genug sein, um die zentralen Ziele, die wir uns setzen, zu erreichen. Wir haben nicht nur die Klarheit, uns das Leben vorzustellen, das wir führen möchten, sondern auch die Macht, es tatsächlich Wirklichkeit werden zu lassen.

Nun wollen wir das Prinzip der Autorität näher untersuchen, indem wir uns ihre fünf wichtigsten Komponenten anschauen: *Führung, Effektivität, Ausdauer, Vertrauen* und *Wichtigkeit.*

Führung

Es gibt nur eine wahre Autorität in unserem Leben, und die sind wir selbst. Wir treffen die Entscheidungen und handeln nach ihnen. Wenn wir nach einer äußeren Autoritätsfigur, einem Führer oder Guru, suchen, der uns sagen soll, wie wir zu leben haben, dann suchen wir am falschen Ort. Dieser Führer sind wir selbst. Ob wir uns dafür bereit fühlen oder nicht: Wir haben das Kommando.

In Gegensatz zu dem, was uns glauben gemacht wurde, gibt es keine höhere Autorität im Leben – weder unsere Eltern noch unseren Chef oder ein geistiges Wesen. Wenn wir glauben, irgendjemand hätte Autorität über uns, dann ist das nur deshalb so, weil wir ihm diese Autorität gegeben haben. Manchmal sind die Konsequenzen, wenn wir dies nicht tun, so schwerwiegend, dass es den Anschein hat, als hätten wir keine Wahl, aber in Wahrheit können wir uns immer entscheiden. Selbst wenn wir von Leiden oder Tod bedroht sind, bleiben wir der Befehlshaber über unser Leben. Manche Entscheidungen lassen uns nicht viel Spielraum, aber dennoch können wir sie treffen.

Wahre Führung besteht nicht in uneingeschränkter Machtausübung. Ein intelligenter Kommandeur brüllt nicht wahllos irgendwelche Befehle und erwartet, dass sie blind befolgt werden. Befehlsgewalt muss in der Wahrheit wurzeln und auf einer korrekten Beurteilung der Lage beruhen. Wir sind diejenigen, die in unserer Haut stecken, und wir müssen aufgrund unserer Wahrnehmungen entscheiden, wie wir handeln oder nicht handeln wollen. Was Sie mit dieser Information anfangen, bleibt Ihnen überlassen; das Leben erwartet jedenfalls unsere Bestellungen. Entweder fühlen Sie sich gut oder schlecht vorbereitet, aber die Befehlsgewalt liegt immer in Ihren Händen, so oder so.

Ich wurde in dem Glauben erzogen, dass Gott – genau genommen die katholische Version von Gott – die höchste Autorität in meinem Leben sei. Meine gesamte Existenz war eine Gnade, die mir Gott gewährte, und meine Rolle bestand darin, seine Erwartungen zu erfüllen. Zwar wurde mir beigebracht, dass ich einen freien Willen besäße; aber ich würde schließlich nur von Gott belohnt werden, wenn ich meinen Willen in der einen Weise benutzte, und andererseits bestraft, wenn ich ihn in der anderen Weise gebrauchte. Es blieb nicht ohne Wirkung auf mich, dass der gepriesene Weg darin bestand, meine Verfügungsgewalt an diejenigen abzugeben, die dies lehrten, selbst wenn ihre Lehren nicht in sich stimmig waren und oft sogar dem gesunden Menschenverstand widersprachen. Darüber hinaus wurde ich aufgefordert, ihnen meine Zeit und mein Geld zu geben, damit sie ihre eigene Machtbasis weiter ausbauen konnten.

Mit 17 Jahren erkannte ich schließlich, dass ich dazu gezwungen wurde mitzumachen und keine wirklich freie

Wahl hatte, und so verließ ich die katholische Kirche. Ich kam zu dem Schluss, dass es das Beste für mich war, meine eigenen Entscheidungen zu treffen, anstatt sie mir von denjenigen vorschreiben zu lassen, die behaupteten, eine direkte Verbindung zur Quelle aller Autorität zu besitzen. Ich war bereit, die Konsequenzen zu tragen, falls ich mich irren sollte.

An diesem Punkt möchte ich klarstellen, dass nichts Falsches daran ist, den Göttlichen Schöpfer zu verehren, aber diese Entscheidung muss frei und bewusst getroffen werden. Blinder Gehorsam nützt niemandem. Ob zum Guten oder zum Schlechten, wir haben einen freien Willen und müssen daher immer die Folgen unserer Entscheidungen tragen. Wenn wir dem Glauben anheimfallen, dass irgendein autoritärer Gott uns bestrafen wird, sobald wir unseren freien Willen benutzen, dann ist dies eine Überzeugung, die uns in keiner Weise dient und die wir besser loslassen. Es macht keinen Sinn, ein Geschenk zu bekommen und dann dafür bestraft zu werden, es zu öffnen. Wir sollten stattdessen lernen, unsere eigenen bewussten Entscheidungen zu treffen, und zwar unabhängig davon, was Gott oder jemand anderes von uns erwartet. Wenn wir nicht dazu in der Lage wären, das Ruder selbst in die Hand zu nehmen, wären wir niemals mit einem freien Willen ausgestattet worden.

Wenn nicht wir die Befehlsgewalt über unser Leben haben, wird sie mit Sicherheit ein anderer an sich reißen. Viele Menschen erlauben es, dass ihr Leben praktisch von ihrem Ehepartner, ihren Eltern oder ihrem Chef bestimmt wird. Dieses Verhalten unterbricht die Verbindung mit Wahrheit und Macht und führt zu einem geringeren Bewusstseinszustand. Wir werden immer hilfloser, je weiter wir uns von unserer wahren Natur entfernen. Wir sind von der Natur dazu bestimmt, frei zu sein.

Schauen Sie sich um und achten Sie darauf, was sich

gegenwärtig in Ihrem Leben manifestiert. Das Leben befolgt einfach nur Ihre Kommandos. Wenn Sie andere Resultate wollen, müssen Sie andere Befehle geben. Sie sind der Einzige, der dazu qualifiziert ist. Niemand anderer außer Ihnen ist der Kommandeur Ihres Lebens.

Effektivität

Da Autorität in Wahrheit wurzelt, ist dieses Prinzip unglaublich praktisch. Effektivität ist der wahre Maßstab der Autorität. Auf korrekte Entscheidungen müssen durchdachte Handlungen folgen, um wirkliche Ergebnisse zu erzielen. Wenn wir unsere Autorität verstärken wollen, müssen wir uns zwei Fragen stellen: *Treffe ich die richtigen Entscheidungen? Handle ich auf die richtige Weise?*

Wenn wir unsere Entscheidungen treffen, müssen wir zum Prinzip der Wahrheit zurückkehren. Achten Sie auf die Ergebnisse Ihrer Entscheidungen. Stimmen sie mit Ihren Vorhersagen überein? Lernen Sie aus Ihren Erfolgen, aber auch aus Ihren Misserfolgen. Unser Geist verbessert die Genauigkeit seiner Vorhersagen, was sich in ähnlichen Situationen in der Zukunft zeigen wird. Erfahrung ist der beste Lehrer in Sachen Effektivität.

Achten Sie darauf, wie elegant die Prinzipien der Wahrheit und Macht zusammenwirken, um unsere persönliche Effektivität im Laufe der Zeit immer mehr zu verbessern. Zunächst nehmen wir einen unserer Wünsche und treffen die Entscheidung, ihn uns zu erfüllen. Dann benutzen wir unsere Vorhersagefähigkeit, um einen vernünftigen Handlungsablauf festzulegen. Während wir auf unser Ziel zusteuern, brauchen wir nur noch den nächsten Handlungsschritt zu definieren, der uns laut Vorhersage in die korrekte Richtung voranschreiten lässt. Wir benutzen unsere Macht, um uns Schritt für Schritt unserem Ziel zu nähern. Selbst während wir diese kleinen Schritte tun, blickt unser Geist immer vorhersagend nach vorn, um die jeweiligen Schritte ständig zu verfeinern und die Ergebnisse zu bewerten, die unsere kleinen Teilentscheidungen gebracht haben.

Vielleicht erreichen wir unser Ziel, vielleicht auch nicht. In beiden Fällen haben wir davon jedoch einen großen Nutzen. Wenn wir Erfolg haben, werden unsere erfolgreichen Vorhersagen, Entscheidungen und Verhaltensweisen bestärkt. Wenn wir keinen Erfolg haben, lernen wir, dass unsere Vorhersagen unkorrekt waren, und unser Geist erneuert das Bild, das er von der Realität hat, und sorgt so dafür, dass wir den gleichen Fehler nicht noch einmal machen. Wenn uns der Umgang mit Wahrheit und Macht schwerfällt, ist dieser Prozess ein wenig beeinträchtigt, aber dennoch werden wir einen gewissen Nutzen aus ihm ziehen.

Versuchen Sie zu verstehen, dass Misserfolg nichts Schlechtes ist. Obwohl es enttäuschend ist, ein angestrebtes Ziel nicht zu erreichen, gibt es immer einen Trostpreis. Indem wir scheitern, werden wir klüger. Unser Geist lernt dadurch, bessere Vorhersagen zu treffen. Und dies ist ein enorm nützliches Resultat.

Ich lernte den Computer zu programmieren, als ich zehn Jahre alt war. Die meisten Programme, die ich schrieb, liefen nicht beim ersten Mal. Für gewöhnlich produzierten sie ein falsches Ergebnis; manchmal stürzte sogar der Computer dabei ab. Es war fast unmöglich für mich, ein Programm zu entwickeln, das beim ersten Mal reibungslos lief. Aber ich sah mir genau an, was der Computer mit meinem Programm machte, und versuchte herauszufinden, wo der Fehler lag. Dann korrigierte ich das Programm und ließ es erneut laufen. Normalerweise funktionierte es auch beim zweiten Mal noch nicht, und so machte ich eine erneute Fehleranalyse und nahm zusätzliche Verände-

rungen vor. Ich tat dies so lange, bis ich entweder Erfolg
hatte oder so frustriert war, dass ich aufgab.

Was zog ich aus diesem Prozess? Sicherlich war das
Ergebnis keine Sammlung hochwertiger Programme. Die
meiste Software, die ich in meiner Kindheit schrieb, hatte
nicht viel Wert, und ich habe auch nur selten etwas beendet, das von Bedeutung gewesen wäre. Mein wirklicher
Nutzen bestand darin, dass ich durch die ständige Fehler-
suche und Ausbesserei schließlich ein sehr guter Programmierer wurde. Schon bevor ich mit dem College fertig war,
arbeitete ich nebenbei als bezahlter Programmierer von
Computerspielen.

Wir können nicht erwarten, kompetent zu sein, wenn
wir etwas Neues in Angriff nehmen, aber wir *können* davon
ausgehen, dass wir im Laufe der Zeit immer besser werden. Wir müssen uns nur ein Ziel setzen, Entscheidungen
treffen, von denen wir annehmen, dass sie uns in die richtige Richtung führen, und konstant handeln. Entweder
werden wir Erfolg haben, oder wir werden aus unseren
Fehlern lernen. Wenn wir nicht gleich das große Los ziehen, bedeutet das nur, dass wir noch mehr lernen müssen,
bevor wir erfolgreich sein werden.

Wir sollten bereit sein, Entscheidungen zu treffen, die
sich als falsch erweisen können. Obgleich Misserfolg negative Konsequenzen haben kann, bringt er uns auch
wichtige positive Resultate. Letztlich lehrt er uns, Erfolg
zu haben. Wir können keine wahre Autorität sein, wenn
wir nicht bereit sind, ein Leben lang zu lernen.

Ausdauer

Um in einem neuen Vorhaben kompetent zu werden, kann
es notwendig werden, viel Zeit zu investieren, oftmals
viele Jahre. Es ist zwingend erforderlich, dass wir uns ge-

nügend Zeit geben, um an unserer Effektivität zu arbeiten. Vielleicht brauchen wir einfach mehr Erfahrung, um genaue Vorhersagen treffen zu können. Wenn wir zu schnell aufgeben, kann es nie zu dem Schritt vom Anfänger zum Experten kommen, und die meisten Erfolge erzielen wir auf der Ebene des Experten.

Während der ersten fünf Jahre meiner Computerspiele-Firma hatte ich immer wieder große Probleme. Ich setzte mir klare Ziele, entwickelte detaillierte Pläne und arbeitete sehr hart, aber mit jedem Jahr, das verging, sank ich nur noch tiefer in die Schulden. Ich machte haarsträubende Fehler, aber aus damaliger Sicht glaubte ich, die richtigen Entscheidungen getroffen zu haben.

Mein Misserfolg kam daher, dass ich überhaupt keine Geschäftserfahrung hatte. Ich war ein Computerfreak, der mehr wollte, als er bewältigen konnte. Meine Vorhersagen waren einfach furchtbar, und daher brachten meine Taten nur selten die gewünschten Ergebnisse. Was mir einen Gewinn einbringen sollte, produzierte einen Verlust. Was ich als ein abgeschlossenes Geschäft betrachtete, kam in letzter Minute nicht zustande. Menschen, die ich für meine Verbündeten hielt, wechselten die Seite und setzten mir fürchterlich zu. Andere sagten Misserfolg voraus und behielten Recht. Es war eine sehr frustrierende Zeit, aber ich weigerte mich hartnäckig aufzugeben. Mir ging das Geld aus, ich bekam keine Kredite mehr und musste Bankrott anmelden, aber dennoch machte ich weiter. Ich wusste, dass ich es irgendwann schaffen würde.

Schließlich behielt ich Recht. Ich brauchte Jahre, um zu lernen, wie ein Unternehmer zu denken und nicht wie ein Programmierer, aber schließlich lernte ich, auf welche Weise ich kein Geld mehr verlieren würde und meine Firma profitabel wäre. Meine Prognosen wurden besser, und mein Handeln brachte die Ergebnisse, die ich erwartete. Ich brachte ein Produkt heraus, von dem ich annahm, dass es sich gut verkaufen würde, und siehe da, es wurde ein Erfolg. Ich schloss einen Lizenzvertrag ab, der mir auf Jahre ein zusätzliches Einkommen sicherte, und es lief endlich. Nachdem ich doch noch gelernt hatte, wie man ein erfolgreiches Geschäft führt, hatte ich keine Probleme damit, auch in den nachfolgenden Jahren Gewinne zu erzielen.

Als ich im Jahr 2004 StevePavlina.com gründete, war mein Geist bereits auf unternehmerischen Erfolg konditioniert. Ich war zuversichtlich, mit meinem neuen Geschäft sogar noch erfolgreicher zu sein, was dann auch tatsächlich eintrat. Seit der Gründung macht es kontinuierlich jedes Jahr Gewinn. Menschen, die mich nicht kannten, waren geschockt darüber, wie schnell ich Erfolg hatte. Was sie nicht wussten, war, dass dies alles nur möglich war, weil ich mit meiner vorherigen Firma so viele Rückschläge hatte hinnehmen müssen. Ich erschaudere bei der Vorstellung, womit ich mich gegenwärtig herumschlagen müsste, wenn dies mein erstes Unternehmen gewesen wäre.

Wenn Sie jemanden sagen hören, dass es ganz einfach sei, Erfolg zu haben, sollten Sie zusehen, dass Sie bei drei auf der Mauer sind. Ansonsten würden Sie einem dieser Betrüger aufsitzen, die uns erzählen wollen, wie wir schnell reich werden können. Die ehrliche Wahrheit ist, dass es sehr schwer ist – nahezu unmöglich –, mit etwas Erfolg zu haben, das wir noch nie zuvor getan haben. Aber das ist völlig in Ordnung. Wir müssen verstehen lernen, dass Erfolg und Misserfolg keine Gegensätze sind. Misserfolg ist ein unvermeidbarer Teil des Erfolgs. Wenn wir einen Fehler machen, heißt das, dass wir aktiv geworden sind und handeln. Wir machen Fehler, um aus ihnen zu lernen. Erfolg kommt ganz natürlich zustande, sobald wir irgendwann gelernt haben, das Richtige zu tun.

Wir müssen Geduld mit uns haben, während wir uns durch die Misserfolgsphase arbeiten. Wenn wir ein Ziel anstreben, das wir wirklich erreichen wollen – so sehr, dass uns die Tränen kommen, wenn wir nur daran denken –, dann müssen wir einfach am Ball bleiben. Was auch kommen mag, wir dürfen nicht aufgeben. Und das meine ich ernst!

Setzen Sie sich nicht dem Druck aus, dass Sie schon beim ersten Mal einen durchschlagenden Erfolg erzielen müssten. Geben Sie Ihr Bestes. Am Anfang kann das Beste schon sein, gerade mal nicht wie ein kompletter Idiot dazustehen – wenn Sie Glück haben. Irgendwann haben Sie eine grundlegende Kompetenz erreicht. Wenn Sie auf diesem Weg weiter voranschreiten, werden andere Sie eines Tages einen Experten nennen – wobei ein Experte jemand ist, der genug Fehler gemacht hat, um schließlich Erfolg zu haben.

Wenn ich einen Moment innehalte und an mein vergangenes Ich denke, das immer wieder mit ansehen musste, dass seine größten Bemühungen in einer Katastrophe endeten, dann überkommen mich starke Gefühle von Dankbarkeit. Manchmal wünsche ich mir, in der Zeit zurückgehen und mein damaliges Ich in den Arm nehmen zu können und ihm zu sagen, wie sehr ich all das schätze, was es für mich getan hat. Wenn es in den schwierigen Phasen keine Ausdauer gezeigt hätte, wäre ich weder in der Lage gewesen, geschäftlichen Erfolg zu erzielen, noch anderen das mitzuteilen, was ich gelernt habe.

Ich finde es ungemein inspirierend, Menschen dabei zu beobachten, wie sie einen Misserfolg nach dem anderen wegstecken, ohne aufzugeben. Von außen betrachtet mag es den Anschein haben, als könnten sie einfach nicht erfolgreich sein. Dennoch machen sie weiter. Und irgendwann lernen sie das, was sie lernen müssen. Schließlich gelingt es ihnen, die Vorhersagen zu treffen, die mit der Realität übereinstimmen, und das, was sie unternehmen, bringt ihnen endlich die gewünschten Resultate. Mich inspirieren nicht diejenigen, welche die äußeren Zeichen des

Erfolgs, also Geld und Ruhm, besitzen. Vielmehr bewegen mich diejenigen, von denen das Schicksal Großes erwartet, aber niemand weiß, was es sein wird. Das verräterische Anzeichen ist immer das gleiche – Ausdauer.

Eines meiner Lieblingszitate zum Thema Ausdauer stammt von Calvin Coolidge:

> *Nichts auf der Welt geht über Beharrlichkeit. Talent nicht – es wimmelt von gescheiterten Existenzen mit Talent. Genie nicht – das verkannte Genie wurde zum Begriff. Erziehung nicht – allerorten finden sich gut erzogene Versager. Zielstrebigkeit und Ausdauer alleine verbürgen den Erfolg. Die Aufforderung »Mach weiter!« hat schon immer die Probleme der Menschheit gelöst und wird sie immer lösen.*

[Zitat aus: www.aphorismen.de (bis auf den letzten Satz)]

Wenn wir wissen, was wir wollen, sollten wir uns mit nichts anderem zufriedengeben. Akzeptieren Sie, dass Erfolg seine Zeit braucht und vielleicht viel länger auf sich warten lässt, als Ihnen lieb ist. Werfen Sie Ihre Vorstellungen über Bord, dass alles schnell und leicht funktioniert und uns die Dinge einfach in den Schoß fallen. Konzentrieren Sie sich auf Ihre Sache, arbeiten Sie fleißig, und vertrauen Sie darauf, dass sich Ihre Bemühungen irgendwann auszahlen werden – solange Sie nicht aufhören, zu lernen und zu wachsen.

Vertrauen

Je mehr wir in unserer Autorität wachsen, desto mehr Vertrauen entwickeln wir. Damit meine ich nicht das vorübergehende Vertrauen, dass wir willentlich in uns erzeugen, bevor wir jemanden um ein Rendezvous bitten oder vor einem Publikum sprechen. Vielmehr meine ich damit einen stärkeren, tieferen Glauben an die eigenen Fähigkeiten; einen Glauben, der durch Erfahrung geformt und fest in der Wahrheit verankert ist. Diese Art von Vertrauen kann nicht künstlich erzeugt werden.

Wirkliches Vertrauen ist nicht auffällig, eingebildet, aggressiv oder arrogant. Es ist kein Gefühl von Überlegenheit oder Dominanz, aber auch keine falsche Bescheidenheit, Zurückhaltung oder Unterwürfigkeit. Mit den Worten von Khalil Gibran: »Bescheiden zu sein, wenn es darum geht, die Wahrheit zu sprechen, ist Heuchelei.« Wirkliches Vertrauen ist das tiefe Wissen um eine bestimmte Wahrheit – die Wahrheit nämlich, dass jeder von uns ein machtvolles Wesen ist. Wenn wir uns unsere Macht durch die Linse der Wahrheit anschauen, sind wir auf natürliche Weise zuversichtlich.

Es ist nicht leicht, sich die Wahrheit der eigenen Macht einzugestehen. Zu oft fürchten wir uns vor unserer eigenen Größe. Wir geben lieber vor, machtlos zu sein, und denken dabei irrtümlich, dass wir dadurch keine Verantwortung tragen. Nun können wir uns zwar den Zugriff auf unsere eigene Stärke verwehren, aber wir können niemals der vollständigen Verantwortung für unser Leben entkommen. Wenn wir diese Tatsache leugnen, schneiden wir uns vom wahren Vertrauen ab und geben uns mit einer vorübergehenden Unerschrockenheit zufrieden, die wir nur ab und zu willentlich in uns erzeugen und anderen vorspielen.

Vertrauen fängt damit an, sich der Wahrheit absolut zu verpflichten. Wir können kein echtes Vertrauen entwickeln, solange wir es nur vorspielen. Um unser Vertrauen zu erschaffen, sollten wir so ehrlich wie möglich sein, und zwar sowohl mit uns selbst als auch mit anderen. Je ehrlicher wir werden, desto genauer wird unser Abbild der Realität.

Und je genauer wir die Realität wahrnehmen, desto bessere Entscheidungen treffen wir, was sich direkt auf unsere Handlungen und die mit ihnen erzielten Resultate auswirkt. Richtige Überzeugungen führen zu effektiven Ergebnissen, die sich auf emotionaler Ebene in Vertrauen ausdrücken. Wir sind zuversichtlich, wenn wir erwarten können, dass unsere Handlungen mit einem hohen Grad an Wahrscheinlichkeit positive Ergebnisse bringen.

Es gibt kurzfristiges und langfristiges Vertrauen. Kurzfristiges Vertrauen ist die Erwartung eines kurzfristigen Erfolgs. Wir können zum Beispiel zuversichtlich sein, heute erfolgreich Auto zu fahren, weil wir schon so oft gefahren sind, dass es Sinn macht, von einem weiteren Erfolg auf diesem Gebiet auszugehen. Langfristiges Vertrauen ist die Erwartung eines langfristigen Erfolgs, auch wenn kurzfristige Misserfolge auftreten. Diese Art von Vertrauen entsteht dann, wenn wir erkennen, dass Misserfolg ein wesentlicher Bestandteil des Weges zum Ziel ist. Obwohl wir nicht sofort erwarten, mit einem neuen Vorhaben erfolgreich zu sein, sind wir zuversichtlich, dass wir letztendlich Erfolg haben werden, wenn wir bei der Stange bleiben.

Ich habe nie Klavier spielen gelernt, aber ich erwarte, dass ich es könnte, wenn ich es wirklich wollte. Es ist nicht die Erfahrung, die ich mit dem Klavier gemacht habe, die mir dieses Vertrauen schenkt; ich bin deshalb zuversichtlich, weil ich den Weg zum Erfolg verstehe. Wenn ich lernen kann zu gehen, zu sprechen, Computer zu programmieren und eine Firma mit Versuch und Irrtum zu leiten, dann kann ich sicherlich auch Klavier spielen lernen. Ich habe vielleicht nicht viel kurzfristiges Vertrauen, wenn ich versuche, mein erstes Lied zu spielen, aber ich kann langfristig gesehen darauf vertrauen, dass ich das Klavierspielen eines Tages beherrschen werde. Ich weiß, dass ich die Macht habe, ein solches Ziel zu erreichen, wenn ich es wirklich will.

Versuchen Sie nicht, Vertrauen vorzutäuschen. Dies ist

unaufrichtig und völlig unnötig. Wir sollten kein falsches Gefühl von Sicherheit in uns herstellen, wenn wir in Wahrheit voller Selbstzweifel sind. Es ist völlig in Ordnung zu zweifeln und dennoch zu handeln. Wenn wir einfach nur konsequent ausdauernd sind, verblasst unsere Unsicherheit nach und nach, indem wir neue Erfahrungen machen. Auf diese Weise verdienen wir uns ein wahres Vertrauen, anstatt es ständig vortäuschen zu müssen. Wenn wir etwas Neues ausprobieren, von dem wir keine Ahnung haben, sollten wir einfach unsere Unerfahrenheit akzeptieren und nichts anderes behaupten – und zwar so lange, bis wir über diese Stufe hinausgewachsen sind. Es ist keine Schande, ein Anfänger zu sein. Anzufangen ist einfach nur der erste Schritt zum Erfolg.

Wichtigkeit

Menschen mit Autorität konzentrieren sich einfach auf das, was ihnen etwas bedeutet. Sie verschwenden ihre Zeit und Energie nicht auf Nebensächlichkeiten. Sie wissen, dass man Macht entweder für bedeutungslose oder für wichtige Dinge einsetzen kann, und wählen bewusst die zweite Option – manchmal aus dem einfachen Grund, dass sie auf diesem Weg am meisten wachsen können.

Was ist uns wichtig im Leben? Was betrachten wir eher als Zeitverschwendung? Obwohl wir unsere Entscheidungen aus freien Stücken treffen können, erinnert uns der Wahrheitsaspekt der Autorität daran, dass wir den Konsequenzen unseres Handelns nicht entkommen können. Um sowohl mit Wahrheit als auch mit Macht verbunden zu bleiben, müssen wir uns die möglichen Folgen sorgfältig vor Augen führen. Wenn wir eine bestimmte Handlungsweise wählen, entscheiden wir uns auch für die entsprechenden Konsequenzen.

Unsere Fähigkeit, die Auswirkungen unseres Handelns vorherzusagen, wird mit Sicherheit nicht perfekt sein, aber wir können dennoch auf vernünftige Weise entscheiden, ob wir unsere Zeit nur verschwenden oder ob wir sie produktiv nutzen. Welche Aktivitäten sind zum größten Teil nutzlos? Welche haben eine reale Auswirkung? Sie können sicherlich ein paar halbwegs brauchbare Antworten geben, ohne voher eine Wahrsagerin aufsuchen zu müssen.

Autorität versetzt uns in die Lage, im Hier und Jetzt Entscheidungen zu treffen, die auf lange Sicht gesehen positive Auswirkungen haben werden. Es gibt keine neutralen Handlungen. Wenn wir von dem, was wir tun, keine langfristige positive Wirkung erwarten können, sollten wir uns eingestehen, dass wir nur unsere Zeit verschwenden, und uns stattdessen Ziele setzen, die uns wirklich etwas bedeuten. Es gibt nichts Besseres, als sein Leben für etwas einzusetzen, das für Sie wirklich von Bedeutung ist.

Wer entscheidet, was wichtig ist und was nicht? Wir allein haben die Autorität dazu und müssen diese Entscheidung treffen. Fühlen Sie in sich hinein. Haben Sie das Gefühl, dass Sie etwas zu einer wichtigen Sache beitragen? Oder fühlen Sie sich innerlich leer und haben Angst davor, dass Sie Ihr Potenzial verschwenden? Wie sieht Ihre Situation tatsächlich aus? Fühlen Sie den Unterschied zwischen dem, was relevant und was irrelevant ist?

Wie Sie Ihre Autorität stärken können

Da Autorität Wahrheit plus Macht ist, wird unsere Autorität auf natürliche Weise zunehmen, wenn wir uns mit diesen Prinzipien verbinden. Von daher sind an dieser Stelle auch die Übungen sinnvoll, die wir in den Kapiteln über Wahrheit und Macht kennen gelernt haben. Aber da Autorität mehr ist als die Summe ihrer Teile, stelle ich Ihnen hier noch zusätzliche Übungen vor, mit deren Hilfe Sie Ihre Autorität stärken können.

Zetteln Sie kleine Rebellionen an

Um die Autorität in unserem Leben werden zu können, müssen wir uns angewöhnen, unabhängige Entscheidungen zu treffen – egal, ob andere diesen Entscheidungen zustimmen oder nicht. Wir können keine Autorität darstellen, solange wir uns nicht von den konditionierenden Auswirkungen des Gruppenzwangs befreien. Eine gute Möglichkeit, dies zu lernen, besteht darin, bewusst die Erwartungen anderer zu enttäuschen, indem man kleine Rebellionen anzettelt.

Eine kleine Rebellion ist ein Akt des freien Willens, der nur geringfügige negative Auswirkungen hat. Wir behaupten dadurch lediglich unsere Unabhängigkeit und erlauben anderen, so auf uns zu reagieren, wie sie es für nötig halten. Zu den Beispielen für eine solche Rebellion gehören: eine Einladung ablehnen, die wir normalerweise annehmen, die Frisur ändern oder ungewöhnliche Poster am Arbeitsplatz aufhängen. Wir tun damit nichts wirklich Falsches, können aber sicher sein, dass andere auf uns reagieren.

Versuchen Sie nicht, diese Rebellionen zu erklären oder zu rechtfertigen. Wenn jemand fragt, warum Sie sich so seltsam verhalten, können Sie ihm einfach sagen, dass es Ihnen gefällt. Wenn er eine nähere Erklärung haben möchte, antworten Sie nur: »Ich weiß es zu schätzen, dass du dir Gedanken um mich machst, aber ich habe gerade keine Lust, dir mein Verhalten zu erklären.«

Als ich im Abschlussjahr der Highschool war, bestand meine kleine Rebellion darin, meine Mathematik-Hausaufgaben mit ungewohnten Hilfsmitteln zu machen. Ich benutzte zum Beispiel das Radierverfahren, schrieb auf 5 x

5 cm große Zettel oder auf die Rückseiten von Cornflakes-Tüten. Die anderen Schüler glaubten, ich hätte den Verstand verloren, aber glücklicherweise hatte ich einen erstaunlichen Lehrer, der meine Kreativität tolerierte. Man hat erst wirklich gelebt, wenn man seine Rechenaufgaben im Radierverfahren gemacht hat.

Ich schlage hier nicht vor, Sie sollten sich wie ein kompletter Idiot verhalten oder etwa gegen Gesetze verstoßen, was Sie in ernsthafte Schwierigkeiten bringen könnte. Die Aufgabe besteht vielmehr darin, die ungeschriebenen Gesetze der sozialen Konformität zu brechen, die man zwar nicht gehorsam befolgen muss, denen wir aber oft einfach blind folgen. Kleine Rebellionen erinnern uns daran, dass wir stets die Wahl haben und uns nicht von den Reaktionen anderer Menschen abhängig machen müssen.

Triage

In der Kriegsmedizin beinhaltet das Prinzip der Triage, dass alle Patienten in drei Gruppen unterteilt werden.

1. Diejenigen, die sowieso sterben, ob sie medizinisch versorgt werden oder nicht

2. Diejenigen, die sowieso überleben, ob sie medizinisch versorgt werden oder nicht

3. Diejenigen, die nur überleben werden, wenn sie medizinisch versorgt werden.

Wenn die Ressourcen begrenzt sind, müssen die Ärzte, um so viele Menschenleben wie nur möglich zu retten, zunächst die Mitglieder der dritten Gruppe versorgen, bevor sie sich um die zweite und erste Gruppe kümmern.

Triage kann uns auch dabei helfen, unsere Autorität zu stärken, indem wir unsere Aufmerksamkeit zuerst auf die wichtigsten Dinge lenken. Zu diesem Zweck unterteilen wir unsere Aufgaben, Projekte und Aktivitäten in drei Gruppen:

1. Projekte, die nicht wirklich wichtig sind, und es daher egal ist, ob sie ausgeführt werden oder nicht

2. Projekte, die sowieso erfolgreich sein werden, ob wir uns an ihnen beteiligen oder nicht

3. Projekte, die nur dann eine bedeutende Wirkung haben, wenn wir sie in einem vorgegebenen Zeitrahmen erfüllen.

Wenn wir uns auf die erste Gruppe konzentrieren, verschwenden wir nur unsere Zeit, während andere wichtige Aufgaben nicht erfüllt werden. Wenn wir uns auf die zweite Gruppe konzentrieren, verschwenden wir unsere Energie, ohne einen angemessenen Gegenwert zu bekommen. Aber wenn wir unsere Aufmerksamkeit auf die dritte Gruppe richten, nutzen wir unsere Zeit und Energie auf die bestmögliche Weise. Damit wir uns auf die wichtigsten Handlungen konzentrieren können, müssen wir die ersten beiden Gruppen außer Acht lassen.

Triage zu praktizieren ist extrem schwierig, weil wir immer wieder nein zu etwas sagen müssen, das wir instinktiv für eine gute Wahl halten. Vom Zeitmanagement her gesehen entspricht dies einem Nein gegenüber einem Verletzten, der nach Hilfe schreit. Aber wenn es uns nicht gelingt, die Triage erfolgreich zu praktizieren, kommen wirklich lohnende Projekte niemals zur Ausführung.

Dieser Prozess ist eine Herausforderung für das Bewusstsein. Leicht verlieren wir das große Bild aus den Augen, wenn wir auf ein Projekt starren, das nach unserer Aufmerksamkeit schreit. Aber dennoch müssen wir unser Bewusstsein prüfen und uns fragen: Ist dies das Wichtigste, was ich im Moment tun sollte?

Erstellen Sie eine Liste der Projekte und Aktivitäten aus der 3. Gruppe und tragen Sie diese immer bei sich. Vielleicht ist es eine Liste mit Ihren wichtigsten Zielen, aber es kann auch eine Liste der Lebensbereiche sein, um die Sie sich mehr kümmern wollen, zum Beispiel Gesundheit, Beziehung und spirituelle Praxis. Sehen Sie sich die Liste jeden Tag an und vergegenwärtigen Sie sich ihren Inhalt. Auf diese Weise fällt es Ihnen leichter, klare Triage-Entscheidungen zu treffen, wenn dies nötig sein sollte. Es ist leichter, nein zur ersten und zweiten Gruppe sagen zu können, wenn Sie das ganze Schlachtfeld überblicken.

Welche Projekte aus der 3. Gruppe sind drauf und dran, im Schützengraben zu sterben, können aber gerettet werden, wenn Sie sich rechtzeitig um sie kümmern? Ihre Gesundheit? Ihre Beziehung? Ihre berufliche Entwicklung? Ihre spirituelle Verbindung? Um genug Zeit zu haben, diese Projekte zu retten, müssen Sie einige Projekte aus der 1. und 2. Gruppe aufgeben. Sind Sie bereit dazu?

Experiment

Eine der besten Möglichkeiten, die Genauigkeit unserer geistigen Vorhersagen zu verbessern, besteht darin, sie direkt zu testen. Anstatt nur von anderen zu lernen, sollten Sie hinausgehen und Ihre eigenen Erfahrungen sammeln. Folgen Sie niemals blind den Ratschlägen von Experten. Finden Sie selbst heraus, was für Sie am besten funktioniert, indem Sie persönliche Experimente durchführen. Jeder Mensch ist anders, was also für Sie richtig ist, muss noch lange nicht für einen anderen richtig sein.

Immer wenn Ihnen eine neue Idee kommt, wie Sie Ihre Effektivität steigern könnten, sollten Sie diese auf ihre Wirkung testen. Verwerfen Sie keine Ideen, bis Sie diese nicht wirklich ausprobiert haben. Die ständige Durchführung von Experimenten wird Sie darauf konditionieren, produktiver zu sein, weil Sie immer nach Möglichkeiten Ausschau halten werden, die Dinge zu verbessern.

Ich habe in meinem Leben einige ziemlich seltsame Experimente durchgeführt, ein paar von ihnen sind auf meiner Webseite dokumentiert. Gegen Jahresende 2005 probierte ich zum Beispiel polyphasischen Schlaf aus. Es gibt mehrere Varianten des polyphasischen Schlafs. Die Form, die ich testete, bestand darin, rund um die Uhr alle vier Stunden nur 20 Minuten am Stück zu schlafen. Das ergibt sechs Nickerchen im Laufe von 24 Stunden oder eine Gesamtschlafzeit von zwei Stunden pro Tag. Die meisten Menschen können sich nicht an einen solchen Rhythmus gewöhnen und geben schon in den ersten Tagen auf, aber nach fast einer Woche brutalen Schlafentzugs hatte ich mich an dieses neue Schlafmuster gewöhnt. Es war ein faszinierendes Experiment, das mein Verhältnis zur Zeit total veränderte. Der große Nachteil bestand jedoch darin, dass ich nicht mehr synchron mit dem Rest der Welt war. Ich hielt diese Schlafweise fünfeinhalb Monate aufrecht und kehrte danach wieder zum monophasischen Schlaf zurück, hauptsächlich aus sozialen Gründen. Dennoch brachte mir jenes Experiment eine der denkwürdigsten und produktivsten Phasen in meinem Leben. Und das alles konnte nur geschehen, weil ich entschlossen war, nicht nur über dieses Phänomen zu lesen, sondern es tatsächlich auszuprobieren.

Sie brauchen keine Experimente durchzuführen, die so herausfordernd sind wie polyphasischer Schlaf, aber Sie werden einen großen Nutzen daraus ziehen, bestimmte Dinge selbst auszuprobieren. Sind Sie produktiver, wenn Sie Musik hören, oder ziehen Sie die totale Stille vor? In welchem Kleidungsstil sehen Sie am besten aus und fühlen Sie sich am wohlsten? Reagiert Ihr Partner am stärksten auf einen mündlichen, geschriebenen oder kinästhetischen Ausdruck Ihrer Zuneigung? Welche Effekte zeigen sich in Ihrem Körper, wenn Sie unterschiedliche Nahrungsmittel zu sich nehmen? Sie können unzählige Stunden damit verbringen, die Ratschläge so genannter Experten zu studieren, oder aber Sie können einen schnellen Test machen und die Antworten selbst herausfinden.

Für jeden Experten, der Ihnen etwas rät, finden Sie einen Experten, der Ihnen genau das Gegenteil weismachen will. Was ist die beste Ernährung, spirituelle Praxis oder Geldinvestition? Sie müssen all diese Entscheidungen selbst treffen. Es ist in Ordnung, sich von Experten beraten zu lassen, aber in jedem Fall sind Sie selbst die letzte Autorität.

*   *   *

Sie sind der Oberbefehlshaber Ihres Lebens. In dieser Hinsicht gibt es kein Wenn und Aber. Wir können unsere Macht abgeben und so tun, als seien wir machtlos, aber die unleugbare Wahrheit ist, dass wir selbst dann immer noch das Kommando haben.

Finden Sie heraus, was für Sie im Leben am Wichtigsten ist. Wenn Sie sich für die ganze Welt verantwortlich fühlen würden, was würden Sie dann als Erstes ändern? In welchem Bereich wären Sie gern ein Experte? Was können Sie über den großen Geist sagen, der in Ihrem Inneren wohnt und darauf wartet, sich durch sinnvolles und zielgerichtetes Handeln auszudrücken? Was ist Ihnen wirklich wichtig?

Auch wenn wir lernen, unsere Autorität immer mehr anzunehmen, werden wir noch in Situationen geraten, in denen es nicht ausreicht, sich nur mit Wahrheit und Macht zu verbinden. Um solche Situationen erfolgreich zu meistern, müssen wir ein weiteres Prinzip zu Hilfe nehmen...

Kapitel 6:

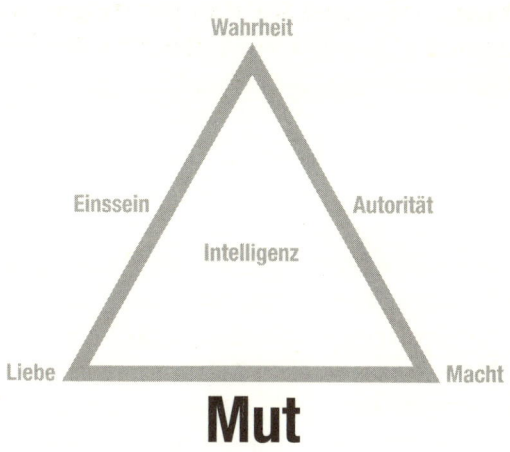

Mut

*»Sicherheit ist zum größten Teil Aberglaube. In der Natur
existiert sie nicht, und auch die Kinder der Menschen
kennen sie nicht. Die Gefahr zu vermeiden, ist auf lange
Sicht gesehen nicht sicherer, als sich ihr gleich hier und
jetzt zu stellen. Das Leben ist entweder ein gewagtes
Abenteuer oder nichts. Wenn wir keine Veränderungen
scheuen und uns im Angesicht des Schicksals frei
entscheiden, ist unsere Stärke unbesiegbar.«*

Helen Keller

Mut ist das Prinzip, das Liebe und Macht verbindet. Das
Machtelement ist vielleicht das offensichtlichere der bei-
den. Wenn wir an Mut denken, stellen wir uns vor, kühne
Taten zu vollbringen, und Handlung ist ein Ausdruck von
Macht. Dennoch ist die Liebeskomponente gleichermaßen
wichtig. Liebe ist die motivierende Kraft hinter dem Mut.
Immerhin sind es unsere tiefsten Beziehungen, die uns
dazu inspirieren, mutig zu sein. Wenn wir uns getrennt

fühlen, haben wir nicht den Wunsch, mutig zu sein; es macht dann keinen Sinn, Risiken einzugehen, geschweige denn überhaupt zu handeln.

Wenn unser Verstand für eine bestimmte Vorgehensweise langfristig gesehen ein positives, aber kurzfristig gesehen ein negatives Ergebnis vorhersagt, dann brauchen wir Mut, um diese Kluft zu überbrücken. Wenn wir eine unerfüllte Beziehung beenden, einen langweiligen Job kündigen oder unseren Körper gesundheitlich wieder auf Vordermann bringen wollen, dann kann es zu kurzfristigen Herausforderungen kommen, auch wenn die langfristige Aussicht sehr verlockend ist. Mut ist der Einsatz von Macht, um kurzfristige Probleme zu lösen, damit ein langfristiges Ziel erreicht werden kann.

Er ist ein wesentliches Element einer bewussten Lebensweise, weil wir durch ihn in der Lage sind, ein langfristiges Ziel anzustreben, auch wenn es kurzfristige Hindernisse zu überwinden gilt. Ohne ausreichenden Mut gehen wir für gewöhnlich auf Nummer sicher und entscheiden uns für falsche Bequemlichkeit anstatt für zielgerichtetes Handeln. Wir arbeiten weiter an einem sicheren Arbeitsplatz, auch wenn uns die Arbeit dort keinen Spaß macht. Wir bleiben in einer unbefriedigenden Beziehung, auch wenn wir uns innerlich leer fühlen. Akzeptiere dein Los im Leben und mach' das Beste daraus. Schwimm' mit dem Strom und mach' keinen Ärger. Wenn du Glück hast, führen dich die Schicksalsschläge des Lebens in eine angenehme Richtung. Dies ist die Geisteshaltung der Feigheit.

Sobald wir uns von unserem inneren Kern abschneiden, entsteht unterschwellige Angst. Und wenn wir uns dann nicht bewusst mit dieser Angst auseinandersetzen, trennen wir uns nur noch mehr ab. Angst ist nicht etwas, das wir vermeiden sollten. Sie ist der Pfeil, der zurück zu unserem wahren Selbst zeigt. Eine gute Daumenregel, an die wir uns halten sollten, lautet: Wir kommen nicht umhin, uns das anzuschauen, wovor wir Angst haben.

Nun wollen wir uns genauer mit den vier grundlegenden Aspekten des Muts befassen: *Herz, Initiative, Direktheit* und *Ehre.*

Herz

Im Englischen stammt das Wort *courage* (Mut) vom lateinischen *cor* ab, was »Herz« bedeutet. Und genau darum geht es: mutig sein bedeutet, »sich ein Herz nehmen«. Mut ist die Verbindung zum Herzen. Wenn wir der Angst erliegen, leben wir unbewusst und sind von unserer natürlichen Kraft abgeschnitten. Erst durch Mut ist es möglich, das mächtige Wesen zu sein, das wir in Wirklichkeit sind.

Carlos Castaneda hat dazu Folgendes gesagt:

Bevor du dich auf irgendeinen Pfad begibst, solltest du dir die folgende Frage stellen: Hat dieser Pfad ein Herz? Wenn die Antwort nein lautet, weißt du, was du zu tun hast, und musst einen anderen Pfad wählen.

Hat Ihr Pfad ein Herz? Wissen Sie tief im Inneren, dass der Weg, auf dem Sie sich befinden, der richtige für Sie ist? Castaneda schrieb außerdem: »Wenn der Mensch schließlich erkennt, dass er sich auf einem Pfad ohne Herz befindet, ist dieser Pfad bereit, ihn zu töten.« Ich habe dies oft bei anderen beobachtet, die ihre Träume hintanstellten, um einem Pfad ohne Herz zu folgen. Für manche sind Geld und Ruhm das Wichtigste, weil sie glauben, dass ein äußerlich sichtbarer Erfolg sie letztlich glücklich machen wird. Aber das tut er nicht. Manche richten sich in gescheiterten Beziehungen ein und glauben, die Sicherheit könnte die Liebe ersetzen. Andere vergraben sich in nutzlosem Amüsement und hoffen, auf diese Weise Leidenschaft zu spüren. Aber das kann nicht funktionieren.

Wenn unser Pfad kein Herz hat, dann sind wir auf dem falschen Weg. Der Pfad, dessen Grundlage das Herz ist, ist der Pfad des Muts und nicht der Pfad der falschen Sicherheit. Die Illusion der Sicherheit ist das vorrangige Ziel des falschen Wegs. Hier wird versucht, das Herz durch Geld und Status in der äußeren Welt zu ersetzen. Aber wenn wir nicht mit dem Herzen im Inneren verbunden sind, finden wir es auch niemals außerhalb. Mut erkennt, dass wahre Macht im Inneren liegt und das Streben nach Sicherheit uns nur machtlos werden lässt.

Der Pfad des Herzens ist oft eine kurvige Straße. Sobald wir zu wissen glauben, wo es langgeht, kommt eine überraschende Kehre. Selbst nachdem wir den Weg einmal gefunden haben, kommen wir schnell wieder von ihm ab und lassen uns auf die falsche Fährte führen. Wenn wir feststellen, dass wir nicht mehr mit dem Herzen verbunden sind, sollten wir innehalten und uns fragen: Wo ist der Pfad des Herzens? Diese Frage bringt uns zurück zu unserem Kern.

Aber was sollen wir tun, wenn wir uns auf dem falschen Weg befinden, aber nicht wissen, wie wir den richtigen finden? In einer solchen Situation besteht unser erster Schritt darin, den Weg zu verlassen, auf dem wir uns gerade befinden. Wir müssen erst einmal stehen bleiben. Wenn wir den richtigen Weg von unserem gegenwärtigen Standpunkt aus nicht sehen können, erfordert dies, einfach loszuziehen und die Gegend zu erkunden. Wir können den richtigen Pfad nicht finden, während wir auf dem falschen weiterlaufen.

In den letzten paar Jahren habe ich viele Menschen beobachtet, die große Veränderungen im Beruf, in ihrer Beziehung und im Lebensstil vollzogen, als sie schließlich erkannt hatten, dass sie einem herzlosen Pfad gefolgt waren, der ihren inneren Kern schrittweise immer mehr abtötete. Einige veränderten sich schlagartig, kündigten ihre Arbeit und schlugen kühn eine neue Richtung ein. Andere gingen bedächtiger vor und behielten erst einmal ihre gegenwärtige Arbeit, um weiterhin ihre Rechnungen bezahlen zu können, während sie in ihrer Freizeit anfingen, in eine neue Richtung zu gehen. Diejenigen, die Erfolg hatten, haben alle Brücken hinter sich abgebrochen. Sie wussten, dass sie die herzlosen Optionen aufgeben mussten, um den Pfad mit Herz zu finden. Die Brücken hinter sich abzubrechen, bedeutet jedoch nicht, auch unsere Nahrungsmittel und Vorräte zu zerstören. Manche Dinge sind einfach notwendig, um im Prozess des Übergangs unsere Bedürfnisse stillen zu können. Dennoch sollten wir uns weit genug entfernen, um nicht der Versuchung zu erliegen, auf den herzlosen Pfad zurückzukehren.

Es ist wundervoll zu sehen, wenn Menschen sich wieder mit ihrem Herzen verbinden. Sie fühlen sich dann mutig, glücklich und frei, lange bevor der äußere Wandel vollzogen ist. Mutiges Handeln erinnert sie daran, wie es sich anfühlt, wirklich lebendig zu sein.

Initiative

Mut ist eine aktive, gegenwärtige Tugend, die auf nichts wartet. Der Mutige ist immer bereit, die Initiative zu ergreifen, den ersten Schritt zu machen und Dinge in Bewegung zu setzen. Warten Sie nicht auf eine neue Arbeit, eine neue Beziehung oder darauf, dass sich Ihnen andere Gelegenheiten bieten. Ergreifen Sie die Initiative und erschaffen Sie sich aktiv das, was Sie sich wünschen. Das Leben wartet darauf, dass Sie den ersten Schritt machen. Nutzen Sie Ihre Macht.

Es ist richtig, sich das bewusst vorzustellen, was wir uns wünschen, und ich kann dies nur sehr empfehlen. Aber wenn wir etwas nicht intensiv genug wollen, um es direkt in die Tat umzusetzen, was sagt das dann über unsere Intention aus? Legt es nicht den Schluss nahe, dass wir uns unserem Ziel nicht wirklich verpflichtet fühlen? Wenn Sie wirklich hungrig sind, warten Sie dann geduldig, bis Sie etwas zu essen bekommen, oder stehen Sie auf und machen Sie sich selbst etwas? Wenn unsere Intentionen wichtig für uns sind, wird das direkte Handeln ein Teil des Manifestationsprozesses. Die besten Instrumente des Gesetzes der Anziehung sind unsere eigenen Hände und Füße.

Angst macht jede Gelegenheit zunichte. Das, was wir im Leben am meisten bedauern werden, sind nicht die Fehler, die wir gemacht haben, sondern die Gelegenheiten, die uns durch die Finger geglitten sind, weil wir nicht gehandelt haben. Wenn wir die Initiative ergreifen, lüften wir den Schleier der Angst und werfen einen Blick auf die Gelegenheit, die sich dahinter verbirgt. Wir erkennen den langfristigen Gewinn hinter einem kurzfristigen Schmerz.

Letzten Endes ist Handeln weniger schmerzhaft, als sich in Angst zu winden. Auch wenn die Angst nur eingebildet ist, erzeugt sie dennoch Leid und Schmerz in Form von Unbehagen, Befürchtungen und Stress. Solche Probleme können Monate, Jahre oder sogar ein ganzes Leben anhalten, wenn sie nicht durch Handeln gelöst werden. Das Unbehagen, das mutiges Handeln erzeugt, ist nur von kurzer Dauer, manchmal fühlen wir uns schon innerhalb weniger Minuten wieder wohl. Der Pfad des Muts verringert letztlich Leid und Schmerz.

Direktheit

Viele nehmen einen weitschweifigen Weg zu ihren Zielen, um das Risiko der Zurückweisung zu mindern. Sie strecken beispielsweise die Fühler in ihrem sozialen Netzwerk aus, um im Voraus zu bestimmen, ob ihre zukünftigen Anliegen akzeptiert oder abgelehnt werden. Was wird geschehen, wenn sie um den Verkauf, die Beförderung oder das Rendezvous bitten? Sie glauben, wenn es ihnen gelingt, negative Reaktionen von vornherein auszuschließen, kann direkte Ablehnung vermieden werden. Wenn auf der anderen Seite ein positives Resultat garantiert ist, birgt das Handeln nur ein minimales Risiko.

Auf den ersten Blick scheint diese Vorgehensweise vernünftig zu sein. Es gibt aber leider ein Problem mit ihr: Sie ist dumm. Es ist ein vollkommen lächerlicher Plan, um im Leben Erfolg zu haben. Ein solches Verhalten ist schwach, unehrlich und manipulativ.

Wer von seinem Weg abweicht, nur weil er Angst vor Ablehnung hat, schwächt sich langfristig selbst. Sie machen sich viele Gedanken und wenden viel Energie auf, um auf die äußeren Umstände einzuwirken, und lässt es währenddessen zu, dass ihm vielversprechende Gelegenheiten durch die Finger rinnen. All dies kann vermieden werden durch ein paar Sekunden mutigen Handelns.

Bitten Sie um das, was Sie haben möchten. Akzeptieren Sie das Risiko, zurückgewiesen zu werden; nehmen Sie all Ihren Mut zusammen und handeln Sie trotzdem. Wenn Sie abgewiesen werden, werden Sie es überleben. Sie werden aus der Erfahrung lernen und stärker werden. Wenn Sie nicht zurückgewiesen werden, erreichen Sie Ihr Ziel auf die schnellste und einfachste Weise. Wenn wir das Risiko eingehen, abgelehnt zu werden, bekommen wir entweder das, was wir haben wollen, oder wir stärken unseren Mut. In beiden Fällen ist das Ergebnis positiv.

Zu direkt zu sein, kann bisweilen einen negativen Beigeschmack haben, aber es ist wirklich nicht nötig, sich aufdringlich oder gar aggressiv zu verhalten, wenn wir um etwas bitten. Wir sollten einfach ehrlich, offen und unverblümt sein. Wenn die andere Person nicht positiv reagiert, wissen wir wenigstens, woran wir sind. Wir haben die Situation geklärt und uns mit der Wahrheit verbunden. Alles liegt offen auf dem Tisch. Eine ehrliche Ablehnung ist immer noch besser als eine schlaue Täuschung.

Sagen Sie, was Sie denken, und zeigen Sie offen Ihre Gefühle, wenn Sie um etwas bitten. Erleichtern Sie es Ihrem Gegenüber, Ihnen eine ehrliche Antwort zu geben. Wenn Sie zum Beispiel jemanden zu einem Rendezvous einladen möchten, könnten Sie so anfangen: »Cathy, wir kennen uns nun schon eine Weile, und ich muss bekennen, dass ich anfange, Gefühle für dich zu entwickeln. Ich habe dich wirklich sehr gern. Ich weiß nicht, ob du für mich das Gleiche fühlst, aber ich würde dich gerne näher kennen lernen und herausfinden, ob uns nicht mehr verbindet. Was sagst du dazu?« Hören Sie dann einfach zu. Wenn die Antwort negativ ist, brauchen Sie sich nicht weiter aufzuhalten. Ist die Reaktion positiv, können Sie die nächsten Schritte besprechen. Für eine solche Äußerung müssen wir nur 15 Sekunden lang mutig sein. Ist es nicht besser, einmal direkt zu fragen, als sich ewig den Kopf darüber zu zerbrechen, was alles hätte sein können, und sich über verpasste Gelegenheiten zu ärgern? Ein kurzes, mutiges Handeln kann viele Hindernisse überwinden.

Was ist, wenn wir zurückgewiesen werden? Wie können wir mit der dadurch entstandenen Verlegenheit umgehen? Wir brauchen überhaupt nicht verlegen oder peinlich berührt zu sein, wenn wir die Reaktion einfach akzeptieren, anstatt uns gegen sie zu wehren. Natürlich sind wir enttäuscht, aber wir sollten uns damit trösten, dass wir erfolgreich unseren Mut zusammengenommen haben. Selbst wenn wir keinen Erfolg haben, ist es schon für sich genommen ein positives Ergebnis, uns mit unserer Angst auseinandergesetzt zu haben. Wir sollten nicht zu viele Gedanken an eine mögliche Ablehnung verschwenden; machen Sie sich klar, dass so etwas ab und zu geschieht. Wenn jemand Ihren Wunsch einer Intensivierung der Beziehung ablehnt, bedeutet das nicht, dass niemand Sie liebt.

Wie würden Sie reagieren, wenn Sie jemand sehr bewusst und direkt um etwas bittet? Entweder Sie kommen seiner Bitte nach oder Sie lehnen sie auf freundliche Weise ab. Und selbst wenn Sie seiner Bitte nicht nachkommen können, haben Sie dann nicht mehr Respekt vor jemandem, der Ihnen offen und ehrlich gegenübertritt, anstatt seine wahren Gefühle zu verbergen?

Durch meine Arbeit bekomme ich jeden Tag neue Bitten und Anfragen. Viele Menschen wünschen sich, dass ich ihr Buch oder ihre Produkte auf meiner Webseite bespreche. Manche bitten mich um Hilfe bei den verschiedensten Projekten. Andere wünschen sich, von mir beraten oder betreut zu werden. Ich respektiere alle Menschen sehr, die direkt – von Mensch zu Mensch – um das bitten, was sie möchten, und sehe mir alles genau an. Wenn die Anfragen und Bitten mit Wahrheit, Liebe und Macht übereinstimmen, komme ich ihnen in der Regel nach, wenn es einen vernünftigen Grund dafür gibt. Aber sobald ich bemerke, dass die Kommunikation unaufrichtig und manipulativ ist, gehe ich davon aus, dass der Absender in dieser Absicht handelt, was zu einer automatischen Ablehnung führt.

Wenn die Menschen Sie als jemanden kennen, der kein Blatt vor den Mund nimmt, dann machen sie Ihnen – selbst wenn sie Ihr ursprüngliches Ersuchen abgelehnt haben – oftmals verlockende andere Angebote, weil Sie Ihre Bereitschaft demonstriert haben, offen und ehrlich zu sein. Die Person, die ein Rendezvous mit Ihnen abgelehnt hat, wird ein neuer Verbündeter und spielt für Sie den Ehestifter. Ein

nicht zustande gekommener Verkauf bringt eine unerwartete Empfehlung. Die verweigerte Beförderung führt zu
einem besseren Jobangebot. Wenn wir nicht lange um den
heißen Brei herumreden, erinnern sich die Menschen oft
an uns, weil unsere Direktheit uns aus der Masse heraus-
hebt.

Versuchen Sie, auf Nummer sicher zu leben? Das eng-
lische Wort *safe* ist sowohl ein Adjektiv als auch ein Substantiv. Als Adjektiv bedeutet es »frei von Gefahr sein«.
Als Substantiv ist seine Bedeutung »ein in sich geschlos-
sener Behälter mit einem Schloss«. Wenn wir das Adjektiv
leben, leben wir auch das Substantiv. Tappen Sie nicht in
die Falle falscher Sicherheit, indem Sie versuchen, Ablehnung zu vermeiden. Langfristig gesehen ist es eine klügere
Entscheidung, den eigenen Mut zu stärken, als vor einge-
bildeten Gefahren wegzulaufen.

Ehre

Mut verbindet uns nicht nur mit unserer Macht, sondern
bringt auch Macht in unsere Verbindungen. Wenn wir mutige Entscheidungen treffen und mutig handeln, fühlen wir
uns mehr mit unserem wahren Selbst verbunden. Unsere
Beziehungen zu anderen vertiefen sich, weil unser Austausch auf Wahrheit, Liebe und Macht beruht und nicht auf
Falschheit, Apathie oder Ängstlichkeit. Im Laufe der Zeit
werden diese Verbindungen so tragfähig, dass sie uns auf
eine neue Bewusstseinsebene heben. Auf dieser Ebene verpflichten wir uns bewusst zu einem Leben, das auf Prinzipien beruht. Diese Verpflichtung nennt sich Ehre.

Ehre ist nicht gleichbedeutend mit der Loyalität einem
Individuum oder einer Gruppe gegenüber. Ein solches Zu-
gehörigkeitsgefühl entstammt einer oberflächlichen Ver-
trautheit. Ehre dagegen verknüpft uns mit echter bedin-

gungsloser Liebe, und zwar in einer Weise, die über unsere individuelle Identität hinausgeht. Wir empfinden dann Ehre, wenn sich Macht und Liebe wieder mit der Wahrheit verbinden.

Die treibende Kraft der Ehre ist unser Gewissen, also unsere intuitive Fähigkeit, das Richtige vom Falschen zu unterscheiden. Richtiges Handeln ist mit Wahrheit, Liebe und Macht verknüpft. Wenn wir falsch handeln, sind wir nicht mit diesen Prinzipien verbunden. Der Sinn für Ehre ermöglicht es uns, den Unterschied wahrzunehmen.

Ehre erkennt, dass es dasselbe ist, ob wir uns oder anderen dienen. Es kann gar nicht anders sein. Die Gesundheit des Körpers und die Gesundheit seiner Zellen sind eins. Damit der Körper mit Wahrheit, Liebe und Macht verknüpft ist, müssen auch seine Zellen mit diesen Prinzipien verbunden sein. Wenn wir mit den tiefsten Bereichen in uns selbst Kontakt aufnehmen, verbinden wir uns mit unserer Wahrheit, unserer Liebe und unserer Macht. Wenn wir uns tief mit anderen verbinden, kommen wir in direkten Kontakt mit ihrer Wahrheit, ihrer Liebe und ihrer Macht. Ehre erkennt, dass die inneren und äußeren Verbindungen ein und dasselbe sind.

Mit Ehre zu handeln bedeutet, etwas in Übereinstimmung mit Wahrheit, Liebe und Macht zu tun. Wenn uns Ehre motiviert, handeln wir, weil uns etwas an den Dingen liegt – und zwar so sehr, dass wir nicht inaktiv bleiben können. Wir verpflichten uns zu einem Leben, das auf Prinzipien beruht, und erkennen, dass es unsere heilige Pflicht ist, diese Prinzipien aufrechtzuerhalten. Diese Pflicht fühlt sich richtig an, und auf ihrer Grundlage handeln wir dementsprechend. Herz und Verstand verschmelzen miteinander, Logik und Intuition sind keine scheinbaren Gegensätze mehr.

Wenn wir uns wirklich mit Wahrheit, Liebe und Macht verbinden, können wir gar nicht anders als handeln. Je tiefer wir verbunden sind, desto größer ist unsere Motivation. Der stärkste Antrieb von allen ist die Liebe, aber es braucht viel Mut, um diese einfache Wahrheit würdigen zu können.

Wenn wir träge und unmotiviert sind, dann liegt das ganz einfach daran, dass wir uns getrennt fühlen. Wir haben die Verbindung mit Wahrheit, Liebe und Macht unterbrochen. Sobald uns klar wird, dass wir uns in diesem Zustand befinden, sollten wir innehalten und uns wieder mit unserem wirklichen Selbst verbinden. Erinnern Sie sich daran, wer Sie wirklich sind. Verknüpfen Sie sich wieder mit dem, was Sie begeistert. Führen Sie sich die Zeiten in Ihrem Leben vor Augen, in denen Sie Feuer und Flamme waren – und zwar nicht aufgrund äußerer Ereignisse, sondern weil Sie mit Wahrheit, Liebe und Macht verbunden waren. Schauen Sie nach innen und fragen Sie sich: *Wo ist der Pfad des Herzens und was kann ich tun, um hier und jetzt auf diesem Pfad voranzuschreiten?* Wie auch immer die Antwort lauten mag, nehmen Sie all Ihren Mut zusammen und handeln Sie sofort. Knurren Sie wild, wenn Sie glauben, dass Ihnen das hilft, aber setzen Sie sich in Bewegung, koste es, was es wolle.

Wie Sie Ihren Mut stärken können

Ebenso wie bei den anderen Prinzipien stärken wir unseren Mut, wenn wir oft mutig handeln, und schwächen ihn, wenn wir ihn nicht genügend einsetzen. Ich werde Ihnen nun ein paar Übungen zeigen, die Ihnen helfen können, Ihren Mut zu stärken, und gleichzeitig zu praktischen Resultaten führen.

Die Herz-Frage

Immer wenn Sie Ihren Tag planen, Ihre Liste der zu erledigenden Aufgaben schreiben oder darüber nachdenken, was Sie am besten als Nächstes tun, sollten Sie sich fragen: *Wo ist der Pfad, den mir das Herz zeigt?* Diese Frage hat eine große Wirkung, da Sie sofort alle Optionen verwerfen, die kein Herz haben.

Selbst wenn Sie nur zu Hause sitzen und überlegen, wie Sie den Abend verbringen möchten, können Sie sich die Herz-Frage stellen. Achten Sie darauf, dass sich manche Möglichkeiten herzlos und leer anfühlen werden, während andere ein Kribbeln der Begeisterung verursachen, wenn Sie nur an sie denken. Erlauben Sie es Ihrem Herzen, den richtigen Weg für Sie zu finden. Nicht umsonst findet sich das Wort *Mut* in dem Wort *Ermutigung*. Wenn wir den Pfad des Herzens gefunden haben, fühlen wir uns ermutigt, in dieser Richtung zu handeln.

Statt vor dem Fernseher zu sitzen, haben Sie vielleicht den Mut, etwas zu lesen, das Sie inspiriert. Anstatt Computerspiele zu spielen, haben Sie vielleicht den Mut, ein tiefgreifendes Gespräch mit Ihrem Partner über Ihre gemeinsame Beziehung zu führen. Und anstatt bei der Arbeit einfach nur die Routine abzuspulen, haben Sie vielleicht den Mut, einen besonderen Beitrag zu leisten. Die Herz-Frage führt Sie auf den Pfad des bewussten Wachstums.

Ich stelle mir oft die nachfolgende Frage, wenn ich mich nicht entscheiden kann, welchen Artikel ich als nächsten schreiben soll. Weil meine Leser mir ständig neue Anregungen liefern und auch weil ich selbst ständig Wachstumsexperimente durchführe, mangelt es mir nie an Ideen, aber manchmal ist es nicht leicht, das richtige Thema auszuwählen, da mir so viele gute Themen zur Verfügung stehen. Also besinne ich mich und frage mich: *Wo ist der Pfad, den mir das Herz zeigt?* Normalerweise offenbart sich dadurch sofort das richtige Thema. Es ist das Thema, das mir ein wenig Angst macht, weil ich nicht weiß, ob ich gut darüber schreiben kann, und das meine Seele mit froher Erwartung erfüllt. In Situationen, in denen sich das richtige Thema nicht zeigt, liegt es daran, dass der auf das Herz ausgerichtete Pfad gerade etwas anderes verlangt als das Schreiben.

Kleben Sie die Herz-Frage an einen Ort, wo Sie sie jeden Tag sehen können. Sie können sie auch als Bildschirmschoner benutzen, sodass Sie immer wieder an sie erinnert werden. Jedes Mal, wenn Sie sich die Frage stellen, bringen Sie Logik und Intuition in Übereinstimmung.

Sich schrittweise steigern

Um Ihren Mut immer mehr zu vergrößern, können Sie das Prinzip der schrittweisen Steigerung benutzen, das wir schon in Kapitel 3 kennen gelernt haben. Anstatt Ihre größte Angst frontal bei den Hörnern zu packen, können Sie sich zunächst mit den kleinen Ängsten befassen und dann Schritt für Schritt zu immer größeren Mutproben übergehen.

Fangen Sie damit an, dass Sie eine Angst auswählen, die Sie überwinden möchten. Es ist in Ordnung, wenn sie zu groß ist, um sich direkt mit ihr auseinanderzusetzen. Finden Sie heraus, ob es kleine Schritte gibt, mit deren Hilfe Sie Ihre Angst angehen können; etwas, das Sie nicht vor übergroße Probleme stellt, aber dennoch genügend Beklemmung erzeugt. Wenn Sie zum Beispiel Angst haben, ein Gespräch mit einem Fremden zu beginnen, könnte der erste Schritt darin bestehen, an dem Fremden vorbeizugehen und ihn dabei anzulächeln. Wenn auch das noch zu schwierig ist, sollten Sie sich ein leichteres Ziel setzen, zum Beispiel eine Sekunde lang Blickkontakt mit einer fremden Person zu halten.

Üben Sie den ersten kleinen Schritt so lange, bis Sie sich dazu in der Lage fühlen, die Herausforderung zu steigern. Es gibt keine allgemeine Anzahl von Wiederholungen, die nötig wäre, um jeden Schritt zu vervollständigen, aber fünf bis zehn Versuche sind, glaube ich, eine gute Schätzung. Stellen Sie sich vor, es gelingt Ihnen, Blickkontakt zu einem Fremden herzustellen und ihn eine Sekunde lang direkt anzuschauen, ohne den Blick abzuwenden. Zunächst mögen Sie noch ein wenig beklommen sein, aber nach zehn Durchgängen sind Sie in der Lage, den Blickkontakt gezielt herzustellen. Erhöhen Sie ihn dann auf zwei bis drei Sekunden. Sobald Sie das aushalten können, gehen Sie dazu über, die fremde Person anzulächeln. Jeder kleine Schritt verstärkt Ihre positive Erfahrung, sodass Sie immer sicherer werden und nicht länger durch Angst blockiert sind.

Jedes neue Etappenziel kann so klein sein, wie Sie es möchten. Setzen Sie sich geringe Anforderungen, sodass Sie zuversichtlich sind, sie auch bewältigen zu können. Wiederholen Sie die einzelnen Schritte so oft es notwendig ist, bis Sie sich für den nächsten bereit fühlen. Sie allein geben das Tempo vor.

Indem Sie diese schrittweise Steigerung beibehalten, schlagen Sie zwei Fliegen mit einer Klappe. Auf der einen Seite aktivieren Sie nicht länger die ängstlichen Vermeidungsmuster, die Sie in der Vergangenheit an den Tag gelegt haben. Auf der anderen Seite konditionieren Sie sich darauf, in zukünftigen Situationen mutiger zu handeln. Auf diese Weise nimmt Ihre Angst ab und Ihr Mut zu.

Sich informieren

Eine unserer größten Ängste ist die vor dem Unbekannten. Sie kann dadurch überwunden werden, dass wir unser Wissen vergrößern. Sich einer Angst direkt zu stellen, kann sehr hilfreich sein, aber wenn Unwissenheit oder Unerfahrenheit die Gründe für unsere Ängstlichkeit sind, können wir sie dadurch reduzieren oder gar vollständig beseitigen, dass wir uns informieren.

Nehmen wir an, Sie haben Angst, Ihre Heimatstadt zu verlassen und in eine andere Stadt zu ziehen, auch wenn Sie diese Erfahrung gerne machen würden. Vielleicht ist der Hauptgrund Ihres Zögerns Ihre Unwissenheit. Die ganze Vorstellung überwältigt Sie, weil Sie nicht wissen, was Sie erwartet. Aber Sie können sich die Informationen, die Sie brauchen, dadurch holen, dass Sie Webseiten lesen, mit Bewohnern anderer Städte Kontakt aufnehmen oder sich andere Städte einfach einmal anschauen. Das Wissen, das Sie sich dadurch aneignen, wird Ihnen helfen, nicht nur mutiger, sondern auch intelligenter zu handeln.

Es ist erstaunlich, wie viele Gelegenheiten wir uns aus mangelnder Kenntnis oder Erfahrung versagen. Aber in unserem goldenen Informationszeitalter ist das lapidare »Ich weiß es nicht« keine gute Ausrede mehr. Alle Informationen stehen uns im Internet, in preiswerten Büchern oder in den Köpfen anderer Menschen zur Verfügung. Wenn Unwissenheit Sie in irgendeinem Bereich zurückhält, sollten Sie initiativ werden und sich selbst aktiv informieren.

Sich im Voraus verpflichten

Eine einfache Weise, mutiges Handeln zu stärken, ist der Entschluss, Verpflichtungen einzugehen, die in der Zustimmung nicht viel Mut erfordern, bei der Durchführung jedoch ein bedeutendes Maß an Mut notwendig machen. Wenn Sie selbst Protokoll schreiben, werden Sie bis zum Schluss aufmerksam sein. Kleine Verpflichtungen helfen uns dabei, unsere Selbstgefälligkeit zu überwinden und mutig zu handeln.

Während meiner ersten Monate als Mitglied von Toast-master International entschloss ich mich, an einem hu-morvollen Redewettbewerb teilzunehmen. Ich hatte noch nie zuvor als Erwachsener an einem Rededuell teilgenom-men, und als ich gefragt wurde, ob ich mitmachen wolle, bedurfte es nicht viel Mut von meiner Seite, um zu sagen: »Ja, natürlich mache ich mit.« Als der Tag des Wettbewerbs jedoch näher rückte, fing ich an, meine Entscheidung an-zuzweifeln: *Auf was habe ich mich hier bloß eingelassen?* Aber da ich die Teilnahme bereits zugesagt hatte, zog ich die Sache durch und gab mein Bestes.

Mich auf jede Runde des Wettstreits vorzubereiten, war harte Arbeit, aber ich hatte Spaß daran und verbes-serte meine Redequalität viel schneller, als es sonst der Fall gewesen wäre. Nach der ersten Wettbewerbsserie hatte ich mehr Selbstvertrauen und Mut als Redner und nahm an weiteren Redewettbewerben teil. Ich bin mir sicher, dass ich mich heute nicht so wohl dabei fühlen würde, vor anderen Menschen zu sprechen, wenn ich nicht an diesem ersten Wettbewerb vor vielen Jahren teil-genommen hätte. Alles, was ich tun musste, um in Gang zu kommen, war meinen Mund zu öffnen und zu sagen: »Ich nehme teil.«

Anstatt Ihre Ängste zu vermeiden, sollten Sie sich dazu verpflichten, sich ihnen direkt zu stellen. Wenn Sie Angst davor haben, vor anderen Menschen zu sprechen, sollten Sie sich dazu verpflichten, eine Rede zu halten. Wenn Sie Höhenangst haben, sollten Sie einen Kurs im Klettern bele-gen. Wenn Sie Angst vor Wasser haben, sollten Sie Schwimm-stunden nehmen. Denken Sie daran: Wovor auch immer Sie

Angst haben, eines Tages müssen Sie sich dieser Angst stellen – selbst der Angst vor dem Tod.

* * *

Mut ist eine Entscheidung. Mutig zu sein bedeutet, sich der Angst mit der Macht zu stellen, die unseren tiefsten Verbindungen entspringt. Wenn wir unser Leben auf Wahrheit, Liebe und Macht ausrichten, wird die Angst immer schwächer werden. Wahrheit hilft uns, die Illusion der Angst zu durchschauen, sodass wir die Autorität über unser Leben behalten. Liebe motiviert uns dazu, unsere Verbindungen zu intensivieren und den furchtlosen Zustand des Einsseins zu erlangen. Außerdem ermöglicht Macht es uns zu handeln, auch wenn wir Angst haben – und dabei wiederum wächst unser Mut.

Wie schwierig es auch zu sein scheint, entscheiden Sie sich dafür, sich bewusst mit Ihren Ängsten auseinanderzusetzen. Treten Sie nicht von der Bühne des Lebens ab, ohne sich auf das aufregende Abenteuer eingelassen zu haben, welches das Leben darstellt. Vielleicht gehen Sie Pleite. Vielleicht erfahren Sie wiederholt Misserfolg und Ablehnung. Vielleicht müssen Sie Beziehungen erdulden, die in vielerlei Hinsicht nicht funktionieren. Aber dies alles sind Meilensteine auf einem Lebensweg, auf dem Sie mutig voranschreiten. Es sind unsere persönlichen Siege, die tief in uns den Raum für einen Überfluss an Freude, Glück und Erfüllung schaffen. Seien Sie ängstlich, wenn Sie nicht anders können; nehmen Sie jedoch gleichzeitig all Ihren Mut zusammen und folgen Sie dennoch Ihren Träumen. Diese innere Stärke ist unbezwingbar.

Nachdem wir nun die ersten sechs Prinzipien untersucht haben, ist es an der Zeit, dass wir uns mit dem letzten Prinzip befassen, das alle zusammenbringt und vereint…

Kapitel 7:

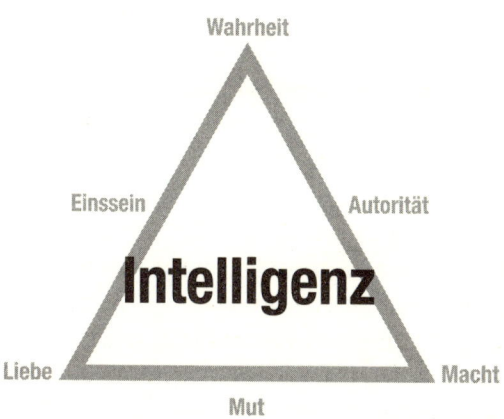

»Viele Schwierigkeiten, vor die uns die Natur stellt, können
durch den Einsatz von Intelligenz überwunden werden.«

Titus Livius

Wenn Wahrheit, Liebe und Macht harmonisch miteinander
verbunden sind, ergeben sie das höchste Prinzip des persönlichen Wachstums: Intelligenz. Sie verbindet all die
Prinzipien, die wir bislang kennen gelernt haben, zu einem
einheitlichen Ganzen. Wenn wir die wunderbare Einheit
von Wahrheit, Liebe und Macht wahrnehmen, erkennen wir
intuitiv das intelligente Prinzip, das allem zugrunde liegt.

Wahrheit ist intelligent. Indem wir uns auf die Wahrheit
einlassen und Unwissenheit, Falschheit und Leugnen ab-
streifen, schaffen wir die idealen Umstände für lebenslanges Wachsen. Wir lernen uns selbst kennen, indem wir
die physische Realität erkunden, ständig Konsequenzen
vorhersagen und sie Schritt für Schritt immer genauer und

zuverlässiger machen. Indem wir uns auf jede neue Ebene der Wahrheit einlassen, steigen wir zu höheren Bewusstseinsebenen auf. Ohne Wahrheit kann es kein intelligentes Wachstum geben.

Liebe ist intelligent. In einem Vakuum können wir weder etwas lernen noch persönlich wachsen. Wir müssen neue Verbindungen in uns selbst und mit anderen herstellen, um unsere Fähigkeiten zu erweitern. Gemeinsam mit anderen erreichen wir eine tiefere Ebene von Intimität und vertiefen dadurch unser Verstehen, unsere Motivation und unsere Kreativität. Ohne Liebe kann es kein intelligentes Wachstum geben.

Macht ist intelligent. Wir sind äußerst kreative Wesen und können uns frei in unserer körperlichen Gestalt ausdrücken. Indem wir Untätigkeit, Ängstlichkeit und Feigheit hinter uns lassen, werden wir fähig, Macht verantwortungsbewusst einzusetzen, anstatt in Angst vor unserer eigenen Größe zu leben. Mit diszipliniertem, konzentriertem Handeln schaffen wir uns unsere eigene Realität und würdigen damit unser wahres Selbst. Ohne Macht kann es kein intelligentes Wachstum geben.

Intelligenz ist die höchste Form des menschlichen Ausdrucks. Unsere Intelligenz definiert uns als menschliche Wesen. Sie ist unsere größte Stärke, unser treuester Verbündeter und unser vornehmstes Streben. Ohne sie sind wir nichts, nur Form ohne Inhalt und Existenz ohne Zweck. Nur dadurch, dass wir unsere Intelligenz gebrauchen, bekommt unser Leben eine Bedeutung; eine Bedeutung, die wir ihm bewusst geben.

Unsere universellen Prinzipien geben die folgende Definition von Intelligenz: *Intelligenz ist die Verbindung mit Wahrheit, Liebe und Macht.* Aus dieser Definition ergibt sich eine einfache Schlussfolgerung. Um sich in jedem Lebensbereich wie ein »kluger Mensch« zu verhalten, brauchen wir uns nur mit Wahrheit, Liebe und Macht zu verbinden. Wenn wir uns von diesen Prinzipien führen lassen, leben wir auf intelligente Weise. Wenn wir aber gegen sie verstoßen, kehren wir der Intelligenz den Rücken.

Bitte lassen Sie die obige Definition von Intelligenz einen Moment lang auf sich wirken. Befriedigt sie sowohl Ihren logischen Verstand als auch Ihre spontane Intuition? Wenn Sie an die intelligentesten Entscheidungen denken, die Sie im Leben getroffen haben, waren Sie in jenen Momenten mit Wahrheit, Liebe und Macht verbunden? Wenn Sie sich vor Augen führen, was Sie am meisten bedauern, erkennen Sie dann, dass Sie in jenen Momenten von diesen Prinzipien getrennt waren?

Intelligenz ist mehr als die Summe ihrer Teile. Sie besitzt verschiedene Qualitäten: *Authentizität, kreativer Selbstausdruck, Wachstum, Fließen* und *Schönheit.*

Authentizität

Authentisch zu sein bedeutet, sich selbst widerspruchsfrei auszudrücken. Die Person, die wir nach außen projizieren, stimmt dann mit der Person überein, die wir wirklich im Inneren sind, und zwar unabhängig davon, ob wir mit einem engen Freund kommunizieren oder mit jemandem, den wir gerade erst kennen gelernt haben. Wenn andere sagen, »Sei du selbst«, dann betonen sie, wie wichtig es ist, authentisch zu sein. Wenn wir authentisch kommunizieren, drücken wir unsere Wahrheit aus, ohne etwas zurückzuhalten. Dies hilft anderen, uns richtig einzuschätzen und sich mit uns auf ehrliche und liebevolle Weise zu verbinden. Authentischer Austausch stärkt uns.

Wenn wir mit anderen in Interaktion sind, sollten wir das, was wir sind und ausdrücken wollen, weder übertreiben noch herunterspielen. Es kommt darauf an, echt und wahrhaftig zu sein. Andere werden nicht immer positiv auf unsere Ehrlichkeit reagieren, aber das heißt nicht, dass wir – um unangenehme Reaktionen zu verhindern – etwas vorspielen sollen, was wir nicht sind. Wenn wir es mit der Wahrheit nicht so genau nehmen und den Leuten lieber das erzählen, was sie unserer Meinung nach hören wollen, dann schneiden wir uns von unserem wahren Selbst ab und ermutigen auch andere dazu, ihre eigene Macht zu leugnen. Und damit tun wir niemandem einen Gefallen. Es ist immer das Beste, vollkommen ehrlich zu sein und zu akzeptieren, dass andere die Freiheit haben, so auf uns zu reagieren, wie sie wollen. Wir brauchen ihren Reaktionen nicht zuzustimmen; wir müssen sie einfach nur zulassen.

Viele Jahre lang glaubte ich, es sei im Umgang mit anderen Menschen am besten, mich ihrem Bewusstseinszustand anzupassen. Wenn eine Person sehr ängstlich war, relativierte ich meine Fähigkeiten und Erfolge oder erwähnte sie erst gar nicht, weil ich nicht wollte, dass sich die andere Person dadurch unwohl fühlte. Wenn jemand arrogant und überheblich war, reagierte ich darauf mit dem gleichen Verhalten und ließ mich nicht unterkriegen. Es fiel mir nicht schwer, auf diese Weise Freundschaften zu schließen, aber sie wurzelten in Falschheit, und ich musste mich immer mehr von mir selbst abschneiden, um sie aufrechterhalten zu können.

Schließlich wurde mir klar, dass ich lieber ein paar ehrliche Freundschaften pflege, als über eine Fülle von Beziehungen zu verfügen, die nicht authentisch sind. Von da an tat ich nur noch das, was mich am besten mit meinem wahren Selbst verband. Ich hörte auf, mir Gedanken darüber zu machen, wie andere auf mich reagieren würden.

Zunächst hatte ich mit diesem Ansatz keinen Erfolg. Indem ich mich in der Gegenwart von eher schüchternen Freunden freimütig darstellte, verschreckte ich sie offenbar, denn sie zogen sich alle von mir zurück. In gleicher Weise verschwanden auch meine hochmütigen Freunde, weil sie das Gefühl hatten, dass ich nicht länger auf ihrem Niveau war. Ich wünschte, ich könnte sagen, dass eine mittlere Gruppe von Freunden bei mir geblieben wäre, aber eine solche schien offenbar nicht zu existieren. Die Menschen neigten entweder zu der einen oder zur anderen Seite. Mit meinem sozialen Leben ging es daher für eine Weile bergab ... aber dann geschah etwas sehr Interessantes.

Als neue Menschen in mein Leben traten und mich kennen lernten, verhielten sie sich mir gegenüber völlig anders als meine alten Freunde. Der offensichtlichste Unterschied bestand darin, dass diese neuen Beziehungen in gegenseitigem Respekt wurzelten. Weil ich mit mir selbst verbunden blieb, wählte ich auch die Leute, mit denen ich etwas zu tun haben wollte, bewusster aus. Meine neuen Freunde waren sehr an ihrem persönlichen Wachstum interessiert und weder selbstzufrieden noch apathisch. Es entwickelte sich viel schneller als früher ein starkes Band zwischen uns, und ich war sehr dankbar, derart inspirierende Freunde zu haben, denen auch ich wirklich am Herzen lag. Es dauerte nicht lange, und ich war fest davon überzeugt, dass es die richtige Entscheidung gewesen war, authentisch zu sein. Es macht einfach keinen Sinn, Beziehungen aufrechtzuerhalten, die von uns verlangen, unser wahres Selbst zu leugnen.

Authentisch zu sein bedeutet nicht, perfekt zu sein. Es bedeutet, dass wir unser Bestes tun, um wirklich von Mensch zu Mensch miteinander zu kommunizieren. Manchmal ist es dafür nötig, unsere Warzen und Narben zu zeigen, aber genau hierin liegt die Macht, uns selbst vollständig zu akzeptieren. Anstatt aus Angst und Falschheit heraus zu reagieren, können wir uns bewusst dafür entscheiden, auf der Grundlage von Wahrheit, Liebe und Macht zu handeln.

Kreativer Selbstausdruck

Für intelligente Menschen besteht der Pfad des Herzens darin, die Kunst des bewussten, kreativen Selbstausdrucks zu beherrschen. Dies ist viel wichtiger, als Geld und Besitztümern hinterherzujagen, mit deren Hilfe sich fehlendes persönliches Wachstum niemals kompensieren lässt. Mit Hilfe unserer Kreativität können wir alles erreichen, was wir uns jemals wünschen – einschließlich finanzieller Unabhängigkeit, entwickelter Talente, erfüllender Beziehungen und sinnvoller Beiträge zur positiven Entwicklung der Menschheit. Wenn wir uns dazu entschließen, uns kreativ mit der Welt auszutauschen, ist es einfacher, unsere Bedürfnisse zu befriedigen und unsere Wünsche zu verwirklichen.

Selbstausdruck erfordert ein Medium und eine Botschaft. Unser Medium sind die kreativen Ausdrucksformen, die wir benutzen. Ich drücke mich zum Beispiel kreativ aus, indem ich schreibe, blogge und Vorträge halte. Unsere Botschaft ist die Wahrheit, die uns am meisten am Herzen liegt und die wir anderen mitteilen möchten. Meine Botschaft besteht darin, anderen bei ihrem bewussten Wachstum zu helfen, und dazu gehört sowohl der Inhalt dieses Buches als auch das, was ich auf meiner Webseite mitteile.

Wenn wir das Prinzip der Wahrheit, der Liebe und der Macht anwenden, erreichen wir zwei Dinge. Erstens befinden wir uns im Einklang mit unserer zentralen Botschaft. Wir erkennen, was uns am Wichtigsten ist, und unsere Verbundenheit motiviert uns dazu, es zum Wohle aller mitzuteilen. Zweitens entwickeln wir die Kraft, die nötig ist, um das richtige Medium zu finden, das zu unserer Botschaft passt. Wir tun das, was notwendig ist, um schreiben, Vorträge halten, schauspielern, tanzen oder bauen zu können. Wir unternehmen, was erforderlich ist, um die Ausdrucks-

formen zu entwickeln, mit denen wir unsere Botschaft in
die Welt bringen können.

Wenn wir uns kreativ ausdrücken, teilen wir anderen
ehrlich mit, was uns wichtig ist. Diese Form der Kommunikation verbindet uns mit anderen und bietet ihnen einen
flüchtigen Blick auf die Wahrheit. Wenn wir uns an dem
authentischen Resultat der Kreativität eines anderen Menschen erfreuen – wie zum Beispiel einem Gedicht oder
einem gemalten Bild –, dann nehmen wir wahr, wie Wahrheit, Liebe und Macht von ihm ausstrahlen.

Wer sind Sie? Was haben Sie der Welt mitzuteilen? Welche Elemente von Wahrheit, Liebe und Macht können Sie
durch Ihren kreativen Selbstausdruck beitragen? Sind Sie
hier, um uns zu lehren, nährender, mitfühlender, organi-
sierter, großzügiger, produktiver, ehrlicher, freudiger, kreativer oder liebender zu werden? Wie können Sie diese
Eigenschaften auf die intelligenteste Weise ausdrücken?
Werden Sie uns ernähren, kleiden, lehren, motivieren, unterhalten, unterstützen, weiterbringen oder vorangehen?
Sie sind die Autorität. Wie lautet Ihre Entscheidung?

Wachstum

Eine faszinierende Eigenschaft der Intelligenz besteht
darin, dass sie ständig bemüht ist, sich zu verbessern. Die
klügste Entscheidung, die wir treffen können, lautet, noch
klüger werden zu wollen. Persönliches Wachstum ist der
Weg dorthin. Es ist intelligent, kontinuierlich zu wachsen.

Indem wir unsere Verbindung mit dem Prinzip der
Wahrheit intensivieren, erhalten wir Zugang zu neuen
Wahrheiten. Indem wir unsere Verbindung mit dem Prinzip der Liebe intensivieren, verstärken wir unsere Verbundenheit. Und indem wir unsere Verbindung mit dem Prinzip der Macht intensivieren, werden wir machtvoller und

zielgerichteter. Da Intelligenz die Kombination von Wahrheit, Liebe und Macht ist, können wir auch beobachten, dass wir tatsächlich intelligenter werden, wenn wir uns stärker auf diese Prinzipien ausrichten.

Wachstum verläuft selten linear, daher können wir davon ausgehen, dass wir oft in die falsche Richtung gehen und viele Rückschläge erleiden werden. Aber solange wir nicht lockerlassen und unsere Verbindung zu den Prinzipien immer wieder stärken, werden wir zwangsläufig wachsen und uns weiterentwickeln. Schon morgen sind Sie eine andere Person als heute.

Als ich 19 Jahre alt war, entschied ich mich dafür, mich ganz dem persönlichen Wachstum zu widmen. Damals hatte ich keine Ahnung, wohin mich das führen würde. Anfangs war es die einzige Möglichkeit, der hoffnungslosen Situation zu entkommen, in der ich mich befand. Ich erkannte, dass kein Schmerz von Dauer war und dass ich im Laufe der Zeit über meine problematische Situation hinauswachsen würde. Die Prinzipien der Wahrheit, Liebe und Macht begriff ich erst viele Jahre später, aber es reichte damals bereits, mich voll auf das Wachstum zu konzentrieren, um meinem Leben eine Kehrtwendung zu geben.

Drei Jahre, nachdem ich wegen schweren Diebstahls inhaftiert gewesen war, machte ich am College in zwei Fächern nach nur drei Semestern meinen Abschluss, indem ich das Dreifache des normalen Stoffs bewältigte. Ein paar Monate später gründete ich mit meiner damaligen Freundin, die später meine Frau wurde, meine erste Firma. Ich hatte noch viele schwierige Lektionen vor mir, aber irgendwann wurde ich zur treibenden Autorität in meinem Leben, anstatt weiterhin ein Sklave unbewusster Zwänge und Süchte zu sein. Die Verpflichtung zu innerem Wachstum brachte die Lösung für meine schlimmsten Probleme.

Sich mit persönlichem Wachstum zu beschäftigen, scheint ein völlig egoistisches Unterfangen zu sein, aber in Wirklichkeit ist es das Selbstloseste, was wir überhaupt tun können. Indem wir unsere Verbindung mit Wahrheit, Liebe und Macht festigen, stärken wir unsere Fähigkeit, anderen Menschen zu helfen. Je intelligenter wir werden, desto mehr Gutes können wir tun. Falls Sie es noch nicht getan haben, werden Sie irgendwann erkennen, dass Sie andere dazu inspirieren, es Ihnen gleichzutun, wenn Sie sich selbst bewusst weiterentwickeln. Und diese Menschen inspirieren dann wiederum andere, bis unsere positiven Wachstumswellen jeden erreicht haben. Wenn Sie sich weiterentwickeln, wachsen wir alle mit. Wenn die Zellen sich weiterentwickeln, wächst der ganze Körper.

Sollten Sie alles andere, was ich in diesem Buch schreibe, hinterher wieder vergessen und sich nur an einen einzigen Ratschlag erinnern, dann ist es sicherlich dieser: *Das Beste, was wir mit unserem Leben anfangen können, ist persönlich zu wachsen.*

Fließen

Wenn wir Wahrheit, Liebe und Macht auf unserer Seite haben, arbeiten wir mit dem natürlichen Lebensfluss, anstatt gegen ihn anzukämpfen. Dies bedeutet nicht, dass unser Leben dadurch einfach wird; es bedeutet nur, dass wir bewusst entscheiden, was wir tun, damit sich auch die gewünschten Resultate einstellen können. Erstens müssen unsere Ziele in der Wahrheit wurzeln, denn nur dann sind sie weise ausgewählt. Zweitens müssen wir liebevolle Beziehungen zu anderen pflegen, um motiviert zu bleiben. Und drittens muss unser Handeln zielgerichtet und produktiv sein.

Fließen ist kein passiver Zustand. Es bedeutet nicht, einfach nur loszulassen und zu warten, was uns das Leben so bringen wird – als ob wir einen Fluss mit der Strömung entlangtreiben würden. Dies wäre kein intelligentes Verhalten, denn auf diese Weise würden wir irgendwann ins Meer gespült. In der Natur sind die Tiere in ihrer wachen Zeit immerzu aktiv, andernfalls würden sie nicht lange überleben. Unsere Körperzellen arbeiten ebenfalls hart, um uns am Leben zu erhalten; sie sind selbst dann aktiv, wenn wir schlafen. Fließen ist also ein aktiver Zustand.

Wir sind nicht hier, um unsere Wünsche zu leugnen und uns mit einem einfachen Leben zufrieden zu geben, das nicht auf Überzeugungen beruht und keinem höheren Zweck dient. Der Zustand des Fließens wird dadurch bewirkt, dass wir bewusst denken und handeln, um der Verwirklichung unserer Träume näherzukommen. Lernen Sie, sich Ihre Wünsche zu erfüllen und Ihre Träume zu verwirklichen, anstatt so zu tun, als wären sie Ihnen nicht wichtig.

Wahrheit, Liebe und Macht sind überaus praktische Prinzipien. Wenn sie sorgfältig in die Tat umgesetzt werden, bringen sie konkrete Ergebnisse. Es sind die gleichen Prinzipien, durch die wir überhaupt inspiriert werden, die Dinge zu verfolgen, die uns etwas bedeuten. Denken Sie an das erste Mal, als ein Mensch auf dem Mond landete. Das notwendige Wissen und die dafür nötige Technologie basierten auf der wissenschaftlichen Wahrheit. Die Beteiligten waren mit Leidenschaft bei der Sache, und es war konzentriertes, diszipliniertes Handeln nötig, um das Vorhaben zum Erfolg zu führen. Wenn nur eines dieser Prinzipien vernachlässigt worden wäre, hätte die ganze Mission scheitern müssen. Denken Sie an irgendeine große menschliche Errungenschaft – oder an eine außerordentliche eigene Leistung – und Sie werden sehen, dass ihr Wahrheit, Liebe und Macht zugrunde liegen.

Wenn wir im Zustand des Fließens sind – und zwar wirkliches Fließen, nicht seine Märchenversion –, dann fühlt es sich an, als würde eine machtvolle Energie durch uns wirken, uns liebevoll unterstützen und vorwärtstreiben. Wir wissen dann ohne jeden Zweifel, dass wir auf dem richtigen Weg sind, und setzen das in die Tat um, was uns etwas bedeutet. Am meisten inspiriert uns dabei nicht das Erreichen eines bestimmten Ziels, sondern der endlose Fluss des kreativen Selbstausdrucks. Es ist der Weg als solcher, der uns Spaß macht.

Ein Gefühl friedlicher Zentriertheit ist das natürliche Nebenprodukt eines intelligent geführten Lebens. Das bedeutet nicht, dass wir keine negativen Gefühle mehr haben, sondern vielmehr, dass wir tief in unserm Inneren wissen, dass wir unser Bestes geben. Zu wissen, dass wir uns auf dem richtigen Weg befinden, verringert unsere Zweifel, unsere Sorgen und unseren Stress. Stattdessen breitet sich ein intensives Gefühl inneren Friedens in uns aus.

Es ist tröstlich zu wissen, dass Wahrheit, Liebe und Macht die einzigen Prinzipien sind, von denen wir uns wirklich leiten lassen sollten. Wir brauchen keine komplizierte Ansammlung von Regeln, Gesetzen und Werten. Wenn wir nur diese drei Prinzipien anwenden, wird sich unser Leben stark vereinfachen, denn sie helfen uns, die Konditionierungen zu überwinden, die uns in der Vergangenheit bestimmt haben, heute aber nicht mehr von Nutzen sind. Um intelligente Entscheidungen treffen zu können, brauchen wir uns nur in die Richtung von Wahrheit, Liebe und Macht zu bewegen. Je stärker wir auf der Grundlage dieser Prinzipien handeln, desto intelligenter werden wir und desto größer wird unser innerer und äußerer Frieden.

Frieden ist die natürliche Konsequenz, wenn wir einen Pfad gehen, der sich auf Prinzipien gründet. Wir brauchen keine speziellen Ziele im Außen zu erreichen, um Frieden zu erleben; wir müssen uns nur weiter in die richtige Richtung bewegen. Stellen Sie sich vor, Sie fahren mit dem Auto nach Hause. Sie sind schon viele Male vorher nach Hause gefahren und kennen die Strecke gut. Sie wissen, dass Sie

Ihr Ziel erreichen werden, wenn Sie weiter in die richtige Richtung fahren und die richtigen Abzweigungen nehmen. Ein Leben, das sich auf Prinzipien gründet, führt zu ähnlichen Resultaten. Wir wissen von Anfang an, dass wir unser Ziel erreichen werden. Und weil dies der Fall ist, wird es wichtiger für uns, die Fahrt selbst zu genießen, als sich ständig den Kopf darüber zu zerbrechen, ob wir an unserem Ziel auch tatsächlich ankommen werden.

Schönheit

Wir nehmen Intelligenz auf natürliche Weise als etwas Schönes wahr. Wenn wir erkennen, wie elegant die Prinzipien Wahrheit, Liebe und Macht in unserem Leben wirken, mag es sich sogar wie eine spirituelle Erfahrung anfühlen. Es ist, als hätten wir ein neues Gesetz der Mathematik oder der Physik entdeckt. Plötzlich fangen wir an, sein Wirken überall als Teil einer grundlegenden Struktur der Wirklichkeit wahrzunehmen.

Um zu sehen, wie ein Gegenstand zu Boden fällt, müssen wir nicht erst die Gesetze der Physik verstehen. Wenn wir eine Batterie in das Spielzeug eines Kindes einlegen, müssen wir nicht genau wissen, wie Elektrizität funktioniert. Wir können auch dann einen Hund streicheln, wenn wir keine Ahnung von Biologie haben. Ob wir uns ihrer bewusst sind oder nicht, die allzeit gegenwärtigen Gesetze sind zu jeder Zeit gültig. Ähnliches geschieht, wenn wir erfolgreich ein Ziel erreichen, das wir uns gesetzt haben, uns in jemanden verlieben oder eine neue Fertigkeit erlernen – immer folgen wir den grundlegenden Gesetzen des persönlichen Wachstums. Wir verbinden uns mit den Prinzipien der Wahrheit, Liebe und Macht, ob wir uns dessen bewusst sind oder nicht.

Unter dem oberflächlichen Chaos der Realität lassen

sich viele bestimmende Muster erkennen. Wenn uns diese Muster bewusst werden, wird das Leben unglaublich faszinierend. Eine große Anzahl von Verhaltensmöglichkeiten ergibt sich aus scheinbar einfachen Regeln. Wahrheit, Liebe und Macht sind keine schrecklich komplizierten Konzepte. Vermutlich hatten Sie schon, bevor Sie dieses Buch in die Hand genommen haben, eine gute intuitive Vorstellung von sich, auch wenn ich hoffe, Ihr Verstehen noch vertiefen zu können. Auf den ersten Blick hat es sogar den Anschein, als handle es sich bei diesen Prinzipien um die normalsten Dinge der Welt. Aber wenn wir so denken, haben wir die unglaubliche Fülle nicht verstanden, die aus diesen Konzepten abgeleitet werden kann, und die Tatsache, dass sie so elegant miteinander verknüpft sind.

Man braucht nur seinen gesunden Menschenverstand, um vorherzusagen, dass ein Apfel zu Boden fällt, wenn man ihn loslässt. Der wirkliche Trick besteht darin, sich auszumalen, wie und warum er fällt. Sobald wir das wissen, ist es nicht länger eine Routine-Erfahrung, wenn wir zusehen, wie etwas zu Boden fällt. Nun wird es zu einem Akt der Schönheit. In ähnlicher Weise fangen wir an, die Schönheit zu sehen, die allen Herausforderungen auf dem Weg des persönlichen Wachstums zugrunde liegt, wenn wir diese durch die Linse von Wahrheit, Liebe und Macht betrachten.

Denken Sie daran, dass jedes Prinzip sowohl unser Denken als auch unser Handeln beherrscht. Wir können akkurate Gedanken denken und wahrheitsgetreue Worte sprechen. Wir können liebende Gedanken denken und unsere Liebe nach außen ausdrücken. Wir können unseren Geist nach innen richten und gezielt in der Außenwelt handeln. Jedes Prinzip hat innere und äußere Aspekte; es liegt sowohl in unserem Inneren als auch in unserem öffentlichen Handeln.

Betrachten Sie die Realität von nun an durch die Brille

von Wahrheit, Liebe und Macht – und beginnen Sie mit Ihrem eigenen Leben. Erkennen Sie, wie diese Prinzipien Ihren Beruf, Ihre Gesundheit, Ihre Beziehung und so weiter beherrschen. Achten Sie darauf, wie durch einen Mangel an Wahrheit Probleme erzeugt werden; wie Sie sich durch einen Mangel an Liebe getrennt und allein fühlen; und wie ein Mangel an Macht Ihnen das Gefühl gibt, ein hilfloses Opfer zu sein. Finden Sie heraus, wie viel leichter Ihr Leben wird und wie viel glücklicher Sie sich fühlen, wenn Sie sich mit Wahrheit, Liebe und Macht verbünden. Benutzen Sie diese Prinzipien dazu, Ihr Leben mit Schönheit zu erfüllen.

Wie Sie intelligent leben können

Intelligentes Verhalten ist das Resultat eines ganzheitlichen Zusammenwirkens von Wahrnehmen, Denken und Handeln. Damit Verhalten wirklich intelligent ist, muss jeder Teil dieses Prozesses mit Wahrheit, Liebe und Macht verbunden sein. Und um intelligent handeln zu können, müssen wir zunächst anerkennen, dass wir selbst intelligent sind, da uns diese Eigenschaft von Natur aus innewohnt. Darüber hinaus müssen wir gezielt bestimmte Aspekte unserer Persönlichkeit entwickeln und uns aktiv mit anderen Menschen, Objekten und Aktivitäten verbinden, um von ihnen zu lernen und neue Ideen zu bekommen. Diese Schritte laufen normalerweise gleichzeitig ab. Es kann sehr hilfreich sein, sie wohlüberlegt zu gehen.

Hier sind mehrere Übungen, die Sie dazu nutzen können, intelligenter zu leben und dadurch Ihre Verbindung zu Wahrheit, Liebe und Macht zu stärken.

Bewusste Bewertung

Die beste Möglichkeit, intelligenter zu leben, besteht vielleicht darin, dass Sie Ihre gegenwärtige Verbindung mit den sieben Prinzipien beurteilen. Sie können bei den nachfolgenden Fragen zwar Ihr gesamtes Leben im Hinterkopf haben, aber Ihre Ergebnisse werden wahrscheinlich genauer ausfallen, wenn Sie sich auf bestimmte Bereiche wie Gesundheit, Beruf oder Beziehungen konzentrieren. Sie können Ihre Antworten in Ihr Tagebuch schreiben oder die Fragen einfach mündlich beantworten.

1. Wahrheit

- Bin ich mir und anderen gegenüber ehrlich oder fühle ich mich gezwungen, hin und wieder die Unwahrheit zu sagen?

- Was wird geschehen, wenn ich so weitermache wie bisher?

- Sind meine Vorhersagen vernünftig und zutreffend oder bin ich zu optimistisch oder pessimistisch?

- Akzeptiere ich die Wahrheit meiner Situation voll oder leugne ich bestimmte Dinge?

- Was sollte ich als Nächstes lernen und auf welche Weise sollte es geschehen?

- Was kann ich hier und jetzt tun, um wahrhaftiger zu sein?

2. Liebe

- Nehme ich mir die Zeit, um mit mir selbst und anderen in Kontakt zu treten, oder fühle ich mich abgeschnitten und allein?

- Drücke ich mein wahres Selbst aus, wenn ich mit anderen kommuniziere, oder präsentiere ich der Welt ein falsches Bild von mir?

- Liebe und akzeptiere ich mich selbst und andere bedingungslos?

- Halte ich Ausschau nach neuen Beziehungen zu Menschen, die zu mir passen?

- Wie kann ich meine sozialen Fähigkeiten einsetzen und verbessern?

- Was kann ich hier und jetzt tun, um liebevoller zu sein?

3. Macht

- Übernehme ich die volle Verantwortung über mein Leben?

- Was wünsche ich mir wirklich und was bin ich bereit, dafür zu tun?

- Konzentriere ich mich auf das, was mir wichtig ist, oder lenke ich mich immerzu ab?

- Nehme ich mir die Zeit, das zu tun, was getan werden muss?

- Wie kann ich weiterhin meine Selbstdisziplin stärken?

- Was kann ich jetzt tun, um meine Macht weiterzuentwickeln und besser einzusetzen?

4. Einssein

- Lebe ich gemäß der Wahrheit, dass alle Menschen miteinander verbunden sind, wie individuelle Zellen in einem größeren Körper?

- Kann ich einfühlsam die Freude und das Leid anderer teilen?

- Behandele ich andere mit Mitgefühl und Fairness?

- Leiste ich einen wertvollen Beitrag zur weltweiten Gemeinschaft?

- Denke und handle ich aus einem Gefühl der Verbundenheit mit allen und allem?

- Was kann ich hier und jetzt tun, um mehr Einssein zu erfahren?

5. Autorität

- Übernehme ich das Kommando über mein Leben oder folge ich anderen blind?

- Ist mein Handeln effektiv, erreiche ich das, was ich will?

- Lasse ich mich von Hindernissen und Rückschlägen nicht beirren oder gebe ich schnell auf?

- Vertraue ich darauf, dass ich die Ziele erreichen werde, die ich mir setze?

- Wie kann ich mich auf das wirklich Wichtige konzentrieren, anstatt meine Zeit mit Nebensächlichkeiten zu vergeuden?

- Was kann ich hier und jetzt tun, um meine Autorität zu stärken?

6. Mut

- Verhalte ich mich mutig oder bestimmen Angst, Schüchternheit und Feigheit mein Leben?

- Wo ist der Pfad des Herzens und was kann ich tun, um ihn jetzt zu würdigen?

- Übernehme ich die Initiative oder verharre ich lieber im Wartezustand?

- Steuere ich mutig den direkten Kurs oder folge ich einem langsameren, manipulativen Weg?

- Wie kann ich mich selbst trainieren und weiter-bilden, um meine Angst zu überwinden?

- Was kann ich hier und jetzt tun, um meinen Mut zu zeigen?

7. Intelligenz

- Lebe ich in Verbindung mit Wahrheit, Liebe und Macht?

- Sind meine Interaktionen mit anderen authen-tisch oder nur gespielt?

- Habe ich die richtige Botschaft gefunden und benutze ich das geeignete Medium, um mich kreativ auszudrücken?

- Genieße ich den Zustand des Fließens, indem ich intelligent handle?

- Wie kann ich mich heute verbessern?

- Was kann ich im Hier und Jetzt tun, um meine Intelligenz auszudrücken?

Mit Hilfe dieser Fragen können Sie herausfinden, inwieweit Sie bereits ein Leben auf der Grundlage fester Prinzipien führen. Seien Sie nicht enttäuscht, wenn viele Antworten auf den ersten Blick negativ scheinen. Akzeptieren Sie ein-fach, wo Sie im Augenblick stehen, und denken Sie über die nächsten Schritte nach, die Sie unternehmen können, um Ihre Ausrichtung auf die Prinzipien zu verstärken.

Nehmen Sie Ihr Wachstum unter die Lupe

Ihr Wachstum kritisch unter die Lupe zu nehmen, ist eine gute Möglichkeit, die Ausrichtung auf jedes Prinzip schnell zu verbessern. Das Konzept selbst ist ganz einfach. Sie können es so leicht oder herausfordernd gestalten, wie Sie es wünschen. Je schwieriger Sie es sich machen, desto größer ist das Risiko des Misserfolgs, aber desto größer ist auch Ihr Gewinn, wenn Sie erfolgreich sind.

Setzen Sie sich für jedes der sieben Prinzipien ein bestimmtes Wachstumsziel. Nehmen Sie dann in jedem Bereich eine kleine Verbesserung vor. Da sich die Prinzipien gegenseitig verstärken, kann eine kleine Verbesserung in einem Bereich sich auch positiv auf andere Bereiche auswirken. Wenn Sie beispielsweise nur ein klein wenig korrekter denken (Wahrheit), wird sich die Effektivität Ihres Handelns (Macht) ebenfalls vergrößern.

Hier sind ein paar Vorschläge in Bezug auf Wachstumsziele, die Sie sich für jedes Prinzip setzen können. Sie brauchen pro Prinzip nur ein Ziel, können sich aber auch mehrere Ziele setzen, wenn Sie sicher sind, dass Sie sich damit nicht überfordern.

1. Wahrheit

- Bekennen Sie eine Lüge oder ein Geheimnis, das Sie bislang für sich behalten haben (*leicht:* Bekennen Sie die Lüge oder das Geheimnis im Internet einer fremden Person; *schwer:* Machen Sie Ihr Bekenntnis einer Person, die Sie angelogen haben).

- Sagen Sie möglichst genau vorher, wie Ihr Leben Ihrer Meinung nach in fünf Jahren aussehen wird. Schreiben Sie Ihre Vorhersage auf. Bitten Sie dann jemand anderen, eine ähnliche Vorhersage für Sie zu treffen, und vergleichen Sie die Antworten.

- Lesen Sie ein Buch über ein Thema, von dem Sie absolut nichts wissen.

- Veranstalten Sie mit einem intelligenten Freund eine Debatte über ein Thema, über das Sie falsche Informationen oder Vorstellungen zu haben glauben.

- Verzichten Sie 30 Tage lang auf die Benutzung jeglicher Medien.

2. Liebe

- Schicken Sie jemandem eine handschriftliche Karte oder einen handschriftlichen Brief – einfach nur um Kontakt aufzunehmen. Eine E-Mail zählt nicht!

- Unterhalten Sie sich mit einer völlig unbekannten Person und finden Sie heraus, was dieser Person wichtig ist.

- Finden Sie eine kreative Möglichkeit, um »Ich liebe dich« oder »Du liegst mir sehr am Herzen« zu einer Person zu sagen, die diese Worte noch nie von Ihnen gehört hat.

- Machen Sie dieser Person ein unerwartetes Geschenk, damit sie weiß, wie viel Ihnen an ihr liegt.

- Laden Sie jemanden zum Essen ein, der noch nie bei Ihnen zu Hause war.

3. Macht

- Erstellen Sie für jeden Lebensbereich eine aktuelle Liste mit Ihren Zielen. Lassen Sie sich dabei von den Kapitelüberschriften aus Teil 2 dieses Buches inspirieren.

- Arbeiten Sie mindestens eine Stunde lang an Ihrem wichtigsten Projekt. Tun Sie nichts anderes, bevor die volle Zeit abgelaufen ist. Konzentrieren Sie sich drei bis vier Stunden lang auf dieses Projekt, wenn Sie eine größere Herausforderung suchen.

- Tun Sie etwas, was Sie schon immer tun wollten und in weniger als einem Tag schaffen könnten, wenn Sie sich voll darauf konzentrierten.

- Planen Sie den nächsten Tag von morgens bis abends durch. Bewerten Sie am Ende des Tages mit einer Punktzahl von 1 bis 10, wie gut Sie diesen Plan eingehalten haben. Versuchen Sie das Ergebnis um wenigstens einen Punkt zu verbessern, wenn Sie diese Übung das nächste Mal machen.

- Konkurrieren Sie mit jemandem in einer Herausforderung und wetten Sie mit der anderen Person, dass Sie gewinnen werden. Wetten Sie um etwas Interessanteres als Geld.

4. Einssein

- Seien Sie freundlich zu einem Fremden.

- Erzählen Sie im Internet eine schmerzliche Erfahrung, die Sie gemacht haben, sodass andere an den Lektionen, die Sie gelernt haben, teilhaben können.

- Stellen Sie fest, in welchem Bereich Sie jemandem Unrecht getan haben, und handeln Sie sofort, um die Situation wieder ins Reine zu bringen.

- Wandern Sie ein paar Stunden lang allein in der Natur. Beruhigen Sie Ihre Gedanken und schenken Sie Ihrer sinnlichen Wahrnehmung so viel Aufmerksamkeit wie möglich.

- Treten Sie mit jemandem, der in einem anderen Land lebt, in einen Austausch per E-Mail und finden Sie heraus, was Sie beide gemeinsam haben.

5. Autorität

- Streichen Sie eine Tätigkeit, die Ihnen nicht länger dient.

- Leiten Sie ein Projekt in einer Gruppe oder in der Familie und sorgen Sie dafür, dass es erfolgreich abgeschlossen wird, indem Sie die notwendigen Aufgaben an andere verteilen.

- Führen Sie ein persönliches Experiment durch, das Sie schon immer ausprobieren wollten, wie zum Beispiel eine neue Ernährungsweise, ein neues Schlafmuster oder eine neue Art, sich mit anderen auszutauschen.

- Ziehen Sie sich für einen Tag so an, dass niemand außer Ihnen Ihre Kleidung mag.

- Bringen Sie jemand anderem etwas bei, das Sie sehr gut können.

6. Mut

- Tragen Sie eine Bitte an jemanden heran, der erst vor kurzem eine Bitte von Ihnen abgelehnt hat.

- Tun Sie etwas, das Sie gerne tun möchten, sich aber bislang nicht getraut haben.

- Gehen Sie auf jemanden zu und sagen Sie ihm klar und direkt, was Sie von ihm wollen.

- Verpflichten Sie sich zu einem Verhalten, bei dem Sie nicht darum herumkommen, sich Ihren Ängsten zu stellen.

- Tun Sie heute etwas, das Ihnen Angst macht.

7. Intelligenz

- Rufen Sie einen Freund oder eine Freundin an und stellen Sie sich im Verlauf des gesamten Gesprächs so authentisch wie möglich dar.

- Nehmen Sie ein Stück Papier und malen Sie etwas, das Ihr wirkliches Ich darstellt.

- Erinnern Sie sich an einen Rückschlag, den Sie in jüngster Zeit erlitten haben, und entwickeln Sie eine kreative Alternative.

- Besuchen Sie ein Museum und suchen Sie in den Ausstellungsgegenständen nach dem Ausdruck von Wahrheit, Liebe und Macht.

- Erstellen Sie eine Liste mit 20 Ideen, wie Sie Ihr Leben verbessern können.

Wenn Sie Ihr Wachstum in allen Bereichen unter die Lupe nehmen, erzielen Sie leichter ausgewogene Verbesserungen, weil Sie dabei alle sieben Prinzipien im Auge behalten. Sie werden feststellen, dass Sie zu manchen Prinzipien einen leichteren Zugang haben als zu anderen. Sie bestimmen, in welcher Reihenfolge und Geschwindigkeit Sie die Übungen machen, aber ich denke, eine Woche ist ein vernünftiger Zeitrahmen, um eine Handlung für jedes Prinzip auszuführen. Dies bedeutet sieben Tage lang pro Tag eine Handlung. Wenn Sie sich einer echten Herausforderung stellen wollen, können Sie auch alle sieben Handlungen an einem Tag ausführen. Vielleicht haben Sie auch Lust, diese Wachstumsübung zusammen mit Ihrem Partner oder in einer Gruppe zu machen, sodass Sie sich gegenseitig Rechenschaft ablegen können.

Schaffen Sie sich einen intelligenten Mikrokosmos

Anstatt bereits bestehende Aspekte Ihres Lebens zu verbessern, dient diese Übung dazu, eine neue Aktivität auszuprobieren und dabei darauf zu achten, dass Sie von Anfang an auf Wahrheit, Liebe und Macht ausgerichtet bleiben. In diesem Fall besteht die Aufgabe also nicht darin, alte Probleme zu lösen, sondern von vornherein die Probleme zu verhindern, die durch fehlende Ausrichtung entstehen.

Nehmen wir an, Sie lernen jemanden kennen. Diese Person kennt Sie noch nicht, daher haben Sie mit ihr keine gemeinsame Last aus der Vergangenheit. Sie sind vom ersten Tag an frei, diese Beziehung einzugehen oder nicht. Versuchen Sie, so offen und ehrlich zu sein, wie Sie können. Überspringen Sie das oberflächliche Geplauder und führen Sie tiefe Gespräche über Themen, die Ihnen beiden wirklich etwas bedeuten. Übernehmen Sie die Initiative und laden Sie diese Person zu interessanten gemeinsamen Aktivitäten ein. Achten Sie darauf, wie schnell zwischen Ihnen beiden ein echtes Band des Vertrauens entsteht.

Sie können die gleichen Prinzipien anwenden, egal ob Sie ein neues Hobby oder eine neue Aktivität beginnen. Wenn Sie sich zum Beispiel dazu entschließen, mit dem Gärtnern anzufangen, können Sie sich weiterbilden, indem Sie Bücher über Gartenarbeit lesen, mit anderen Kontakt aufnehmen, indem Sie einem Gartenklub beitreten oder über Webseiten kommunizieren und indem Sie anfangen, einen eigenen Garten anzulegen. Immer wenn Sie Ihrem Leben eine neue Aktivität hinzufügen, sollten Sie sie als kleines Universum betrachten, das von Beginn an auf Wahrheit, Liebe und Macht ausgerichtet ist, auch wenn der Rest Ihres Lebens vielleicht weit davon entfernt ist.

Erwarten Sie keine Perfektion. Wenn Sie Fehler machen – und Fehler sind unvermeidlich –, sollten Sie sich selbst

vergeben und nicht länger darauf herumreiten. Geben Sie
Ihr Bestes und lassen Sie es damit gut sein. Ihr intelligenter
Mikrokosmos wird Sie mit Sicherheit dazu motivieren,
auch Ihre anderen Lebensbereiche auf die Prinzipien auszurichten.

* * *

Die Prinzipien Wahrheit, Liebe und Macht sind der Kern
der menschlichen Intelligenz. Wir werden intelligenter,
indem wir die Verbindung zu diesen universellen Prinzipien verstärken. Diese Verbindung entsteht nicht zufällig, sondern nur durch eine bewusste Entscheidung. Jeder
Schritt in Richtung Wahrheit, Liebe und Macht ist ein
Schritt in Richtung größerer Intelligenz.

Diese Prinzipien mögen vielleicht ein wenig abstrakt
scheinen, und möglicherweise haben Sie sogar Zweifel, ob
sie in der realen Welt überhaupt wirken. Nur keine Panik!
In Teil 2 dieses Buches lernen Sie, die grundlegenden Prinzipien auf alle Lebensbereiche anzuwenden und mit ihnen
praktische und ganz reale Resultate zu erzielen.

Teil 2:

Praktische Anwendung

Kapitel 8:

Gewohnheiten

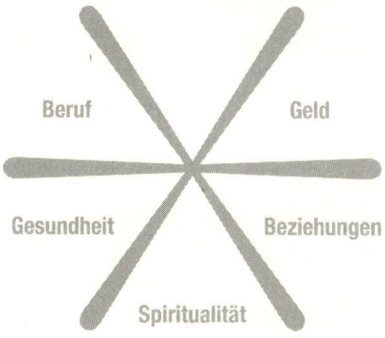

Beruf   Geld

Gesundheit   Beziehungen

Spiritualität

*»Nützliche Gewohnheiten, die unsere niedrigeren Triebe
und Wünsche automatisch unter Kontrolle bringen,
befreien uns auf natürliche Weise, damit wir höhere
Erfahrungen im Leben machen können.«*

Ralph W. Sockman

Wir haben in jedem Augenblick die Freiheit, uns bewusst
dafür zu entscheiden, was wir mit unserer Zeit anfangen
wollen. Wir können uns auf den gegenwärtigen Moment
konzentrieren, bewusst das wahrnehmen, was wir tun, und
daraufhin willentliche Entscheidungen treffen. Schauen Sie
sich Ihre ausgestreckte Hand an. Bewegen Sie Ihre Arme
und wackeln Sie mit den Fingern. Befehlen Sie Ihren Muskeln, sich so zu bewegen, wie Sie es wollen. Vergessen Sie
nicht, dass Ihre physischen Aktivitäten Ihrer bewussten
Kontrolle unterliegen.

Es gab eine Zeit in Ihrem Leben, da war dies nicht der
Fall. Als Sie ein Baby waren, haben Sie wild mit den Armen

gefuchtelt. Sie schafften es nicht, sie willentlich zu bewegen. Sie wussten noch nicht mal, wozu Ihre Arme gut waren. Aber schließlich gelang es Ihnen, Hände und Arme zu kontrollieren. Noch heute sind Sie der Nutznießer dieser frühkindlichen Lernerfahrung.

Gewohnheiten sind im Gedächtnis gespeicherte Problemlösungen. Wenn unser Verstand überlegt, wie er etwas am besten bewerkstelligt, speichert er die Lösung anschließend und ruft sie immer wieder ab, wenn sie gebraucht wird. Autofahren, Essen und Lesen sind erinnerte Problemlösungen. Es war nicht leicht, diese Fertigkeiten zu erlernen, aber als Ergebnis dessen können wir diese bekannten Muster jederzeit reaktivieren, anstatt jedes Mal wieder bei Null anfangen zu müssen.

Gewohnheiten sind eine Art geistiges Zeitmanagement. Es wäre extrem uneffektiv, wenn wir uns ständig bewusst entscheiden müssten, wie wir Tag für Tag jede einzelne Minute verbringen wollen. Unser Bewusstsein hat Besseres zu tun, als wieder und wieder die gleichen Probleme zu lösen, also delegiert es bekannte Probleme ans Unterbewusstsein, damit dieses die im Gedächtnis abgespeicherten Lösungen abruft und anwendet.

Immer wenn wir Probleme ans Unterbewusstsein abgeben, kann sich unser Bewusstsein auf höhere geistige Funktionen konzentrieren. Da ich als Jugendlicher Schreibmaschine schreiben gelernt habe, muss ich jetzt nicht meine Finger bei jedem einzelnen Wort bewusst dirigieren, um fehlerfrei zu tippen. Mein Unterbewusstsein hat diese Muster längst gespeichert, und in den Jahrzehnten, in denen ich jetzt schon Maschine schreibe, immer wieder bestärkt. Normalerweise tippe ich jede Woche Tausende von Wörtern, sodass mein Unterbewusstsein die unterschiedlichsten Abfolgen bereithält, um Gedanken in Worte, Ausdrücke und Sätze zu verwandeln. Ich kann mich stattdessen auf die anspruchsvollen Inhalte konzentrieren, die ich anderen mitteilen möchte, und mein Unterbewusstsein hilft mir dabei, meine Gedanken schriftlich auszudrücken. Wenn mir solche nützlichen Automatismen die Arbeit nicht abnehmen würden, wäre es sehr schwierig für mich, meine Gedanken auf effektive Weise Wort für Wort darzulegen.

Leider hat unsere angeborene Fähigkeit, Gewohnheiten zu bilden, auch eine negative Kehrseite. Manchmal erinnert sich unser Unterbewusstsein an unkorrekte und uneffektive Lösungen. Wir haben vielleicht gelernt, dass Rauchen ein gutes Mittel gegen Stress ist oder dass sich beschweren die beste Möglichkeit ist, Aufmerksamkeit und Sympathie auf sich zu ziehen. Um uns auf Wahrheit, Liebe und Macht auszurichten, müssen wir letztlich alle Gewohnheiten über Bord werfen, die schädliche Nebenwirkungen haben.

In diesem Kapitel werden wir damit beginnen, unsere Gewohnheiten gezielt unter die Lupe zu nehmen: Wir werden positive Veränderungsmöglichkeiten aufzeigen und praktische Methoden erlernen, um dauerhafte Veränderungen vorzunehmen. Dies wird nicht einfach sein. Selbst wenn wir wissen, was wir wie tun müssen, kann es sehr schwer sein, von eingefahrenen Gewohnheiten loszukommen. Die umfassende Darstellung, die ich Ihnen in diesem Kapitel präsentiere, gibt Ihnen einen guten Überblick über dieses Thema, aber letztlich wird Ihr Erfolg davon bestimmt sein, wie stark Sie sich auf die sieben Prinzipien ausrichten.

Gewohnheiten und Wahrheit

Um das Prinzip der Wahrheit auf Ihre Gewohnheiten anwenden zu können, sollten Sie sich einen Moment lang die Gewohnheiten vor Augen führen, die Sie haben. Was sind

Ihre besten Gewohnheiten? Was sind Ihre schlechtesten? Haben Sie irgendwelche Süchte? Dienen Ihnen diese Gewohnheiten oder halten sie Sie von bestimmten Dingen ab? Helfen sie Ihnen, sich auf die Wahrheit auszurichten, oder fühlen Sie sich eher gezwungen, sie zu verschweigen? Welche Gewohnheiten verstecken Sie? Auf welche Gewohnheiten sind Sie stolz?

Nehmen Sie sich ein Stück Papier und erstellen Sie zwei Listen: eine mit Ihren positiven und eine mit Ihren negativen Angewohnheiten. Woher wissen Sie, ob eine Gewohnheit positiv oder negativ ist? Nutzen Sie die Vorhersagekraft Ihres Verstandes und stellen Sie sich vor, welche langfristigen Auswirkungen jede Gewohnheit haben würde, wenn Sie sie für den Rest Ihres Lebens beibehielten. In welcher Weise wird sie Ihnen nutzen? Was wird sie Sie kosten? Was offenbart die langfristige Perspektive? Wenn Sie nur mit den Fingern zu schnipsen bräuchten, um diese Gewohnheit auf der Stelle zu verändern, würden Sie es tun? Seien Sie vollkommen ehrlich mit sich. Akzeptieren Sie alle unangenehmen Wahrheiten, selbst wenn Sie sich nicht in der Lage sehen, sie zu verändern.

Erstellen Sie nun eine dritte Liste: Sie enthält die neuen Verhaltensweisen, die Sie gerne annehmen würden. Welche neuen Gewohnheiten würden Ihr Leben verbessern? Möchten Sie gerne früh aufstehen, Vegetarier sein oder täglich Sport treiben? Wie sähe Ihr Leben aus, wenn Sie aufhören würden fernzusehen, Zeitungen zu lesen und gelegentlich im Internet zu surfen? Was würde geschehen, wenn Sie nur einmal am Tag in Ihren E-Mail-Posteingang schauen und die gesparte Zeit dazu nutzen würden, einem neuen Hobby nachzugehen? Welche positiven neuen Verhaltensweisen würden Sie gerne annehmen? Wenn Sie diese positiven Gewohnheiten heute erfolgreich annehmen könnten, wie würde Ihr Leben dann in zehn Jahren aussehen?

Schauen Sie sich die drei Listen erneut an und fragen Sie sich, ob Sie bereit sind, die langfristigen Konsequenzen Ihrer gegenwärtigen Gewohnheiten zu akzeptieren. Sind Sie bereit, mit den Ergebnissen, die Sie vorhersagen, zu leben, oder würden Sie diese lieber verbessern, indem Sie ein paar Veränderungen vornehmen? Ist der Status Quo gut genug oder könnte es Ihnen besser gehen?

Ihre Gewohnheiten im Licht der Wahrheit zu sehen ist ein bedeutender Schritt, aber nichts verändert sich, wenn Sie nicht auch handeln. Sie müssen der Wahrheit ins Auge blicken: Wenn Sie Ihre Gewohnheiten nicht bewusst und willentlich verändern, werden Sie die bereits existierenden Verhaltensmuster vermutlich weiterhin verstärken, und die vorhergesagten Ergebnisse werden eintreten. Wenn Sie andere Resultate erzielen möchten, müssen Sie das Notwendige tun, um Ihre Gewohnheiten hier und jetzt zu ändern, selbst wenn Sie davon ausgehen, dass es sehr schwer werden wird. Sich heute kurzfristig einer großen Herausforderung zu stellen, ist viel besser, als hinterher jahrzehntelang zu bedauern, es nicht getan zu haben.

Gewohnheiten und Liebe

Viele machen den Fehler zu glauben, wenn sie eingefahrene Gewohnheiten verändern wollen, müssten sie sich dieser Herausforderung allein im stillen Kämmerlein stellen. Das stimmt einfach nicht. Das Prinzip der Liebe erinnert uns daran, unsere Fähigkeit, mit anderen in Kontakt zu treten, zu nutzen. Sichern Sie sich die Hilfe anderer Menschen, um Ihre Erfolgschancen zu erhöhen. Lassen Sie es nicht zu, dass der Stolz Ihnen den Weg zum Erfolg versperrt. Wenden Sie sich an andere und bitten Sie um Hilfe!

Es besteht die Möglichkeit, dass andere genau dieselben Veränderungen schon hinter sich haben, die Sie beabsichtigen durchzuführen. Anstatt sich mühsam eigene Lösungen aus den Fingern zu saugen, können Sie die kollektive Weisheit jener Menschen nutzen. Suchen Sie sich Vorbilder, die das bereits erreicht haben, was Sie sich wünschen, und bitten Sie um Rat und Betreuung. Halten Sie nach guten Büchern zum Thema Ausschau und wenden Sie an, was Sie aus ihnen lernen. Bitten Sie Freunde und Familie um Hilfe und Unterstützung. Finden Sie jemanden, der Sie während Ihres Veränderungsprozesses betreut, selbst wenn Sie ihm etwas dafür bezahlen müssen.

Denken Sie nicht, dass Sie anderen zur Last fallen, wenn Sie sie um Hilfe bitten. Andere haben immer die Möglichkeit, nein zu sagen oder im Gegenzug einen fairen Wertaustausch zu fordern, aber oft sind sie froh, Ihnen überhaupt helfen zu können, und tun dies kostenlos. Auch wenn andere Ihnen nur ein paar Minuten Aufmerksamkeit schenken, können sie Ihnen wertvolle Ratschläge geben, die Ihnen Monate vergeblicher Bemühungen ersparen. Die meisten geben gern die nötige Hilfestellung, wenn sie gefragt werden – besonders wenn sie wissen, dass Sie ihre Vorschläge auch in die Tat umsetzen werden.

Sie können einen großen Schritt vorankommen, indem Sie die Macht der Anteilnahme nutzen. Vielleicht schließen Sie sich einer Gruppe Gleichgesinnter an, die ähnliche Ziele anstreben; am besten geeignet ist eine Gruppe, die sich mindestens einmal in der Woche trifft. Lernen Sie von anderen, die den Weg, der noch vor Ihnen liegt, schon ein Stück weiter gegangen sind. Sie werden erstaunt sein, wie unterstützend und ermutigend absolut fremde Menschen sein können, die Sie in solchen Gruppen kennen lernen.

Starke Süchte lassen sich nur schwer ohne Hilfe von außen überwinden. Das Beste ist, jemanden zu finden, der Ihre Sucht bereits für sich überwunden hat. Bitten Sie ihn, Sie beim Entzugsprozess zu unterstützen. Menschen, die erfolgreich durch eine solche Situation gegangen sind, wissen, wie schwierig es ist, und helfen anderen in der Regel gerne bei diesem Prozess. Dies ist die Grundlage vieler Organisationen, wie zum Beispiel der Anonymen Alkoholiker, wo sich fast zwei Millionen Menschen gegenseitig dabei helfen, ihre Alkoholsucht zu überwinden.

Fragen Sie sich in gleicher Weise, ob Sie in irgendwelchen Verbindungen stecken, die nicht zu Ihnen passen und die Sie daher besser loslassen sollten. Haben Sie zynische Freunde, die sich ständig beklagen und Sie dazu auffordern, die gleiche schwache Haltung einzunehmen? Machen Sie gerne eine Zigarettenpause mit Ihren Arbeitskollegen, wodurch es schwerer ist, mit dem Rauchen aufzuhören? Ist Ihr Zimmergenosse ein totaler Chaot und verhindert dadurch, dass Sie mehr Ordnung halten? In Kapitel 12 werden wir uns eingehender mit zwischenmenschlichen Beziehungsproblemen beschäftigen, an dieser Stelle ist es nur wichtig zu verstehen, dass der permanente Einfluss des sozialen Umfeldes oftmals der entscheidende Faktor dafür ist, ob es uns gelingt, unsere Gewohnheiten zu verändern, oder nicht.

Machen Sie es sich zur Gewohnheit, bewusst mit anderen Menschen Kontakt aufzunehmen. Durchbrechen Sie das ausgrenzende Muster, alles allein probieren zu wollen. Werden Sie Mitglied in einem Klub oder besuchen Sie öffentliche Veranstaltungen, nur um dadurch neue Menschen kennen zu lernen und das eigene soziale Netzwerk zu vergrößern. Sie können sich kaum vorstellen, wie sehr Ihnen diese Gewohnheit zugutekommen wird. Sie werden unterstützende Freunde finden, die Sie auf andere Weise niemals getroffen hätten.

Gewohnheiten und Macht

Macht ist vielleicht das wichtigste Prinzip, wenn es darum geht, Gewohnheiten zu verändern. Um unsere Gewohnheiten verändern zu können, müssen wir uns auf das gewünschte Endergebnis konzentrieren und uns ernsthaft bemühen. Je disziplinierter wir werden, desto leichter wird es, unsere Gewohnheiten zu verändern.

Denken Sie daran, dass Sie allein dafür verantwortlich sind, wie Ihr Leben verläuft. Ob Ihre Gewohnheiten positiv oder negativ sind, Sie sind die Person, die mit den langfristigen Konsequenzen konfrontiert ist. Da Ihre Gewohnheiten Macht darüber haben, wie Ihr Leben aussieht, müssen Sie die Macht über Ihre Gewohnheiten gewinnen.

Beim Schach ist es keine gute Idee, den gegnerischen König direkt nach Spieleröffnung anzugreifen, es sei denn, unser Gegenüber ist ein absoluter Anfänger. Wenn wir gewinnen wollen, müssen wir klüger vorgehen. Schach hat eine Eröffnung, ein Mittelspiel und ein Endspiel. In der Eröffnung heißt es, einen guten Start hinzulegen und sich leichte Vorteile zu erkämpfen. Im Mittelspiel geht man am besten taktisch vor, um die gegnerischen Figuren gefangen zu nehmen und sich in eine überlegene Position zu bringen. Erst im Endspiel greifen wir den König direkt an, und selbst dann kann es sinnvoll sein, den Gegner noch weiter zu schwächen, bis wir auch wirklich alles gründlich vorbereitet haben, um schachmatt sagen zu können.

Gewohnheiten zu verändern hat viel mit Schach spielen gemeinsam. Wenn wir eine Gewohnheit schon mit dem ersten Zug frontal angreifen, kann unser Angriff leicht abgewehrt werden. Ein solcher direkter Vorstoß lässt uns nicht gerade gut aussehen. Wir sollten daher nicht versuchen, eine eingefleischte Verhaltensweise von heute auf morgen verändern zu wollen, indem wir direkt mit ihr kämpfen. Es ist besser, in der Eröffnung indirekte Züge zu machen. Versuchen Sie, sich in eine dominante Position zu bringen, und greifen Sie zunächst die Struktur an, die die Gewohnheit unterstützt. Verändern Sie die Umstände, die Ihre alten Muster verstärken, und bauen Sie sich eine feste Grundlage für die neuen, gewünschten Verhaltensweisen.

In der Eröffnung bringen wir nur unsere »Figuren« in Position, versuchen aber noch nicht, die Gewohnheit selbst zu verändern. Kaufen Sie sich Bücher, in denen Sie etwas über die Veränderungen nachlesen können, die Sie vornehmen wollen; bitten Sie andere um Rat, die ähnliche Veränderungen bereits vollzogen haben, und halten Sie nach jemandem Ausschau, der Sie beim Veränderungsprozess betreuen könnte. Schließen Sie sich einer Unterstützergruppe an. Tun Sie alles, was in Ihrer Macht steht, um die notwendigen Rahmenbedingungen für Ihren zukünftigen Erfolg zu schaffen.

Im Mittelspiel wenden wir verschiedene Taktiken an, um uns einen Vorteil zu verschaffen. Wenn wir die Eröffnung gut gespielt haben, sollte bereits klar geworden sein, wie die nächsten Züge auszusehen haben. Natürlich können wir unsere eigene Taktik entwickeln, aber das meiste lernen wir wahrscheinlich von anderen. Wenn wir unsere Essgewohnheiten verändern und abnehmen wollen, können wir Methoden entwickeln, die gezielt auf unser Vorhaben abgestimmt sind – zum Beispiel kleinere Portionen essen; eine Zeitschrift über gesunde Ernährung abonnieren; mehr Obst und Gemüse kaufen; alle ungesunden Sachen aus der Küche entfernen; gesunde Rezepte lernen; das Fernsehgerät während der Mahlzeiten ausschalten; einen Mitstreiter suchen, der ebenfalls seine Ernährung umstellen möchte; sich einer Gruppe anschließen, in der sich Menschen treffen, die abnehmen wollen; eine neue Waage kaufen; Bilder von schlanken Personen aufhängen, die uns motivieren; Situationen vermeiden, in denen wir in der Regel zu viel essen; unsere Fortschritte in einer

Tabelle festhalten und so weiter... Wenn wir diese taktischen Maßnahmen schon im Voraus durchführen – bevor
wir überhaupt mit der neuen Ernährungsweise beginnen –,
dann sind wir bereits in einer überlegenen Position, wenn
wir konkret anfangen, anders zu essen.

Im Endspiel ist dann die Zeit gekommen, unser Ziel
direkt anzusteuern. Wenn Sie sich in der Eröffnung und im
Mittelspiel gut vorbereitet haben, sind Sie nun bereit für
den letzten Stoß. Jetzt zeigt sich, wie entschlossen Sie
sind. Können Sie die gewünschte Veränderung tatsächlich
vornehmen? Durchbrechen Sie Ihr altes Muster und schaffen Sie sich eine neue, gesündere Gewohnheit?

Hier sind zwei wirkungsvolle Methoden, um beim Verändern von Gewohnheiten im Endspiel zu siegen: *30-tägiges
Ausprobieren* und *schrittweises Vorgehen*.

Einen Monat lang ausprobieren

Ich habe die Option, etwas einen Monat lang auszuprobieren, während meiner Zeit als Software-Entwickler kennen
gelernt. Entwickler, die ihre Produkte über das Internet
verkaufen, bieten oft die Möglichkeit, die Ware für 30 Tage
auszuprobieren, damit der potenzielle Kunde risikofrei
entscheiden kann, ob er das Spiel kaufen möchte oder
nicht. Am Ende der Testphase kaufen viele die neue Software, weil sie sich daran gewöhnt haben, sie zu benutzen.
Das Produkt vor dem Kauf ausprobieren zu können, ist
eine äußerst wirksame Verkaufsmethode.

Sie können ähnlich dabei vorgehen, sich eine neue Verhaltensweise anzugewöhnen. Bei jeder neuen Gewohnheit
besteht der schwierigste Teil darin, den ersten Monat zu
überstehen, davon besonders die ersten paar Tage. Es ist
viel einfacher, mit etwas weiterzumachen, wenn wir die
anfänglichen Widerstände überwunden haben.

Wenn wir eine Gewohnheit dauerhaft verändern möchten, machen wir uns oft schon vorher verrückt. Wir sind überwältigt von der Vorstellung, etwas für den Rest unseres Lebens aufgeben zu müssen. An dieser Stelle ist es leichter, die neue Gewohnheit erst einmal einen Monat lang auszuprobieren. Anstatt sich von vornherein zu einer dauerhaften Veränderung zu verpflichten, können wir uns Ziele für einen kürzeren Zeitraum stecken. Probieren Sie Ihr neues Verhalten zunächst nur einen Monat lang aus. Danach haben Sie die freie Wahl, wieder zu Ihrer alten Gewohnheit zurückzukehren. Es handelt sich nur um einen Monat – das ist nicht viel in Anbetracht Ihrer Gesamtlebenszeit, oder?

Treiben Sie einen Monat lang täglich Sport. Schauen Sie einen Monat lang nicht fern. Stehen Sie einen Monat lang morgens um fünf Uhr auf. Betrachten Sie das 30-tägige Ausprobieren als Spaß und interessante Herausforderung. Sie führen nur einen Test durch, um zu sehen, ob es Ihnen gefällt. Einen Monat lang etwas auszuprobieren, erfordert natürlich ein gewisses Maß an Disziplin und Ausdauer, aber bei weitem nicht so viel wie eine dauerhafte Veränderung, da Sie immer das Licht am Ende des Tunnels sehen können. Sie haben einen garantierten Notausgang, wenn Ihnen das Ganze nicht gefällt. Jedes Opfer, das Sie bringen, und jede Entbehrung, die Sie auf sich nehmen, ist nur vorübergehend. Am 31. Tag können Sie wieder zu Ihrem alten Muster zurückkehren.

Was geschieht, wenn wir tatsächlich bis zum 30. Tag durchhalten? Erstens haben wir so lange durchgehalten, dass das neue Verhalten zu einer Gewohnheit werden konnte. Dies macht es einfacher, die neue Gewohnheit aufrechtzuerhalten, falls wir es wünschen. Zweitens haben wir unser altes Verhaltensmuster in diesem Bereich durchbrochen, sodass unsere bisherigen Gewohnheiten nicht mehr so einen starken Einfluss auf unser neues Verhalten haben. Drittens haben wir 30 erfolgreiche Tage hinter uns und damit bewiesen, dass wir in der Lage sind, unser Verhalten zu verändern. Und viertens sind wir 30 Tage lang in den Genuss der positiven Auswirkungen gekommen, die durch die Veränderung unserer Gewohnheit möglich wurden, und sind dadurch motiviert, die neue Gewohnheit beizubehalten.

Am Ende einer 30-tägigen Testphase fällt es uns leichter, die neue Gewohnheit weiterzuführen, als dies am Anfang der Fall war. Wenn wir dazu entschlossen sind, unsere Gewohnheiten dauerhaft zu verändern, fällt uns dies nun nicht mehr so schwer, da wir bereits in Schwung sind und einfach nur weiterzumachen brauchen. Sollten wir jedoch noch nicht bereit sein, diese Art von Verpflichtung einzugehen, können wir die Phase des Ausprobierens auch auf 60 oder 90 Tage verlängern. Je länger diese Phase dauert, desto leichter ist es, die neue Verhaltensweise einfach beizubehalten.

Die andere Möglichkeit besteht darin, dass Sie sich nach Ablauf der 30 Tage dafür entscheiden, die neue Gewohnheit nicht weiterzuführen. Denken Sie immer daran, dass Sie nur etwas ausprobieren; Sie sind nicht verpflichtet, es auch zu »kaufen«, wenn es Ihnen nicht gefällt. Sollte dies der Fall sein, können Sie die Gewohnheit fallen lassen und etwas anderes ausprobieren.

Wenn es zu schwierig für Sie ist, eine neue Gewohnheit einen Monat lang auszuprobieren, können Sie die Zeit auch verkürzen. Nehmen Sie sich beim ersten Versuch nur fünf oder zehn Tage vor. Legen Sie dann eine Pause ein und starten Sie ein längeres Experiment, wenn Sie sich bereit dazu fühlen. Sie können auch den Grad der Herausforderung senken. Anstatt zum Beispiel zu versuchen, einen Monat lang ganz auf Kaffee zu verzichten, können Sie sich auch vornehmen, 30 Tage lang nicht mehr als eine Tasse pro Tag zu trinken. Fühlen Sie sich frei, das Konzept an den Grad von Disziplin anzupassen, den Sie bereit sind aufzubringen. Sie sollten sich dabei einer gewissen Herausforderung stellen, jedoch nicht das Gefühl haben, von ihr überwältigt zu werden.

Ich habe mit 30-tägigen Testphasen sehr gute Erfahrungen gemacht, und ebenso ging es vielen anderen, die diese Methode benutzt haben. Meinen ersten Erfolg hatte ich damit im Jahre 1993, als ich mit dem Gedanken spielte, Vegetarier zu werden. Ich war damals noch auf dem College, und meine typische Ernährung bestand aus Burgern, Tacos und Pepperoni-Pizza. Doch ich interessierte mich dafür, für einen Monat die vegetarische Ernährungsweise auszuprobieren. Zeitgleich besuchte ich einen Kurs über gesunde Ernährung, daher wollte ich nun konkret wissen, wie es sich als Vegetarier lebte. Ich hatte ehrlich nicht die Absicht, es länger als einen Monat durchzuziehen. Ich war neugierig, aber nicht entschlossen, meine Ernährung dauerhaft umzustellen.

In meiner ersten Woche als Vegetarier fiel mir auf, dass ich viel mehr Energie hatte; ich konnte mich besser konzentrieren, und meine Gedanken waren klarer und weniger verschwommen. Der Übergang war leichter, als ich angenommen hatte, denn ich hatte nie das Gefühl, dass mir etwas fehlte. Am Ende der 30 Tage war ich von dem Ergebnis so begeistert, dass ich einfach weitermachte. Ich habe nie willentlich den Entschluss gefasst, Vegetarier zu werden, sondern blieb einfach nur bei dem, was ich mir angewöhnt hatte.

Vier Jahre später, es war 1997, probierte ich einen Monat lange eine strikt vegane Ernährung aus, verzichtete also zusätzlich auf Eier und Milchprodukte. Dieser Wechsel brachte noch bessere Resultate, daher brauchte ich mir nicht viele Gedanken darum zu machen, ob ich diese Ernährungsweise beibehalten wollte oder nicht. Ich habe seitdem keine tierischen Produkte mehr gegessen.

Längere Testphasen eignen sich gut für tägliche Gewohnheiten. Wenn es um Tätigkeiten geht, die wir nicht so
häufig – also vielleicht nur einmal in der Woche – ausführen, sind sie weniger geeignet. Wenn Sie solche Verhaltensweisen jedoch vorübergehend zu täglichen Gewohnheiten
machen, können Sie eine Veränderung einen Monat lang
ausprobieren und die zeitliche Frequenz nach dem Experiment wieder reduzieren.

Hier sind ein paar spezielle Vorschläge für Dinge, die
Sie einen Monat lang ausprobieren können:

- Lassen Sie das Fernsehgerät ausgeschaltet. Wenn
  Sie Angst davor haben, etwas zu verpassen, können Sie sich Ihre Lieblingssendungen aufzeichnen
  und nach Abschluss des Experiments ansehen.

- Surfen Sie nicht im Internet und beteiligen Sie
  sich nicht in Online-Foren.

- Duschen oder baden Sie jeden Tag und legen Sie
  Wert auf Ihr Äußeres.

- Stellen Sie sich jeden Tag einer Person vor, die
  Sie nicht kennen.

- Gehen Sie am Abend aus und unternehmen Sie
  dabei jedes Mal etwas anderes.

- Machen Sie pro Tag 30 Minuten lang sauber und
  räumen Sie Ihre Wohnung auf.

- Geben Sie sich mit Ihrem Partner abwechselnd
  gegenseitig Massagen, sodass jeder von Ihnen
  15 Massagen erhält.

- Hören Sie auf mit Süchten wie Zigaretten, Limonade, Schnell- und Fertiggerichten, Kaffee, Pornografie und ähnlichem.

- Stehen Sie jeden Morgen um fünf Uhr auf (dies war eines der besten Experimente, die ich jemals durchgeführt habe).

- Lesen Sie eine Stunde pro Tag. Dies ist eine Gewohnheit, die Ihnen unglaublich viel Energie geben wird.

- Lernen Sie jeden Tag zehn neue Vokabeln.

- Meditieren Sie ein- oder zweimal pro Tag.

- Führen Sie ein Tagebuch.

Kann man auch mehrere 30-tägige Testphasen gleichzeitig durchführen? Das hängt ganz von Ihnen ab. Manchen Menschen gelingt es, mehrere neue Gewohnheiten gleichzeitig einzuführen, während andere sich gerne auf jeweils nur eine Gewohnheit konzentrieren. Ich empfehle Ihnen, sich maximal drei neue Verhaltensweisen auszusuchen, wenn Sie das 30-Tage-Experiment zum ersten Mal durchführen. Am besten sind Verhaltensweisen, die sich gegenseitig unterstützen, wie zum Beispiel Ernährung und Bewegung. Wenn wir versuchen, uns an vier oder noch mehr neue Verhaltensweisen gleichzeitig zu gewöhnen, fühlen wir uns schnell überfordert und geben schon in der ersten Woche auf.

Sie können Ihre Experimente dadurch vergnüglicher gestalten, dass Sie Familienmitglieder oder Freunde mit einbeziehen. Dadurch haben Sie immer eine Unterstützergruppe zur Hand, und gleichzeitig kann es zu einer Vertiefung der Beziehung kommen. Ich habe einmal zusammen mit der Familie ausprobiert, einen Monat lang auf Fernsehen zu verzichten. Es hat gut funktioniert, denn wir nutzten die Zeit, um miteinander zu reden, zusammen zu spielen und gemeinsam etwas zu unternehmen.

Etwas einen Monat lang auszuprobieren, ist eine wirkungsvolle, aber dennoch einfache Methode. Wenn wir uns dazu verpflichten, etwas 30 Tage lang ununterbrochen zu tun, fällt es uns leichter, innere Widerstände zu überwinden und die Herausforderung bewusst anzunehmen. Entscheiden Sie sich dafür, eine neue Gewohnheit auszuprobieren oder ein altes Muster loszulassen, und fangen Sie noch heute damit an.

Schrittweises Vorgehen

Schrittweises Vorgehen ist eine einfache Methode, um Gewohnheiten nach und nach zu verändern. Anstatt ein einziges Mal eine große Veränderung vorzunehmen, machen wir jeweils einen kleinen Schritt in die richtige Richtung. Indem wir kontinuierlich immer einen Schritt weitergehen, erreichen wir schließlich unser Ziel.

Wenn Sie zum Beispiel mit dem Kaffeetrinken aufhören wollen, könnten Sie zuerst genau hinschauen, wie viele Tassen Sie gegenwärtig trinken. Nehmen Sie sich dann vor, die tägliche Menge um 25 Prozent zu verringern. Wenn Sie also am Tag vier Tassen trinken, können Sie entweder eine Tasse wegfallen lassen oder die vier Tassen nur drei Viertel voll machen. Halten Sie diese neue Menge eine Woche lang durch, bevor Sie den nächsten Schritt tun. Reduzieren Sie dann die Menge um 50 Prozent in Bezug auf die Ausgangsmenge und halten Sie dies wiederum eine Woche lang durch. Verringern Sie dann Ihren Kaffeekonsum für eine weitere Woche auf 25 Prozent der ursprünglichen Menge.

Zum Schluss werden Sie in der Lage sein, völlig auf Kaffee zu verzichten. Wenn 25 Prozent Veränderung pro Schritt zu viel sind, können Sie auch mit zehn Prozent arbeiten.

Das schrittweise Vorgehen lässt sich auf viele Gewohnheiten anwenden. Ich kenne mehrere Menschen, die mit dieser Methode aufgehört haben zu rauchen, indem sie ihren Zigarettenkonsum jede Woche um eine Zigarette pro Tag verringerten, bis sie gar nicht mehr rauchten. Eine andere Person benutzte diese Methode, um Frühaufsteher zu werden. Sie stellte ihren Wecker jeden Tag fünf Minuten früher, bis sie ihr Ziel erreicht hatte.

* * *

Gewohnheiten zu verändern kann sehr schwierig sein, daher ist es wahrscheinlich, dass Sie nicht jede Gewohnheit gleich beim ersten Versuch überwinden. Es ist wie beim Schachspiel, wo auch die besten Spieler nicht immer gewinnen. Wenn es ihnen schwerfällt, eine bestimmte Gewohnheit zu verändern, sollten Sie sich noch einmal die Eröffnung, das Mittelspiel und das Endspiel anschauen und herausfinden, an welcher Stelle Sie einen falschen Zug gemacht haben. Haben Sie sich in der Eröffnung nicht gut genug vorbereitet? Waren die taktischen Spielzüge im Mittelspiel nicht klug ausgeführt? Haben Sie das Endspiel vermasselt, weil Sie einen vermeidbaren Fehler gemacht haben? Was können Sie daraus lernen, um Ihr Spiel beim nächsten Mal zu verbessern?

Gewohnheiten und Einssein

Wir leben nicht im Niemandsland. Unsere Gewohnheiten haben einen Einfluss auf das Leben anderer – sei es im positiven oder negativen Sinn. Denken Sie einen Moment lang an die sozialen Konsequenzen Ihres Handelns. Tragen Ihre Gewohnheiten dazu bei, dass sich andere leichter mit Wahrheit, Liebe und Macht verbinden können, oder führt Ihr Verhalten andere Menschen in die Irre? Ihr Handeln hat eine konditionierende Wirkung auf andere, es fordert sie subtil auf, die gleichen Verhaltensweisen anzunehmen. Dies trifft besonders auf Kinder zu, die sich häufig stark an Erwachsenen orientieren.

Einssein lehrt uns, dass wir alle Vorbilder sind. Wir interagieren mit anderen und beeinflussen sie in ihrem Verhalten, ob uns dies bewusst ist oder nicht. Unsere Vernetzung führt dazu, dass individuelle Gewohnheiten nicht isoliert betrachtet werden können. Die schlechten Angewohnheiten des einen können schwerwiegende Auswirkungen auf den anderen haben, wie zum Beispiel bei einem Autounfall unter Alkoholeinfluss. Wir sind daher nicht nur für uns selbst verantwortlich, sondern auch für die Gemeinschaft, in der wir leben.

Am besten, Sie nutzen Ihre Gewohnheiten, um das Einssein zu bestärken. Anstatt isoliert wie in einem Kokon zu leben, können Sie einen Beitrag für andere leisten. Finden Sie etwas, das Sie auf regelmäßiger Basis nicht nur für Familienmitglieder und Freunde, sondern auch für völlig fremde Menschen tun können. Engagieren Sie sich in einer ehrenamtlichen Tätigkeit oder finden Sie einen Weg, um sich am Arbeitsplatz mehr einzubringen. Ich zum Beispiel habe eine Webseite geschaffen, um Ideen zum persönlichen Wachstum mit Menschen auf der ganzen Welt auszutauschen. Es ist sehr befriedigend, tägliches Feedback von denjenigen zu erhalten, die von meiner Arbeit profitieren, selbst wenn sie mich gar nicht persönlich kennen. Manche empfehlen auch, monatlich den Zehnten für lohnenswerte Projekte zu spenden. Wenn Sie sich für diese Variante entscheiden, sollten Sie sich darüber im Klaren sein, das Geld zu spenden kein Ersatz für direkte körperliche Mitwirkung ist.

Schaffen Sie sich wenigstens eine Gewohnheit, mit der Sie Ihre Erfahrung des Einsseins vertiefen. Machen Sie regelmäßig lange Spaziergänge in der Natur. Genießen Sie ausgiebigen Körperkontakt zu einer Person, die Ihnen nahe steht. Umarmen Sie andere zur Begrüßung oder zum Abschied, anstatt ihnen nur die Hand zu schütteln. Lächeln Sie auf der Straße fremde Menschen an. Wenn Ihnen solche einfachen Handlungen zur Gewohnheit werden, ist es fast unmöglich, sich abgeschnitten und allein zu fühlen.

Gewohnheiten und Autorität

Vergessen Sie nicht, dass Sie der »Oberbefehlshaber« Ihres Lebens sind. Sie müssen entscheiden, welche Gewohnheiten Sie beibehalten und welche nicht. Experimentieren Sie damit, welche Verhaltensweisen für Sie die besten Resultate bringen. Welches Verhalten steigert Ihre Leistungen? Und welches wirkt eher hinderlich?

Hier ist eine Liste von 66 Gewohnheiten, die Ihnen helfen können, Ihre persönliche Effektivität zu steigern. Benutzen Sie die 30-tägigen Probeläufe und/oder das schrittweise Vorgehen, um die Veränderungen herbeizuführen, die Sie sich wünschen.

1. **Tagesziele.** Nehmen Sie sich im Voraus für jeden Tag etwas Bestimmtes vor. Entscheiden Sie sich für eine Sache und tun Sie diese. Wenn Sie keinen klaren Fokus haben, werden Sie zu leicht abgelenkt.

2. **Das Unangenehme zuerst.** Erledigen Sie unangenehme Aufgaben gleich am frühen Morgen, anstatt diese Tätigkeiten auf später zu verschieben. Auf diese Weise vermeiden Sie es,

die Dinge zu verzögern. Außerdem schaffen
Sie mit der erfolgreichen Erledigung die
richtige Atmosphäre für einen produktiven
Tag.

3. **Spitzenzeiten.** Stellen Sie fest, zu welchen
   Tageszeiten Sie am produktivsten sind, und
   legen Sie Ihre wichtigsten Aufgaben in diese
   Abschnitte. Arbeiten Sie während der rest-
   lichen Zeit an weniger wichtigen Dingen.

4. **Nicht-Kommunikations-Phasen.** Schaffen
   Sie sich Phasen, in denen Sie nicht gestört werden dürfen, da Sie sich voll auf eine bestimmte
   Arbeit konzentrieren müssen. Legen Sie
   leichte Aufgaben, bei denen Sie ruhig gestört
   werden können, in einen anderen Zeitraum, in
   dem Sie offen sind für Kommunikation.

5. **Mini-Meilensteine.** Legen Sie, bevor Sie mit
   einer Tätigkeit beginnen, das Ziel fest, das Sie
   erreicht haben wollen, bevor Sie mit der Arbeit
   aufhören. Wenn Sie zum Beispiel ein Buch
   schreiben, könnten Sie festlegen, erst dann
   vom Schreibtisch aufzustehen, wenn Sie
   mindestens 1000 Wörter geschrieben haben.
   Halten Sie Ihr Ziel unter allen Umständen ein.

6. **Zeitvorgabe.** Bestimmen Sie eine feste Zeit –
   30 Minuten sind dafür gut geeignet –, in der
   Sie Ihre Tätigkeit unterbrechen. Machen Sie
   sich keine Sorgen darüber, wie viel Sie noch
   schaffen müssen. Nehmen Sie sich einfach die
   Zeit.

7. **Aufgaben sammeln.** Legen Sie ähnliche Aufgaben wie Telefongespräche oder Besorgungen zusammen, um sie in einem Rutsch zu erledigen.

8. **Früh aufstehen.** Stehen Sie früh auf, am besten um 5:00 Uhr, und arbeiten Sie gleich nach dem Aufstehen an Ihrer wichtigsten Aufgabe. Sie werden sehen, dass Sie vor 8:00 Uhr oft mehr schaffen können als andere an einem ganzen Tag.

9. **Pyramide.** Wärmen Sie sich 15 bis 30 Minuten lang mit leichten Aufgaben auf. Arbeiten Sie danach mehrere Stunden lang an Ihrem schwierigsten Projekt. Erledigen Sie zum Schluss wieder 15 bis 30 Minuten lang leichte Aufgaben, um aus dem Arbeitsmodus herauszukommen.

10. **Tempo.** Entscheiden Sie sich bewusst dazu, die Dinge ein wenig schneller als üblich zu tun. Gehen Sie schneller. Lesen Sie schneller. Tippen Sie schneller. Gehen Sie eher nach Hause.

11. **Putzteufel.** Reduzieren Sie Stress, indem Sie sich ein aufgeräumtes, entspanntes Büro und Zuhause schaffen.

12. **Tagesordnungen.** Sorgen Sie dafür, dass den Teilnehmern einer Besprechung vorher klare schriftliche Themenkataloge vorliegen. Dadurch verbessern sich Fokus und Effizienz der Treffen. Machen Sie sich Stichpunkte für wichtige Telefongespräche.

13. **Pareto.** Das Pareto-Prinzip ist die 80/20-Regel, die besagt, dass 80 Prozent des Ertrags von 20 Prozent des Aufwands herrühren. Konzentrieren Sie also Ihre Energie auf die 20 Prozent, auf die es ankommt. Verlieren Sie sich nicht in den weniger relevanten 80 Prozent.

14. **Fertig-Feuern-Zielen.** Schieben Sie die Dinge nicht auf die lange Bank. Beginnen Sie sofort zu handeln, nachdem Sie sich ein Ziel gesetzt haben, selbst wenn nicht alles perfekt geplant ist. Sie können Ihren Kurs unterwegs noch den konkreten Erfordernissen anpassen.

15. **Eine Minute.** Sobald Sie die Information haben, die Sie brauchen, um eine Entscheidung zu treffen, sollten Sie eine Zeitschaltuhr zur Hand nehmen und sich 60 Sekunden geben, um die Entscheidung auch tatsächlich zu treffen. Sie haben nun eine Minute Zeit, um sich Klarheit darüber zu verschaffen, was Sie wollen. Sobald Ihr Entschluss feststeht, sollten Sie ihn aktiv in die Tat umsetzen.

16. **Terminfrist.** Setzen Sie sich eine Frist, bis wann Sie Ihre Aufgaben erledigt haben wollen. Nehmen Sie diesen Termin als Orientierung, um zielgerichtet zu arbeiten.

17. **Versprechen.** Erzählen Sie anderen von dem, was Sie vorhaben, damit diese Sie zur Verantwortung ziehen können.

18. **Pünktlichkeit.** Seien Sie bei Verabredungen immer pünktlich. Pünktlichkeit stärkt die Autorität.

19. **Wartezeit zum Lesen nutzen.** Lesen Sie Bücher oder Artikel, während Sie auf eine Verabredung warten oder in der Schlange stehen.

20. **Resonanz.** Stellen Sie sich vor, Sie hätten Ihr Ziel bereits erreicht. Versetzen Sie sich tatsächlich in diese Situation. Wenn Sie Ihr Ziel in Ihrer Vorstellung zur Realität werden lassen, wird es sich auch in Ihrer Wirklichkeit bald manifestieren.

21. **Belohnung.** Belohnen Sie sich für die Dinge, die Sie erreicht haben. Gehen Sie ins Kino, lassen Sie sich eine professionelle Massage geben oder verbringen Sie einen Tag im Freizeitpark.

22. **Priorität.** Unterscheiden Sie die wirklich wichtigen Aufgaben von den bloß dringenden. Gestehen Sie sich Zeit zu, um entscheidende Aufgaben zu bewältigen, die zwar wichtig, aber nur mäßig dringlich sind, wie zum Beispiel Sport treiben, ein Buch schreiben und einen Beziehungspartner finden.

23. **Kontinuität.** Bestimmen Sie am Ende des Arbeitstages, welche Aufgabe Sie sich am nächsten Morgen als Erstes vornehmen, und legen Sie sich die entsprechenden Materialien zurecht. Fangen Sie am nächsten Morgen sofort mit dieser Aufgabe an.

24. Kleine Portionen. Zerlegen Sie komplizierte Projekte in kleine, klar definierte Aufgaben. Konzentrieren Sie sich dann darauf, eine dieser Aufgaben zu lösen.

25. Am Ball bleiben. Wenn Sie mit einer Sache begonnen haben, sollten Sie so lange an ihr dran bleiben, bis Sie sie zu 100 Prozent erfüllt und abgeschlossen haben. Springen Sie nicht zwischen zwei Aufgaben hin und her. Machen Sie sich eine Notiz, wenn etwas anderes Dringendes auftaucht, und befassen Sie sich später damit.

26. Zufällige Anordnung. Entscheiden Sie sich wahllos für einen Teil eines größeren Projekts und vervollständigen Sie ihn. Bezahlen Sie danach eine wahllos herausgegriffene Rechnung. Führen Sie ein Telefongespräch. Wählen Sie dann einen anderen Teil und wiederholen Sie das Ganze.

27. Irrsinnig schlecht. Überwinden Sie Ihren perfektionistischen Anspruch, indem Sie eine Aufgabe bewusst schlampig ausführen – wobei Sie wissen, dass niemand außer Ihnen Ihre Arbeitsergebnisse zu Gesicht bekommt. Verfassen Sie einen Blog-Eintrag über den Geschmack von Salz, entwerfen Sie eine völlig unbrauchbare Webseite oder stellen Sie einen Geschäftsplan auf, der garantiert dazu führt, dass das Geschäft binnen eines Jahres bankrott ist.

28. Delegieren. Bringen Sie jemanden dazu, eine Aufgabe für Sie zu erledigen. Bieten Sie ihm einen fairen Tauschhandel oder eine vernünftige Bezahlung an.

29. Fremdbestäubung. Erlernen Sie neue Fertigkeiten, die nichts mit Ihrer Arbeit zu tun haben. Machen Sie Kampfsport, studieren Sie eine Fremdsprache oder lernen Sie Schach spielen. Sie werden in dem neuen Bereich auf Ideen stoßen, die Sie in einem anderen gut gebrauchen können.

30. Intuition. Beurteilen Sie aus dem Bauch heraus. Damit liegen Sie meistens richtig.

31. Optimierung. Verschaffen Sie sich Klarheit über die Abläufe und Verfahren, die Sie am meisten anwenden, und halten Sie diese Schritt für Schritt schriftlich fest. Überarbeiten Sie die Abläufe gedanklich, um Ihre Effizienz zu steigern, und wenden Sie das Ergebnis auf Ihre konkrete Situation an, um Ihre Vorgehensweise zu verbessern. Manchmal sehen wir das, was sich direkt vor unseren Augen befindet, erst dann, wenn wir es unter dem Mikroskop untersuchen.

32. Superlangsam. Arbeiten Sie an einem besonders schrecklichen Projekt nur einmal in der Woche für 15 Minuten. Ordnen Sie eine kleine Ablage. Trennen Sie sich von zehn Kleidungsstücken, die Sie nicht brauchen. Schreiben Sie ein paar Absätze. Hören Sie dann auf und lassen Sie eine Woche verstreichen.

33. Tägliche Aktivität. Setzen Sie eine Zeit fest, zu der Sie jeden Tag einer bestimmten Tätigkeit oder Gewohnheit nachgehen. Nur eine Stunde am Tag kann dazu führen, dass Sie nach Ablauf eines Jahres körperlich fit sind, ein Buch geschrieben oder eine Webseite ins Leben gerufen haben, mit der Sie ein zusätzliches Einkommen erzielen.

34. Anhängen. Schaffen Sie sich eine neue Gewohnheit, indem Sie eine Tätigkeit an eine bereits bestehende Gewohnheit anhängen. Gießen Sie nach dem Mittagessen die Blumen. Verfassen Sie Dankschreiben, nachdem Sie Ihre E-Mails gelesen haben.

35. Einschieben. Schieben Sie eine Tätigkeit mitten in eine andere ein. Lesen Sie beim Mittagessen. Beantworten Sie Telefonanrufe beim Pendeln zum Arbeitsplatz. Hören Sie Radio, während Sie einkaufen.

36. Dankbarkeit. Wenn Ihnen jemand etwas Gutes getan hat, schicken Sie ihm eine Dankeschön-Karte. Und zwar eine richtige Karte, keine digitale per E-Mail. Dies bleibt im Gedächtnis haften, da es relativ selten vorkommt. Die Menschen, bei denen Sie sich auf diese Weise bedanken, werden darauf bedacht sein, Ihnen noch mehr Gelegenheiten zu bieten, für die Sie sich bedanken können.

37. Training. Verbessern Sie Ihre produktiven Fähigkeiten. Vergrößern Sie Ihre Anschlaggeschwindigkeit auf mindestens 60 Wörter in der

Minute. Lernen Sie Schnelllesen. Verbessern Sie Ihre Kommunikation.

38. **Ablehnen.** Lehnen Sie ab, wenn jemand Sie um einen Gefallen bittet. Kümmern Sie sich nicht darum, wenn andere sich über Sie ärgern.

39. **Zurückerobern.** Nutzen Sie die Zeit, die andere verschwenden. Visualisieren Sie Ihre Ziele, wenn Sie einem langweiligen Vortrag lauschen. Schreiben Sie Ihre Einkaufsliste während unproduktiver Besprechungen.

40. **Kluge Köpfe.** Teilen Sie anderen die Probleme mit, die Ihnen am meisten Schwierigkeiten bereiten, und bitten Sie sie um Rat, Feedback und so viel konstruktive Kritik, wie Sie ertragen können.

41. **Zwanzig.** Halten Sie auf einem Stück Papier 20 Ideen fest, wie Sie Ihre Effektivität steigern können.

42. **Herausforderung.** Gestalten Sie eine Tätigkeit absichtlich schwieriger, da eine Herausforderung mehr begeistert und motiviert als eine langweilige Aufgabe. Führen Sie Routinetätigkeiten wie Ablage und Saubermachen mit Ihrer nichtdominanten Hand aus. Schreiben Sie poetische E-Mails anstelle von Standardantworten.

43. **Zuflucht.** Beenden Sie eine sonst nervtötende Aufgabe auf ungewöhnliche oder verrückte

Weise, um daran Spaß zu haben und nicht das
Interesse zu verlieren. Sprechen Sie bei
routinemäßigen Telefonaten mit einem auslän-
dischen Akzent. Benutzen Sie Buntstifte, um
sich Notizen zu machen.

44. **Musik.** Finden Sie heraus, ob Musik Ihre Effektivität steigert. Versuchen Sie es mit Trance-
oder Rockmusik, während Sie E-Mails schreiben, mit klassischer oder New-Age-Musik für
Projekte und mit totaler Stille für kreatives
Arbeiten, das eine hohe Konzentration
verlangt.

45. **Wundertäter.** Schätzen Sie, wie lange Sie
brauchen werden, um eine Aufgabe zu erledigen. Stellen Sie dann die Eieruhr und beenden
Sie die Aufgabe in der Hälfte der Zeit.

46. **Delegieren.** Wenn Ihnen eine undankbare
Aufgabe übertragen worden ist, können Sie
diese an eine andere Person delegieren.

47. **Zurückgeben.** Wenn Ihnen eine sinnlose Aufgabe zugeteilt worden ist, sollten Sie diese an
die Person zurückgeben, die sie Ihnen erteilt
hat, und sie bitten, Ihnen die betriebliche Notwendigkeit dieser Aufgabe zu erklären.

48. **Aussteigen.** Kündigen Sie Klubmitglied-
schaften sowie die Teilnahme an Projekten
und Abonnements, die mehr Zeit verschlingen,
als sie wert sind.

49. Kaffee-Entzug. Hören Sie auf, Kaffee zu trinken, stehen Sie die Entzugsphase durch und lassen Sie Ihr kreatives Selbst an die Oberfläche kommen.

50. Bewusstes Hinauszögern. Verzögern Sie unwichtige Aufgaben so lange Sie können. Viele werden sich von selbst erledigen.

51. Fernsehfrei. Schalten Sie den Fernseher aus, besonders die Nachrichtensendungen, und freuen Sie sich über die dadurch gewonnene Extrazeit.

52. Zeitmesser. Messen Sie einen Tag lang – besser noch eine ganze Woche – die Dauer Ihrer Tätigkeiten und halten Sie diese schriftlich fest. Einfach nur festzuhalten, wie Sie Ihre Zeit im Einzelnen einsetzen, kann Ihre Effektivität enorm steigern.

53. Heldenmut. Knöpfen Sie sich die Punkte auf Ihrer Aufgabenliste vor, die Ihnen am meisten Angst machen. Nehmen Sie all Ihren Mut zusammen und erledigen Sie diese Tätigkeiten sofort.

54. Nonkonformist. Machen Sie Ihre Besorgungen zu unpopulären Zeiten, in denen die Geschäfte nicht so voll sind. Kaufen Sie kurz vor Ladenschluss oder kurz nach Ladenöffnung.

55. Platzangst. Kaufen Sie über das Internet, wann immer dies möglich ist. Treffen Sie Ihre Auswahl, lesen Sie unabhängige Produktbe-

wertungen und kaufen Sie das, was Sie
brauchen, innerhalb von wenigen Minuten.

56. **Gedächtnisstütze.** Notieren Sie sich Geburts-
und Feiertage in Ihrem Kalender, und zwar
schon ein bis zwei Monate im Voraus. Kaufen
Sie die Geschenke schon zu diesem Zeitpunkt
und nicht erst in letzter Minute.

57. **Tue es jetzt!** Wiederholen Sie diesen Satz
immer und immer wieder, bis Sie ihn so satt
haben, dass Sie klein beigeben und sich an die
Arbeit machen.

58. **Persönlicher Trainer.** Heuern Sie einen
persönlichen Trainer an, der Ihnen dabei hilft,
konzentriert und motiviert zu bleiben, und
der immer wieder Rechenschaft von Ihnen
einfordert.

59. **Inspiration.** Lesen Sie Bücher und Artikel,
hören Sie sich Radiosendungen an und nehmen Sie an Seminaren teil, um neue Ideen zu
sammeln und sich inspirieren zu lassen.

60. **Fitnessstudio.** Bewegen Sie sich täglich.
Bringen Sie 30 Minuten pro Tag Ihren Kreislauf
in Schwung und schärfen Sie so Ihre geistige
Klarheit und Konzentrationsfähigkeit.

61. **Kobolde vertreiben.** Verbannen Sie alle
negativen »Kobolde« aus Ihrem Leben und umgeben Sie sich stattdessen mit positiven,
glücklichen Menschen. Geistige Einstellungen
sind extrem ansteckend. Seien Sie loyal gegen-

über Wahrheit, Liebe und Macht und nicht gegenüber denjenigen, die immer nur jammern.

62. **Böser Blick.** Üben Sie im Spiegel Ihren besten bösen Blick und werfen Sie ihn allen Personen zu, die den Raum betreten, um Sie bei wichtigen Aufgaben zu stören.

63. **Politiker.** Versuchen Sie Ihre Probleme mit Geld zu lösen. Welche Probleme lassen sich schnell erledigen, wenn man sie aus der finanziellen Perspektive betrachtet? Können Sie es sich leisten, einen Assistenten, einen Babysitter oder einen Reinigungsservice zu bezahlen?

64. **Vorbilder.** Machen Sie Menschen ausfindig, die das, was Sie erreichen wollen, bereits erreicht haben. Sprechen Sie mit ihnen und übernehmen Sie ihre Einstellungen, Überzeugungen und Verhaltensweisen.

65. **Eigeninitiative.** Auch wenn andere Ihre Meinung nicht teilen, sollten Sie trotzdem handeln und sich später mit den Konsequenzen befassen. Es ist leichter, um Vergebung zu bitten, als um Erlaubnis zu fragen.

66. **Wirkliches Leben.** Gönnen Sie sich eine Pause von sämtlichen Online-Aktivitäten (zum Beispiel Spiele, Bloglesen oder Beteiligung an Foren). Investieren Sie die gewonnene Zeit in Ihr wirkliches Leben, das – wenn Sie ein Spieler sind – bestimmt schon unter einem Haufen toter, stinkender Orks erstickt ist.

Gewohnheiten können sehr unterschiedlich sein, daher sollten Sie sich die Zeit nehmen, die Verhaltensweisen zu entwickeln, die nicht nur Ihr Leben, sondern auch das von anderen wirklich verändern. Die Gewohnheit, Tagebuch zu schreiben, hilft mir beispielsweise, Probleme zu lösen und zu neuen Einsichten zu kommen, und die Gewohnheit des Bloggens ermöglicht es mir, anderen Menschen das mitzuteilen, was ich für mich gelernt habe. In beiden Fällen tippe ich in meinen Computer, aber das Bloggen hat eine größere Auswirkung. Oftmals können wir einer Gewohnheit schon allein dadurch mehr Bedeutung geben, dass wir eine Möglichkeit finden, sie mit anderen zu teilen.

Gewohnheiten und Mut

Benutzen Sie eine Variante der Herzfrage, um Ihre Gewohnheiten zu bewerten. Welche Gewohnheiten passen zum Pfad des Herzens? Welche führen Sie in die Irre? Warten Sie nicht darauf, dass gute Verhaltensweisen von allein entstehen und schlechte einfach von selbst aufhören. Sie müssen die Initiative ergreifen und die Veränderungen vornehmen, die Sie sich wünschen. Entwickeln Sie Verhaltensweisen, die den Pfad des Herzens unterstützen, und trennen Sie sich von den Gewohnheiten, die kein Herz haben.

Um Ihren Mut zu stärken, sollten Sie etwas tun, das Ihnen Angst macht. In meinem Toastmasters-Klub halten wir bei jedem Treffen Stegreifreden. Jemand stellt eine Frage, wie zum Beispiel »Wenn Sie etwas an sich verändern könnten, was würden Sie dann ändern und warum?« Die anderen müssen sich daraufhin erheben und spontan einen ein- bis zweiminütigen Vortrag über dieses Thema vor den Anwesenden halten. Es geht dabei nicht darum, aus dem Blauen heraus eine perfekte Präsentation zu geben, sondern das Selbstvertrauen zu stärken, vor anderen zu stehen und zu ihnen zu sprechen. Wenn wir den Mut haben, ohne Vorbereitung das Wort zu ergreifen, dann wird eine vorbereitete Rede viel einfacher. Der Mut, den wir in einem Lebensbereich aufbringen, wird sich dann auch auf andere Bereiche übertragen.

Lassen Sie es nicht zu, dass Sie keine neuen Verhaltensweisen ausprobieren – besonders solche, die einen Austausch mit anderen erfordern –, weil Sie glauben, den dafür nötigen Mut nicht zu besitzen. Folgen Sie dem Pfad des Herzens, auch wenn er Sie dazu zwingt, sich echten persönlichen Herausforderungen zu stellen. Vertrauen Sie darauf, dass Sie auf einer tiefen Ebene mit allem verbunden sind, und lassen Sie sich von Ihrem Gewissen leiten.

Gewohnheiten und Intelligenz

Entwickeln Sie bewusst Gewohnheiten, die authentisch für Sie sind. Fragen Sie sich immer wieder: Entspricht mir das wirklich? Passt das zu der Person, die ich sein möchte? Wenn sich irgendein Teil Ihres Lebens falsch und unecht anfühlt, sollten Sie ihn durch eine authentische Alternative ersetzen. Das wird nicht leicht werden, aber es ist die richtige Entscheidung.

Unser höchstes Ziel in diesem Bereich liegt darin, eine Reihe sich gegenseitig unterstützender Gewohnheiten zu schaffen, die unsere Ausrichtung auf Wahrheit, Liebe und Macht durch die Nutzung synergetischer Effekte stärken. Gute Verhaltensweisen ermöglichen es uns, in einem positiven Zustand des Fließens zu bleiben und uns dabei auf den kreativen Selbstausdruck zu konzentrieren. Wir treffen bewusst Entscheidungen auf hoher Ebene, und unsere Gewohnheiten kümmern sich dann auf einer niedrigeren Ebene um die Einzelheiten. Wenn unsere Verhaltensweisen aufeinander abgestimmt sind, ist das Ergebnis schön und elegant. Vielleicht erreichen wir dieses Ziel nicht in der Lebenszeit, die uns zur Verfügung steht, aber jeder weitere Schritt, den wir in diese Richtung unternehmen, ist es wert, gegangen zu werden.

Eine der besten Entscheidungen, die ich jemals getroffen habe, bestand darin, es mir zur täglichen Gewohnheit zu machen, an meinem persönlichen Wachstum zu arbeiten. Zunächst las ich Selbsthilfebücher und hörte mir Audiokassetten an; dann fing ich an, meine eigenen Wachstumsexperimente durchzuführen. Später gründete ich eine Online-Community, um mich mit anderen über persönliches Wachstum auszutauschen. Obwohl mir vieles nicht glückte und ich immer wieder Rückschläge hinnehmen musste, bereicherte mich die Gewohnheit, mich jeden Tag ein wenig weiterzuentwickeln, unglaublich stark.

Erfolg in diesem Bereich zu haben, hat nichts mit äußeren Errungenschaften zu tun. Wahrer Erfolg besteht darin, sich selbst im Spiegel in die Augen schauen zu können. Wenn unsere Gewohnheiten mit Wahrheit, Liebe und Macht verknüpft sind, ist der Mensch im Spiegel unser Freund.

* * *

Gehen Sie davon aus, dass es viel Zeit und Energie kosten wird, Ihre Gewohnheiten zu verändern. Am meisten werden Sie auf Ihrem persönlichen Wachstumsweg damit beschäftigt sein, alte Muster loszulassen und neue zu formen. Auch unsere neuen Gewohnheiten werden irgendwann auf Autopilot laufen, daher sollten wir sicher sein, dass diese neuen Muster mit dem übereinstimmen, was wir wollen. Was für einen Sinn macht es, nach unseren größten Träumen zu streben, wenn unsere täglichen Angewohnheiten ihnen diametral entgegenlaufen? Wenn wir bewusster leben wollen, müssen wir bewusst positive Verhaltensweisen entwickeln.

Trotz der großen Herausforderungen, mit denen wir auf diesem Gebiet konfrontiert sein werden, besitzen neue Gewohnheiten auch eine ungeheure Hebelwirkung. Nur eine neue Gewohnheit kann unser Leben dauerhaft verbessern. Hinterher werden wir sehen, dass der Lohn jede Anstrengung rechtfertigt. Positive Rituale unterstützen uns in allen Lebensbereichen – und zwar nicht nur in unserer Gesundheit und unseren Beziehungen, sondern auch in unserem…

Kapitel 9:

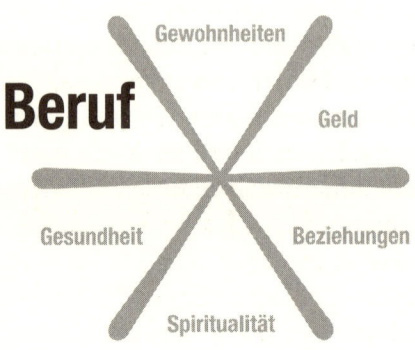

»Arbeit ist sichtbar gewordene Liebe.«

Khalil Gibran

Unser Beruf ist der wichtigste Bereich, in dem wir uns kreativ entfalten können. Dabei kann es sich um einen Job handeln, der uns gerade das nötige Einkommen bringt, oder um eine Firma, die wir leiten. Unser Beruf ist unsere Beschäftigung; auf einer grundlegenden Ebene ist er das, was wir die ganze Zeit über tun. Wenn wir bewusst leben wollen, bekommt das, was wir beruflich tun, natürlich eine große Bedeutung.

Unser Beruf hat zwei Komponenten: unser Medium und unsere Botschaft. Die meisten sehen in ihrem Beruf nur das Medium, nämlich die spezielle Methode, mit der sie sich selbst ausdrücken. Man könnte zum Beispiel sagen, ich bin Autor, Vortragsredner oder Blogger, denn ich benutze unter anderem diese Medien, um mich auszudrü-

cken. Die meisten Arbeiten werden nur in Bezug auf das
Medium, das sie verwenden, definiert – so zum Beispiel
Ärzte, Rechtsanwälte, Polizeikommissare, Lehrer, Piloten
und so weiter.

Die Botschaft, die wir mit unserem Beruf verkünden, ist
jedoch mindestens genauso wichtig wie das Medium. Unser
Medium bestimmt, *wie* wir uns ausdrücken, während unsere Botschaft das transportiert, *was* wir nach außen darstellen. Meine Botschaft handelt davon, bewusst als Mensch
zu wachsen. Ich kann dieselbe Botschaft mit unterschiedlichen Medien ausdrücken. Ich kann über sie schreiben, von
ihr sprechen oder sogar einen Film über sie drehen, wenn
ich Lust dazu hätte. Eine anderer kann das gleiche Medium
benutzen und damit eine ganz andere Botschaft transpor-
tieren. Die Botschaft eines Arztes könnte zum Beispiel mit
Gesundheit, Mitgefühl, wissenschaftlichen Entdeckungen,
Ausbildung, Vitalität oder einer Vielzahl anderer Dinge zu
tun haben. Nur weil zwei Menschen das gleiche Medium benutzen, müssen sie noch längst nicht dieselbe Botschaft
haben.

Die meisten identifizieren sich mit dem Medium ihres
Berufs. Das ist ein großer Fehler, denn es ist nur eine Schale
und kann uns nicht als Menschen definieren. Das Medium
des jeweiligen Berufs kann sich im Laufe der Zeit ändern,
während die Botschaft viel beständiger ist. Unsere Botschaft besteht aus dem, was wir sind, während durch das
Medium nur zum Ausdruck kommt, wie wir entschieden
haben, uns darzustellen.

Vor Jahren drückte ich mich durch die Erfindung von
Computerspielen aus. Heute sind meine Ausdrucksmittel
schreiben und Vorträge halten. In der Zukunft werde ich
vielleicht etwas völlig anderes machen, aber meine grundlegende Botschaft des persönlichen Wachstums wird sich
wahrscheinlich nicht besonders wandeln. Von daher handelt unsere wahre Berufung von unserer Botschaft, nicht

von dem Medium, das wir benutzen, um diese Botschaft auszudrücken.

In diesem Kapitel werden wir uns im Detail mit der beruflichen Entwicklung befassen und uns in diesem Zusammenhang sowohl mit dem Medium als auch mit der Botschaft beschäftigen. Um einer erfüllenden beruflichen Tätigkeit nachgehen zu können, müssen wir unsere Kernbotschaft kennen und ein geeignetes Medium finden, um sie auszudrücken. Wenn Sie also noch nicht vollkommen glücklich mit Ihrer gegenwärtigen Situation sind, könnte es gut sein, dass das Medium, das Sie augenblicklich benutzen, nicht sonderlich dafür geeignet ist, Ihre Botschaft nach außen zu tragen. Wenn Sie einfach so in die Arbeit, die Sie gerade tun, hineingestolpert sind, könnte es erforderlich werden, dass Sie gravierende Veränderungen vornehmen, um sich mit Wahrheit, Liebe und Macht zu verbinden. Es wird nicht leicht sein, diese Probleme zu lösen, aber Sie sollten mittlerweile wissen, dass ich Sie nicht mit weniger davonkommen lasse, als Sie tatsächlich verdienen.

Beruf und Wahrheit

Was nehmen Sie wahr, wenn Sie sich Ihre gegenwärtige berufliche Tätigkeit anschauen? Was offenbart eine ehrliche Vorhersage über den Pfad, auf dem Sie sich befinden? Haben Sie sich Ihren Beruf bewusst ausgesucht oder hat er sich eher zufällig ergeben? Ist er mit Ihrer innersten Wahrheit verbunden? Wenn Sie noch einmal bei null anfangen könnten, würden Sie dann wieder in die gleiche Richtung gehen? Bedauern Sie, nicht einen anderen Weg eingeschlagen zu haben?

Um Ihre berufliche Tätigkeit auf Wahrheit auszurichten, müssen Sie sich diese schonungslosen Fragen stellen und sie ehrlich beantworten. Akzeptieren Sie Ihre Antworten, auch wenn sie Ihnen nicht gefallen. Es steht Ihnen immer frei, von nun an andere Entscheidungen zu treffen, aber um dies tun zu können, müssen Sie bedingungslos akzeptieren, wo Sie gegenwärtig stehen. Tun Sie niemals so, als würden Sie Ihren Beruf lieben, wenn Sie wissen, dass dies nicht wahr ist.

Wahrheit ist ein entscheidender Bestandteil der beruflichen Entwicklung. Es ist nicht nur wichtig, sich selbst gegenüber ehrlich zu sein, sondern auch auf dem Boden zu bleiben und die Dinge so zu sehen, wie sie sind. Eine praktische Überlegung ist daher, dass wir genügend Einkommen erwirtschaften müssen, um unsere Lebenshaltung zu finanzieren. Obwohl es auch möglich ist, außerhalb des erlernten Berufs Geld zu verdienen, ist diese Tätigkeit doch für viele die Haupteinnahmequelle. Es macht keinen Sinn, das zu tun, was wir lieben, wenn wir damit unsere Rechnungen nicht bezahlen können.

Eine weitere praktische Überlegung besteht darin, das Medium auszuwählen, das zu unserer Botschaft passt. Es kann sehr schwierig sein, gleich beim ersten Mal das richtige zu finden. Aber zum Glück haben wir ja mehr als einen Versuch. Wir besitzen die Freiheit, ein anderes Medium zu wählen, wenn wir uns im Laufe der Zeit immer mehr mit unserer innersten Wahrheit verknüpfen.

Als ich noch Computerspiele entwickelte, transportierte meine innere Botschaft ebenfalls Wachstum und Verbesserung, auch wenn mir dies damals nicht so bewusst war wie heute. Ich interessierte mich für die Erfindung von Spielen, weil mich die Herausforderung faszinierte, die mit dieser Aufgabe verbunden war. Es gab so viele faszinierende Dinge zu lernen, wie zum Beispiel die Programmierung von Grafik, Animation, Eingabe-Verarbeitung, Klanggestaltung, Kollisionsabfrage, (algorithmische) Suche nach optimalen Wegen, Spiellogik, künstliche Intelligenz und so weiter. In diesem Bereich zu arbeiten, war für mich eine enorme Wachstumserfahrung, die mich mehrere Jahre lang in ihren Bann zog. Ich bedauere diese Zeit überhaupt nicht.

Eines der ersten Computerspiele, die ich veröffentlichte, war ein Ballerspiel namens *BrainWave*. Darin verwendete ich ein paar einfache Techniken, die auf künstlicher Intelligenz beruhten, sodass die feindlichen Charaktere sich schrittweise an das Schussmuster des Spielers anpassen konnten und während des Spiels immer klüger wurden. Je länger man spielte, desto größer wurde die Herausforderung.

Im Verlauf meiner beruflichen Tätigkeit hatte ich irgendwann kein Interesse mehr an Ballerspielen und entwickelte stattdessen ein gewaltloses Puzzlespiel namens *Dweep*. Ich gestaltete das Spiel so, dass der Spieler mental ordentlich gefordert wurde, in vielerlei Hinsicht war es vergleichbar mit Schach. Mit diesem Spiel fühlte ich mich ungewöhnlich stark verbunden, da ich sehr viel von mir selbst eingebracht hatte. Denn eigentlich wollte ich meine Leidenschaft für persönliches Wachstum durch das Medium »Computerspiel« ausdrücken. In diesem Bereich hatte ich zwar viele Gestaltungsmöglichkeiten, dennoch war es nicht die optimale Form für meine Botschaft. Wer Computerspiele kauft, will sich in erster Linie unterhalten, aber ich wollte mehr, als einfach nur Unterhaltung liefern.

Während ich weiterhin Computerspiele entwickelte, fing ich an, nebenbei Artikel zu schreiben, um anderen unabhängigen Spiele-Entwicklern zu helfen. Anfangs schrieb ich über technische Fertigkeiten und Verkaufstechniken, aber schon bald wechselte ich zu dem Themenbereich »persönliche Entwicklung« und informierte die anderen über die Notwendigkeit, sich Ziele zu setzen und produktiv zu arbeiten. Es gefiel mir, das weiterzugeben, was ich selbst gelernt hatte, und ich freute mich über das Feedback der Menschen, die meine Ideen benutzten, um ihre

Resultate zu verbessern. Dennoch erkannte ich damals noch nicht das Muster, das allem zugrunde lag. Ich war zufällig auf das Medium des Schreibens gestoßen, und es sollten noch ein paar Jahre vergehen, bis ich das Schreiben ernsthaft als berufliche Tätigkeit ins Auge fassen würde. In meinem Selbstbild war ich ein Softwareentwickler und kein Autor, obwohl das Medium des Schreibens viel besser zu meiner Botschaft passte. In der Zeit, die ich brauchte, um ein einziges Computerspiel zu entwickeln, konnte ich mehr als 100 Artikel zu den verschiedensten Themen schreiben.

Ich kenne bis heute keine geeignete Methode, die Ihnen dabei helfen könnte, schon beim ersten Versuch das perfekte berufliche Medium zu finden. Allerdings glaube ich auch nicht, dass dies notwendig ist. Unser beruflicher Werdegang ist eine ständige Entwicklung, die nicht immer geradlinig verläuft. Das richtige Medium für unsere Botschaft zu finden, ist ein unaufhörlicher Prozess der Verfeinerung. Wenn wir uns mehr mit Wahrheit, Liebe und Macht verbinden, taucht das richtige Medium schon irgendwann auf. Indem wir erkennen, was für uns im Leben wichtig ist, treffen wir klügere Entscheidungen, die besser in unser Muster passen. Es geht nicht darum, perfekt zu sein. Treffen Sie einfach die beste Entscheidung, die Sie treffen können, und handeln Sie dann entsprechend. Wenn Sie eine schlechte Entscheidung getroffen haben, werden Sie es schnell merken.

Das wichtigste Kriterium für die Auswahl des richtigen Mediums ist die Frage, ob es gut zu unserer inneren Botschaft passt. Es ist wichtig, dieser Botschaft treu zu bleiben, selbst wenn wir dadurch einschneidende Gehaltskürzungen in Kauf nehmen müssen. Bei meinem Übergang von der Entwicklung von Computerspielen zur persönlichen Entwicklung war ich damit einverstanden, dass mein Einkommen rapide sank. Da wir unsere Ausgaben reduzieren mussten, brachte auch meine Familie ein paar Opfer, um meine Entscheidung zu unterstützen.

Unabhängig von finanziellen Überlegungen war es die richtige Entscheidung gewesen, und innerhalb weniger Jahre hatten wir ein höheres Einkommen als jemals zuvor. Es ist völlig normal, dass wir kurzfristig auf Einnahmen verzichten müssen, wenn wir uns für eine neue berufliche Tätigkeit entscheiden. Wenn das neue Medium besser zu uns passt als das alte, dann sollten wir in der Lage sein, mehr zu verdienen als zuvor, sobald wir die notwendigen Fertigkeiten entwickelt haben.

Lassen Sie es nicht zu, dass Sicherheitsdenken, finanzielle Überlegungen oder der Wunsch nach Ruhm und Ansehen der Wahrheit in die Quere kommen. Wirkliche Sicherheit gründet sich nicht auf unsere Arbeit oder Position; sie entsteht nur aus unserer Verbindung zu Wahrheit, Liebe und Macht. Mit dem finanziellen Aspekt werden wir uns in Kapitel 10 genauer beschäftigen. An dieser Stelle möchte ich lediglich zu bedenken geben, dass die beste Möglichkeit, unser Einkommen zu steigern, darin besteht, ein berufliches Medium zu finden, das es uns ermöglicht, unsere wichtigste Botschaft mit anderen zu teilen. Indem wir unsere Botschaft anderen mitteilen, schaffen wir genau den Wert, der uns ein reichliches Einkommen beschert. Und was den Ruhm anbelangt, so sollten wir dafür gerühmt werden, dass wir auf Wahrheit, Liebe und Macht ausgerichtet sind, und nicht, weil wir ein falsches Bild von uns präsentieren.

Wahrheit leitet uns, damit wir das geeignete Medium für unsere Botschaft finden, aber sie hilft uns nicht notwendigerweise, die Botschaft als solche zu erkennen. Zu diesem Zweck benötigen wir andere Prinzipien, besonders das Prinzip der Liebe.

Beruf und Liebe

Das Prinzip der Liebe passt sehr gut zu der Botschaft, die wir durch unsere berufliche Tätigkeit ausdrücken. Wenn wir unsere Kernbotschaft erkennen, wird sie sich auf einer tieferen Ebene mit uns verbinden. Die emotionale Befreiung, die durch diese Verbindung zustande kommt, kann uns buchstäblich zu Tränen rühren.

Hier ist eine einfache, aber sehr wirksame Übung, die Sie machen können, um Ihre Kernbotschaft zu finden – die auch Ihr Lebenszweck genannt wird. Diese Übung hat bei vielen zu einem fundamentalen Durchbruch geführt. Suchen Sie einen Platz auf, an dem Sie nicht gestört werden, und führen Sie die nachfolgenden Schritte durch:

1. Nehmen Sie ein Blatt Papier oder öffnen Sie ein leeres Word-Dokument. Ich empfehle Ihnen die Computervariante, denn sie ist schneller.

2. Schreiben Sie in die erste Zeile: *Was ist mein wahrer Lebenszweck?*

3. Formulieren Sie schriftlich die Antwort, die Ihnen spontan in den Sinn kommt. Sie muss nicht aus einem ganzen Satz bestehen. Ein kurzer Begriff ist in Ordnung. Wenn Sie ein nihilistisches Gefühl verspüren, können Sie mit den Worten »Ich habe keinen bestimmten Lebenszweck« oder »Das Leben ist bedeutungslos« beginnen und dann abwarten, welche weiteren Antworten Ihnen einfallen.

4. Wiederholen Sie Schritt 3, bis Sie eine Antwort aufgeschrieben haben, die Sie so tief berührt,

dass Sie feuchte Augen bekommen oder sogar anfangen zu weinen. Dies ist Ihre Kernbotschaft.

Wie lange wird es dauern, bis Sie auf die richtige Antwort stoßen? Das ist von Person zu Person sehr unterschiedlich. Zum größten Teil hängt es davon ab, wie stark wir mit Wahrheit, Liebe und Macht verbunden sind. Normalerweise braucht es mindestens 15 bis 20 Minuten, um den Geist von falschen Antworten zu befreien. Wenn schließlich die richtige Antwort erscheint, wird es sich anfühlen, als komme sie aus einer völlig anderen Quelle. Für viele Menschen dauert dieser Prozess auch noch länger, ungefähr 30 bis 60 Minuten, in deren Verlauf mehr als 100 falsche Antworten auftauchen. Andere kommen fast sofort auf die richtige Antwort. Wieder andere müssen die Übung mehrere Tage hintereinander wiederholen, um auf eine Antwort zu stoßen, die sie in ihrem Innersten berührt.

An einem bestimmten Punkt (typischerweise nach ungefähr 50 bis 100 Antworten) wollen viele aufhören, weil sie nicht mehr glauben, dass sich die richtige Antwort noch zu erkennen geben wird. Sie verspüren den Zwang, aufzustehen und etwas anderes zu tun. Das ist völlig normal. Gehen Sie durch diese Widerstände hindurch und schreiben Sie einfach weiter. Das Unbehagen wird sich letztendlich in Luft auflösen.

Vielleicht machen Sie die Erfahrung, dass es bei bestimmten Antworten zu einer Gefühlswallung kommt, aber dass diese nicht wirklich bewirkt, dass Sie anfangen zu weinen. Markieren Sie diese Antworten, damit Sie später auf sie zurückkommen können, um neue Variationen auszuprobieren. Jede Variante offenbart einen Teil Ihrer Botschaft. Wenn Sie auf diese Art von Antworten stoßen, bedeutet dies, dass Sie warm werden. Machen Sie weiter!

Als ich diese Übung machte, benötigte ich 25 Minuten, dann erhielt ich die richtige Botschaft. Es war Antwort 106. Teilaspekte dieser Botschaft (kleine Gefühlsschauer) zeigten sich bei Antwort 17, 39 und 53; der Großteil der richtigen Aspekte tauchte zwischen den Antworten 100 und 106 auf und wurde dabei immer mehr verfeinert. Zwischen den Antworten 55 und 60 verspürte ich Ungeduld. Bei Antwort 80 machte ich zwei Minuten lang eine Pause; ich schloss die Augen, entspannte mich, klärte meinen Geist und konzentrierte mich auf den Wunsch, dass die richtige Antwort auftauchen möge. Dies war sehr hilfreich: Die darauffolgenden Antworten waren wesentlich klarer. Ich habe seit damals nur geringfügige Veränderungen bei der Formulierung meines Lebenszwecks vorgenommen. Die gegenwärtige Version lautet:

Bewusst und couragiert leben;
Frieden, Energie, Leidenschaft und Fülle genießen,
verstärken und mit anderen teilen;
im Einklang mit Liebe und Mitgefühl sein;
anderen beim spirituellen Erwachen helfen;
und mich voll auf den gegenwärtigen Moment
einlassen.

Ich weiß nicht, was diese Worte in Ihnen auslösen, aber auf mich haben sie jedes Mal, wenn ich sie lese, einen starken emotionalen Einfluss. Wenn Sie Ihre einzigartige Antwort auf die Frage finden, warum Sie hier sind, dann wird diese eine ebenso starke innere Resonanz in Ihnen hervorrufen. Die Worte werden in Ihnen eine spezielle Schwingung erzeugen, und Sie werden diese Schwingung jedes Mal spüren, wenn Sie sie lesen.

Wenn Sie unbedingt wissen wollen, warum diese Übung funktioniert, dann warten Sie bitte mit Ihrer Frage, bis Sie den Prozess erfolgreich durchlaufen haben. Sobald dies

geschehen ist, können Sie sich die Antwort vielleicht selbst
geben. Im Übrigen, wenn Sie zehn verschiedene Personen,
die die Übung erfolgreich gemacht haben, danach fragen
würden, bekämen Sie wahrscheinlich zehn verschiedene
Antworten. Jede wäre durch das spezielle Glaubenssystem
des Einzelnen gefiltert worden, und jede würde ein Element der Wahrheit enthalten.

Viele haben mir ihren Lebenszweck mitgeteilt, nachdem sie diese Übung gemacht hatten. Von solchen Ergebnissen zu lesen, ist stets etwas Wunderbares. Dennoch ist
das Erkennen der eigenen Kernbotschaft nur der erste
Schritt. Sobald Sie Ihre Botschaft kennen, sollten Sie das
Prinzip der Wahrheit nutzen, um das geeignete Medium zu
finden, mit dem Sie sie ausdrücken können (siehe den Abschnitt »Beruf und Wahrheit« weiter oben). Dann brauchen
Sie nur noch das Prinzip der Macht anzuwenden, um Ihre
Botschaft mit Hilfe Ihres Mediums in die Tat umzusetzen.

Beruf und Macht

Wir sind selbst dafür verantwortlich, welchen beruflichen
Werdegang wir nehmen. Daher sollten wir uns für eine Tätigkeit entscheiden, die wir gerne ausführen, anstatt an
einem Beruf festzuhalten, den wir nicht mögen. Unsere gegenwärtige Situation ist das Resultat früherer Entscheidungen, und wenn sie uns nicht gefällt, steht es uns jederzeit frei, neue Entscheidungen zu treffen. Der Einzige, der
Sie in der Situation, in der Sie sich gerade befinden, gefangen halten kann, sind Sie selbst.

Machen Sie nicht den weit verbreiteten Fehler und
begnügen Sie sich mit einer Arbeit, die Ihnen nicht gefällt. Wenn Ihr Beitrag in der gegenwärtigen Situation
weder respektiert noch wertgeschätzt wird, sollten Sie
Ihre Arbeit kündigen. Gehen Sie dorthin, wo Ihre Talente

geschätzt werden. Andernfalls missbrauchen Sie sich nur selbst.

Wir verdienen es, einer Arbeit nachzugehen, die wir gerne tun, aber dies wird erst dann geschehen, wenn wir uns vollkommen dafür einsetzen. Die Hindernisse und Rückschläge, auf die wir stoßen, sind nicht dazu da, um uns vom Erreichen unseres höchsten Ziels abzuhalten. Sie sind vielmehr das Training, das wir absolvieren müssen, um unsere Stärke zu beweisen und zu zeigen, dass wir auch dann noch an unserem Traum festhalten werden, wenn wir ihn in die Tat umgesetzt haben. Wenn wir durch unser Handeln demonstrieren, dass wir zu 100 Prozent hinter unseren Zielen stehen, werden die Hindernisse wie von selbst verschwinden.

Vernünftige Berufsentscheidungen hängen von unserem Wissen, unseren Fähigkeiten und unseren Talenten ab; es liegt an uns, diese Dinge in Eigeninitiative zu entwickeln. Auch wenn Sie es als Kind nicht leicht hatten, sind Sie doch vollkommen fähig dazu, über die Begrenzungen Ihrer Kindheit hinauszuwachsen. Wenn Sie keine gute Ausbildung genossen haben, können Sie sich jetzt weiterbilden. Wenn Sie derzeit pleite oder verschuldet sind, dann sollten Sie dies als Tatsache akzeptieren und sich durch disziplinierte Anstrengung aus dieser Situation befreien. Wenn Sie von Menschen umgeben sind, die Sie schlecht machen oder dafür kritisieren, dass Sie mehr wollen, sollten Sie sich eine neue soziale Gruppe suchen, die Sie unterstützt. Bleiben Sie mit Wahrheit, Liebe und Macht verbunden, und Sie werden andere Menschen mit ähnlichen Charaktermerkmalen anziehen.

Verschwenden Sie Ihre Zeit nicht mit Entschuldigungen, denn dadurch schwächen Sie sich nur. Wenn Sie über Ihre gegenwärtige Situation hinauswachsen wollen, dürfen Sie nicht so tun, als seien Sie machtlos. Wie viele Hindernisse sich Ihnen auch in den Weg stellen mögen,

Sie können stets Ihre Macht dazu benutzen, sie der Reihe nach zu überwinden. Und wenn es Jahre dauern sollte, bis Sie Ihr Ziel erreicht haben, dann ist das eben so bestimmt. Die Zeit vergeht in jedem Fall, und mit Ihren Bemühungen nutzen Sie sie zumindest produktiv. In ein paar Jahren sind Sie entweder dort, wo Sie sein wollen... oder Sie sind nicht dort. Sie können Ihre Zeit entweder zum persönlichen Wachstum nutzen oder weiter wie ein Gefangener leben.

Beruf und Einssein

Ihre Berufswahl ist nicht nur Ihre individuelle Angelegenheit. Die Entscheidungen, die Sie in Bezug auf Ihre Arbeit treffen, beeinflussen uns alle. Die Tatsache des Einsseins fordert uns auf, unsere Berufsentscheidungen auf einer tieferen Ebene zu bedenken. Was können Sie tun, um zu einer positiven Veränderung auf der Welt beizutragen? Warum sind Sie hier? Wie sieht Ihre Aufgabe aus? Ist sie körperlicher, geistiger, sozialer, wissenschaftlicher, künstlerischer oder moralischer Natur?

Unser Beruf ist ein wesentlicher Bereich, wo dieser Beitrag stattfinden kann. Berücksichtigt Ihre gegenwärtige Arbeit die Tatsache, dass wir alle miteinander verbunden sind, oder leben Sie auf Kosten anderer? Es reicht nicht, keinen Schaden anzurichten. Wir müssen uns aktiv dazu verpflichten, einen positiven Beitrag zu leisten.

Unsere Entscheidungen wirken sich auf alle Menschen in unserer Umgebung aus. Wenn wir durch die Art unserer Arbeit einen Beitrag leisten, ermutigen wir andere, das Gleiche zu tun. Indem wir das Prinzip des Einsseins respektieren, helfen wir damit auch anderen, ein Gefühl dafür zu entwickeln. Außerdem erheben wir uns individuell und kollektiv, wenn wir uns dem Einssein verpflichten.

Lehnen Sie jeden Beruf ab, der Sie dazu verleiten könnte, andere nur noch als Dollarscheine, potenzielle Käufer oder Problemfälle zu betrachten, anstatt als eigenständige Menschen. Lehnen Sie jede Tätigkeit ab, die Sie oder andere entmenschlicht. Wenn Sie in einer Firma arbeiten, deren Werte nicht auf Wahrheit, Liebe und Macht ausgerichtet sind, dann sind auch Sie nicht mit diesen Prinzipien verbunden, und Sie sind für die Konsequenzen verantwortlich. Halten Sie sich an einen höheren Standard sozialer Verantwortlichkeit, auch wenn dies bedeuten sollte, dass Sie einige Opfer für das größere Ganze bringen müssen.

Beruf und Autorität

Nutzen Sie Ihren Beruf, um das zu tun, was Ihnen wirklich etwas bedeutet. Seien Sie der Befehlshaber Ihres Lebens, nicht der Befehlsempfänger. Arbeiten Sie nicht nur, um Ihre Rechnungen bezahlen zu können, Ihren Chef zufrieden zu stellen oder jemand anderen reich zu machen. Arbeiten Sie an Ihrer eigenen positiven Entwicklung und an der Ihres Umfelds.

Wenn Sie Ihr Leben auf der Grundlage von Prinzipien führen, werden Sie auf natürliche Weise mehr Verantwortung anziehen und akzeptieren und schließlich in eine Führungsposition aufsteigen. Es kann sich dabei um einen Posten in der Geschäftsführung handeln, einschließlich aller äußeren Insignien von Autorität, aber auch um eine weniger formelle Position, in der Sie auf andere Menschen Einfluss nehmen. Wie dem auch sei, eine Führungsrolle, die auf Prinzipien beruht, ist wohlverdient. Wir alle tun gut daran, uns von Menschen führen zu lassen, die ehrlich, liebevoll und mächtig sind. Diejenigen, die der Falschheit, Apathie und Ängstlichkeit erliegen, eignen sich nicht für Führungspositionen.

Es gibt viele unterschiedliche Führungsstile, aber jede effektive Führung muss sich auf Prinzipien gründen. Wir respektieren Führungspersonen, die ehrlich und authentisch sprechen, selbst wenn wir nicht immer einer Meinung mit ihnen sind. Zu Führungspersonen, die freundlich, mitfühlend und sozial engagiert sind, bekommen wir leicht Zugang. Uns motivieren Führungspersonen, die Konzentriertheit, Einsatz und Disziplin an den Tag legen, während sie die Dinge tun, die getan werden müssen.

Einen erfolgreichen Berufsweg zu gehen, ist sowohl ein Privileg als auch eine Verantwortung. Je mehr Autorität Sie in Ihren Beruf einfließen lassen, desto mehr können Sie anderen dienen und desto größer wird Ihre Wirkung sein. Dies ist eine große Ehre, die all diejenigen freudig annehmen, die bereit dafür sind.

Beruf und Mut

Wo liegt der berufliche Pfad des Herzens? Der Pfad, der uns erschreckt, der unsere Seele aufwühlt, den wir uns insgeheim erträumen? Es ist der Pfad, der unserem wirklichen Selbst gerecht wird. Der Pfad, der uns mit Wahrheit, Liebe und Macht in Verbindung hält. Wenn wir niemals etwas tun, das uns Angst macht oder uns herausfordert, dann verhalten wir uns zu zaghaft und scheu und verpassen gute Gelegenheiten, die eine wirkliche Veränderung zum Positiven bringen könnten. Wenn unser beruflicher Pfad uns keinen Mut abverlangt, dann haben wir den falschen Job.

Indem wir jedes Risiko vermeiden, schwächen wir uns nur selbst. Wenn wir dem Pfad des Herzens folgen wollen, sollte uns klar sein, dass wir von Zeit zu Zeit Risiken eingehen müssen. Manche werden gut ausgehen, andere nicht. Wenn unsere Entscheidungen wohl bedacht sind, wird der kumulative Effekt jedoch mit Sicherheit positiv sein, in vielen Fällen sogar in einem gewaltigen Ausmaß.

Ich bin in meinem Leben schon viele Male kalkulierbare Risiken eingegangen. Bisweilen überkam mich die Angst, aber wenn ich dabei spürte, das Richtige zu tun, nahm ich all meinen Mut zusammen und handelte trotz dieses Gefühls. Viele Risiken, die ich eingegangen bin, haben sich hinterher nicht bezahlt gemacht. Manche führten mich in die Pleite oder brachten mir Schulden ein. Dennoch lieferte das Eingehen von Risiken in manchen Fällen ein Ergebnis, das viel besser war, als ich erwartet hatte – zum Beispiel meine Entscheidung, von der Computerspiele-Entwicklung zur persönlichen Entwicklung zu wechseln. Wenn man meine Misserfolge und Erfolge gegeneinander aufrechnet, überwiegen die positiven Resultate. Ich bin sehr froh darüber, wo ich heute stehe, und weiterhin bereit, kalkulierbare Risiken in Bezug auf meine berufliche Entwicklung einzugehen. Denn ich weiß, dass noch mehr Mut erforderlich sein wird, wenn ich auf meinem individuellen Weg weiter wachsen will. Ich habe gelernt, dass ich mich der Angst stellen muss, anstatt vor ihr davonzulaufen.

Risiken einzugehen hat nichts mit Glücksspiel zu tun. In meinem Wohnort Las Vegas spielen die Menschen in den Kasinos, obwohl die Chancen zu gewinnen sehr gering sind. Abgesehen von einzelnen Glücksfällen verliert man desto mehr Geld, je länger man spielt. In einem Spiel, bei dem die Chancen gegen uns stehen, ist die Zahl der Wetteinsätze, die wir machen müssen, um unseren Gewinn zu steigern, mathematisch gesprochen null.

Wenn wir jedoch kalkulierbare Risiken eingehen, lassen wir uns auf Wetten ein, bei denen wir erwarten, dass die Chancen zu unseren Gunsten stehen. Dennoch wird sich das Risiko nicht immer lohnen. Manchmal setzen wir viel ein und verlieren dann, und dieser Verlust verzögert unser

Vorhaben um mehrere Monate oder länger. Aber wie viele Wetteinsätze können wir uns im Laufe unseres Lebens erlauben? Wahrscheinlich haben wir Dutzende von Versuchen oder sogar noch mehr. Selbst wenn wir nur einen knappen Vorsprung haben, werden wir am Ende oft genug gewonnen haben, um unsere Verluste mehr als auszugleichen. In einem Spiel, bei dem die Chancen für uns stehen, ist die Zahl der Wetteinsätze, die wir machen müssen, um unseren Gewinn zu maximieren, mathematisch gesprochen unbegrenzt. Setzen Sie Ihr Geld so oft ein, wie es überhaupt möglich ist; langfristig gesehen werden Sie umso mehr gewinnen, je öfter Sie spielen.

Ein weiterer Faktor, den es zu bedenken gilt, ist die Tatsache, dass bei den meisten Kasinospielen die Chancen unverändert bleiben, wenn wir den nächsten Einsatz machen. Jedes Spiel ist unabhängig vom vorangegangenen. Wenn wir in unserem Beruf mutig sind und Risiken eingehen, trifft dies nicht zu. Jedes Mal, wenn wir verlieren, gewinnen wir gleichzeitig. Je mehr wir verlieren, desto mehr lernen wir daraus, wodurch wir mit jedem weiteren Einsatz unsere Chancen erhöhen.

Der Grund, dass die Erfolgschancen in vielen Konkurrenzsituationen nur gering zu sein scheinen, liegt darin, dass sich sehr viel »Satz« am Boden befindet. Ständig tauchen neue Mitbewerber auf, die allerdings nach den ersten sechs Monaten wieder aufgeben und von weiteren Neuanfängern ersetzt werden. Sie alle haben nicht den Mut durchzuhalten, wenn ihnen der Wind um die Ohren bläst. Aber wenn wir lange genug an unserem Vorhaben dranbleiben, lassen wir die Kinderkrankheiten irgendwann hinter uns und treten in den Zeitabschnitt ein, in dem unsere Chancen besser werden, da wir wertvolle Erfahrungen machen und Lebensweisheit sammeln.

Ich beobachte oft, dass Menschen mit großer Begeisterung ein Internet-Business gründen und für dieses Projekt von zu Hause aus arbeiten. Aber bereits sechs Monate später haben sie aufgegeben und ihre Webseiten eingestellt. Ich versuche diesen Menschen zu sagen, dass sechs Monate gar nichts sind. Wir brauchen mindestens ein paar Jahre, um die Anlaufschwierigkeiten hinter uns zu lassen. StevePavlina.com hat in den ersten sechs Monaten lächerliche 167 Dollar eingespielt, obwohl ich von morgens bis abends daran arbeitete. Das macht einen Stundenlohn von 17 Cent – nicht gerade das, was man einen Wahnsinnserfolg nennen könnte. Es wäre ein Leichtes gewesen, unter diesen Bedingungen aufzugeben, und die meisten hätten genau das getan. Ich aber lernte weiter und nahm immer mehr Verbesserungen vor, bis sich das kalkulierte Risiko schließlich bezahlt machte.

Wenn es darum geht, im beruflichen Bereich Risiken einzugehen, sollten wir wissen, dass die Chancen langfristig gesehen für uns sprechen. Indem wir immer wieder die Initiative ergreifen, finden wir schließlich heraus, was wir wissen müssen, um erfolgreich zu sein. Wenn mich andere fragen, wie ich ihre Erfolgsaussichten mit einem Blog oder einem Online-Business einschätzen würde, antworte ich: »Wenn Sie Kampfsport ausüben, wie hoch sind dann Ihre Chancen, den schwarzen Gürtel zu bekommen?« Spielt es dabei irgendeine Rolle, wie viele Träger von weißen Gürteln irgendwann einmal einen schwarzen tragen werden? Die Antwort mag für die Statistik interessant sein, für unseren eigenen Erfolg hat sie keine Bedeutung. Für uns zählt nur, ob wir den schwarzen Gürtel unbedingt haben wollen. Es liegt einzig und allein an uns, ob wir es schaffen oder nicht.

Wenn wir beruflich überdurchschnittlichen Erfolg erzielen wollen, müssen wir Misserfolge wegstecken können. Wir müssen mutig berechenbare Risiken eingehen und unumgängliche Rückschläge hinnehmen können, ohne dadurch in Depressionen zu versinken. Manche

Spiele werden Sie verlieren, darunter auch solche, bei denen die Gewinnchance 99 Prozent betrug. Wenn dies geschieht, kann das sehr enttäuschend sein, aber es gehört zum Spiel dazu. Es erfordert Mut, sich auf ein Spiel einzulassen, wenn man sich bewusst macht, dass man am Ende auch verlieren kann. Aber wir dürfen uns von ein paar Misserfolgen nicht unterkriegen lassen, sondern müssen uns weiterhin bemühen, die besten Entscheidungen zu treffen.

Es ist in Ordnung, das Risiko einer Pleite einzugehen, wenn wir überzeugt sind, dass der mögliche Gewinn in einem vernünftigen Verhältnis dazu steht, und wenn wir bereit sind, die negativen Folgen zu tragen, sollte unser Vorhaben scheitern. Pleite zu gehen ist eigentlich keine große Sache. Ich selbst war mehrere Male pleite, und zu meiner Überraschung stellte ich fest, dass es trotzdem weiterging, auch wenn ich kein Geld mehr hatte. Eine Pleite ist kein Stoppschild. Ich fing einfach noch einmal von vorne an. Geldmangel kann uns nicht aufhalten, wenn wir wirklich entschlossen sind. Sind Sie mutig genug, auf dem Weg der Verwirklichung Ihrer Träume auch das Risiko einer Pleite einzugehen?

Ich rate Ihnen, Ihre Karriere nicht nur aufs Geld auszurichten. Wenn Sie glauben, dass Vermögen der absolute Hauptpreis ist, fallen Sie leicht auf alle möglichen Machenschaften herein und werden viele unüberlegte Einsätze machen. Selbst wenn Sie das Geld gewinnen, hinter dem Sie her sind, haben Sie doch verloren, da Sie am Ziel vorbeischießen. Der wirkliche Gewinn ist Erfüllung. Dies bedeutet, dass wir uns eine Situation schaffen, in der wir das tun, was wir uns gewünscht haben, unsere Fähigkeiten und Talente einsetzen, ein ausreichendes Einkommen erzielen und einen sinnvollen Beitrag für andere Menschen leisten. Dies allein ist der Preis, den es sich lohnt zu besitzen.

Treffen Sie keine beruflichen Entscheidungen aus Feigheit. Kneifen Sie nicht bei der Verwirklichung Ihrer Träume. Greifen Sie mutig nach dem Preis, der wahre Erfüllung bringt, und geben Sie sich nicht mit der Illusion von Sicherheit zufrieden. Machen Sie sich nicht so sehr von materiellem Besitz abhängig, dass Sie nicht mehr bereit sind, ihn für das zu riskieren, was wirklich zählt. Wenn wir sterben, müssen wir ohnehin alles zurücklassen; es ist wirklich nicht so wichtig. Von Bedeutung ist allein, wie groß unser bewusstes Wachstum ist, während wir auf der Welt sind, denn das ist das Einzige, was uns auch nach dem Tod bleibt.

Beruf und Intelligenz

Um eine berufliche Tätigkeit zu finden, die wirklich zu uns passt, müssen wir den Pfad entdecken, der uns mit Wahrheit, Liebe und Macht verbindet. Dazu ist es erforderlich, dass wir die nachfolgenden vier Fragen beantworten können:

1. *Körper (materielle Bedürfnisse):* Was *muss* ich tun?
2. *Geist (Fähigkeiten):* Was *kann* ich tun?
3. *Herz (Wünsche):* Was *möchte* ich tun?
4. *Seele (Beitrag):* Was *sollte* ich tun?

Eine berufliche Tätigkeit, die wirklich zu uns passt, haben wir dann gefunden, wenn alle vier Fragen die gleiche Antwort liefern. Es ist die Tätigkeit, die unsere Bedürfnisse erfüllt, unsere Fähigkeiten zum Ausdruck bringt, unsere Wünsche erfüllt und einen Beitrag für andere leistet. Also genau die Arbeit, bei der Körper, Geist, Herz und Seele mit Wahrheit, Liebe und Macht verknüpft sind.

Betrachten Sie Ihre gegenwärtige Tätigkeit im Licht der oben genannten Fragen. Sind Sie in allen vier Bereichen erfolgreich oder trifft dies nur auf manche Bereiche zu? Erzielen Sie mit Ihrer Tätigkeit ein ausreichendes Einkommen, um Ihre materiellen Bedürfnisse zu decken, ohne dass Sie sich immer mehr verschulden müssen? Bringen Sie Ihre Fähigkeiten und Talente zum Ausdruck? Lieben Sie die Arbeit, die Sie jeden Tag tun? Üben Sie eine Tätigkeit aus, die Ihnen wirklich etwas bedeutet?

Unsere Motivation ist dann am stärksten, wenn alle vier Bereiche im Einklang miteinander sind. Wenn ein Bereich herausfällt, zieht er die anderen drei Bereiche ebenfalls nach unten. Als ich Computerspiele entwickelte, liebte ich meine Tätigkeit und brachte meine Fähigkeiten sicherlich zum Ausdruck. Aber in den ersten Jahren gelang es mir nicht, auch meine Grundbedürfnisse ausreichend zu erfüllen; zudem leistete ich keinen großen Beitrag zur positiven Entwicklung anderer. Schließlich gelang es mir, genügend Einkommen zu erzielen, aber die spirituelle Seite des Geschäfts hinkte immer noch hinterher. Dieses Defizit schmälerte meine Freude an der Arbeit und verhinderte, dass ich meine Fähigkeiten ausbaute. Darüber hinaus machte es einen größeren finanziellen Erfolg unmöglich. Was wie eine 7 auf einer Skala von 1 bis 10 aussah, offenbarte sich immer mehr als eine 1.

Als ich meine berufliche Tätigkeit wechselte und mich auf den Bereich der persönlichen Entwicklung konzentrierte, tat ich immer noch etwas, das ich sehr gerne tat. Ich brachte weiterhin meine Fähigkeiten zum Ausdruck und fing an, einen Beitrag zu leisten, der sich gut für mich anfühlte. Aber ich war nicht sofort in der Lage, auch meine Grundbedürfnisse zu befriedigen. Das letzte Element kam erst später hinzu, doch dann war das Resultat erstklassig.

Es mag große Anstrengungen erfordern, sich eine authentische berufliche Tätigkeit aufzubauen, aber es lohnt sich auf jeden Fall. Wenn alle vier Bereiche synergetisch zusammenwirken, ist das Resultat wahrhaft erstaunlich. Anstatt nur unsere Grundbedürfnisse erfüllt zu bekommen, erfahren wir wahrhaften Überfluss. Anstatt unser Wissen nur auf die jeweilige Einzelaufgabe anzuwenden, entdecken wir unsere wahre Begabung. Anstatt den täglichen Trott irgendwie auszuhalten, arbeiten wir in einem Zustand dauerhafter Freude. Und anstatt einfach nur die Zeit totzuschlagen, leben wir in der Gewissheit, einen nützlichen Beitrag zu leisten.

Was können wir tun, wenn wir wissen, dass die vier Bereiche im Ungleichgewicht sind? Bei welchem Bereich sollen wir anfangen, wenn wir uns nicht um alle gleichzeitig kümmern können? Am besten ist es, mit dem Herzen zu beginnen, denn dieser Bereich hat die größten Auswirkungen auf alle anderen Bereiche. In gewisser Hinsicht ist die allgemeine Annahme richtig, dass das Geld schon folgen wird, wenn wir das tun, was wir lieben. In der Praxis ist es zwar nicht ganz so einfach, aber ein grundlegender Zusammenhang besteht. Wenn wir nicht aufhören, das zu tun, was uns Spaß macht, werden wir irgendwann richtig gut darin. Und sobald wir eine bestimmte Qualifikation erreicht haben, können wir den geschaffenen Wert mit anderen teilen, und viele Menschen werden das zu schätzen wissen. Wenn wir dann um einen vernünftigen Gegenwert bitten, können wir ein Einkommen mit unserer Tätigkeit erzielen. Dieser Prozess kann Jahre dauern, aber er führt zu einem äußerst positiven Ergebnis. Und alles fängt damit an, dass wir das machen, was wir wirklich gerne tun.

Schauen Sie sich die Alternativen an. Wenn es unser oberstes Ziel ist, unsere materiellen Bedürfnisse zu befriedigen, tappen wir leicht in die Falle, dass wir eine seelenlose Arbeit für ein bescheidenes Gehalt machen. Je länger wir diesem Pfad folgen, desto mehr Fähigkeiten entwickeln wir im Rahmen einer Tätigkeit, die uns nicht gefällt. Indem wir Erfahrungen auf diesem Gebiet sammeln, steigt vielleicht unser Einkommen. Aber wir werden so nicht zufrieden und glücklich und leisten wahrscheinlich auch keinen Beitrag, der uns wirklich erfüllt. Je länger wir diesem Pfad folgen, desto größer wird das Loch, das wir in uns selbst erzeugen. Das Geld muss dann als Ersatz für die wahre Erfüllung herhalten, nach der wir uns eigentlich sehnen. Wenn Sie sich in dieser Situation befinden, dann muss ich Ihnen leider mitteilen, dass die beste Möglichkeit, aus dieser Sache herauszukommen, darin besteht, alles zusammenbrechen zu lassen. Richten Sie Ihr Leben wieder auf Wahrheit, Liebe und Macht aus, und Sie werden erkennen, dass äußerer Erfolg es nicht kompensieren kann, dass Sie den Menschen im Spiegel betrügen. Unser wahres Selbst ist nicht käuflich.

Eine weitere problematische Variante ist die, dass wir alles dafür tun, einen Beitrag für die anderen zu leisten, uns aber nicht genug um die drei auf uns bezogenen Bereiche kümmern. Ich nenne dieses Phänomen das *Lichtarbeiter-Syndrom*. Die betroffenen Menschen sind sehr liebevoll und mitfühlend, aber sie strengen sich nicht genug an, um die Fähigkeiten zu entwickeln, mit denen sie wirklich bedeutende Beiträge leisten könnten. Sie sind stark mit Liebe verbunden, aber ihre Macht ist zu schwach, daher sind ihren Möglichkeiten, einen positiven Beitrag zu leisten, enge Grenzen gesetzt. Immer wieder müssen sie ihre große Mission aufschieben und ihr letztes Geld zusammenkratzen, damit sie ihre Miete bezahlen können. Wenn wir die Welt verändern wollen, dann sollten wir dies auch in einer Weise tun, die effektiv ist. Niemandem ist damit gedient, dass wir unsere materiellen Grundbedürfnisse nicht erfüllen können.

Die letzte Fehlhaltung besteht darin, die Entwicklung der eigenen Fähigkeiten und Talente zur obersten Priorität zu machen. Dabei besteht die Gefahr, dass wir richtig gut in etwas werden, das uns nicht wirklich gefällt oder unsere materiellen Bedürfnisse nicht deckt, und dies schneidet uns von unserem wahren Selbst ab. Ich halte es für einen großen Fehler, wenn Eltern Druck auf ihre Kinder ausüben, damit sie einen bestimmten beruflichen Werdegang einschlagen und zum Beispiel Arzt oder Rechtsanwalt werden, nur weil die Eltern es sich wünschen. Die Welt braucht keine weiteren unglücklichen und unerfüllten Ärzte und Rechtsanwälte.

Für wahres Glück gibt es keinen Ersatz. Es ist besser, das zu tun, was wir lieben, auch wenn wir dadurch pleite gehen und obdachlos werden und von einer Parkbank aus arbeiten müssen, als unsere Seele für eine Million Dollar zu verkaufen. Das Gute an der Sache ist, dass wir wahrscheinlich nicht lange mittellos bleiben werden, wenn wir dem Pfad des Herzens folgen. Wir tun dann nämlich etwas, das für andere einen Wert hat, und das ist genau die richtige Methode, um sich überhaupt erst ein Einkommen erwirtschaften zu können.

* * *

Um einer erfüllenden beruflichen Tätigkeit nachgehen zu können, müssen wir bewusste Karriere-Entscheidungen treffen. Wir können nicht einfach nur der Herde hinterherlaufen und den ausgetretenen Pfad entlangtrotten, dem alle anderen ebenfalls blind folgen. Machen Sie keine Kompromisse. Wenn Sie merken, dass Sie sich auf einem Pfad befinden, dem das Herz fehlt, sollten Sie diesen so schnell es geht verlassen. Andere Menschen mögen lautstark gegen Ihre Entscheidung protestieren, aber ein paar Jahre später werden Sie erleben, dass etwas ziemlich Kurioses passiert: Die gleichen Leute, die uns dafür gehasst haben, dass wir unseren eigenen Weg gegangen sind, tauchen plötzlich auf und bitten uns um Rat, weil sie genau das Gleiche tun wollen. Einst waren sie ärgerlich, weil wir sie gezwungen haben, der unangenehmen Wahrheit ins Auge zu blicken, aber nun sind wir eine Inspiration für diese Leute, die sich wünschen, sie hätten unseren Mut. So geschieht es wirklich, selbst wenn der stärkste Widerstand aus der eigenen Familie kommt.

Machen Sie sich nicht selbst fertig, wenn Sie nicht auf Anhieb wissen, welche berufliche Tätigkeit Sie gerne ausüben würden. Treffen Sie einfach weiterhin bewusste Entscheidungen, und irgendwann werden Sie es wissen. Der Pfad des Herzens ist eine lebenslange Reise und keine Zielfahrt.

Nun ist es an der Zeit, dass wir unsere Aufmerksamkeit auf einen Bereich der persönlichen Entwicklung lenken, der sehr oft missverstanden wird. Es handelt sich dabei um...

Kapitel 10:

»Es ist nicht leicht, nach oben zu streben, wenn die eigenen Qualitäten durch Armut vereitelt werden.«

Juvenal

Geld spielt zweifellos eine wichtige Rolle in unserem Leben. Aber wie sieht diese Rolle im Detail aus? Ist Geld eine gefährliche Ablenkung oder kann es uns sogar dabei helfen, bewusster zu leben? Ist es besser zu geben oder zu empfangen? Ist Armut »erleuchteter« als Wohlstand?

Selbst bei sehr bewusst lebenden Menschen kann Geld ein umstrittenes und polarisierendes Thema sein. Unsere soziale Konditionierung überfrachtet uns mit derart vielen gegensätzlichen Ansichten, dass es kein Wunder ist, wenn wir verwirrt sind. Diese Verwirrtheit in Bezug auf Geld bewirkt, dass wir den finanziellen Teil unseres Lebens von unserem Gesamtsystem abspalten und nach außen hin abschotten. Geld wird ein Ding in sich selbst,

mit eigenen Regeln und Rezepten. Wir behandeln es buchstäblich als etwas, das abgetrennt und in einen Tresor ein-
geschlossen werden muss, von allen anderen Lebensbereichen isoliert, damit es uns nicht mit seinen unmenschlichen
Eigenschaften infiziert.

Wie die meisten anderen wuchs ich mit widersprüchlichen Ansichten über das Geld auf. Auf der einen Seite sah
ich den Beweis dafür, dass Geld gut ist. Intellektuell betrachtet scheint materieller Wohlstand wichtig zu sein,
denn Geld zu haben bringt definitiv gewisse Vorteile mit
sich. Es ist nötig, um Essen, Kleidung, Schutz, Wohnraum,
Transport, Ausbildung, Technologie, Unterhaltung, Medi-
zin und vieles mehr zu kaufen. So wie unsere Gesellschaft
gegenwärtig funktioniert, können wir gewisse Probleme
mit Geld aus der Welt schaffen. Geld kann sicher nicht alle
Probleme lösen, und darüber hinaus kann es auch selbst
neue Probleme verursachen, aber grundsätzlich lässt sich
sagen, dass Geld ein mächtiges Werkzeug ist, das uns hilft,
unsere Probleme zu lösen. Der inspirierende Radiomode-
rator Earl Nightingale bringt es auf den Punkt: »Nichts
kann Geld in dem Bereich ersetzen, der mit Geld funktioniert.«

Auf der anderen Seite gibt es ein paar Dinge, die mich
am Geld stören. Intuitiv betrachtet fühlt es sich für mich
leer und bedeutungslos an. Ich kann es nicht gutheißen,
dass Geld als Pförtner benutzt wird, um bestimmte *Privile-
gien* zu nutzen, wie zum Beispiel eine gute medizinische
Versorgung, gesunde Nahrungsmittel oder eine ordent-
liche Ausbildung. Außerdem irritiert mich, dass sich manche Menschen unehrenhaft verhalten, um an Geld zu kommen. Obwohl mich die Errungenschaften der Superreichen
bisweilen beeindrucken, haben viele von ihnen ihr Geld
auf eine Weise verdient, die ich nicht akzeptieren kann.

Haben Sie ähnliche innere Konflikte? Wenn ja, dann sind
Sie nicht allein. Dieser Widerstreit ist zum größten Teil ein

Resultat unserer sozialen Konditionierung. Die einen erzählen uns, wie wichtig Geld sei, die anderen behaupten
das Gegenteil. Achten Sie darauf, was um die Weihnachts-
zeit herum geschieht. Die Werbung fordert uns massiv
dazu auf, alle erdenklichen Dinge zu kaufen, zu kaufen,
zu kaufen. Sie versucht uns den Eindruck zu vermitteln,
dass wir an Weihnachten umso glücklicher sein werden, je
mehr Geld wir ausgeben. Auf der anderen Seite gibt es
Filmklassiker wie *Ist das Leben nicht schön?*, in denen uns
gezeigt wird, dass Geld nicht wirklich wichtig ist und es viel
mehr auf zwischenmenschliche Beziehungen ankommt. Sie
sehen, wir empfangen widersprüchliche Signale im Überfluss.

Die soziale Konditionierung im Hinblick auf Geld hat
auch einen Einfluss darauf, wie wir uns gegenseitig behandeln. Welche Vorurteile haben Sie gegenüber anderen, die
sich auf deren finanziellen Status gründen? Welche Vermutungen stellen Sie über einen Millionär an? Wie stellen Sie
sich jemanden vor, der total pleite ist? Wie fühlen Sie sich,
wenn Sie jemanden zum Rendezvous treffen, der zehnmal
so viel verdient wie Sie? Wie geht es Ihnen, wenn jene Person nur ein Zehntel von dem verdient, was Sie monatlich
bekommen?

Diese widersprüchlichen Botschaften verleiten viele
bewusste Menschen zu der Annahme, dass das Geld selbst
das Problem sei. Wäre es da nicht besser, ohne Geld zu
leben oder ihm zumindest nicht so eine wichtige Rolle in
unserem Leben zu geben? Sollte Geld tatsächlich nicht mit
einem bewussten Leben vereinbar sein, warum sollten wir
dann nicht die Entscheidung treffen, Geld grundsätzlich
zu meiden? Sollten wir unsere weltlichen Besitztümer aufgeben und irgendwo in einer Höhle leben?

Trotz all der Dinge, auf die wir konditioniert wurden,
lautet die schlichte Wahrheit, dass es im Hinblick auf Geld
keine Ausnahmeregeln gibt. Geld folgt ebenso den Prin-

zipien Wahrheit, Liebe und Macht wie jeder andere Teil unseres Lebens. Es wäre ein Fehler, vor der finanziellen Realität die Augen zu verschließen. In diesem Kapitel zeige ich Ihnen, wie Sie eine holistische Perspektive auf das Geld einnehmen können, die Ihr intuitives Empfinden und Ihren logischen Verstand zugleich befriedigt.

Geld und Wahrheit

Was ist Geld? Geld ist eine soziale Ressource – und zwar die wesentlichste. Es hat für sich genommen zunächst keinen Wert; wir teilen ihm diesen Wert erst durch soziale Übereinkunft zu. Wenn wir 100 Dollar haben, können wir den entsprechenden Gegenwert von der Gesellschaft erhalten, indem wir das Geld ausgeben. Dies funktioniert, da wir den Konsens getroffen haben, dass 100 Dollar einen bestimmten Wert darstellen. Wenn wir alle der Meinung wären, dass Geld wertlos sei, könnten wir absolut nichts mit ihm anfangen.

Da Geld eine soziale Ressource darstellt, ist es das perfekte Mittel zum Austausch. Der Wert von allem, einschließlich des Geldes, wird durch den sozialen Konsens bestimmt. Dieser kann sich in der Übereinkunft von nur zwei Menschen zeigen, wenn wir zum Beispiel einer anderen Person etwas abkaufen. Oder er wird als Konsens einer großen Gruppe deutlich, etwa beim Kauf oder Verkauf der Aktien börsennotierter Unternehmen.

Obgleich es ernsthafte Konsequenzen mit sich bringt, steht es uns frei, den sozialen Vertrag, der mit dem Geld verknüpft ist, zu kündigen. Für die meisten Menschen wäre dies überaus unpraktisch, doch die Möglichkeit besteht. Wenn wir den Vorteil sozialer Ressourcen dennoch nutzen wollten, müssten wir eigene soziale Verträge auf der Basis von Einzelfällen abschließen. Dazu zählen zum

Beispiel der Tauschhandel oder das Nutzen von Beziehungen, um unsere sozialen Bedürfnisse zu befriedigen.

Für die meisten von uns bringt der soziale Vertrag, der mit dem Geld verknüpft ist, zu viele Vorteile, um auf ihn zu verzichten. Obgleich das Geldsystem mit Sicherheit nicht perfekt ist, so ist es doch effektiver als mögliche Alternativen. Da der Austausch von Geld eine einfache Handlung ist, fällt es leicht, Güter und Leistungen damit aufzuwiegen. Lebensmittel einkaufen, in einem Beruf arbeiten oder im Internet surfen sind alles Beispiele für den sozialen Austausch von Gütern und Leistungen; durch einen gemeinsamen Konsens entsprechen sie alle einem bestimmten Geldwert. Selbst Geld als solches kann einen Preis haben, wie jeder weiß, der schon einmal einen Kredit aufgenommen oder sein Konto überzogen hat.

Im Grunde genommen ist Geld eine Art sozialer Kredit. Es ist ein Schuldschein, den die Gesellschaft ausstellt, und mit dessen Hilfe wir einen bestimmten sozialen Wert bekommen können, sobald wir unser Geld für etwas ausgeben. Je mehr Geld wir haben, desto mehr schuldet uns die Gesellschaft und desto mehr Wert können wir für uns entnehmen.

Nun wollen wir betrachten, was es in Wahrheit bedeutet, Geld zu verdienen. Da Geld eine soziale Ressource ist, erwerben wir mehr von dieser Ressource, indem wir es verdienen. Wenn wir es ausgeben, wandeln wir Geld in einen Wert um; wenn wir es verdienen, wandeln wir umgekehrt einen Wert in Geld um.

Eine Art, Geld zu verdienen, besteht darin, das zu verkaufen, was uns gehört. Nehmen Sie irgendetwas und verkaufen Sie es jemandem, der es haben möchte, und er wird Ihnen Geld dafür geben. Eine andere Möglichkeit besteht darin, bestimmte Dinge zu einem bestimmten Preis zu kaufen und sie dann teurer weiterzuverkaufen. Firmen überall auf der Welt nutzen Ressourcen und verkaufen sie mit einem Gewinn weiter. Für eine Einzelperson kann dies bedeuten, Objekte, Aktien oder Rentenwerte zu kaufen und sie daraufhin zu einem höheren Preis anzubieten. Manchmal wird in diesem Prozess ein zusätzlicher Wert geschaffen; bisweilen wird das Geld durch Marktunterschiede verdient, wobei der eine Partner einer Transaktion davon profitiert, dass gewisse Güter und Leistungen auf zwei verschiedenen Märkten einen unterschiedlichen Wert haben.

Die am weitesten verbreitete Art Geld zu verdienen besteht darin, seine Zeit zu verkaufen. Suchen Sie sich einen Job und verkaufen Sie Ihre Stunden für Dollar. Je mehr sozialen Wert Sie durch Ihre Arbeit schaffen, desto größer ist Ihr Einkommenspotenzial. Der Unterscheid, ob wir 25 Dollar oder 250 Dollar in der Stunde verdienen, besteht darin, dass letztere Arbeit über einen größeren sozialen Wert verfügt. Dies ist nicht die Schuld von Einzelnen; der Unterschied kommt vielmehr durch den sozialen Konsens über den Wert bestimmter Tätigkeiten zustande. Beachten Sie dabei den Unterscheid zwischen absolutem und sozialem Wert. Spitzensportler führen im absoluten Sinn keine gesellschaftlich nützliche Tätigkeit aus, aber ihr Verdienst beruht auf einem sozialen Wert ihrer Leistungen, über den kollektive Übereinstimmung herrscht und der gegenwärtig sehr hoch ist.

Eine andere Möglichkeit, Geld zu verdienen besteht darin, ein System aufzubauen, das dieses Geld für uns verdient, zum Beispiel eine Firma. Diese Lösung ist mein persönlicher Favorit, denn dadurch lässt sich eine größere Wirkung erzielen als mit der Methode, bei der man einfach nur seine Zeit verkauft. Langfristig gesehen ist darüber hinaus das Risiko geringer, denn es ist sicherer, ein Einkommen schaffendes System zu kontrollieren, als einen Arbeitsplatz zu haben, der gekündigt werden kann.

Wir können auch Geld verdienen, indem wir Geld verkaufen. Wenn wir in Vermögenswerte investieren, ist es möglich, Kapitalerträge in Form von Zinsen, Dividenden oder Wertsteigerungen zu erzielen.

Die letzte Möglichkeit, an Geld zu kommen, besteht darin, es zu stehlen. Historisch gesehen war dies eine durchaus beliebte Möglichkeit, doch ich möchte mich an dieser Stelle nicht ernsthaft mit ihr befassen.

Was wir bislang über Geld erfahren haben, ist nichts aufregend Neues, aber es ist erstaunlich, wie leicht wir die einfache Wahrheit aus den Augen verlieren, dass Geld schlichtweg eine menschliche Erfindung ist, die einen Austausch von Werten ermöglicht. Geld als etwas Böses oder Unnötiges zu verdammen, ist ein schwerer Fehler. Wenn es auf die richtige Weise mit Wahrheit, Liebe und Macht verknüpft wird, ist es ein wichtiges Werkzeug für ein bewusstes Leben und sollte auf keinen Fall ignoriert werden. Um bewusst leben zu können, müssen wir lernen, auf intelligente Weise mit Geld umzugehen.

Geld und Liebe

Das Prinzip der Liebe ermahnt uns, das Konzept des Geldes auf einer tieferen Ebene zu untersuchen. Genau dies wollen wir jetzt tun, um zu sehen, welche neuen Erkenntnisse sich uns dadurch offenbaren.

Es gibt zwei grundlegende Möglichkeiten, Geld zu verdienen:

1. Einen sinnvollen sozialen Beitrag leisten und dafür mit einem Betrag bezahlt werden, der dem sozialen Wert dieses Beitrags entspricht.

2. Marktungleichgewichte ausnutzen und Gewinn erzielen, ohne einen substantiellen Wert zu schaffen.

Die erste Möglichkeit bedeutet, eine Arbeit anzunehmen und dieser Tätigkeit nachzugehen; eine Firma zu betreiben, die wertvolle Produkte herstellt oder Dienstleistungen anbietet; Waren mit einem zugefügten Mehrwert weiterzuverkaufen; oder in eine dieser Möglichkeiten zu investieren. Die zweite Option umfasst Spekulation, Betteln, kriminelle Aktivitäten, Produkte kaufen und wiederverkaufen, ohne einen Mehrwert geschaffen zu haben, oder in diese Dinge zu investieren.

Man könnte die beiden Möglichkeiten in Kurzform so bezeichnen:

1. Einen Beitrag leisten
2. Schnorren

Wenn Sie es nicht geschafft haben sollten, sich aus dem Geldkreislauf auszuklinken, dann verwenden Sie in diesem Moment eine dieser beiden Möglichkeiten oder sogar alle zwei. Wahrscheinlich wird jedoch eine Strategie vorherrschen. Entweder schaffen Sie einen echten sozialen Wert und werden einigermaßen dafür bezahlt, oder Sie schnorren den Wert, den andere geschaffen haben.

Bedenken Sie, dass das Geldsystem nur dann existieren und gedeihen kann, wenn genügend Menschen einen Beitrag dazu leisten. Wenn alle schnorren wollen, funktioniert es nicht. Die Schnorrer überleben nämlich dadurch, dass sie Geld aus den Werten entnehmen, die die Beitragleistenden schaffen. Irgendwer muss zunächst den Wert schaffen, den der Schnorrer schnorrt. Solange wir nicht völlig autark leben, verbrauchen wir immer einen Wert, den die Gesellschaft geschaffen hat – zum Beispiel Nahrung, Kleidung und Wohnraum. Die Frage ist, ob wir dem System auch einen fairen Wert zurückgeben, um einen Ausgleich für das zu schaffen, was wir ihm entnommen haben.

Ein gewisser Grad des Schnorrens kann nicht verhindert werden. Kinder leben beispielsweise auf Kosten ihrer Eltern. Diejenigen, die nicht in der Lage sind, einen Beitrag zu leisten, nehmen von denjenigen, die es können. Immer wenn wir die Früchte der Arbeit anderer genießen, ohne dafür zu bezahlen, schnorren wir. Wir alle profitieren von der harten Arbeit unserer Vorfahren. Doch irgendwann müssen wir uns entscheiden, ob wir auf diese Weise weitermachen wollen oder lieber anfangen, einen echten Beitrag zu leisten.

Voraussichtlich wird Ihr Leben immer beide Teile des Geldverdienens beinhalten, aber was ist Ihre vorherrschende Strategie? Schaffen Sie einen echten sozialen Wert oder schnorren Sie von dem Wert, den andere geschaffen haben? Wenn Sie in einer großen Organisation arbeiten, sollten Sie bedenken, dass Sie deren Strategie, Einkommen zu erwirtschaften, teilen. Arbeiten Sie für einen Schnorrer oder für einen Beitragenden? Wir können den großen Zusammenhang nicht einfach außer Acht lassen.

Die innere Haltung des Schnorrers

Wenn wir schnorren, entziehen wir dem System mehr sozialen Wert, als wir ihm zuführen. Unser Fokus liegt darauf, etwas zu bekommen, anstatt etwas beizutragen; demzufolge nehmen wir mehr, als wir zurückgeben. Der Schnorrer verlässt sich darauf, dass irgendwer schon die Kohlen aus dem Feuer holen wird. Er macht Ansprüche geltend, die er nicht verdient hat. Da er Werte wie Nahrung, Kleidung und Wohnraum entnimmt – Werte, die andere für ihn schaffen müssen –, lebt er auf deren Kosten. Seine Last mag von willigen Personen wie zum Beispiel den Eltern getragen werden oder aber von der Gesellschaft als Ganzes; in beiden Fällen saugt er an der sozialen Brust.

In manchen Fällen ist das Schnorren zu einer solchen

Gewohnheit geworden, dass wir es schon gar nicht mehr bemerken. Viele Menschen, die von sich glauben, in einem Beruf zu arbeiten, mit dem sie einen aktiven Beitrag leisten, haben insgeheim die geistige Einstellung des Schnorrers und versuchen, mehr sozialen Wert zu entnehmen, als sie tatsächlich beitragen. Hierzu gehört der Rechtsanwalt, der mehr Stunden berechnet, als er tatsächlich gearbeitet hat; der Finanzchef, der die Zahlen schönt, um den Aktienpreis des Unternehmens in die Höhe zu treiben, oder auch der Angestellte, der während der Arbeitszeit persönliche Dinge erledigt. Solche Handlungen gehen zu Lasten derjenigen, die einen wirklichen Beitrag leisten.

Mit der geistigen Einstellung des Schnorrers lässt sich nur sehr schwer finanzieller Überfluss schaffen. Mit dieser Weltsicht finanziellen Erfolg zu haben, setzt außerdem voraus, bestimmte Dinge zu akzeptieren, die die meisten Menschen negativ beurteilen. Unser Gewinn wird der Verlust eines anderen sein, von daher können wir nur auf Kosten anderer reich werden. Um mit Schnorren ein Vermögen zu machen, muss ein anderer das, was wir entnehmen, mit realem Wert auffüllen. Je mehr Reichtum wir anhäufen, desto mehr nehmen wir den anderen weg und desto mehr zwingen wir sie dazu, an unserer Stelle einen Beitrag zu leisten. Konsequent zu Ende gedacht ist Schnorren im Grunde das Gleiche wie Diebstahl.

Den meisten behagt die Vorstellung nicht, auf Kosten anderer reich zu werden, daher führt die Geisteshaltung, die dem Schnorren zugrunde liegt, häufig zur Selbstsabotage. Wenn wir diesem Muster verfallen, entwickeln wir eine Hassliebe zum Geld. Auf der einen Seite wollen wir immer mehr davon, auf der anderen aber sind wir nicht bereit, das zu tun, was dafür erforderlich wäre, da wir wissen, dass ein anderer die Zeche zahlen muss, wenn wir auf diese Weise reich werden wollen.

Wenn Sie zum Beispiel ein professioneller Pokerspieler

sind, dann wissen Sie, dass Sie nur dann mehr gewinnen können, wenn andere mehr verlieren. Davon abgesehen muss irgendjemand zunächst den realen Wert schaffen, der dem Bargeld entspricht, das wir entnehmen. Für eine bewusst lebende Person ist diese Strategie nicht dazu geeignet, wohlhabend zu werden. Um auf diese Weise Geld verdienen zu können, müssen wir uns nämlich von unserem wahren Selbst abschneiden und Wände aufbauen, die uns von anderen Menschen abschirmen.

Manche umgehen dieses Problem der finanziellen Selbstsabotage, indem sie einfach nicht so genau hinschauen und sich vom Prinzip der Liebe abwenden. Sie lernen Geld zu machen, ohne wirklich wissen zu wollen, wie sie es verdienen. Sie erfinden Rechtfertigungen, um ihr Handeln zu erklären, und wollen um jeden Preis vermeiden, der Wahrheit ins Gesicht zu sehen. Ein Autoverkäufer erhält vielleicht eine höhere Kommission, wenn er das Auto zu teuer an einen arglosen Kunden verkauft, aber indem er sich so verhält, beraubt er sich der Möglichkeit, eine ehrliche und liebevolle Beziehung zum Kunden aufzubauen. Dadurch, dass er die innere Haltung des Schnorrens einnimmt, schneidet er sich vom Prinzip der Liebe ab.

Ein kleiner Prozentsatz Menschen ist in der Lage, die innere Einstellung des Schnorrens zu haben, ohne dadurch ihr Bewusstsein zu trüben. Diese richten das Prinzip der Liebe ausschließlich auf sich selbst aus, womit sie das Prinzip des Einsseins zurückweisen – einschließlich der damit verknüpften Werte wie Mitgefühl, Ehrlichkeit, Fairness, Mitwirkung und Verbundenheit. Dies ist die geistige Einstellung von Kriminellen, die anderen aus persönlicher Habgier gezielt Schaden zufügen. Obgleich ich es Ihnen nicht empfehle, muss ich zugeben, dass es möglich ist, sich bewusst für diesen Pfad zu entscheiden. Im Rahmen dieses Buches möchte ich nicht näher auf diese Möglichkeit eingehen, aber wenn Sie auch über diesen Pfad mehr wissen wollen, um vollkommene Klarheit darüber zu erlangen, welchen Pfad Sie selbst einschlagen sollen, dann besuchen Sie bitte die (englischsprachigen) Archivseiten unter **www.StevePavlina.com/blog/archives** und suchen Sie nach Artikeln mit dem Wort *darkworker* im Titel.

Falls Sie aber nicht dazu in der Lage sind, Ihr Gewissen komplett auszuschalten, wird es unmöglich werden, mit der inneren Haltung des Schnorrens finanziellen Überfluss zu erzielen, zumindest solange Sie sich zugleich darum bemühen, bewusst zu leben. Die Frage des Schnorrers lautet nämlich stets *Wie kann ich zu mehr Geld kommen?* anstatt *Wie kann ich mehr Wert beitragen?* Je bewusster und liebevoller Sie werden, desto mehr werden Sie zögern, auf diese Weise Ihr Einkommen zu vergrößern, da das, was Sie gewinnen, ein anderer verliert. Von daher erliegen Schnorrer oft der finanziellen Selbstsabotage. Die Lösung besteht darin, entweder das eigene Gewissen zu unterdrücken oder aber die geistige Einstellung des Schnorrers über Bord zu werfen und stattdessen die zweite Möglichkeit in Betracht zu ziehen, die lautet:

Einen positiven Beitrag leisten

Wir wollen uns nun mit der inneren Haltung der Menschen befassen, die einen positiven Beitrag leisten, da sie erkannt haben, dass die beste Weise, Geld zu verdienen, die Methode ist, mit der man einen fairen Gegenwert schafft. Erzeugen Sie einen echten sozialen Wert, und Sie erhalten eine Bezahlung, die diesem Wert entspricht. Aufgrund schwankender Nachfrage kann es vorkommen, dass Sie das eine Mal unter-, das nächste Mal dagegen überbezahlt sind, aber grundsätzlich geht es darum, Geld dadurch zu verdienen, dass Sie einen positiven Beitrag leisten.

Wenn wir als Mensch, der einen wirklichen Beitrag leistet, ein Einkommen erwirtschaften wollen, dann müssen wir sozialen, nicht persönlichen Wert schaffen. Aber genau an diesem Punkt kommen viele, die dies gerne täten, nicht weiter. Persönlicher Wert hängt von unserer eigenen Beurteilung ab. Es steht uns frei, darüber zu bestimmen, was für uns persönlich einen Wert hat, dabei spielt es keine Rolle, ob uns irgendjemand zustimmt. Ein sozialer Wert wird dagegen durch sozialen Konsens bestimmt. Wenn wir der Ansicht sind, unsere Arbeit hätte einen unglaublichen Wert, aber niemand sonst davon überzeugt ist, dann besitzt unsere Tätigkeit zwar einen hohen persönlichen Stellenwert, aber nur wenig oder gar keinen sozialen Nutzen. Um den entscheidenden Punkt zu wiederholen: Unser Einkommen hängt vom sozialen, nicht vom persönlichen Wert unserer Arbeit ab.

Wenn Sie ein Einkommen erzielen wollen, das nicht zu Lasten anderer geht, dann müssen Sie einen sozialen Wert schaffen. Daran führt kein Weg vorbei. Null sozialer Wert bedeutet null Einkommen. Solange Ihre Fähigkeiten und Anstrengungen keinen echten sozialen Wert schaffen, erzielen Sie auch als Person, die gewillt ist, ihren Beitrag zu leisten, kein hohes Einkommen.

Das System als solches ist nicht unfair. Da Geld eine soziale Ressource ist, der ein kollektiver Wert zugrunde liegt, macht es Sinn, dass wir nur gering entlohnt werden, wenn wir etwas einbringen, das wenig oder gar keinen Wert für die Gemeinschaft hat. Das Sprichwort »Finde ein Bedürfnis und befriedige es« scheint also zu stimmen.

Meine Webseite zum Beispiel erzeugt ausreichend sozialen Wert. Ob sie für Sie oder für mich einen individuellen Wert hat, spielt finanziell gesehen keine Rolle. Die Webseite erwirtschaftet erfolgreich ein Einkommen, da ein grundlegender sozialer Konsens darüber besteht, dass ihr Inhalt wertvoll ist. Nur so ist es möglich, dass sie ein hohes

Einkommen erzielt. Würde sie etwas anbieten, das keinen
sozialen Wert hat, hätte sie auch kein finanzielles Potenzial.

Eine andere Bezeichnung für die innere Haltung derjenigen, die einen positiven Beitrag leisten wollen, ist das
Denken im Überfluss. Diese geistige Einstellung besagt,
dass Wohlstand durch Ideen und Handlungen erzeugt
werden kann. Das, was wir persönlich für uns herausholen, entspricht dem sozialen Wert dessen, was wir zuvor
eingebracht haben. Wenn wir viel Geld verdienen wollen,
müssen wir einen substanziellen sozialen Wert schaffen.
Je höher der soziale Wert unserer Tätigkeit ist, desto mehr
Geld können wir verdienen. Dies ist eine Situation, von
der beide Seiten profitieren, denn wir fügen dem System
etwas hinzu, das für andere einen Wert hat.

Derjenige, der einen Beitrag leistet, sieht das Geld, das
er bekommt, als Entlohnung für seinen Dienst an der Gemeinschaft an. Mit dem, was er verdient, sagt ihm die Gesellschaft: »Im Austausch für deinen wertvollen Beitrag
erteile ich dir hiermit das Recht, mir einen entsprechenden
Wert deiner Wahl zu entnehmen.« Das ist eine wunderbare
Sache!

Die einzige Begrenzung unseres Einkommens besteht
darin, wie viel sozialen Wert wir erschaffen können. Wenn
wir mehr Geld verdienen wollen, müssen wir unsere Fähigkeiten und Talente entwickeln, um mit ihrer Hilfe einen
größeren sozialen Wert erzeugen zu können. Indem wir
uns auf das Geben konzentrieren, wird sich das Nehmen
zum größten Teil von selbst regeln. Das System, in dem
der Dienst an der Gemeinschaft belohnt wird, funktioniert
gut, sodass wir nur noch unser Angebot auf den bereits
existierenden Markt bringen müssen.

Es ist eine sehr positive Erfahrung, Einkommen aus
einem sozialen Beitrag zu erzielen. Im Gegensatz zum
Schnorren wird unser Bewusstsein dadurch nicht getrübt.

Für jemanden, der einen wertvollen Beitrag leistet, stehen Wohlstand und Bewusstsein nicht im Konflikt miteinander. Vielmehr ergänzen sie sich wunderbar, besonders wenn wir unser Geld erneut investieren, um unseren Beitrag noch zu vergrößern.

Wenn wir uns die innere Haltung desjenigen angewöhnen, der einen wertvollen Beitrag leistet, sollten wir uns im Klaren darüber sein, dass der Klub der Schnorrer uns manchmal fälschlicherweise als sein Mitglied betrachtet wird. Sobald wir daran arbeiten, unseren sozialen Beitrag zu erhöhen und dadurch unser Einkommen steigern, werden die Schnorrer ihre Werte auf uns projizieren – und zu diesen Werten gehört, andere um des persönlichen Gewinns wegen auszunutzen. Verhindern Sie unbedingt, dass Schnorrer Sie von Ihrem Pfad abbringen. Lassen Sie sich vielmehr von Ihrem Wunsch inspirieren, einen noch größeren sozialen Wert zu schaffen. Halten Sie nicht mit Ihrem Vorhaben hinterm Berg, nur weil andere Ihre Bemühungen falsch interpretieren.

Als Beitragender haben wir stets die Möglichkeit, kostenlose Beiträge zu liefern (das heißt, sozialen Wert zu schaffen und nichts dafür zu entnehmen). Wir müssen uns nicht bezahlen lassen, wenn wir dies nicht wünschen. Ich freue mich, dass ich diese Möglichkeit habe, da so auch diejenigen von meiner Arbeit profitieren, die sich meine Dienste nicht leisten könnten. Meine Webseite repräsentiert enormen persönlichen Einsatz von Zeit und Energie, daher ist sie aus meiner Perspektive alles andere als kostenlos. Aber weil ich sehr gut darin bin, meine fixen Kosten durch den Einsatz neuester Technologien gering zu halten, ist es mir möglich, ihren Inhalt kostenlos zur Verfügung zu stellen.

Ich empfehle Ihnen, sich bewusst dafür zu entscheiden, einen wertvollen Beitrag leisten zu wollen, denn diese innere Haltung ist mit Liebe verknüpft, während die geis-

tige Einstellung des Schnorrers dies mit Sicherheit nicht
ist. Opfern Sie nicht Ihre Menschlichkeit für Geld. Behandeln Sie andere Menschen niemals so, als wären sie Dollarscheine. Keine Geldsumme der Welt ist es wert, sich dafür
von allem abzuschneiden. Einen echten Wert mit anderen
zu teilen, ist ein Akt der Liebe, durch den Sie viel Geld verdienen und gleichzeitig Ihre Verbundenheit und Ihr Bewusstsein weiten können. Es ist also möglich, Wohlstand
zu erreichen, ohne dafür das Bewusstsein trüben müssen.
Dies funktioniert allerdings nur, wenn Sie Ihre Energie darauf konzentrieren, einen echten Beitrag zu leisten.

Geld und Macht

Das Prinzip der Macht besagt, dass wir für unsere finanzielle Situation selbst verantwortlich sind. Wenn Ihnen Ihr
gegenwärtiger Umstand nicht gefällt und Sie etwas Besseres wollen, dann liegt es an Ihnen, Ihre Situation zu verändern. Sie können die finanzielle Kontrolle an andere abgeben, aber die letzte Verantwortung liegt immer bei Ihnen
selbst. Sie müssen mit den Konsequenzen Ihrer Erfahrungen leben.

In Selbsthilfebüchern wird oft empfohlen, wir sollten
uns klare finanzielle Ziele setzen. So sollten wir im Voraus
bestimmen, wie viel Geld wir verdienen und wie viel Geld
wir auf der Bank haben wollen. Ich selbst habe mir schon
oft solche Ziele gesetzt. Manchmal habe ich sie erreicht,
manchmal nicht. Schließlich lernte ich eine wichtigere Lektion: Damit unsere finanziellen Ziele tatsächlich erreichbar sind, müssen sie unsere größten Wünsche ausdrücken.
Ein Ziel, das uns nicht motiviert und antreibt, hat keinen
Wert.

Als ich darüber nachdachte, erkannte ich, dass es mir
persönlich gar nicht wichtig war, eine bestimmte Geld-

summe zu verdienen. Eine Million Dollar hat keine reale Bedeutung für mich. Sobald ich Wert auf einen bestimmten Geldbetrag legte, gab ich meine Macht an das Geld ab, anstatt Macht *über* das Geld zu erlangen. Das Geld wurde zu meinem Meister anstatt zu meinem Diener. Also begann ich, mich nicht mehr auf finanzielle Ziele zu konzentrieren, sondern direkt auf das, was ich glaubte mit dem Geld erreichen zu können. Ich dachte an die Freiheit zu reisen und nahm mir bestimmte Reiseziele vor. Ich dachte an ein schöneres Haus und setzte mir das Ziel, es bald zu besitzen. Ich dachte, wohlhabend zu sein würde mich in die Lage versetzen, einen größeren Beitrag leisten zu können, also setzte ich mir das Ziel, einen noch größeren sozialen Wert zu schaffen. Und als ich damit aufhörte, Geld als Selbstzweck zu betrachten, floss es mehr in mein Leben als jemals zuvor.

Die Wahrheit ist, dass wir keine bestimmte Summe auf dem Konto und keine bestimmte Einkommenshöhe brauchen, um unsere Ziele zu erreichen. Es gibt unendlich viele Möglichkeiten, wie wir unsere Ziele verwirklichen können, und etliche davon erfordern kein oder nur wenig Geld. Menschen, die völlig pleite waren, sind um die Welt gereist. Warum sollten Sie das nicht auch können? Wenn Sie sich im Voraus einreden, dass ein Mangel an Geld Sie daran hindert, Ihre Ziele zu verwirklichen, dann schwächen Sie sich nur selbst. Das, was Sie wirklich wollen, sollten Sie direkt angehen. Ihr Weg zum Ziel kann es mit sich bringen, dass Sie unterwegs Geld verdienen und Geld ausgeben oder auch dass Sie gar kein Geld benötigen. Setzen Sie nicht automatisch voraus, dass Geld notwendig ist, um ein bestimmtes Ziel zu erreichen; auf diese Weise beschränken Sie Ihre Möglichkeiten und beeinträchtigen Ihre Kreativität.

Da Geld ein Mittel des Austausches ist, hat es nur dann Macht, wenn es fließt. Eine Zahl auf einem Bankkonto ist absolut wertlos. Der Wert des Geldes liegt im Austausch, nicht im Besitz. Indem wir es ausgeben, erhalten wir Zugang zu den Werten, die andere geschaffen haben, und ermöglichen es ihnen obendrein, noch mehr Wert zu erzeugen. Es ist ratsam, einen Teil des Einkommens zu sparen, aber uns sollte klar sein, dass auch erspartes Geld irgendwann zurückfließen muss – wenn nicht zu unseren Lebzeiten, dann mit Sicherheit danach.

Geld und Einssein

Die beste Art, Geld zu verdienen, besteht darin, einen ehrlichen Beitrag zu leisten. Tun Sie das, wovon Sie das Gefühl haben, es sei das Beste für alle, nicht nur für Sie selbst. Richten Sie Ihre finanzielle Strategie so aus, dass sie dem Wohl aller dient. Fragen Sie sich: *Wäre irgendjemand zutiefst traurig, wenn ich keinen Beitrag mehr leisten könnte? Würde irgendjemand Tränen vergießen, wenn ich meine geschäftliche Tätigkeit einstellen müsste?* Wenn die Antwort nein lautet, können Sie sicher sein, dass Sie sich auf dem falschen Weg befinden.

Einen sozialen Wert zu schaffen, ist unsere wichtigste Aufgabe, wenn wir aufgrund von bewussten Entscheidungen Geld verdienen wollen, aber für sich genommen reicht dies noch nicht aus, um den Erfolg zu garantieren. Wenn wir uns auf das Schaffen von sozialem Wert konzentrieren, könnte das Problem auftauchen, dass unsere persönlichen Werte möglicherweise nicht dem sozialen Konsens entsprechen. Und wenn wir einen sozialen Wert zu erzeugen versuchen, ohne dass dieser mit unseren persönlichen Werten übereinstimmt, wird unsere Motivation schwach bleiben. Wir werden nicht inspiriert sein, da wir etwas tun, von dem wir das Gefühl haben, dass wir es zwar tun *sollten*, es aber nicht wirklich *wollen*. Wenn wir im Gegensatz dazu nur unsere persönlichen Werte verwirklichen, ohne damit auch einen realen sozialen Wert zu schaffen, müssen wir zwangsläufig am Hungertuch nagen. Wir machen unsere Arbeit dann zwar mit voller Überzeugung, doch wir können unsere Rechnungen davon nicht bezahlen.

Die Lösung besteht darin, in einem Bereich zu arbeiten, in dem sich der persönliche und der soziale Wert überschneiden. Dadurch sind wir in der Lage, das zu tun, was uns liegt und gleichzeitig auch anderen etwas bedeutet. Zwingen Sie sich nicht, sich entweder für Ihre Integrität oder für Ihr Einkommen zu entscheiden – finden Sie einen Weg, auf dem beides möglich ist.

Soziale und persönliche Werte können sich im Laufe der Zeit verändern, und wir sollten darauf vorbereitet sein, uns an neue Gegebenheiten anzupassen. In meinen ersten Jahren als Computerspiele-Hersteller war ich im perfekten Einklang mit dem, was mir persönlich wichtig war, nicht aber mit den sozialen Werten meiner Umgebung. Ich liebte meine Arbeit, konnte mit ihr aber kein Geld verdienen. Erst nach mehreren Jahren erzielte ich eine ausgeglichene Bilanz – ich genoss meine Arbeit und konnte auch gut von ihr leben. Mit der Zeit änderten sich meine persönlichen Werte: Computerspiele zu erfinden inspirierte mich nicht mehr, obgleich meine Tätigkeit noch immer einen sozialen Wert hatte. Letztendlich wechselte ich meinen Beruf.

Menschliche Entwicklungsarbeit hat gegenwärtig einen hohen Stellenwert in meinem Leben und passt darüber hinaus wunderbar zu meinen persönlichen Werten. Dementsprechend kann ich auf diesem Gebiet ein ordentliches Einkommen erzielen und gleichzeitig innerlich sehr erfüllt sein. Unterschätzen Sie nicht, wie wichtig es ist, persönliche und soziale Werte miteinander zu verbinden. Wenn wir auf bewusste Weise Geld verdienen wollen, ist dies von entscheidender Bedeutung.

Sofern Sie nicht völlig unflexibel sind, sollte es nicht sonderlich schwer sein, sich auszumalen, wie Sie einen sozialen Wert schaffen können, der gleichzeitig mit Ihren persönlichen Werten übereinstimmt. Mit ein wenig Nachdenken sollten Sie dieses Problem wirklich lösen können. Die einfachste Weise, einen Wert für andere zu schaffen, besteht darin, dass Sie andere an dem, was Sie gerne tun, Anteil haben lassen. Ich liebe es, an meinem eigenen Wachstum zu arbeiten, aber damit allein tue ich noch nicht viel für andere. Wenn ich sie jedoch an meinem Prozess teilhaben lasse und ihnen das beibringe, was ich gelernt habe, dann schaffe ich damit *tatsächlich* einen sozialen Wert. Und wenn ich dazu das Internet zu Hilfe nehme und Millionen Menschen auf der ganzen Welt an meiner Arbeit Anteil haben lasse, wird dieser Wert noch einmal deutlich gesteigert. Sobald Sie eine Lösung gefunden haben, die für Sie funktioniert, werden Sie ein hohes Einkommen erzielen und damit gleichzeitig zu einer positiven Entwicklung des größeren Ganzen beitragen. Erwarten Sie nicht, dass es einfach werden wird, aber es ist die Anstrengung sicherlich wert.

Geld und Fairness

Wenn wir auf einem bewussten Weg ein Einkommen erzielen wollen, dürfen wir dabei nicht die Fairness vergessen, die aus dem Einssein folgt. Um einen nachhaltigen Beitrag leisten zu können, ist es wichtig, dass wir für den Wert, den wir erschaffen, auch fair entschädigt werden. Wenn wir einen Beitrag leisten, verdienen wir es, entlohnt zu werden. Diese innere Einstellung hält sowohl den Körper als auch die einzelnen Zellen gesund. Fairness ist ein intelligenterer Wert als Habgier oder Selbstaufopferung.

Es dauerte lange, bis ich erkannte, dass Fairness im

finanziellen Bereich das oberste Prinzip darstellen muss. Als Erwachsener opferte ich mich lange Zeit auf, da ich dachte, es sei edel zu geben, ohne im Gegenzug etwas dafür zu verlangen. Nach vielen Jahren harter Arbeit konnte ich daher nur wenig vorweisen. Ich hatte meinen Wert weggegeben, und andere hatten ihn dankbar genommen, weil ich ihn kostenlos oder zu einem sehr günstigen Preis anbot. Auf diese Weise ging ich bankrott, was meine Fähigkeit beeinträchtigte, weiterhin geben zu können.

Seitdem habe ich viele Menschen gesehen, die habgierig waren. Sie vergrößerten ihre Einnahmen, indem sie andere ausnutzten, und dies hatte eine schreckliche, entmenschlichende Wirkung auf sie. Ich wusste, dass ich niemals so handeln könnte, so verlockend es auch zu sein schien – aber natürlich fiel mir auf, dass sie viel mehr verdienten als ich. Oft zerbrach ich mir den Kopf darüber, dass ich doch einen viel größeren Beitrag leisten könnte, wenn ich finanziell unabhängig wäre und zumindest genug Geld hätte, um meine Rechnungen pünktlich zu bezahlen. Ich stellte mir vor, es müsste eine dritte Möglichkeit geben, was auch tatsächlich der Wahrheit entsprach. Es ist die Fairness – eine natürliche Konsequenz, die sich aus dem Prinzip des Einsseins ergibt.

Ich muss zugeben, dass ich mich immer noch zu sehr selbst aufopfere – auf diesem Gebiet kann ich noch viel wachsen. Selbstaufopferung ist ein Wert, der mir in frühester Kindheit eingeimpft worden ist, aber inzwischen weiß ich, dass es ein großer Fehler ist, sich zu stark aufzuopfern, denn dieses Verhalten widerspricht dem Prinzip des Einsseins. Mit jedem Jahr, das vergeht, wird offensichtlicher, dass ich, wenn mein Beitrag Bestand haben soll, ein faires Einkommen für die Leistungen erhalten muss, die ich anderen biete. Ihnen zu helfen, indem ich mich selbst opfere, ohne im Gegenzug einen angemessenen Wert für meine Arbeit einzufordern, bedeutet in eine Beziehung einzutreten, in der der eine den anderen ausnutzt.

Jedes Mal wenn eine Organisation unfaire Gehälter zahlt, hat das entmenschlichende Auswirkungen. Falls Sie in einem solchen System arbeiten, erlauben Sie nicht nur anderen, Sie zu missbrauchen, sondern Sie wirken zudem bei der Ausbeutung Dritter mit. Tun Sie das nicht. Wenn Sie unfair behandelt werden, dann liegt es in Ihrer Verantwortung, Ihr Leben wieder auf Wahrheit, Liebe und Macht auszurichten.

Geld und Autorität

Wie können Sie genügend Wert beitragen, um das Einkommen zu erzielen, das Sie sich wünschen? Da Sie das Kommando haben, ist es allein Ihre Entscheidung. Wenn Ihr gegenwärtiger Ansatz nicht effektiv ist, sollten Sie vielleicht etwas anderes ausprobieren. Stellen Sie sich ständig die folgenden beiden Fragen: *Wie kann ich einen größeren Wert schaffen und beitragen? Wie kann ich meine Fähigkeiten verbessern, um einen größeren Wert erzeugen zu können?* Benutzen Sie dann Ihre Macht, um die Antworten in die Tat umzusetzen.

Am Anfang besitzen wir nur wenige Fertigkeiten, die wir dazu gebrauchen können, einen sozialen Wert zu schaffen. Mit unserem Körper können wir körperliche Arbeit für Ungelernte verrichten, aber dadurch entsteht nicht viel Wert, da diese Fähigkeit weit verbreitet ist und leicht ersetzt werden kann. Um einen bedeutenden Wert schaffen zu können, müssen wir zunächst unsere Fähigkeiten und Talente entwickeln. Wenn wir mehr Geld verdienen wollen, müssen wir einen größeren sozialen Wert erzeugen und beitragen. Zu diesem Zweck können wir auf Ausbildungsangebote zurückgreifen, doch dürfen wir dabei nie vergessen, dass wir selbst dafür verantwortlich sind, was wir lernen. Wenn eine unzureichende Ausbildung Sie finanziell in Ihre Schranken weist, dann liegt es an Ihnen, die Situation zu verändern. Entwickeln Sie Ihre Fähigkeiten so lange weiter, bis Sie in der Lage sind, einen bedeutenden Beitrag zu leisten; und hören Sie auch dann nicht auf, sich weiterzuentwickeln. Vielleicht befinden Sie sich gegenwärtig in einer schwachen Position, doch das darf keine Ausrede sein, da Sie jeden Tag kleine Korrekturen vornehmen können – und auch schrittweise Verbesserungen führen schließlich zu großen Veränderungen. Wenn Sie sich heute auf diesen Pfad begeben, werden Sie sich noch nicht einmal vorstellen können, wo Sie in fünf Jahren stehen werden.

Um den sozialen Wert schaffen zu können, den ich heutzutage beitragen kann, musste ich Tausende von Stunden in Selbstentwicklung und Ausbildung stecken. Während viele meiner Klassenkameraden es auf der Highschool langsam angehen ließen, belegte ich Fortgeschrittenenkurse und strengte mich an, um stets die besten Noten zu bekommen. Darüber hinaus lernte ich nebenbei, Computer zu programmieren. Nach meinem College-Abschluss las ich Hunderte von Büchern zu den verschiedensten Themen und besuchte Seminare und Workshops, um mich weiterzubilden. Für mich hört das Lernen niemals auf. Wenn wir in der Lage sein wollen, einen wertvollen Beitrag zu leisten, müssen wir uns dazu verpflichten, ein Leben lang zu lernen.

Wenn Sie nun denken, dass die meisten Menschen niemals eine solche Verpflichtung eingehen, dann haben Sie völlig Recht. Sozial wertvolle Fähigkeiten zu entwickeln, erfordert harte Arbeit, aber diejenigen, die sich die Mühe machen, werden für ihre Anstrengungen reich belohnt – und zwar nicht nur finanziell, sondern auch durch die Möglichkeit, sich selbst kreativ ausdrücken zu können.

Achten Sie darauf, dass Ihre Selbstausbildung praktisch ausgerichtet ist, damit Sie nicht unglücklicherweise Fähigkeiten entwickeln, die Ihnen zwar liegen, für die Sie aber kein anderer bezahlen wird. Es ist nicht falsch, etwas zu tun, das keinen oder nur geringen finanziellen Wert hat, Sie dürfen sich dann nur nicht darüber beklagen, dass niemand die Brieftasche für Sie öffnet.

Streben Sie danach, eine Autorität in dem Bereich zu werden, in dem sich persönliche Interessen und sozialer Bedarf überschneiden, dann werden Sie es leichter haben, genug Geld zu verdienen. Als Jugendlicher liebte ich Computerspiele. Vielleicht hätte ich Spieletester werden können, aber normalerweise bekommt man für diese Tätigkeit kaum Geld, daher war dies nicht gerade eine berauschende Möglichkeit. Dennoch dachte ich, dass es mir Spaß machen müsste, Spiele zu entwickeln. Damit schuf ich einen größeren sozialen Wert, sodass ich in der Lage war, bescheidene Einnahmen aus dieser Tätigkeit zu erzielen, selbst als ich noch zur Schule ging.

Wenn Sie nicht sofort auf den Bereich stoßen, in dem sich das, was Sie gerne tun, und das, wofür andere gewillt sind zu zahlen, überschneidet, sollten Sie nicht voreilig aufgeben. Begnügen Sie sich nicht damit, dass es offenbar nur das eine oder das andere gibt. Wenn Sie lange genug durchhalten, werden Sie schließlich eine Möglichkeit finden, beides miteinander zu verbinden. Und sobald Sie ein hohes Einkommen mit dem erzielen, was Sie gerne tun, werden Sie Ihre Arbeit sogar noch mehr lieben. Ich kann aus eigener Erfahrung sagen, dass es viel mehr Spaß macht zu arbeiten, wenn eine Menge Geld hereinkommt, als die gleiche Arbeit zu tun und dabei immer tiefer in seinen Schulden zu versinken.

Geld und Mut

Gehen Sie nicht davon aus, dass jemand anderes beurteilen kann, was Ihre Fähigkeiten und Talente wert sind. Wenn Sie zulassen, dass andere Ihr Gehalt bestimmen, dann können Sie davon ausgehen, dass Sie unterbezahlt sind. Sie selbst müssen die Initiative ergreifen und das fordern, was Sie haben wollen. Wenn der Preis, den Sie verlangen, fair und vernünftig ist und es eine echte soziale Nachfrage nach dem Wert gibt, den Sie anbieten, dann wird Sie mit Sicherheit jemand für Ihre Leistung bezahlen.

Seien Sie nicht ängstlich oder zurückhaltend, wenn es darum geht, um eine angemessene Entlohnung zu bitten. Dies wären nur Zeichen dafür, dass Sie nicht an Ihren Wert glauben. Wenn Sie das, was Sie versprochen haben, nicht liefern können, sollten Sie erst dann Geld verlangen, wenn Sie dazu in der Lage sind. Aber sobald Sie sich sicher sind, dass Sie einen echten Wert beisteuern können, sollten Sie Ihren ganzen Mut zusammennehmen und eine faire Vergütung fordern. Seien Sie direkt und begründen Sie gut, warum Sie diese Summe verdienen.

Benutzen Sie die Herzfrage und lassen Sie sich von ihr Möglichkeiten aufzeigen, wie Sie ein Einkommen auf der Grundlage unserer Prinzipien erzielen können. Fragen Sie sich: *Hat dieser Pfad ein Herz?* Wenn die Antwort nein lautet, sollten Sie diese Möglichkeit verwerfen und Ihre Zeit und Energie für etwas anderes einsetzen. Haben Sie den Mut, den Menschen an die erste Stelle zu setzen und das Geld an die zweite. Hören Sie auf das, was Ihnen Ihr Gewissen sagt. Wenn es sich falsch anfühlt, dann *ist* es falsch. Selbst wenn es sich neutral anfühlt, ist es immer noch falsch. Jagen Sie niemals seelenlosen Profiten hinterher.

Selbst wenn wir uns auf einem Pfad des Herzens befinden, benötigen wir Mut, um auf diesem Weg zu bleiben. Manchmal müssen wir uns gegen unwürdige Angriffe zur

Wehr setzen. Es ist bedauerlich, wenn dies nötig wird, aber es kommt vor. Ich bin froh, dass ich schon fast mein ganzes Erwachsenenleben selbstständig bin und noch nie jemanden verklagen musste. Dennoch gab es Zeiten, in denen es notwendig war, dass ich mich verteidigte, zum Beispiel als Hacker und Spammer meine Webseite angriffen. Selbst wenn man sein Bestes tut, um Menschen zu helfen, muss man sich beizeiten mit denen auseinandersetzen, die keine Skrupel haben, auf anderen herumzutrampeln, um einen persönlichen Vorteil daraus zu ziehen. Wenn uns klar ist, dass wir uns auf einem Pfad des Herzens befinden, sollten wir es solchen Problemen nicht gestatten, uns vom Weitergehen abzuhalten. Tun Sie alles, um sich gegebenenfalls zu erholen, und machen Sie dann unbeirrt weiter.

Manchmal werden Sie überrascht sein, welche Unterstützung Ihnen spontan zuteil wird, wenn Sie sich dazu verpflichten, den Menschen an die erste Stelle zu setzen. Oft haben mir Hacker E-Mails geschrieben, um mich auf Sicherheitsmängel auf meiner Webseite hinzuweisen, und mir dabei gleichzeitig ihre Hilfe angeboten, um diese Mängel zu beheben. Anstatt ihre Fähigkeiten dazu zu nutzen, meiner Seite zu schaden, haben sie mir dabei geholfen, sie besser zu schützen. Mir wurde klar, je mehr ich meine Arbeit auf Wahrheit, Liebe und Macht ausrichte, desto mehr guten Willen erzeuge ich und desto häufiger erhalte ich unerwartete Unterstützung. Wenn wir uns für den Pfad des Herzens entscheiden, hat es oft den Anschein, als stünde das gesamte Universum hinter uns.

Geld und Intelligenz

Intelligenz ist die wahre Ursache von Reichtum und Wohlstand. Wenn wir lernen, uns kreativ auszudrücken, können wir anderen einen enormen Wert anbieten und so das Einkommen erzielen, das wir uns wünschen. Anstatt einfach nur Geld verdienen zu wollen, sollten wir unsere Anstrengungen darauf konzentrieren, einen Wert für andere zu schaffen. Auf diese Weise wird im Gegenzug viel Geld zu uns zurückfließen. Wahrer Reichtum kommt von innen.

Indem wir intelligente Entscheidungen treffen, sind wir in der Lage, einen immer größeren sozialen Wert beizusteuern und dadurch unser Einkommen zu erhöhen. Dies erfordert, dass wir unsere Werterzeugung langfristig optimieren, anstatt sie auf kurzfristige Profite auszurichten. Ergreifen Sie nicht die nächstbeste Gelegenheit, sondern stellen Sie sich den großen Herausforderungen, die Sie wirklich inspirieren und zum Wachstum motivieren.

Wenn Sie das Gefühl haben, sich selbst verleugnen zu müssen, um Geld zu verdienen, befinden Sie sich auf dem falschen Weg. Entmenschlichen Sie nicht sich und andere dadurch, dass Sie vorgeben, jemand zu sein, der Sie nicht sind. Indem Sie sich kreativ und authentisch ausdrücken, werden Sie in der Lage sein, einen Wert für andere zu schaffen und gleichzeitig Ihre eigenen Bedürfnisse zu stillen.

Ich erhalte jede Woche Angebote, für gewöhnlich von anderen Unternehmern, die mir potenziell viel Geld einbringen könnten, jedoch von mir fordern, etwas zu tun, das nicht mit Wahrheit, Liebe und Macht verknüpft ist. Zum Beispiel könnte ich mein monatliches Einkommen um Tausende Dollar steigern, wenn ich Produkte empfehlen würde, von denen ich tief im Innern weiß, dass sie niemandem wirklich nützen. Die Marketingexperten würden sogar die Empfehlungsschreiben für mich aufsetzen, ich bräuchte nur noch meinen Namen darunterzusetzen und sie loszuschicken. Solche Angebote lehne ich stets sofort ab, ohne mir weiter den Kopf darüber zu zerbrechen. Unglücklicherweise gibt es in der Geschäftswelt viele Menschen, die der Ansicht sind, es gehe nur darum, so viel Gewinn wie möglich zu machen. Dies ist eine völlig unsinnige Einstellung. Im Geschäftsleben geht es vielmehr darum, Werte herzustellen und zu vertreiben, von denen alle profitieren, anstatt sie auf Kosten anderer zu entnehmen.

Wie sieht es damit aus, den Zehnten zu geben? Ist es sinnvoll, einen bestimmten Prozentsatz des eigenen Einkommens für gute Zwecke zu stiften? Ich unterstütze schon seit Jahren mit einem geringen Teil meines Einkommens wohltätige Projekte und betrachte dies nicht als eine große Sache. Wenn mir etwas wichtig genug wäre, um dafür einen wesentlichen finanziellen Beitrag zu leisten, dann täte ich diese Arbeit selbst. Momentan ist mein größter Beitrag meine eigene Tätigkeit. Dennoch spende ich Geld, wenn ich das Gefühl habe, dass es an jener Stelle gut angelegt ist und außerdem für etwas benutzt wird, das sich von dem unterscheidet, was ich bereits tue.

Wenn wir unsere Finanzen in Ordnung gebracht haben, verfügen wir über zusätzliche Kapazitäten, die wir dazu nutzen können, Projekte zu unterstützen, die nicht auf das Gewinnstreben ausgerichtet sind. Meine Webseite bietet zahlreiche Diskussionsforen mit Tausenden von Gesprächsteilnehmern aus allen Teilen der Welt. Ich verlange keinen Eintritt, obgleich es mich Zeit und Geld kostet, sie zu unterhalten. Von einem rein finanziellen Standpunkt aus betrachtet, sind die Foren demzufolge ein Flop. Aber sie verkörpern eine wertvolle öffentliche Dienstleistung, und die Diskussionsteilnehmer teilen mir oft mit, wie sehr ihnen meine Foren helfen. Ich freue mich, dass ich diesen Service weiterhin anbieten kann, und auch wenn er nicht gerade eine sprudelnde Einkommensquelle darstellt, so betrachte ich ihn dennoch als Erfolg, da er zum Zweck meiner beruflichen Tätigkeit beiträgt, der darin besteht, anderen Menschen bei ihrer persönlichen Entwicklung zu helfen.

Wenn wir mehr Wert bereitstellen, als wir im Gegenzug

finanziell dafür bekommen – nachdem wir darauf geachtet haben, dass wir fair behandelt werden und nicht dem Muster der Selbstaufopferung anheimfallen –, zeigt sich der überschüssige Wert in öffentlichem Wohlwollen. Ein ausgezeichneter Service wird sehr geschätzt, da er überaus selten ist. Die Nutzer werden ihn freudig an Familienmitglieder, Freunde und Arbeitskollegen weiterempfehlen und dadurch für einen ständigen Strom neuer Möglichkeiten sorgen. Dies geschieht unabhängig davon, ob wir selbstständig sind oder angestellt arbeiten.

Es ist intelligent, mehr Geld zu geben, als wir einnehmen, denn erst dadurch wird Wachstum möglich. Auf ebendiese Weise habe ich meine viel benutzte Webseite aus dem Nichts aufgebaut. Ich habe einen Gegenwert von 20 Büchern produziert und kostenlos zur Verfügung gestellt. Dieser Wert hat eine riesige Mundpropaganda geschaffen. Der Inhalt meiner Texte war sicherlich gut genug, um dafür Geld verlangen zu *können*, doch habe ich mich bewusst dafür entscheiden, die Seite des Wohlwollens überzubetonen, um den größtmöglichen Wachstumsimpuls zu geben. Es gibt keinen Grund, warum Sie nicht ähnlich verfahren sollten. Verbessern Sie Ihren Service, und schon werden die Menschen Schlange stehen, um Sie zu bezahlen.

* * *

Um Geld verdienen zu können, ohne dafür Ihr Bewusstsein trüben zu müssen, müssen Sie Ihr Einkommen mit Wahrheit, Liebe und Macht verknüpfen. Wenn Sie einen wertvollen sozialen Beitrag leisten, dann sollten Sie auch nach den Regeln vernünftiger Fairness dafür bezahlt werden. Natürlich geschieht so etwas nicht automatisch. Wir müssen diese Umstände bewusst schaffen, während wir unser Bestes geben, um dem Pfad des Herzens zu folgen.

Ich dachte lange, dass ich einen bestimmten Geldbetrag bräuchte, um mich vollkommen sicher zu fühlen. Inzwischen weiß ich, dass kein Betrag dieser Welt Sicherheit bieten kann. Wir leben in einer Zeit, in der Veränderungen immer schneller stattfinden. Selbst wenn wir eine große Summe ansparen, wissen wir nicht, ob sie eines Tages überhaupt noch etwas wert sein wird. Wir können das Geld verlieren, es kann uns gestohlen werden oder die Währung als solche kann ins Bodenlose abstürzen. Die einzige wahre Sicherheit ist Intelligenz – unsere zunehmende Fähigkeit, im Einklang mit Wahrheit, Liebe und Macht zu denken, zu fühlen und zu handeln. Dabei handelt es sich nicht einfach um eine individuelle, sondern um eine kollektive Angelegenheit. Da wir Menschen sind, liegt unsere eigentliche Sicherheit in unserer Intelligenz, und zum Glück brauchen wir nichts darüber hinaus.

So merkwürdig es klingen mag, aber der einzige Weg, mich finanziell sicher zu fühlen, bestand darin, mit der Möglichkeit Frieden zu schließen, dass ich eines Tages pleite und mittellos sein könnte. Da die Zukunft so viele unbekannte Variablen aufweist, kann ich niemals verlässlich vorhersagen, wohin mein Weg mich führen wird. Ich weiß noch nicht einmal, wie lange ich leben werde. Also muss ich die Tatsache akzeptieren, dass meine Zukunft ungewiss ist. Daraufhin habe ich meinen Frieden mit dieser Situation geschlossen, indem ich mir bewusst machte, dass es in erster Linie darum geht, im Hier und Jetzt intelligente Entscheidungen zu treffen, die mit Wahrheit, Liebe und Macht verbunden sind. Mehr kann ich von mir selbst nicht verlangen.

Ich gehe nicht davon aus, dass ich irgendwann meinen Ruhestand genießen werde, sondern glaube eher, dass ich irgendwann sozusagen auf der Bühne sterbe. Aber sollte ich an den Punkt kommen, an dem ich mich aufgezehrt habe und kein Geld mehr besitze, um für meine Grundbedürfnisse aufkommen zu können, dann hoffe ich sehr, dass irgendjemand irgendwo genug Wert von mir empfangen hat, um mich in meinen letzten Tagen zu unterstützen. Und selbst wenn dies nicht geschehen sollte, kann ich wenigstens zufrieden damit sein, dass ich bewusst gelebt habe. Wenn mein Leben aus irgendeinem Grund in Not und Elend enden sollte, dann sei es so. Es wird seinen Preis wert gewesen sein.

Darin liegt eine gewisse Ironie: In dem Moment, in dem ich meine Bindung an finanzielle Wunschvorstellungen aufgebe und stattdessen erkenne, dass ich es auch akzeptieren könnte, wenn der schlimmste Fall einträte, kann all die Energie, die vorher in meiner Angst und Sorge gebunden war, frei in meine Arbeit fließen. Dies ermöglicht es mir dann, ein Einkommen in nie gekannter Größenordnung zu erwirtschaften. Der beste Schritt in Richtung Wohlstand besteht vielleicht darin, die Angst vor der Armut loszulassen. Das Leben lohnt sich immer – egal, wie viel Geld wir haben.

Geben Sie Ihr Bestes, um für sich und andere einen Wert zu schaffen; auf diese Weise tragen Sie zu mehr Wohlstand für alle bei. Wenn Sie die ganze Fülle der menschlichen Erfahrung genießen wollen, sollten Sie allerdings gut auf eines aufpassen, nämlich auf Ihre...

Kapitel 11:

Gewohnheiten

Beruf   Geld

Gesundheit

Beziehungen

Spiritualität

»Der Körper hat seine eigenen Bedürfnisse und sorgt dafür, dass sie gestillt werden. Wir können sie nicht mit Füßen treten oder gefahrlos vernachlässigen. Der Körper sollte der beste Freund der Seele sein – ein herzlicher, pflichtbewusster Gehilfe. Viele Wissbegierige missachten dies jedoch; und ein Großteil ihres Elends hat hierin seinen Ursprung. Manche guten Menschen behandeln ihren Körper wie einen Feind; und er wird so zu einem Unhold, der sie quält.«

Augustus William Hare und
Julius Charles Hare

Behandeln Sie Ihren Körper wie den besten Freund Ihrer Seele oder wie einen Unhold, der Sie quält? Ist er ein Tempel oder eine Grabkammer? Unser Körper ist unser Avatar (das Bild, das uns im physikalischen Universum repräsentiert). Er ist der Organismus, den wir mit unserem Bewusstsein kontrollieren. Unser Körper unterliegt den physikalischen Gesetzen des Universums, im Gegensatz zu unserem Bewusstsein. Er ist der Kanal, durch den wir uns in körperlicher Gestalt ausdrücken. Er ist unser Pinselstrich auf der Leinwand der physischen Existenz. Dementsprechend wichtig ist unsere Gesundheit. Wenn unser Körper nicht bei bester Gesundheit ist, werden seine Pinselstriche fehlerhaft. Ist er dagegen lebendig und voller Energie, dann trägt er zu einer meisterhaften Kunst bei, indem er zu einem unverfälschten Ausdrucksmittel unserer Gedanken wird.

Wenn ich mich gesundheitlich nicht wohl fühle, nehme ich meinen Körper sehr genau wahr. In diesen Momenten begreife ich am besten, wie wichtig eine gute Gesundheit ist. Wenn ich krank im Bett liege, denke ich ununterbrochen *Ich will wieder gesund sein.* Sobald ich dann jedoch wieder gesund bin, nehme ich kaum mehr Notiz von meinem Körper. Er wird zu einer beinahe unsichtbaren Verlängerung meiner bewussten Wahrnehmung.

Oberflächlich betrachtet kann man der Auffassung sein, es sei nicht leicht, einen guten Gesundheitszustand zu erreichen und aufrechtzuerhalten. Viele Experten empfehlen komplexe Regeln in Bezug auf das, was wir essen, wie wir es essen und wann wir es essen. Immer wenn zu einem bestimmten Thema ein Konsens gefunden zu sein scheint, erscheint ein neues Buch, in dem das genaue Gegenteil behauptet wird. Sie werden jedoch sehen, dass die universellen Prinzipien der Wahrheit, Liebe und Macht Ihnen dabei helfen können, sich Klarheit zu verschaffen und einen gesunden Lebensstil zu entwickeln, von dem Sie für den Rest Ihres Lebens profitieren.

Gesundheit und Wahrheit

Ärzte schreiben Bücher über gesunde Ernährung. Die Hersteller von Nahrungsergänzungen veröffentlichen Gesundheitsmagazine. Die Pharmaindustrie finanziert Fernseh-

beiträge zum Thema. Oft ist es nicht einfach, sich wahr-
heitsgemäß über Gesundheit zu informieren, da wir sehr
vielen Werbebotschaften ausgesetzt sind, in denen es in
erster Linie um den Verkauf von Produkten und nicht um
die Wahrheit geht. Die Verkäufer jener Mittel scheinen den
klassischen Rat von Mark Twain zu befolgen: »Man muss
die Tatsachen kennen, bevor man sie verdrehen kann.«
[www.aphorismen.de]

Ich habe nicht die Absicht, Sie von meinen persönlichen
Ansichten in Bezug auf Gesundheit zu überzeugen. Stattdessen möchte ich Ihnen dabei helfen, sich selbst eine
intelligente Meinung zu diesem Thema zu bilden. Daher
werde ich Ihnen an dieser Stelle nicht mit Statistiken kommen, denn dieser Ansatz bringt überhaupt nichts. Ich
könnte Ihnen eine Menge Datenmaterial vorlegen, um jeden spezifischen Fall zu begründen, aber Sie würden deshalb nicht automatisch wissen, ob Sie mir vertrauen können und ob ich Ihnen die ganze Wahrheit sage. Würde ich
richtig manipulativ vorgehen, dann könnte ich Ihnen sogar falsche Tatsachen und Zahlen präsentieren, um Sie
dazu zu überreden, eine spezielle Serie überteuerter Nahrungsergänzungen zu kaufen. Diese sind allerdings nur
für zwei Dinge gut: um Ihren Urin anzureichern und um
die Brieftasche des Herstellers zu füllen. Ich bin kein stu-
dierter Forscher und Sie vermutlich ebenfalls nicht, daher
sollten wir uns hier nicht Statistiken um die Ohren hauen,
sondern eine sensiblere Herangehensweise wählen.

Vergessen Sie für einen Moment alles, was Sie über Gesundheit zu wissen glauben. Bruce Lee würde sagen: »Trink
deinen Becher aus.« Lassen Sie uns dann zu den ersten
Prinzipien zurückkehren und mit unserer grundlegenden
Wahrnehmung beginnen. Legen Sie alle Unsicherheit darüber ab, was Sie glauben tun zu müssen, und achten Sie
genau darauf, was Ihnen Ihre Sinne in diesem Moment mitteilen.

Schauen Sie sich Ihren Körper genau an. Ziehen Sie sich nackt aus und betrachten Sie sich im Spiegel. Was sehen Sie? Sind Sie zu dick oder zu dünn? Welche Körperteile gefallen Ihnen am besten? Was würden Sie gerne verändern? Welche Augenfarbe haben Sie? Wie würden Sie Ihr Haar beschreiben? Achten Sie auf Ihre äußere Wahrnehmung und auf Ihre innere Reaktion auf sie.

Wie fühlen Sie sich? Sind Sie wach und voller Energie oder eher unklar und träge? Fühlen Sie sich leicht oder schwer? Wie oft werden Sie krank? Haben Sie einen erholsamen Schlaf und wachen Sie erfrischt auf, oder ist Ihr Schlaf unruhig und gestört? Sind Sie entspannt oder gestresst? Ist Ihr Gemütszustand positiv oder negativ? Was essen Sie und in welchen Mengen? Wie fühlen Sie sich mit Ihrer Ernährung? Glauben Sie, dass Sie sich gesund ernähren, oder gibt es Problembereiche, die Ihnen bereits bewusst sind? Frönen Sie irgendwelchen ungesunden Süchten? Konsumieren Sie Genussgifte wie Koffein, Nikotin oder Alkohol?

Wie bewerten Sie Ihre allgemeine Fitness auf einer Skala von 1 bis 10? Wie schätzen Sie Ihre Leistungsfähigkeit, Stärke, Flexibilität und Ausdauer ein? Welche Art von Sport treiben Sie und wie oft? Wie erholen Sie sich zurzeit körperlich? Sind Sie voll funktionsfähig oder haben Sie gesundheitliche Probleme? Sind Sie so vital, wie Sie es sich wünschen?

Seien Sie vollkommen ehrlich mit sich selbst. Was sagt Ihnen Ihre Wahrnehmung über Ihren physischen Körper und Ihren gegenwärtigen Gesundheitszustand? Wenn Sie mehr Informationen brauchen, können Sie einen Freund oder ein Familienmitglied bitten, Ihnen zu berichten, wie er oder sie Ihren physischen Zustand wahrnimmt. Oder unterziehen Sie sich einer medizinischen Untersuchung.

Richten Sie Ihre Aufmerksamkeit jetzt auf Ihre Vorhersagen. Wir können zwar nie wissen, ob diese richtig sein werden, aber aufgrund bestehender Muster können wir vernünftige Rückschlüsse ziehen. Um wirklich vollkommen ehrlich sein zu können, sollten Sie die Perspektive einer dritten Person einnehmen. Stellen Sie sich vor, dass ein unvoreingenommener Beobachter jedes Detail Ihres Körpers genau untersucht. Was wird diese Person in Bezug auf Ihren Körper vorhersagen? Ist das erwartete Ergebnis positiv oder negativ? Wird sich Ihr Gesundheitszustand in Zukunft verbessern oder verschlechtern? Wohin werden Ihre gegenwärtigen Gewohnheiten Sie führen? Ist dieser Weg der, den Sie sich wünschen? Wenn Sie den Mut dazu haben, können Sie einen Freund oder ein Familienmitglied bitten, ebenfalls Vorhersagen über Sie zu treffen. Vergleichen Sie die Prognose dieser Person mit Ihrer eigenen. Dadurch laufen Sie weniger Gefahr, Ihren eigenen Vorurteilen auf den Leim zu gehen, und betrachten Ihre Situation neutraler und wahrheitsgemäßer.

In der Vergangenheit haben Sie sich vielleicht einer ehrlichen Wahrnehmung widersetzt, besonders wenn Ihnen das, was Sie sahen, nicht gefiel. Versuchen Sie dieses Mal jedoch alles, so weit Sie können, zu akzeptieren. Erkennen Sie an, wo Sie sich im Moment befinden und womit Sie sich befassen müssen. Akzeptieren Sie den Körper, der Ihnen gegeben wurde, mit all seinen Mängeln. Ob zum Guten oder zum Schlechten, er ist das Gefährt, das Sie für den Rest Ihres physischen Daseins benutzen werden.

Es gibt ein paar Dinge, die ich an meinem Körper wirklich mag. Ich liebe meine blauen Augen. Mir gefällt, dass ich Linkshänder bin, auch wenn das in einer Welt der Rechtshänder manchmal nicht gerade einfach ist. Ich bin froh darüber, dass ich 180 cm groß bin, was gerade groß genug ist, um in einer Menschenmenge einen guten Blick zu haben, aber nicht so groß, dass ich mich ducken muss, wenn ich durch eine Tür gehe. Ich freue mich, dass ich stark bin und Ausdauer besitze. Mir gefällt, dass ich nicht sonderlich behaart bin, dass ich jonglieren kann und dass ich nur selten krank werde.

Natürlich gibt es auch Dinge, die ich an meinem Körper nicht mag. Mich stört meine Kurzsichtigkeit und die Tatsache, dass ich mich jeden Tag rasieren muss. Meine Zähne haben seit meinen Kindertagen, als ich eine Spange trug, eine Fehlfarbe. Mein Körper ist nicht sehr gelenkig, und meine Haltung ist sicherlich verbesserungswürdig. Ich bin von Geburt an farbenblind, sodass ich den Sonnenuntergang noch nie in seiner ganzen Pracht sehen konnte. Und natürlich finde ich es auch nicht gerade toll, dass die Hälfte meiner Gedanken ihren Ausgangspunkt unterhalb der Taille hat.

Wir alle haben unsere einzigartigen körperlichen Besonderheiten, mit denen wir fertig werden müssen. Manche können wir aus eigener Kraft verändern, für andere wiederum gibt es keine praktischen Lösungen. Ungeachtet der Details, die jede Situation mit sich bringt, fängt der Pfad zu einer besseren Gesundheit damit an, dass wir uns das klarmachen, was wir bereits als wahr erkannt haben, und es akzeptieren.

Gesundheit und Liebe

Mit dem Prinzip der Liebe können wir die Verbindung zwischen unserem Geist und unserem Körper vertiefen. Beruhigen Sie Ihren Geist, gehen Sie mit Ihrer Aufmerksamkeit nach innen und lauschen Sie einfach. Was hören Sie? Teilt Ihr Körper Ihnen vielleicht Schwierigkeiten mit, um die Sie sich kümmern müssen? Fühlen Sie, wie subtile Emotionen an die Oberfläche kommen? Was sagt Ihnen Ihre Intuition?

Das Prinzip der Liebe verbindet uns mit Lebensmitteln, die auf natürliche Weise attraktiv für uns sind. Achten Sie darauf, welche Sie als intuitiv richtig und welche Sie als intuitiv falsch empfinden. Wie fühlt sich ein Apfel für Sie an? Ein Hotdog? Eine Schüssel Reis? Ein Brokkoli? Fühlen sich manche Sachen gesund an, andere dagegen nicht? Könnten Sie Ihre Gesundheit dadurch verbessern, dass Sie mehr darauf hören, was Ihnen Ihre Intuition sagt? Behandeln Sie Ihren Körper auf liebevolle Weise?

Ich fühle mich am meisten mit den Nahrungsmitteln verbunden, die direkt aus der Erde wachsen, zum Beispiel mit frischen Früchten und Gemüsesorten. Produkte aus der Fabrik oder dem Schlachthaus fühlen sich für mich intuitiv falsch an. Ich fühle mich liebevoller und mehr verbunden, wenn ich natürliche Pflanzenkost zu mir nehme.

Bei der Vorstellung, Tiere zu essen, fühle ich mich von Mitgefühl und Liebe abgeschnitten. Ich wäre dazu gezwungen, mich auf die Realität von verfaulendem Fleisch einzulassen. Mir ist bewusst, dass ein lebendes Wesen getötet wurde, bevor seine Lebenszeit abgelaufen war, in der Regel nachdem es sein ganzes Leben lang unter Bedingungen eingesperrt war, die wir Menschen als Folter bezeichnen würden. Ich weiß, dass es in den Schlachthäusern eine große Fluktuation der Mitarbeiter gibt, da nur wenige Menschen diese Arbeit lange aushalten. Viel Energie muss aufgewendet werden und Tonnen von Abfall werden produziert, um tierische Nahrung auf meinen Teller zu bringen. Darin sehe ich eine große Unstimmigkeit und keinerlei Fairness. Einige Tiere werden offenbar als liebevolle Gefährten der Menschen betrachtet, während andere nur essbare Ressourcen sind; diese Einteilung beruht zum größten Teil auf Unterschieden im Geschmack und in der Rentabilität. Ich sehe lebende Wesen, die auf einen Dollarschein reduziert werden.

Ich könnte nur dann vor mir rechtfertigen, Fleisch zu essen, wenn ich nicht mehr auf meine Intuition hören und mein Gewissen völlig ausschalten würde. Da ich mich jedoch dazu verpflichtet habe, bewusst zu leben, kommt dies für mich nicht in Frage. Ich esse seit 1993 kein Fleisch und seit 1997 überhaupt keine tierischen Produkte mehr. Ich wünschte, ich könnte sagen, dass diese grundlegenden Erkenntnisse zu meinen Entscheidungen geführt haben, aber die Wahrheit ist, dass ich aus reiner Neugierde 30 Tage lang ausprobiert habe, vegetarisch zu leben. Während und nach dieser Zeit wurden mir die Konsequenzen meiner Nahrungsmittelwahl so stark bewusst, dass ich die neue Ernährungsweise beibehielt.

Wenn ich verarbeitete und abgepackte Nahrung esse, fühle ich mich geistig umnebelt und abgeschnitten. Ich führe mir leblose Inhaltsstoffe zu, die zwar meinen Körper befeuern, ihn aber niemals richtig ernähren können. Ich weiß, dass solche Lebensmittel aufgrund ihrer Profitabilität auf den Markt gebracht und verkauft werden, und nicht aufgrund ihres Wertes für unsere Gesundheit. Daher fühlen sich diese Produkte auch nicht liebevoll an. Es ist Falschheit, die als Wahrheit verkauft wird; Zerstücklung, die als Ganzheitlichkeit präsentiert wird, und Schwachheit, die als Stärke getarnt ist. Wenn ich große Mengen dieser Nahrungsmittel zu mir nehme, verliert mein Bewusstsein an Schärfe, und ich bin nicht mehr ganz der, der ich in Wirklichkeit bin.

Was nehmen Sie wahr, wenn Sie sich in die Nahrungsmittel hineinfühlen, die Sie essen? Ihre Eindrücke können sich völlig von meinen unterscheiden, und das ist vollkommen in Ordnung. Hören Sie auf Ihre eigenen Gefühle, nicht auf die Echos der Meinungen anderer Menschen. Was sagt Ihnen Ihre Intuition?

Betrachten Sie als Nächstes Ihre physischen Aktivitätsmuster. Was empfinden Sie intuitiv, wenn Sie sich Ihre gegenwärtigen Bewegungsgewohnheiten, Arbeitsaktivitäten und Stresssituationen vor Augen führen? Brauchen Sie wirklich einen Experten, der Ihnen sagt, wo Sie sich verbessern können, oder offenbart Ihnen vielleicht schon Ihre

Intuition die richtigen ersten Schritte auf dem Pfad des positiven Wachstums? Behandeln Sie Ihren Körper auf liebevolle Weise?

Was von den Dingen, die Sie essen, und von den Aktivitäten, denen Sie nachgehen, passt am besten zu Ihrem wirklichen Selbst? Was ist mit Ihrem wirklichen Selbst nicht vereinbar? Fühlen Sie sich gut dabei, lebende Wesen zu töten und zu essen, oder widert es Sie an? Fühlen Sie sich spontan eher zu naturbelassenen oder zu industriell produzierten Lebensmitteln hingezogen? Können Sie den Unterschied zwischen liebevollen und nicht liebevollen Entscheidungen spüren? Was empfinden Sie bei bestimmten Sportarten? Was geschieht, wenn Sie sich die körperlichen Abläufe Ihres Alltags vorstellen – einschließlich Ihrer Arbeit?

Es ist nicht leicht, seine tiefsten Gefühle mit dem Prinzip der Liebe zu erforschen. Wenn Sie jedoch bewusster werden wollen, müssen Sie den Antworten folgen, die Sie erhalten – wo auch immer sie Sie hinführen mögen. Leugnen Sie nicht das, was Sie im Herzen wissen. Es ist in Ordnung, wenn Sie im Moment nicht die Kraft haben, Ihre Situation zu verändern. Es ist besser, im vollen Bewusstsein, dass es schädlich für Sie ist, eine Zigarette zu rauchen oder ein Glas Wein zu trinken, als Ihre bewusste Wahrnehmung herunterzufahren und sich von Ihren intuitiven Gefühlen abzuschneiden.

Gesundheit und Macht

Wenn Sie jetzt vermuten, dass ich Ihnen an dieser Stelle sage, Ihre Gesundheit sei Ihre eigene Verantwortung, dann liegen Sie völlig richtig. In einer Welt, die keinen Wert auf wirkliche Gesundheit legt, werden natürliche und wohltuende Verhaltensweisen leider oft als extrem betrachtet.

Wenn Sie dem Steak einen Salat vorziehen, werden Sie (zumindest in den USA) als Gesundheitsspinner bezeichnet. Wenn Sie täglich Sport treiben, gelten Sie schnell als Fitnessfreak. Hören Sie auf, künstlich hergestellte Nahrungsmittel zu essen, betrachtet Sie jeder als fanatischen Puristen. Die Wahrheit ist, dass Sie wahrscheinlich nicht sehr gesund sind, solange der Durchschnittsbürger Sie in dieser Hinsicht nicht als extrem bezeichnen würde. In den USA stirbt man für gewöhnlich an einer Herzkrankheit, an Krebs oder einem Schlaganfall – und all diese Todesarten werden stark vom eigenen Lebensstil beeinflusst. Der *Durchschnitt* ist langsamer Selbstmord.

Um heutzutage gesund zu leben, müssen wir sehr diszipliniert sein und dem Sog der sozialen Konditionierung widerstehen. Gestatten Sie sich die Reife, intelligente Entscheidungen für sich zu treffen, und zwar unabhängig von den Ratschlägen, die Ihnen ganze Heerscharen kranker Menschen geben wollen.

Setzen Sie sich körperliche Ziele, die Sie inspirieren. Nur etwas gesünder zu leben als der Durchschnitt, ist immer noch ungesund, also lassen Sie sich ein höheres Ziel einfallen. Was möchten Sie wirklich auf diesem Gebiet erreichen? Wollen Sie nicht mehr krank werden, körperlich stark sein und vor physischer Energie und Vitalität strotzen? Eine schlechte Gesundheit schwächt Ihre Macht; eine gute verstärkt sie.

Benutzen Sie Trainingsmethoden, die Sie kontinuierlich steigern können, um Ihren Gesundheitszustand schrittweise zu verbessern. Versuchen Sie nicht gleich beim ersten Versuch alles perfekt zu machen. Sicherlich ist es Ihnen möglich, eine kleine positive Veränderung vorzunehmen. Probieren Sie ab heute 30 Tage lang eine neue Verhaltensweise aus. Wenn Sie Ihnen nicht gefällt, können Sie danach wieder zu Ihrer alten zurückkehren. Denken Sie daran, dass es sich nur um 30 Tage handelt. Ernährung und körperliche

Ertüchtigung sind gewohnheitsmäßige Handlungen, die eine große Auswirkung auf Ihren langfristigen Gesundheitszustand haben. Seien Sie diszipliniert und praktizieren Sie die besten Gewohnheiten, die Ihnen gegenwärtig möglich sind; und dann schalten Sie diese auf Autopilot.

Gesundheit und Einssein

Wenn wir das Prinzip des Einsseins auf uns selbst anwenden, stellen wir fest, dass unser Körper und seine Zellen voneinander abhängig sind und vollständig ineinandergreifen. Keine Seite kann ohne die andere überleben und gedeihen. Ebenso eng ist unser Körper mit unserem Geist verknüpft. Buddha sagt: »Es ist deine Pflicht, den Körper in einem guten Gesundheitszustand zu halten.« Ohne gute Gesundheit kann der Geist nicht stark und klar sein.

Sie müssen sich entscheiden, ob Sie das Prinzip des Einsseins nur auf den Menschen beschränken wollen oder es auch darüber hinaus anwenden. Wollen Sie das Prinzip auch auf andere Lebewesen übertragen? Für mich fühlt sich eine solche Ausweitung richtig an. Wenn ich ehrlich bin, muss ich mir eingestehen, dass mein Mitgefühl verletzt wird, wenn ich Tiere zu Fleischlieferanten degradiere; ich schneide dadurch meine Verbindung mit dem Einssein ab. Wenn ich einen jungen Hund und ein rosa Ferkel betrachte, dann scheint es mir nicht fair zu sein, das eine wie ein geliebtes Haustier, das andere dagegen wie eine Mahlzeit zu behandeln. Ich ziehe frische Früchte als Hauptteil meiner Ernährung vor, da ich dem Baum, der die Frucht hervorbringt, kein Leid zufüge, wenn ich sie esse. Die Samen können dennoch ausgesät werden, damit noch mehr Früchte wachsen. Interessanterweise habe ich auch gesundheitlich in vielerlei Hinsicht davon profitiert, dass ich meine Ernährung auf Mitgefühl und Empathie ausgerichtet habe. (Wenn

Sie meine speziellen Erfahrungen auf diesem Gebiet interessieren, dann lesen Sie bitte den Artikel »Why Vegan?« unter **www.StevePavlina.com/vegan**.)

Wenn wir das Prinzip des Einsseins nach außen richten, erkennen wir, dass wir andere durch unser Beispiel beeinflussen. Ihre persönlichen Gewohnheiten in Bezug auf Ihre Gesundheit haben einen Einfluss auf alle. Waren Sie schon einmal urplötzlich motiviert, Sport zu treiben, nachdem Sie einen Spitzensportler gesehen hatten? Hat ein Buch, das von einem *Ernährungsverrückten* geschrieben wurde, Sie jemals dazu inspiriert, Ihre Essgewohnheiten zu verbessern? Sind Sie sich bewusst, dass Sie den gleichen Effekt auf alle Menschen haben, mit denen Sie in Berührung kommen? Durch Ihr Beispiel bringen Sie anderen Menschen bei, wie man leben kann. Was leben Sie Ihrem Umfeld im Moment vor?

Tun Sie sich mit Ernährungsverrückten, Fitnessfreaks und fanatischen Puristen (also wirklich gesunden Leuten) zusammen, um gemeinsam an einer gesunden Lebensweise zu arbeiten. Lockern Sie die Beziehungen, durch die negative Gewohnheiten gestärkt werden, und intensivieren Sie diejenigen, in denen neue Verhaltensweisen möglich sind. Behandeln Sie Ihr soziales Umfeld als Teil Ihres eigenen Körpers.

Im Jahre 1998 trainierte ich für den Marathon in Los Angeles, indem ich viele lange Läufe am Strand machte. Als ich mich dann für das tatsächliche Rennen anmelden wollte, musste ich zu meinem Bedauern feststellen, dass der Lauf an meinem Hochzeitstag stattfand. Erin machte mir mit ihrem grimmigen Blick sofort klar, dass ich auf den Marathon verzichten und stattdessen heiraten sollte.

Insgeheim wollte ich jedoch immer noch den Marathon laufen, und so versuchte ich es im darauffolgenden Jahr erneut. Diesmal schloss ich mich den L.A. Roadrunners an, die jedes Wochenende am Venice Beach liefen, um mich zusammen mit anderen auf den Marathon vorzubereiten. Mir gefielen diese Gruppenläufe besser, als nur allein für mich zu trainieren. Eine meiner Schwestern schloss sich ebenfalls dieser Gruppe an, so dass wir zusammen laufen und dabei viele gute Gespräche miteinander führen konnten. 40 Kilometer sind eine lange Strecke, um sich zu unterhalten.

Dennoch schlug das Schicksal auch dieses Mal wieder zu. In der letzten Woche vor dem Rennen erlitt ich eine Knieverletzung und konnte nicht teilnehmen. Doch auch danach war ich noch nicht bereit aufzugeben – im nächsten Jahr trainierte ich erneut. Schließlich absolvierte ich den Marathon erfolgreich, nachdem ich mich dieses Mal wieder im Einzeltraining vorbereitet hatte. Das war weniger amüsant gewesen, und ich vermisste die anderen Roadrunners oft. Daraus lernte ich, dass ich körperliche Bewegung dann mehr genießen konnte, wenn ich sie als Möglichkeit nutzte, mit gleichgesinnten Menschen in Kontakt zu kommen.

In vielen Städten gibt es Fitnessgruppen, in denen Menschen gemeinsam an ihren physischen Zielen arbeiten. Finden Sie im Internet heraus, was in Ihrer Nähe angeboten wird. Vielleicht motiviert Sie das gemeinsame Training ja mehr, als das Sporttreiben im Alleingang.

Obgleich Gesundheit offensichtlich eine Privatangelegenheit zu sein scheint, sollten wir sie nicht isoliert betrachten. Wenn ein anderer krank ist, leiden wir in gewisser Weise ebenfalls darunter. Da die menschliche Gesellschaft ein natürliches Netzwerk darstellt, existieren praktische Begrenzungen in Bezug darauf, wie weit ein Individuum bei der Suche nach besserer Gesundheit gehen kann. Es wäre verrückt, diese allgegenwärtige Vernetzung ignorieren zu wollen.

Wie wollen Sie beispielsweise den gesundheitsschädigenden Auswirkungen der globalen Umweltverschmut-

zung entkommen, wenn das gesamte Frischwasser der
Erde mit synthetischen Chemikalien verseucht ist? Es
reicht nicht, nur für sich selbst gesund leben zu wollen.
Wenn Sie so vital wie möglich werden wollen, müssen Sie
auch anderen helfen, ein gesünderes Leben zu führen.
Sobald Ihre Lebensweise gesünder wird, können Sie das,
was Sie auf Ihrem Weg gelernt haben, anderen mitteilen
und ihnen dadurch helfen, persönlich zu wachsen und
ihre eigene Gesundheit zu verbessern. Wir sitzen alle in
einem Boot.

Gesundheit und Autorität

Egal, wie viel Sie momentan über gesunde Lebensweise
wissen, Sie tragen die Verantwortung für Ihr körperliches
Wohlergehen. Obgleich Sie mit Sicherheit den Rat von Experten einholen können, sind Sie der einzige Gesundheits-
apostel in Ihrem Leben. Ihr Wohlbefinden ist allein Ihre
Aufgabe. Sie können Kontrolle delegieren, nicht aber Verantwortung.

Was heutzutage als modernes Gesundheitssystem eingestuft wird, ist in Wahrheit noch immer ziemlich primi-
tiv, ungenau und fehlerbehaftet – besonders, wenn man es
mit anderen technischen Bereichen vergleicht. Wenn Sie
zu einem Arzt gehen und ihm Ihre gesundheitlichen Probleme schildern, besteht die reale Möglichkeit, dass er
eine falsche Diagnose stellt und Sie auf dieser Grundlage
behandelt. Und selbst wenn die Diagnose stimmt, fallen
im Laufe Ihrer Behandlung garantiert die Worte *sollte, hof-
fentlich* und *Nebenwirkungen*. Wenn Sie Ihren Arzt fragen,
warum Ihr Gesundheitsproblem aufgetaucht ist und was
Sie tun können, damit dies nicht erneut geschieht, wird er
mit großer Wahrscheinlichkeit entgegnen: »Die Wissenschaft kann dazu nichts Genaues sagen.«

Wenn mein Automechaniker jemals zu mir sagen würde
»Ihr Auto sollte jetzt wieder fahrbereit sein, Mr. Pavlina. Es
kann natürlich zu ein paar Nebenwirkungen kommen, wie
beispielsweise zum Wackeln der Karosserie, zu plötzlich
einsetzender Beschleunigung und zu unvorhersehbarem
Flüssigkeitsverlust, aber gehen wir mal davon aus, dass
sich das alles in Grenzen halten wird«, dann hätte er mich
mit Sicherheit das letzte Mal gesehen.

Alternative Heilmethoden sind gegen diese Problema-
tik ebenfalls nicht immun, auch dort gibt es viele vage
Aussagen, die ein »sollte« und »könnte« beinhalten. Ich
will damit nicht etwa behaupten, dass die Gesundheitsexperten Schuld an diesen Problemen sind. Vielmehr bin
ich mir sicher, dass sie ihr Bestes geben. Dennoch sollten
wir diesen Sachverhalt nicht ignorieren.

Was sind Ihre besten langfristigen Gesundheitsvorher-
sagen? Ich weiß es nicht, denn ich bin nicht Sie. Wenn ich
Ihnen genau erklären würde, was für mich funktioniert,
würde das noch längst nicht heißen, dass Sie damit die
gleichen Resultate erzielen. Wenn ich Ihnen mitteilen
würde, was im Gesamtdurchschnitt die positivsten Auswirkungen hat, wäre das eine Garantie dafür, dass diese
Methoden auch bei Ihnen erfolgreich sind? Wenn wir uns
die einzigartige Mischung zahlreicher genetischer, um-
weltbedingter und persönlicher Faktoren vor Augen führen, wie stark trifft dann der Durchschnitt überhaupt auf
uns zu?

Wenn es um die eigene Gesundheit geht, besteht die
einfache Wahrheit darin, dass wir selbst die einzige Autorität sind, der wir wirklich vertrauen können. Und selbst
dann noch müssen wir vorsichtig sein, nicht falschen
Überzeugungen und einer Konditionierung durch die Medien aufzusitzen. Wenn ich Ihnen auf diesem Gebiet irgendeinen Rat gebe, mit dem Sie nichts anfangen können, dann
sollten Sie ihn zurückweisen und stattdessen Ihrem eige-

nen Urteil Glauben schenken. Dieser Satz kann ziemlich verwirrend sein, wenn Sie bedenken, dass seine Aussage auch auf sich selbst anwendbar ist, aber ich glaube, Sie verstehen, worum es mir an dieser Stelle geht. Sie sind hier die Autorität und sollten daher meinem Rat nur in dem Maße folgen, wie er mit Ihrem eigenen gesunden Menschenverstand übereinstimmt.

Aber wenn wir sogenannten Experten nicht blindlings Glauben schenken können, wie können wir dann selbst kompetente Autoritäten in Bezug auf unsere Gesundheit werden? Zunächst einmal können wir unsere eigenen Wahrnehmungen und Vorhersagen betrachten. Zweitens können wir in die Entscheidungen hineinfühlen, die wir getroffen haben, um zu sehen, was unsere Intuition zu ihnen zu sagen hat. Und drittens können wir Unklarheiten dadurch beseitigen, dass wir bestimmte Dinge selbst ausprobieren. Wenn wir uns nicht sicher sind, ob eine Entscheidung die richtige für uns ist, besteht der einzige Weg, die Wahrheit herauszufinden, oft darin, eine Zeitlang zu testen, wie wir uns mit der Veränderung fühlen.

Ich hatte großen Erfolg damit, auf der körperlichen Ebene etwas 30 Tage lang auszuprobieren. Auf diese Weise wurde ich Vegetarier und Veganer, aber auch Frühaufsteher. Heute stehe ich auch an Wochenenden jeden Morgen um 5:00 Uhr auf. In allen Fällen war ich mir nicht sicher, ob ich wirklich etwas verändern wollte, daher unterzog ich mich einem kurzfristigen Experiment. Normalerweise waren die Ergebnisse in der einen oder anderen Weise aufschlussreich, und ich musste mir keine großen Gedanken machen, ob ich die Veränderung beibehalten oder rückgängig machen wollte.

Bisweilen waren meine Untersuchungsergebnisse auch halb und halb. Im Januar 2008 erprobte ich beispielsweise 30 Tage lang eine Rohkostdiät mit niedrigem Fettgehalt. Ich aß nur rohe Früchte, Gemüsesorten, Nüsse und Samen, sodass lediglich zehn Prozent meiner Kalorienzufuhr aus dem Fettanteil meiner Nahrung stammten. In meinem Tagebuch hielt ich täglich fest, was ich aß, dann stellte ich meine Eintragungen auf meine Webseite. (Wenn Sie neugierig sind, können Sie die letzte Zusammenfassung unter **www.StevePavlina.com/raw** finden.) Obgleich das Experiment nicht so ausging, wie ich erwartet hatte, habe ich sehr viel daraus gelernt. Es war bei weitem die härteste 30-tägige Prüfung, der ich mich jemals unterzogen habe. Meine Motivation hielt ich dadurch aufrecht, dass ich mir klarmachte, dies nicht nur für mich selbst zu tun, sondern auch für andere. Obwohl mein Versuch nicht rundum erfolgreich war, sammelte ich genügend Informationen und Erfahrungen, um zwei Monate später ganz auf Rohkost umzusteigen. Natürlich berichte ich auf meiner Webseite weiterhin darüber, wie sich meine Ernährungsweise entwickelt.

Persönliche Experimente sind ein guter Weg, um mehr über sich zu erfahren. Probieren Sie verschiedene Ernährungsweisen aus. Testen Sie unterschiedliche Sportarten. Experimentieren Sie mit Ihrem Schlafmuster. Finden Sie durch Versuch und Irrtum heraus, was für Sie am besten funktioniert. Natürlich besteht immer ein gewisses Risiko, wenn wir solche Selbstuntersuchungen durchführen, aber blind den sozialen Normen zu folgen, ist nicht weniger riskant. Vergessen Sie nicht, dass letztlich Sie allein dafür verantwortlich sind, welche Entscheidungen Sie im Hinblick auf Ihre Gesundheit treffen.

Wenn Sie Ihre eigenen Experimente durchführen, sollten Sie ein paar Dinge beherzigen. Erstens, führen Sie ein Tagebuch, um Ihre Ergebnisse festzuhalten, am besten täglich, mindestens aber einmal in der Woche. Ihre Eintragungen können sich im weiteren Verlauf als sehr nützlich erweisen, vielleicht sogar erst Jahre später; seien Sie daher so ehrlich wie möglich. Zweitens sollten Sie überlegen, ob

Sie Ihre Eintragungen öffentlich machen, zum Beispiel in einem Blog. Auf diese Weise haben andere die Möglichkeit, ebenfalls aus Ihren Erfahrungen zu lernen. Als ich mein Rohkost-Experiment durchführte, erhielt ich sehr viel Ermutigung und viele praktische Tipps von erfahrenen Rohköstlern, die genau darüber informiert waren, was ich jeden Tag aß. Dies half mir, bei der Stange zu bleiben und potenziellen Fallstricken zu entgehen. Ich wünschte, ich hätte bereits in jener Zeit Tagebuch geführt, als ich die vegetarische und vegane Ernährung für 30 Tage ausprobierte, denn heute werfe ich gern einen Blick zurück und schaue mir an, was ich früher gegessen habe. Diese Aufzeichnungen hätten wichtige Informationen beinhaltet, die ich zum Wohle aller hätte veröffentlichen können – besonders, da meine Resultate so positiv waren.

Wenn ein vorübergehendes Experiment überwältigend gute Resultate bringt, sollten Sie die Veränderungen auf jeden Fall beibehalten und sie zur Gewohnheit machen. Erlauben Sie es der neuen Verhaltensweise, Ihr Bewusstseinsniveau anzuheben. Wenn Sie immer wieder solche persönlichen Verbesserungen vornehmen, werden Sie wahrscheinlich ab und zu auch mit einem Rückschlag konfrontiert werden. Langfristig gesehen ist es jedoch vernünftig, davon auszugehen, dass sich Ihre Gesundheit deutlich verbessern wird. Für mich lagen die größten Vorteile nicht im physischen, sondern im mentalen Bereich. Durch gesundheitliche Veränderungen, die ich in den letzten 15 Jahren vorgenommen habe, ist mein Denken heute klarer und schärfer als je zuvor, und ich kann mich sehr gut konzentrieren, ohne abgelenkt zu werden. Dies nützt nicht nur mir persönlich, sondern auch den Menschen, die von meiner Arbeit profitieren.

Ihr Weg zu einer besseren Gesundheit mag anders verlaufen als meiner, aber das Schöne an universellen Prinzipien ist, dass sie unabhängig von individuellen Umständen gelten. Sie können auf die gleiche Weise vorgehen wie ich, um die Autorität über Ihren Körper zu erlangen, selbst wenn Sie sich letztlich dafür entscheiden, ihn anders zu behandeln, als ich dies tue.

Gesundheit und Mut

Stellen Sie sich einen Gesundheits- und Fitnessplan auf, der ein Herz hat. Haben Sie keine Angst davor, sich körperlich zu fordern. Ein schwacher Geist führt zu einem schwachen Körper. Machen Sie das Ziel, gesund zu sein, zu einer lebenslangen Abenteuerreise. Für ein Ziel zu kämpfen, das uns nicht zumindest ein wenig Angst macht, lohnt sich vermutlich gar nicht. Würden Sie gerne an einem Marathon oder Triathlon teilnehmen? Könnte Ihnen Bergsteigen Spaß machen? Würde es Sie reizen, den schwarzen Gürtel im Judo zu erwerben? Verlassen Sie die monotone Tretmühle im Fitnessstudio und machen Sie etwas Körperliches, das Sie inspiriert. Leben Sie so, wie ein gesunder und vitaler Mensch Ihrer Meinung nach leben sollte.

Versuchen Sie gesundheitliche Probleme erst gar nicht aufkommen zu lassen. Ernähren Sie sich gesund und bewegen Sie sich viel, um Krankheiten vorzubeugen und den Körper stark und vital zu halten. Warten Sie nicht auf eine Krise, um etwas zur Verbesserung Ihrer Gesundheit zu tun. Eine ärztliche Behandlung sollte als allerletzte Möglichkeit betrachtet werden, wenn präventive Maßnahmen nicht anschlagen. Es macht keinen Sinn, Ihre Gesundheit in die Hände derer zu legen, die vom Fortbestehen Ihrer Krankheit profitieren.

Halten Sie Ihre Fitnessübungen einfach und produktiv. Verkomplizieren Sie Ihr Leben nicht mit modischen und teuren Fitnessgeräten, und verwechseln Sie künstlich hergestellte Nahrungsergänzungen, Pulver und Mixgetränke

nicht mit einer gesunden, natürlichen Ernährung. Eine einfache Faustregel wird Ihnen viel Geld sparen: Sie brauchen
nichts von dem, was in einer Dose, Flasche oder einem
Kanister zu Ihnen kommt.

Viele Jahre lang bestand meine einzige körperliche Be-
tätigung darin, vor Sonnenaufgang aufzustehen und 25
bis 45 Minuten an der frischen Luft spazieren zu gehen.
Das tat ich fast jeden Morgen, denn dadurch fühlte ich
mich klar und voller Energie. Am 1. Januar 1997 nahm ich
mir für das neue Jahr vor, jeden Tag mindestens 25 Minuten zu laufen. Wenn es regnete, lief ich im Regen. Wenn ich
zu müde oder zu krank oder erst nach Mitternacht im Bett
war, ging ich trotzdem hinaus und lief. Ich meisterte die
Herausforderung erfolgreich, ohne einen einzigen Tag
auszulassen – wodurch all meine früheren Ausreden null
und nichtig wurden. Wenn Sie Angst haben, krank zu werden, sollten Sie darauf vertrauen, dass regelmäßige Bewegung Ihr Immunsystem in beträchtlichem Ausmaß steigern
wird.

Ein wenig Wasser, das vom Himmel fällt, ist keine Ent-
schuldigung, nicht zu trainieren. Es kann sogar sehr schön
sein. Einmal machte ich mit den L. A. Roadrunners im
stärksten Sturm und Regen einen Trainingslauf über 20 Kilometer. Autofahrer, die uns überholten, hupten laut und
winkten uns ermutigend zu, offensichtlich beeindruckt
und amüsiert von den Fitnessfreaks, die tropfnass die
Ocean Avenue entlangliefen. Für gewöhnlich erinnere ich
mich nicht an die Einzelheiten meiner vergangenen Trai-
ningsläufe, aber dieser eine ist mir lebhaft im Gedächtnis
geblieben, obgleich er schon neun Jahre zurückliegt. Zwei
Stunden im Regen waren ein fairer Preis für eine so denk-
würdige und freudige Erinnerung. Übrigens regnete es
auch ununterbrochen in den ersten beiden Stunden des
L. A.-Marathons, an dem ich später teilnahm.

Es ist besser, mutig zu handeln, damit Krankheiten vor-

zubeugen und eine gute Gesundheit zu genießen, als gezwungen zu sein, sich mit einer schweren Erkrankung auseinandersetzen zu müssen. Wenn jedoch Letzteres bei
Ihnen eingetreten ist, sollten Sie sich klarmachen, dass genau die Gewohnheiten, die einer Krankheit vorbeugen,
auch am besten dazu geeignet sind, sie zu überwinden;
ebenso wie jene Gewohnheiten, die eine Krankheit auslösen, die gleichen sind, die sie verlängern. Es kann viel Mut
erfordern, eingefahrene schädigende Verhaltensweisen zu
überwinden und von einer schweren Krankheit zu genesen,
und es gibt keine Erfolgsgarantie. Aber wenn Ihnen Ihr Leben am Herzen liegt, lohnt es sich, alles zu tun, was in Ihrer
Macht steht, um Ihre Gesundheit wiederherzustellen und
ein paar zusätzliche Tage auf dieser Erde zu genießen.

Gesundheit und Intelligenz

Intelligente, gesunde Gewohnheiten wirken intensiv und
nachhaltig und ermöglichen uns so, mehr Zeit und Energie
für das zu haben, was uns wirklich wichtig ist. Wenn unsere positiven Gewohnheiten auf Autopilot gestellt sind,
müssen wir uns nicht viele Gedanken um unsere Gesundheit machen. Wir nutzen unseren Körper dann einfach als
Mittel zum kreativen Selbstausdruck, da wir wissen, dass
unsere grundlegenden Verhaltensweisen unsere Gesundheit erhalten oder sogar noch verbessern.

Obwohl es eine große Herausforderung darstellen kann,
gesundheitsfördernde Gewohnheiten anzunehmen, bedarf
es fast keiner Anstrengung mehr, sie aufrechtzuerhalten,
wenn sie erst etabliert sind. Tatsächlich können wir einen
Reingewinn dafür erwarten, dass wir sie pflegen, sogar kurzfristig gesehen. Regelmäßiger Sport, der meinen Kreislauf
in Schwung bringt, führt beispielsweise dazu, dass ich mit
bedeutend weniger Schlaf auskomme, sodass diese Ange-

wohnheit sich mehr als auszahlt. Den ganzen Tag hindurch frische Früchte zu knabbern, ist ebenfalls sehr effektiv. Ein paar Bananen zu pellen und zu essen, ist keine große Anstrengung, aber es zahlt sich durch gesteigerte Energie und Wachheit aus. Eine Sammlung gesundheitsfördernder Gewohnheiten erzeugt ein ständiges Gefühl positiven Fließens.

Der menschliche Körper ist ein erstaunliches Wunderwerk, aber es ist wichtiger, im Inneren gesund zu sein, als außen wie ein Topmodel auszusehen. Was unsere körperliche Erscheinung betrifft, besteht die authentischste Entscheidung darin, sie so, wie sie ist, zu akzeptieren und zu lieben, einschließlich der Teile, die uns wenig attraktiv zu sein scheinen. Versuchen Sie, die soziale Konditionierung, die ein bestimmtes Aussehen von uns erwartet, so gut es geht zu ignorieren. Auch wenn Sie wie eine Kröte aussehen, gibt es noch genug Menschen, die Sie für einen königlichen Frosch halten.

* * *

Alle Erfahrungen im physikalischen Universum werden durch unseren physischen Körper ermöglicht. Er ist das primäre Mittel unserer Interaktion, von daher macht es Sinn, gut auf ihn aufzupassen. Versuchen Sie das Beste aus der Gestalt zu machen, die Ihnen gegenwärtig zur Verfügung steht. Stärken Sie Ihre Leistungsfähigkeit, sodass Sie wach und voller Energie sind anstatt müde und kränklich. Selbst wenn es mit Ihrer Gesundheit gerade nicht zum Besten steht, sollten Sie einen Moment lang die Bereiche würdigen, in denen Sie gesund *sind*. Gewöhnen Sie sich an, dankbar dafür zu sein, dass Sie auf diesem wunderbaren Planeten in körperlicher Gestalt lebendig sind.

Vielleicht werden wir eines Tages in der Lage sein, aus unseren schwammigen Hüllen unzerstörbare androide

Körper zu formen, oder möglicherweise übertragen wir unser individuelles Bewusstsein auch einfach in eine kollektive Singularität – aber zu dem Zeitpunkt, an dem ich diesen Text verfasse, ist es noch nicht so weit. Daher empfehle ich Ihnen, dass Sie Ihre gegenwärtige Hardware gut instand halten, anstatt sie herunterzuwirtschaften und zu verheizen, damit sie Ihnen noch lange zur Verfügung steht.

Natürlich ist einer der besten Gründe, den Körper gesund zu halten, der, dass gute Gesundheit unsere Möglichkeit verstärkt, liebevolle Beziehungen aufzubauen und zu genießen.

Kapitel 12:

Gewohnheiten

Beruf

Geld

Gesundheit

Beziehungen

Spiritualität

»Die schlimmste Einsamkeit besteht darin,
keine echten Freunde zu haben.«

Sir Francis Bacon

Zwischenmenschliche Beziehungen sind eine wunderbare Quelle, um zu lernen und zu wachsen. Unsere glücklichsten Erfahrungen haben hier ihren Ursprung, andererseits aber auch die größten Probleme, vor die wir gestellt sind. Beziehungen sind manchmal kompliziert und verwirrend, aber wie Sie gleich sehen werden, bringen die Prinzipien Wahrheit, Liebe und Macht eine elegante Einfachheit in diesen Bereich und helfen uns, bewusste und liebevolle Verbindungen zu schaffen.

Wir haben zahlreiche Möglichkeiten, Beziehungen einzugehen. Manche bevorzugen es, monogam zu sein und sich für einen einzigen Liebespartner zu entscheiden, bis dass der Tod sie scheidet. Andere bevorzugen eine temporäre Monogamie und haben verschiedene Partner hintereinander. Wieder andere genießen polygame Beziehungen mit mehreren Partnern zur gleichen Zeit. Und schließlich entscheiden sich manche für das Zölibat und richten ihre romantischen Energien auf einen anderen Bereich aus. Manche Menschen sind heterosexuell, andere homosexuell und wieder andere bisexuell. Es geht nicht darum, ob das eine richtig und das andere falsch ist. Wir haben die Freiheit, uns die zu uns passenden Beziehungen auszuwählen, natürlich mit dem Vorbehalt, dass unsere Partner gewillt sind, diese Erfahrungen mit uns zu teilen.

Da einige der Konzepte in diesem Buch der normalen sozialen Konditionierung widersprechen, kann es sein, dass Sie mit bestimmten Aussagen nicht übereinstimmen, und das ist völlig in Ordnung. Ich möchte an dieser Stelle nur zeigen, wie Sie die sieben universellen Prinzipien auf Ihre Beziehungen anwenden können; es ist nicht meine Absicht, Sie davon zu überzeugen, meine Sicht der Dinge zu übernehmen. Dennoch möchte ich Sie herausfordern, Ihre Annahmen über Beziehungen in Frage zu stellen und Ihre eigenen bewussten Entscheidungen zu treffen, selbst wenn Ihre Vorlieben sich sehr von meinen unterscheiden.

Unser Leben ist mit einer Vielzahl grundlegender Beziehungsformen übersät, je nachdem ob es sich um Familienmitglieder, Freunde, Bekannte, Arbeitskollegen, Liebespartner, Widersacher oder Fremde handelt. Unabhängig von Ihrer gegenwärtigen Situation können die Prinzipien Wahrheit, Liebe und Macht dazu beitragen, all diese Beziehungen zu verbessern. In diesem Kapitel konzentriere ich mich hauptsächlich auf Liebesbeziehungen, aber die vorgestellten Konzepte lassen sich auch auf alle anderen zwischenmenschlichen Verbindungen anwenden.

Beziehungen und Wahrheit

Lassen Sie uns zunächst einen Blick auf Ihre gegenwärtige Situation werfen. Was verrät Ihnen Ihre Wahrnehmung? Was ist die Wahrheit?

Wie fühlen Sie sich in Ihrer gegenwärtigen Beziehung? Sind Sie glücklich oder unglücklich? Fühlen Sie sich mit den Menschen in Ihrer Umgebung verbunden, oder halten Sie sich für abgeschnitten und allein? Wurzeln Ihre Beziehungen in Wahrheit oder sind sie von Falschheit infiziert? Kennen die Menschen Sie so, wie Sie wirklich sind, oder zeigen Sie ihnen nur einen Schatten Ihres wahren Selbst? Werden Sie durch Ihre Beziehungen gestärkt oder geschwächt? Gibt es etwas, das Sie sich wünschen oder vermissen?

Seien Sie ehrlich, wenn es darum geht, Ihre eigene Rolle zu bewerten. Welchen Wert schaffen Sie für die Menschen, die Ihnen nahestehen? Was können Sie einem Partner anbieten? Inwiefern haben die anderen etwas davon, dass Sie ein Teil ihres Lebens sind? Nutzen Sie andere vielleicht aus, ohne ihnen einen Gegenwert bieten zu können?

Schauen Sie unter die Oberfläche Ihrer Beziehungen und suchen Sie nach der Wahrheit, die ihnen zugrunde liegt. Eine Ehe zum Beispiel kann nur ein Etikett sein, das eine legale Beziehung beschreibt, oder sie kann eine tiefe emotionale Verbundenheit zweier Menschen ausdrücken. Was sehen Sie, wenn Sie gründlich hinschauen? Wie sehen Ihre Beziehungen wirklich aus?

Betrachten Sie die Bandbreite und Tiefe Ihrer gegenwärtigen Beziehungen. Gibt es einen ständigen Zufluss von neuen Menschen in Ihr Leben? Wie viele Menschen würden behaupten, Sie zu kennen, wenn sie danach gefragt würden? Wie tief sind Ihre Verbindungen? Wer würde Sie als engen Freund oder Liebespartner bezeichnen? Würden Sie gerne mehr Menschen kennen? Sehnen Sie sich insgeheim danach, bereits bestehende Verbindungen zu vertiefen?

Wenn Sie Ihre gegenwärtige Situation beurteilen, sollten Sie nicht vergessen, dass Ihre Beziehungen nur in Ihrer Vorstellung existieren. Sie sind so, wie Sie sie wahrnehmen. Um Ihren gegenwärtigen Status korrekt beurteilen zu können, müssen Sie nach innen schauen. Akzeptieren Sie Ihre Gedanken und seien Sie nicht überrascht, wenn Ihr Gefühl zu bestimmten Beziehungen ambivalent oder unklar ist.

Schauen Sie sich nun Ihre Vorhersagen an. Wohin entwickeln sich Ihrer ehrlichen Meinung nach Ihre gegenwärtigen Beziehungen? Welche werden enger und welche gehen vermutlich auseinander? Wohin trägt Sie Ihr momentaner Schwung? Was sagt die gegenwärtige Situation über Ihre Zukunft aus?

Zwischenmenschliche Beziehungen sind zu unsicher, um eindeutige Vorhersagen treffen zu können, aber uns reichen hier bereits vernünftige Annahmen. Ihre ehrlichen Erwartungen, selbst wenn sie sich als falsch herausstellen sollten, enthalten ein großes Maß an Wahrheit, da sie etwas über Ihre inneren Überzeugungen offenbaren. Diese beeinflussen Ihr Handeln und führen so zu Veränderungen in der Zukunft, von denen auch Ihre Beziehungen betroffen sein werden. Daher ist es wichtig, sich die eigenen Vorhersagen ehrlich bewusst zu machen. Erst dadurch bekommen wir die Möglichkeit, gezielt das zu verändern, was nicht zu unserer Zufriedenheit läuft.

Achten Sie besonders auf Ihre Gefühle, denn diese enthalten ihre eigene Intelligenz in Bezug auf Vorhersagen. Positive Emotionen stehen für positive Annahmen, negative Gefühle offenbaren negative Vermutungen über die Zukunft. Vielleicht haben Sie manchmal das Gefühl, es ginge mit einer Beziehung bergab, selbst wenn oberflächlich betrachtet alles in Ordnung zu sein scheint. Daraufhin

führen Sie ein Gespräch mit Ihrem Partner und stoßen
dabei auf wichtige Probleme, die Sie bislang beide nicht
wahrgenommen haben und mit denen Sie sich gemeinsam
befassen müssen.

Es gibt Momente, da habe ich ein schlechtes Gefühl in
Bezug auf meine Beziehung zu Erin. Oberflächlich gesehen
scheint alles in Ordnung zu sein, und mir fällt nichts Konkretes ein, was falsch sein könnte, aber dennoch verspüre
ich das quälende Gefühl, dass zwischen uns eine unsicht-
bare Wand wächst. Wenn ich versuche, diesen Gedanken
keine weitere Aufmerksamkeit zu schenken, werden sie
nur noch stärker. Daraufhin teile ich Erin meine Gefühle
mit, und wir sprechen gemeinsam über sie. Und immer
wieder stellt sich dann heraus, dass sich ungelöste Probleme in unser Leben eingeschlichen haben, die für diese
unbewusste Verstimmung sorgen. Dadurch, dass wir alles
offen ansprechen, kehrt das Gefühl der Nähe wieder zurück, selbst wenn wir die Probleme nicht sofort lösen können. Normalerweise fühlen wir uns hinterher einander
näher als zuvor.

Ich habe auf diese Weise gelernt, den Gefühlen zu vertrauen, die ich in Bezug auf meine Beziehungen zu anderen Menschen habe. Wenn sich etwas falsch für mich anfühlt, dann weiß ich, dass es das Beste ist, auf die andere
Person zuzugehen und ihr mitzuteilen, dass etwas nicht
stimmt, damit wir es zusammen klären können. Indem wir
Wahrheit in unsere Beziehungen bringen, schaffen wir
Nähe und Vertrauen.

Nicht nur Falschheit schadet einer Beziehung, auch Un-
aufmerksamkeit belastet sie. Wenn wir die Wahrheit nicht
mehr regelmäßig in unsere Beziehungen einfließen lassen,
baut sich unweigerlich eine Distanz auf. Wahrheit ist mehr
als die Abwesenheit von Lüge; sie ist eine wesentliche Aktivität, die in jeder Beziehung stattfinden muss.

Akzeptieren Sie die Wahrheit über Ihre Beziehungen,

selbst wenn Sie sich in Ihrer momentanen Situation gefangen fühlen. Fangen Sie nicht an, die Wahrheit zu leugnen. Wenn Sie deprimiert und einsam sind, sollten Sie diese Gefühle akzeptieren. Wenn Sie das Gefühl haben, dass Ihre Ehe auf eine Scheidung zusteuert, dann sollten Sie diese ehrliche Vorhersage nicht gleich wieder verdrängen. Wenn Sie glauben, völlig festgefahren zu sein, aber gerade keine Kraft für eine Veränderung haben, dann sollten Sie Ihre Situation hinnehmen. Verschließen Sie niemals Ihre Augen vor der Wahrheit. Wenn Sie über Ihre gegenwärtigen Begrenzungen hinauswachsen wollen, müssen Sie lernen, die Situation zu akzeptieren, in der Sie sich momentan befinden.

Es ist überaus wichtig, die wahre Natur von zwischenmenschlichen Beziehungen zu erkennen. Sie alle sind nur vorübergehend. Wie stark die gemeinsame Verbundenheit auch ist, irgendwann wird alles mit Trennung oder Verlust enden. Keine Beziehung hat ewig Bestand, zumindest nicht in körperlicher Form. Lassen Sie diese Wahrheit auf sich wirken und würdigen Sie die Menschen in Ihrem Leben dann umso mehr. Wenn wir akzeptieren, dass alle Beziehungen nur vorübergehender Natur sind, bekommen sie einen anderen Stellenwert für uns, und wir werden andere nicht mehr so leicht als gegeben voraussetzen.

Beziehungen und Liebe

Wir gehen Beziehungen ein und bauen unser Beziehungsgeflecht aus, indem wir anderen Menschen ermöglichen, mit uns in Kontakt zu treten, und uns dann mit ihnen verbinden. Am häufigsten geschieht dies durch direkte Kommunikation. Je mehr wir mit unseren Mitmenschen sprechen, desto größer ist unsere Verbundenheit. Unsere Verbindungen erlauben es uns, die emotionale Seite der Liebe zu genießen, indem wir Gefühle von Geborgenheit und Nähe entwickeln.

Ich führe eine sehr enge Beziehung mit Erin, da wir sehr viel Zeit damit verbracht haben, miteinander zu sprechen. Nachdem wir uns 1994 kennen gelernt hatten, führten wir stundenlange Telefongespräche, in denen wir alles zum Thema machten, was uns wichtig war. Die Gewohnheit, uns durch gemeinsame Gespräche miteinander zu verbinden, haben wir seitdem stets beibehalten. Ich liebe es, wie Erin jedes Thema aus ihrer einzigartigen Perspektive betrachtet, und ich schätze ihre Meinungen und Erkenntnisse. Ich weiß, dass sie über mich das Gleiche denkt und fühlt.

Kommunikation ist jedoch nur der Anfang, denn zwischenmenschlichen Beziehungen wohnt das Potenzial inne, sich vom bloßen Kontakt zu einer intensiven Freundschaft oder Partnerschaft zu entwickeln. Selbst wenn viel persönlicher Austausch stattfindet, bleibt das Risiko, dass sich mit der Zeit der Trott einschleicht und eine Sättigung erreicht wird. Wenn Wahrheit, Liebe und Macht im gegenseitigen Austausch fehlen, bekommt die Kommunikation früher oder später einen faden Beigeschmack; sind jedoch alle drei Elemente gegenwärtig, können die Hindernisse, die einer tieferen Verbindung und größeren Nähe noch entgegenstehen, aus dem Weg geräumt werden.

Wenn Sie die Art und Weise Ihrer Kommunikation betrachten, werden Sie wahrscheinlich feststellen, dass sie nicht im Gleichgewicht ist. Wahrscheinlich benutzen Sie nur ein oder zwei Prinzipien, anstatt alle drei. Ich selbst verlasse mich beispielsweise zu sehr auf Wahrheit und Macht. Da ich gerne neue Zusammenhänge entdecke, genieße ich es sehr, anderen Menschen Mut zu machen und ihnen dabei zu helfen, aktiv zu werden. Meine Schwäche besteht darin, dass ich im Gespräch manchmal zu wenig Mitgefühl zeige. Auf der anderen Seite kommuniziert Erin sehr gut mit Wahrheit und Liebe; doch es fällt ihr schwer, andere zum Handeln zu motivieren, da sie manchmal das Prinzip der Macht übersieht.

Stellen Sie sich verschiedene Menschen vor und versuchen Sie, ihre dominante Kommunikationsform zu bestimmen. Wer kommuniziert hauptsächlich mit Wahrheit, will über Fakten sprechen und Informationen austauschen? Wer kommuniziert mit Liebe und spricht über alles gerne, nur um auf diese Weise in Kontakt zu sein? Und wer kommuniziert mit Macht, versucht andere zum Handeln zu bewegen und sie dazu zu ermutigen, Veränderungen vorzunehmen? Bei jeder Kommunikation tauchen natürlich Aspekte von Wahrheit, Liebe und Macht auf, doch die meisten Menschen beschränken sich stark auf ein oder zwei Prinzipien.

Welche Mischung aus Wahrheit, Liebe und Macht benutzen Sie, um sich mit anderen zu verbinden? Erkennen Sie, dass das Prinzip, das Sie am wenigsten verwenden, die Ursache für viele Kommunikationsprobleme sein kann? Wenn Sie lernen, Ihren schwächsten Kanal zusammen mit Ihren Stärken in der Kommunikation einzusetzen, können Sie zu einem bedeutenden Wachstum in Ihren Beziehungen gelangen.

Für mich war es eine große Herausforderung zu lernen, mit Liebe zu kommunizieren. Ich wurde von Eltern großgezogen, die stark von ihrer linken Gehirnhälfte bestimmt wurden; mein Vater war leitender Angestellter in der Softwarebranche, meine Mutter Mathematiklehrerin am College. Bei uns zu Hause waren die dominanten Kommunikationskanäle daher Wahrheit und Macht – die Liebe hinkte weit hinterher. Ich kann mich nicht daran erinnern, dass die Worte »ich liebe dich« häufig ausgesprochen wurden; eine Umarmung gab es ebenfalls nur sehr selten. Dementsprechend wurzelte meine Kommunikation, als ich erwachsen wurde, hauptsächlich in Wahrheit und Macht. Meine

Fähigkeit, mich mit anderen durch Sympathie und Mitgefühl zu verbinden, war nicht besonders stark ausgeprägt; im Gegenteil, wenn ich sah, wie andere mit Liebe kommunizierten, fühlte ich mich oft unwohl.

Erin hingegen stammt aus einem Elternhaus, in dem Liebe und Wahrheit dominierten und Macht kaum vorhanden war. Ihre Familie war sehr fürsorglich und herzlich, und man verbrachte viel Zeit miteinander. Erin und ihre Geschwister durften an Familienentscheidungen mitwirken, wozu auch die Urlaubsplanung zählte. Dafür wuchs sie in einer ziemlich undisziplinierten Umgebung auf, in der es keine starke Führung gab, was ihr später im Leben zahlreiche Probleme mit Macht einbrachte. Als junge Erwachsene lebte sie zum Beispiel in einer Beziehung, in der sie missbraucht wurde; sie brauchte Jahre, um sich daraus zu lösen, und als sie es schließlich tat, fürchtete sie um ihre Sicherheit.

Als Erin und ich unsere Beziehung begannen, war die Wahrheit unser vorherrschender Kommunikationskanal. Wir sind beide vielseitig interessierte Personen, daher konnten wir stundenlang über die verschiedensten Themen reden. Dadurch kamen wir uns schon nach kurzer Zeit sehr nahe. Da wir uns miteinander von Anfang an sehr wohl fühlten, konnten wir uns im Laufe unserer Beziehung wunderbar beim gegenseitigen Wachstum unterstützen.

Als ich Erin das erste Mal traf, arbeitete sie halbtags als Sekretärin und besuchte nebenbei die Hochschule für Aufbaustudien. Ich brachte die Macht in ihr Leben, die sie dazu ermutigte, ihren ungeliebten Job aufzugeben und ihre Träume zu verwirklichen. Anstatt meine eigene Macht dazu zu benutzen, sie zu beherrschen und zu kontrollieren, ermöglichte mir meine Verbindung mit der Wahrheit, mich für das einzusetzen, was für sie das Beste war. Wie Erin sofort bestätigen würde, half ihr mein Einfluss, sich auf eine Weise mit ihrer eigenen Macht zu verbinden, wie sie es noch nie zuvor getan hatte. Heute ist sie sehr glücklich mit den Veränderungen, die sie dadurch in ihrem Leben vornehmen konnte.

Erin hatte auf mich eine ähnliche Wirkung, indem sie mir beibrachte, auf mein Herz zu hören. Bis dahin hatte ich noch nie einen Menschen getroffen, der so offen, liebevoll und mitfühlend war. Wir lernten uns ein paar Monate nach meinem College-Abschluss kennen, zu einer Zeit, als ich mehr an Computern als an meinen Mitmenschen interessiert war. Da sie mit der Wahrheit verbunden war, erkannte ich die vollkommene Authentizität ihrer liebevollen Seite. Ohne Mühe zerstörte sie meinen Panzer und brachte mein natürliches Mitgefühl in einer Art zum Ausdruck, die ich selbst nie für möglich gehalten hätte. Es war Erin, die mich schließlich dazu motivierte, meinen Beruf zu wechseln – vom Computerspiele-Entwickler zum Berater für persönliches Wachstum. Wenn ich sie nicht getroffen hätte, würde ich jetzt bestimmt keine Tätigkeit ausüben, mit der ich anderen Menschen helfe zu wachsen.

Um überhaupt miteinander in Kontakt treten zu können, ist es nötig, über eine gemeinsame Basis zu verfügen. Die Art der Kommunikation zweier Menschen muss sich stellenweise überschneiden, damit überhaupt eine Verbindung zustande kommen kann. Ist die Überschneidung nicht groß genug, kann keine enge Verbindung entstehen. Um jedoch gemeinsam wachsen zu können, muss es auch gewisse Unterschiede zwischen uns geben. Andernfalls erreicht unsere Fähigkeit, uns mit dem anderen zu verbinden, schnell einen Sättigungsgrad. Unsere Ähnlichkeiten bringen uns zusammen, aber unsere Unterschiede helfen uns zu wachsen.

Da Sie nun wissen, wie wichtig Wahrheit, Liebe und Macht sind, können Sie bewusst entscheiden, wohin sich Ihre Beziehungen entwickeln sollen. Darüber hinaus sind

Sie in der Lage, bestehende Probleme zu erkennen und anzusprechen. Wenn ich mich an Erin wende und ihr mitteile, dass ich mich von ihr abgeschnitten fühle, hellt sich ihr Gesicht auf, denn sie weiß, dass sie mir helfen kann. Das Gleiche geschieht, wenn sie zu mir kommt und mich bittet, ihr dabei zu helfen, eine neue Richtung zu finden oder zu entscheiden, auf welches Projekt sie sich als Nächstes konzentrieren soll. Diese Bemühungen helfen uns nicht nur, als Individuen zu wachsen; sie vertiefen auch die intime Verbindung zwischen uns.

Wenn Sie sich gegenwärtig in einer Beziehung befinden, können Sie die Bereiche benennen, in denen Sie mit Ihrem Partner oder Ihrer Partnerin übereinstimmen? Sind Sie mit Wahrheit verbunden, tauschen Sie sich gegenseitig aus und lernen Sie voneinander? Sind Sie mit Liebe verbunden, zeigen Sie sich Ihre Zuneigung und genießen Sie die Gesellschaft des anderen? Sind Sie mit Macht verbunden und ermutigen und unterstützen Sie sich gegenseitig darin, den eigenen Zielen zu folgen? Auch wenn alle drei Prinzipien in einem gewissen Ausmaß vorhanden sind, welche Strategie ist die vorherrschende?

Für die praktische Anwendung ist es wichtig, dass Sie Ihre dominante Kommunikationsstrategie kennen, damit Sie sie gezielt dazu einsetzen können, wieder Nähe herzustellen, wann immer Sie das Gefühl haben, dass zwischen Ihnen eine Distanz entstanden ist. In gleicher Weise können Sie Ihre Unterschiede bewusst dazu nutzen, sich gegenseitig beim persönlichen Wachstum zu unterstützen. Mit Hilfe unserer Beziehungen können wir unsere Verbindung mit Wahrheit, Liebe und Macht bewusst verstärken.

Beziehungen und Macht

Optimale Beziehungen dienen dazu, die eigene Macht zu
verstärken und nicht zu verringern. Wir gehen deshalb
eine Beziehung ein, um unsere Verbindung mit Wahrheit,
Liebe und Macht zu vertiefen und dadurch eine größere
Ganzheit zu erfahren. Wenn eine Beziehung diese Verbindung schwächt, lohnt es sich nicht, sie weiter aufrechtzuerhalten. Je länger wir an entmachtenden Beziehungen
festhalten, desto schwächer werden wir. Optimale Beziehungen helfen uns dabei, unsere Bedürfnisse und Wünsche zu erfüllen, Klarheit zu erlangen und das Gefühl der
Verbundenheit zu stärken. Sie geben unserem Leben einen
Wert, der uns etwas bedeutet.

Wenn wir uns auf Beziehungen einlassen, die uns schwächen oder in denen wir das Gefühl haben, eingesperrt zu
sein, geben wir unsere Macht ab. Es liegt in unserer Verantwortung, solche Situationen zu verändern, und zwar ohne
Rücksicht auf die besonderen Umstände. Machen Sie sich
klar, dass Sie jederzeit gehen können. Ein solcher Entschluss kann negative Folgen haben, wie zum Beispiel
einen gravierenden Einkommensverlust, wenn Sie einen
gewalttätigen Partner verlassen – aber derartige Probleme
sind nur vorübergehend. Wenn sie eine entmachtende Beziehung verlassen, können Sie davon ausgehen, dass Sie
Ihre Macht schon bald zurückgewinnen werden. Unglücklicherweise ist es gerade das Merkmal von Beziehungen, in
denen ein Partner missbraucht und ausgenutzt wird, dass
sie uns bis zu dem Punkt unterminieren, wo wir uns kaum
noch vorstellen können, uns überhaupt irgendwann wieder stark zu fühlen. Wenn Sie sich also in einer Situation
befinden, die Sie schwächt, und Sie in dieser Beziehung
bleiben, entscheiden Sie sich dafür, weiterhin missbraucht
und ausgenutzt zu werden.

Eine bewusste Beziehung erfordert, dass sich beide Seiten voll aufeinander einlassen. Das Ganze darf nicht nur an einer Person hängen bleiben. Wenn Sie mehr Zeit mit Streit als in Harmonie verbringen, sollten Sie die Beziehung lieber loslassen. Versetzen Sie sich in eine Position, in der Sie etwas genießen können, was sich für beide Seiten lohnt, und geben Sie sich nicht mit weniger zufrieden, als Sie wert sind. Sein Selbst zu stärken ist kein selbstsüchtiger Akt. Wenn Sie Ihre Beziehungen danach aussuchen, ob sie Ihnen Kraft geben, werden Sie stärker wachsen, und Ihre neue Stärke wird den Menschen in Ihrer Umgebung zugutekommen.

Aber was sollen wir tun, wenn wir die Beziehungen, die uns am meisten schwächen, zu unseren eigenen Familienmitgliedern unterhalten? Es ist nicht ehrenwert, Personen gegenüber loyal zu sein, die uns schwächen. Wenn wir uns selbst auf diese Weise schaden, dann ziehen wir auch die Menschen, mit denen wir zu tun haben, nach unten. Lassen Sie es nicht zu, dass Sie selbst und andere durch einen falsch verstandenen Sinn für Loyalität leiden. Wenn Sie sehr loyal sind, dann verhalten Sie sich den Personen gegenüber so, die es auch verdienen. Schenken Sie Ihre Loyalität nicht blindlings denjenigen, die sie als ihr Geburtsrecht betrachten.

Was wünschen Sie sich von Ihrer Beziehung? Welche Charaktereigenschaften ziehen Sie am meisten an? Obwohl es Ihnen freisteht, jederzeit mit jedem in Kontakt zu treten, ist es wichtig, sich gewisse Standards für eine tiefere Verbindung zu setzen. Gestatten Sie es sich, eine Freundschaft oder intime Partnerschaft nur mit einer Person einzugehen, die Ihnen Kraft gibt und Ihre Verbindung zu Wahrheit, Liebe und Macht verstärkt. Sortieren Sie alle Personen aus, die Sie nur in die Irre führen.

Wenn es um langfristige Beziehungen geht, suche ich mir meine Freunde und Partner sehr sorgfältig aus. Ich ziehe Menschen vor, die hohe persönliche Maßstäbe haben und bereits stark mit Wahrheit, Liebe und Macht verknüpft sind. Grundsätzlich gehe ich keine Bindung mit Menschen ein, die unehrlich, unintelligent, unbewusst, apathisch, ausfällig, unkonzentriert, undiszipliniert oder unverantwortlich sind. Durch meine Arbeit komme ich mit einer Vielzahl unterschiedlicher Individuen zusammen, und ich helfe allen gerne, soweit ich es kann, aber tiefere Beziehungen gehe ich nur mit denen ein, die meine persönlichen Kriterien erfüllen.

Wenn auf der anderen Seite jemand meinen Standard für eine Freundschaft erfüllt, kann es sein, dass aus einem zwanglosen Bekannten sehr schnell ein guter Freund wird. Das für mich wichtigste Kriterium ist die Verpflichtung zu bewusstem Wachstum. Zu den entsprechenden Menschen fühle ich mich sofort hingezogen, und es fällt mir nicht schwer, mit ihnen in Kontakt zu kommen. Die Lebenssituation dieser Personen ist für mich größtenteils unbedeutend. Mir ist vollkommen egal, ob es sich um Jugendliche oder Senioren, um Christen oder Buddhisten, um Reiche oder Arme handelt. Unser gemeinsames Interesse an persönlichem Wachstum wird zum entscheidenden Punkt unserer Freundschaft, während unsere Unterschiede es uns ermöglichen, voneinander zu lernen.

Bevor ich mir diese Standards setzte, waren meine Beziehungen weitaus weniger befriedigend. Es war zwar nicht schwer, Freunde zu finden, aber zu oft brachte ich Menschen in mein Leben, die mich immer weiter von der Verbindung zu Wahrheit, Liebe und Macht abschnitten. In meinen späten Teenagerjahren am College wurde ich beispielsweise in die Trinkerszene hineingezogen. Ich hatte nie zuvor Alkohol angerührt, aber nun war ich einmal pro Woche betrunken. Bei einer Party ließ ich mich sogar so volllaufen, dass ich mich am nächsten Morgen nicht mehr an die vorangegangene Nacht erinnern konnte. Ich musste meine Freunde fragen, was geschehen war. Anscheinend

hatte ich jemanden angekotzt, war in meinem eigenen Er-
brochenen ausgerutscht und schließlich den langen Flur
zurück in mein Zimmer getorkelt, wo ich eingeschlafen
sein musste. Nachdem ich mich von diesen Freunden getrennt hatte, bekam ich nie wieder Probleme mit Alkohol.
Wenn ich jetzt zu Erin sage, »Lass uns heute Abend einen
trinken«, dann lacht sie nur, denn Alkohol ist für sie völlig
unattraktiv, und sie weiß, dass ich das Gleiche empfinde.

Es heißt, wir könnten unsere Zukunft voraussagen, indem wir uns die Menschen betrachten, mit denen wir die
meiste Zeit verbringen. Das kommt der Wahrheit ziemlich
nahe, denn unsere Beziehungen haben einen enormen Einfluss auf unsere persönliche Entwicklung. Wenn wir unsere
ganze Kraft und Selbstdisziplin einsetzen müssen, um
dem negativen Einfluss unserer Freunde zu widerstehen,
dann kämpfen wir eine Schlacht, die wir nicht gewinnen
können. Benutzen Sie Ihre Macht, um solche Beziehungen
zu beenden, und umgeben Sie sich mit Menschen, von
denen Sie auf natürliche Weise bestärkt werden. Es gibt
eine allgemeine Regel, was zu tun ist, wenn wir uns in
einem Umfeld aufhalten, das uns schwächt. Versuchen Sie
nicht, gegen die Situation anzukämpfen. Stehen Sie einfach auf und gehen Sie. Wenn Sie hinterher auf bestimmte
Probleme in diesem Umfeld zu sprechen kommen wollen,
werden Sie in einer stärkeren Position sein, da Sie die
Dinge dann von außen betrachten.

Ich weiß, dass es manchmal extrem schwierig sein
kann, eine schwächende Beziehung aufzugeben. Der Grad
der Herausforderung verändert jedoch nicht die Tatsache,
dass die Lösung stets in der Selbstbefreiung besteht. Sie
werden enorme Energiemengen freisetzen, wenn Sie aufhören, sich immer wieder vergebens zu behaupten, und
stattdessen anfangen darüber nachzudenken, wie Sie sich
aus der negativen Situation befreien können. Bereits während Sie noch physisch gefangen sind, werden Sie allein

dadurch mehr Energie verspüren, dass Sie sich in die richtige Richtung wenden. Ihre Verbindung mit Macht gibt Ihnen tatsächlich eine neue Stärke; und zwar unabhängig von äußeren Umständen. Macht ist die Richtung, in die wir uns bewegen, und die Position, in der wir uns befinden.

Das Beste, was wir tun können, um andere in ihrer Macht zu unterstützen, besteht darin, unsere eigene Macht zu stärken. Wir können viel mehr Gutes bei ihnen bewirken, wenn wir stark sind. Sich selbst zu schwächen, hilft niemandem. Damit der ganze Körper vor Kraft strotzt, müssen die einzelnen Zellen gut auf sich achtgeben.

Passen Sie auf, dass Sie Ihre Macht in der Beziehung nicht abgeben. Um *gegenseitige Abhängigkeit* in einer Größenordnung zu erreichen, von der beide Seiten profitieren, müssen wir uns ein gewisses Maß an *Unabhängigkeit* bewahren. Wenn wir selbst unentschlossen sind und stets jemand anderen damit beauftragen, alle wichtigen Entscheidungen zu treffen, dann geben wir unsere Macht aus der Hand und drücken uns vor der Verantwortung, unser eigenes Leben zu führen. Khalil Gibran schrieb in seinem berühmten Roman *Der Prophet*: »Aber gestattet einander Freiräume in eurem Beisammensein.« [S. 17]

Wenn Sie optimale Partner anziehen wollen, ist der beste Weg, Ihre Verbindung zu Wahrheit, Liebe und Macht zu stärken. Wenn Sie feststellen, dass Sie ständig die falschen Leute anziehen – oder Schwierigkeiten haben, überhaupt jemanden zu finden –, dann kommt das daher, dass Sie nicht auf diese grundlegenden Prinzipien ausgerichtet sind. Falls Sie glauben, die Lösung für dieses Problem bestünde darin, anderen etwas vorzutäuschen, dann unterwerfen Sie sich der Falschheit und der Manipulation, was wieder auf Sie zurückfallen wird. Wenn Sie eine ehrliche Person auf sich aufmerksam machen wollen, sollten Sie Ihre eigene Ehrlichkeit verbessern. Um einen Partner zu bekommen, der liebevoll und fürsorglich ist, sollten Sie diese Eigenschaften in sich selbst vertiefen. Soll Ihr neuer Bekannter kühn und abenteuerlustig sein, ist es das Beste, Sie verstärken Ihren eigenen Mut.

Obgleich es eine große Anzahl unterschiedlicher Persönlichkeitsmerkmale gibt, die Menschen attraktiv finden, sind die Prinzipien Wahrheit, Liebe und Macht universelle Mittel der Anziehung. Keine geistig gesunde Person sehnt sich nach einer Beziehung, die voller Lug und Betrug ist. Niemand wünscht sich einen apathischen oder gefühlslosen Partner. Kein Mensch geht bewusst eine Beziehung ein, von der er weiß, dass er in ihr missbraucht und ausgenutzt werden wird. Trotz aller Unterschiede werden wir alle von den gleichen grundlegenden Eigenschaften angezogen. Wir sehnen uns nach Beziehungen auf der Grundlage von Wahrheit, Liebe und Macht. Je besser wir diese Prinzipien in uns selbst entwickeln, desto attraktiver werden wir für andere.

Beziehungen und Einssein

Wenn wir neue Beziehungen eingehen wollen, sollten wir uns daran erinnern, dass alle Menschen bereits mit uns verbunden sind. Wir alle sind Zellen desselben Körpers; die Vorstellung, wir seien getrennte und verschiedenartige Wesen, ist nichts als eine Illusion. Daher müssen wir nicht bei null anfangen, wenn wir eine neue Beziehung eingehen, sondern wir brauchen nur die grundlegende Verbindung zu nutzen, die bereits zwischen uns besteht.

Erin und ich haben herausgefunden, das wir neue Menschen, die zu uns passen, relativ schnell kennen lernen, wenn wir uns innerlich auf das Prinzip des Einsseins ausrichten. Eine ungewöhnliche und unwahrscheinliche Aufeinanderfolge von Ereignissen führt dazu, dass wir die richtigen Menschen zur richtigen Zeit treffen. Meist haben dabei beide Seiten das unheimliche Gefühl, dass wir vom Schicksal zusammengeführt wurden. Genau auf die Art und Weise haben Erin und ich uns kennen gelernt. Wir gingen zur selben Zeit auf dasselbe College, aber wir trafen uns eher zufällig, nachdem wir unseren Abschluss bereits gemacht hatten. Da wir zahlreiche gemeinsame Interessen hatten, spürten wir beide sofort, dass wir füreinander bestimmt sind.

Es ist noch nicht lange her, da verbrachten Erin und ich einige Tage in Sedona, Arizona. Beim Einkaufen nahmen wir in einem Laden die starken Schwingungen einer Frau auf, die wir noch nie zuvor gesehen hatten, und begannen ein Gespräch mit ihr. Eine halbe Stunde später waren wir Freunde geworden und umarmten uns zum Abschied. Eine Woche später schickte uns die Frau ein Geschenk, um sich für die Ratschläge zu bedanken, die wir ihr gegeben hatten. Für Erin und mich sind solche Ereignisse keine Seltenheit mehr. Vor der geistigen Erfahrung des Einsseins hätte ich mir niemals vorstellen können, in einen x-beliebigen Laden zu gehen und dort eine Person zu umarmen, die ich überhaupt nicht kenne. Seien Sie also auf faszinierende soziale Erfahrungen gefasst, wenn Sie sich mit dem Prinzip des Einsseins verbinden.

Ich glaube, dieses Prinzip ist deshalb so effektiv, weil andere unsere Offenheit spüren und entsprechend auf uns reagieren, wenn wir davon ausgehen, dass bereits eine Verbindung zwischen uns existiert. Die beste Art, das Eis zu brechen, scheint zu sein, gar nicht erst davon auszugehen, dass überhaupt ein Eis existiert. Dies beherzigen besonders jene Menschen, die sehr bewusst leben. Sie reagieren auf freundliche Angebote von Gleichgesinnten auf natürliche Weise, schmerzliche Zurückweisungen kommen in ihrem Leben eher selten vor. Wenn wir auf jemanden mit der geistigen Haltung des Einsseins zugehen und dann barsch abgewiesen werden, ist ohnehin offensichtlich, dass jene Person nicht mit diesem Prinzip verbunden ist und demzufolge nicht zu uns passt. Das Schöne am Prinzip des Einsseins ist, dass es auf natürliche Weise diejenigen anzieht, die das Gleiche fühlen, und jene herausfiltert, die mit dem Prinzip nichts anfangen können. Je mehr wir in Resonanz mit dem Einsseins sind, desto mehr Menschen ziehen wir an, die ebenfalls auf das Einssein ausgerichtet sind – wodurch sich die bewusste Erfahrung des Einsseins weiterhin verstärkt.

Unsere soziale Konditionierung hat uns gelehrt, dass wir das Risiko der Zurückweisung eingehen, wenn wir jemanden ansprechen, mit dem wir nie zuvor zu tun gehabt haben. Das Prinzip des Einsseins hingegen besagt, in jeder Begegnung unsere mögliche Verbindung mit der anderen Person zu sehen. Wenn wir zurückgewiesen werden, ist dies ein Anzeichen dafür, dass wir nicht zusammenpassen, von daher ist eine Zurückweisung nicht wirklich ein schlechtes Zeichen. Wenn auf der anderen Seite eine positive Verbindung zustande gekommen ist, besteht die Möglichkeit, dass sich beide Beteiligten dadurch positiv weiterentwickeln. Es handelt sich also nicht um ein echtes Risiko, sondern vielmehr um eine Art Wette, die wir immer wieder eingehen können.

Schaffen Sie nicht nur neue Verbindungen, sondern seien Sie auch offen für Anregungen von anderen. Wenn jemand auf Sie zugeht, sollten Sie freundlich und mitfühlend reagieren. Verhalten Sie sich offen und wohlwollend. Wenn Sie erkennen, dass die Verbindung nicht das Richtige für Sie ist, sollten Sie sich höflich abwenden. Und falls Sie den Eindruck haben, es sei notwendig, der anderen Person eine klare Abfuhr zu erteilen, achten Sie bitte darauf, Ihr Gegenüber nicht einzuschüchtern und zu schwächen. Seien Sie ehrlich, aber bleiben Sie einfühlsam. Wenn Sie jedoch spüren, dass die andere Person zu Ihnen passt, sollten Sie Ihre

Schutzschilde herunternehmen, Ihren Gefühlen vertrauen und der Beziehung die Chance geben, sich zu entwickeln.

Viele enge Beziehungen enden mit Betrug oder sogar Scheidung, weil einer oder beide Partner über einen zu langen Zeitraum von der Außenwelt abgeschnitten sind. Sie verbinden sich nur mit ihrem Beziehungspartner, sonst mit niemandem. Eine solche falsch verstandene Loyalität wird schnell zu einer Gefangenensituation, in der wir den anderen kontrollieren wollen. Auf diese Weise kappen wir unsere Verbindung zum Einssein. Dadurch wiederum entsteht ein starkes Verlangen nach authentischeren Beziehungen, das dazu führen kann, dass wir uns entweder isolieren oder neue Intimität außerhalb der bestehenden Beziehung suchen. Der Glaube, dass solche Verbindungen im Grunde falsch sind, macht das Problem nur noch größer, denn durch das Verheimlichen ihrer Affären schneiden sich die Menschen nur noch mehr vom Einssein ab.

Wenn Sie in einer festen Beziehung sind, sollten Sie die Tatsache respektieren, dass Ihr Partner oder Ihre Partnerin nicht Ihr Eigentum ist. Klammern Sie sich nicht so stark an ihn, dass er nicht mehr in der Lage ist, mit anderen Menschen in Beziehung zu treten. Um die Möglichkeit des bewussten Wachstums zu verstärken, sollten Sie mit einer Vielzahl von Menschen neue Verbindungen eingehen, besonders wenn Sie in einer festen Beziehung sind.

Die soziale Konditionierung hilft uns auf diesem Gebiet überhaupt nicht. Sie fordert uns auf, einen einzigen Partner zu finden, ihn zu heiraten und somit unsere tiefsten körperlichen und emotionalen Bedürfnisse auf eine einzige Person zu fokussieren. Solche Beziehungen funktionieren in der Regel allerdings nicht, sondern enden mit Trennung, Scheidung und Entfremdung. Selbst wenn das Zusammenleben aufrechterhalten wird, stagniert die Beziehung und erfüllt nicht die langfristigen emotionalen Bedürfnisse beider Partner.

Eine liebevolle Beziehung erfordert es, dem umfassenden Wohlergehen des Partners einen hohen Stellenwert zu geben. Dazu gehört, dass beide Beziehungspartner Verbindungen mit anderen Menschen eingehen können, sowohl zufällige als auch gezielt eingegangene. Wenn unsere feste Beziehung uns davon abhält, uns mit anderen Menschen innig zu verbinden, dann leben wir in einem Käfig anstatt in einer bewussten Partnerschaft.

Beziehungen und Autorität

Sie haben Ihr Schicksal selbst in der Hand. Obgleich zufällige Begegnungen eine wichtige Rolle in unserem Leben spielen können, erzielen wir die besten Resultate dann, wenn wir uns bewusst entscheiden, was wir wollen, und dann gezielt in diese Richtung handeln. Die Verantwortung für unsere Beziehungen zu übernehmen, bedeutet nicht etwa, dass wir andere Menschen kontrollieren oder dominieren wollen. Es heißt einfach nur, dass wir ein ausreichendes Maß an Achtung vor uns selbst haben und wissen, dass wir es verdienen, die Verbindungen eingehen zu können, die wir uns wünschen.

Da dieser Lebensbereich überaus persönlicher Natur ist, können wir ihn nicht einfach an jemand anderen delegieren. Um uns erfolgreich mit anderen zu verbinden, müssen wir danach streben, unsere eigene Autorität in Sachen Beziehung zu sein.

Für mich war es nicht leicht, die Fähigkeit zwischenmenschlicher Kommunikation zu entwickeln. In meiner Kindheit war ich ziemlich schüchtern. Im Kindergarten saß ich oft allein im Sandkasten und beschäftigte mich lieber mit den Spielsachen als mit anderen Kindern. Ich vermied es so gut es ging, soziale Kontakte zu knüpfen. Ich besuchte eine private Highschool nur für Jungen, was mir

akademisch gesehen gut tat, mich aber sozial gesehen
daran hinderte, meine Fähigkeiten im Umgang mit dem
anderen Geschlecht zu entwickeln. Als Jugendlicher fühlte
ich mich in der digitalen Computerwelt wohler als in der
unberechenbaren Gesellschaft anderer Menschen. Während meine technischen Fertigkeiten immer besser wurden, gerieten meine sozialen Fähigkeiten vollkommen ins
Hintertreffen.

Als ich nach dem College meine Firma für Computerspiele gründete, nahm ich die technischen Hürden relativ
leicht, wurde aber von menschlichen Aspekten häufig wie
aus heiterem Himmel getroffen. Ich machte wiederholt mit
den falschen Leuten zur falschen Zeit Geschäfte, da ich die
Situation nicht richtig einschätzen konnte. Erst durch die
tatkräftige Unterstützung von Erin entwickelte ich meine
zwischenmenschliche Intelligenz, und meine Fähigkeit,
andere Menschen einschätzen zu können, verbesserte sich
sehr schnell. Im Rückblick kann ich kaum noch glauben,
was für Fehler ich einst gemacht habe, aber Tatsache ist,
dass ich es einfach nicht besser wusste. Die Veränderung,
die sich in mir vollzog, war so groß, dass ich bei einem
normalen Persönlichkeitstest anstatt als »introvertiert«
nun plötzlich als »extrovertiert« eingestuft wurde.

Manche glauben, wir könnten Selbstvertrauen im Umgang mit anderen Menschen vortäuschen, indem wir uns
in den richtigen Geisteszustand versetzen. Wie bereits in
Kapitel 5 erwähnt, bin ich der Ansicht, dass diese Strategie
ein großer Fehler ist. Es ist besser, sich die Zeit zu nehmen, wirkliche soziale Fertigkeiten zu erlernen, anstatt
fälschlicherweise etwas vorzugeben, was wir eigentlich
gar nicht sind.

Obgleich wir unsere Beziehungsfähigkeit auch durch
Versuch und Irrtum verbessern können, ist es einfacher,
die Hilfe eines Mentors in Anspruch zu nehmen. Das Ganze
funktioniert jedoch nur dann, wenn wir seinen Rat respek-

tieren und ihm Folge leisten. Als ich auf dem College war, hatte ich mehrere Monate lang einen persönlichen Trainer. Eigentlich wollte ich, dass er mir half, meine akademische Produktivität zu erhöhen, aber er versuchte mich darüber hinaus darin zu unterstützen, dass ich meine sozialen Fähigkeiten verbesserte. Er wusste, dass ich in diesem Bereich nicht besonders gut entwickelt war, da ich vor unserem ersten Beratungsgespräch einen Persönlichkeitstest ausgefüllt hatte. Also stellte er mir bestimmte Aufgaben, wie zum Beispiel »Lächle heute zehn Menschen an.« Aber da ich nicht bereit war, die entsprechenden Veränderungen auch tatsächlich vorzunehmen, ignorierte ich seinen Rat und beendete unser Verhältnis schließlich. Als ich Erin kennen lernte, war ich in einem empfänglicheren Geisteszustand, sodass ich ihre Ratschläge mit viel weniger Widerstand befolgen konnte.

Es sollte nicht allzu schwer für Sie sein, einen Mentor im sozialen Bereich zu finden. Wählen Sie einfach jemanden, dem es leichtfällt, mit anderen Menschen in Kontakt zu kommen, und dessen zwischenmenschliche Fähigkeiten besser entwickelt sind als Ihre. Teilen Sie dieser Person mit, dass Sie Ihre sozialen Fähigkeiten gerne verbessern wollen; bitten Sie dann um Hinweise und Ratschläge und vielleicht um eine kontinuierliche Unterstützung als Mentor. Meine Erfahrung ist, dass sich die meisten Menschen von einer solchen Anfrage geschmeichelt fühlen und die Herausforderungen freudig annehmen, ein Mauerblümchen in einen sozialen Schmetterling zu verwandeln. Sollten Sie aus irgendeinem Grund niemanden kennen, der Sie beraten kann, können Sie auf meiner (englischsprachigen) Webseite im Diskussionsforum »Social & Relationships« um Rat fragen (**www.StevePavlina. com/forums**), und ich bin mir sicher, sie werden viele Vorschläge erhalten, was Sie in einer solchen Situation tun können.

Allerdings müssen zwischenmenschliche Fähigkeiten aktiv durch Handeln und Üben entwickelt werden. Es reicht nicht, das Internet zu durchforsten oder Bücher darüber zu lesen, wie Sie am besten in Kontakt mit anderen Menschen kommen. Ab einem bestimmten Punkt müssen Sie es einfach ausprobieren. Je mehr Erfahrungen aus erster Hand Sie machen, desto sicherer werden Sie sich fühlen und desto mehr wird Ihr natürliches Selbst zum Vorschein kommen.

Beziehungen und Mut

Mut spielt in zwischenmenschlichen Beziehungen in vielerlei Hinsicht eine wichtige Rolle. Zunächst brauchen wir Mut, um neue Beziehungen einzugehen und die Angst vor Zurückweisung zu überwinden. Zweitens benötigen wir ihn, um uns wirklich auf andere Menschen einzulassen. Drittens erfordert es Mut, die Beziehungen anzuschauen, die in die Brüche gegangen sind; und viertens brauchen wir ihn, um jene Beziehungen zu beenden, die uns nicht länger dienen.

Wenn Sie neue Beziehungen eingehen wollen, sollten Sie nicht darauf warten, dass andere auf Sie zukommen, sondern selbst die Initiative ergreifen. Warten ist die Ursache für sehr viele verpasste Chancen und führt langfristig gesehen dazu, dass wir bestimmte Dinge bedauern. Wenn Sie sich nicht trauen, direkt Kontakt aufzunehmen, können Sie die schrittweise Methode aus Kapitel 6 benutzen, um immer mehr Mut zu fassen, oder – wie im vorangehenden Abschnitt besprochen – einen Mentor engagieren, der Ihnen dabei hilft, Ihre sozialen Fähigkeiten zu entwickeln.

Wenn ich jemanden neu kennen lerne, lauten meine ersten Worte stets: »Hallo, ich bin Steve.« Ich bin gerne direkt und geradeaus, anstatt um die Dinge herumzureden.

Wenn ich eine Abfuhr erhalte, wende ich mich anderen Personen zu. Wer auf einen freundlichen Annäherungsversuch mit Unnahbarkeit reagiert, passt ohnehin nicht zu mir, daher besteht keine Notwendigkeit, diese Person weiter zu bedrängen, mit mir Kontakt aufzunehmen. Lieber lasse ich mich auf jemanden ein, der auf natürliche Weise offen und freundlich ist, anstatt einen Missgriff zu tun.

Mit Ablehnung und gelegentlichen Peinlichkeiten umgehen zu müssen, ist kein hoher Preis für den reichen Lohn, den zwischenmenschliche Beziehungen einbringen. Es kann sein, dass Ihre Angst sich in Ihrer Einbildung zu einem riesigen, feuerspeienden Drachen auswächst, aber in Wirklichkeit ist sie nur ein mickriger Zwerg, der einen großen Schatz bewacht und leicht überwältigt werden kann. Wir müssen uns nur dafür entscheiden, ihm direkt in die Augen zu schauen. Die größte Gefahr besteht darin, die schönen Momente des Lebens zu verpassen – das Lachen, das wir nicht mit anderen geteilt haben; die Menschen, denen wir nicht geholfen haben, und den potenziellen Partner, der ohne uns zur Einsamkeit verurteilt ist. Das ist ein viel zu hoher Preis dafür, dass wir eine harmlose Zurückweisung oder Verlegenheit vermeiden. Langfristig gesehen bedauern wir wahrscheinlich nicht die Kontakte, die wir gemacht haben und die sich dann als unpassend erwiesen, sondern vielmehr die Verbindungen, die wir nie eingegangen sind. Stets werden wir uns fragen, was alles gewesen sein könnte.

Stellen Sie sich gelegentlich die Herzfrage: *Hat diese Beziehung ein Herz?* Entscheiden Sie sich dann bewusst, welche Ihrer Beziehungen Sie aufrechterhalten, welche Sie vertiefen und welche Sie beenden wollen. Richten Sie sich nicht in einem Leben ein, das voll von leeren, oberflächlichen Interaktionen ist. Schaffen Sie sich tiefe Beziehungen und stellen Sie sicher, dass Ihr Leben mit viel Herz erfüllt ist.

Eine der schwierigsten Herausforderungen besteht darin, sich mit einer Beziehung auseinanderzusetzen, in der wir nicht mehr glücklich sind. Negative Gefühle wie Traurigkeit, Verbitterung, Wut, Schuld und Ärger scheinen dies fast unmöglich zu machen. Wenn Sie sich in einer solchen Situation befinden, sollten Sie den Prinzipien Wahrheit, Liebe und Macht vertrauen. Sprechen Sie sich mit Ihrem Partner aus, teilen Sie ihm Ihre ehrlichen Gedanken und Gefühle mit. Konzentrieren Sie sich dabei auf das, was Sie fühlen, anstatt Schlussfolgerungen zu ziehen oder Schuld zuzuweisen. Um sicherzustellen, dass Sie auch das sagen, was Sie denken und fühlen, sollten Sie Ihre Sätze in der ersten Person Singular beginnen: *Ich fühle… Ich glaube… Ich mache mir Sorgen, dass…* Dies bewirkt bei der anderen Person in der Regel eine offenere Haltung als Sätze, die mit der zweiten Person beginnen: *Du hast gesagt… Wegen dir habe ich… Du verhältst dich immer so, dass…*

Wenn Sie mit Ihrem Partner über die Probleme in Ihrer Beziehung sprechen, sollten Sie mit nichts hinterm Berg halten. Sagen Sie frei, was Sie denken und fühlen, ohne Rücksicht darauf, welche Konsequenzen sich daraus ergeben könnten. Seien Sie nicht überrascht, wenn Ihr Partner zunächst ablehnend reagiert. Reden Sie weiter, hören Sie ihm zu und tun Sie Ihr Bestes, um die beiderseitige Zurückhaltung zu durchbrechen. Machen Sie deutlich, dass es Ihnen um die Wahrheit geht, und bitten Sie Ihren Partner, ebenfalls ehrlich zu sein.

In meiner Beziehung zu Erin gab es mehrere Phasen, in denen ich das Gefühl hatte, wir stünden kurz vor der Trennung. Es machte den Anschein, als hätten sich zu viele Probleme in unsere Ehe eingeschlichen und zu einer spürbaren Trennung zwischen uns geführt, wodurch unsere Beziehung nicht mehr auf Wahrheit, Liebe und Macht ausgerichtet war.

Aber wenn wir uns dann zusammensetzten und über

die Dinge sprachen, was manchmal mehrere Stunden in Anspruch nehmen konnte, erreichten wir jedes Mal eine neue Dimension von Nähe und Intimität. Um unsere Beziehung vertiefen zu können, mussten wir anscheinend das Risiko eingehen, sie zu verlieren. Wir mussten darauf vertrauen, dass der Ausgang für uns beide dann gut war, wenn wir uns mit Wahrheit, Liebe und Macht verbanden. Bis heute hat diese Herangehensweise unsere Beziehung stetig vertieft.

Natürlich kann sich auch herausstellen, dass die Ausrichtung auf Wahrheit, Liebe und Macht dazu führt, eine Beziehung nicht länger aufrechterhalten zu können. Wenn unser Partner uns von einem Leben auf der Grundlage der universellen Prinzipien abhalten will und nicht bereit oder nicht fähig ist, sein Verhalten zu ändern, ist es besser für uns, die Beziehung zu beenden. Befreien Sie sich, um eine neue Verbindung eingehen zu können, die Ihre Ausrichtung auf Wahrheit, Liebe und Macht intensiviert. Wenn Sie eine Beziehung auflösen, sollten Sie direkt, ehrlich, mitfühlend und stark sein. Sagen Sie die Wahrheit, und warten Sie, was passiert. Es ist keine Schmach, etwas zu beenden, das Sie nicht erfüllt (einschließlich einer langjährigen Ehe). Sie haben das Recht, nach Ihrem eigenen Glück zu streben.

Die Frage, ob Sie eine Beziehung beenden sollten oder nicht, darf nicht davon beeinflusst werden, ob Sie bereits eine neue Beziehung in Aussicht haben. Wenn klar ist, dass die gegenwärtige Situation Sie in die falsche Richtung führt, sollten Sie die Beziehung beenden. Sobald Sie wieder allein sind, bekommen Sie genug Gelegenheiten, einen neuen Partner zu finden. Es ist unwahrscheinlich, dass Sie Ihre Chancen für eine neue Beziehung richtig einschätzen können, solange Sie noch an Ihrer alten festhalten. Die Menschen in Ihrer Umgebung werden Sie als eine Person wahrnehmen, die nicht frei ist, daher werden Sie erst dann ein klares Gefühl dafür bekommen können, wo Sie gegenwärtig stehen, wenn Sie den notwendigen Schritt bereits getan haben.

Da alle menschlichen Bindungen vorübergehender Natur sind, sollten wir stets in dem Bewusstsein leben, dass all unsere gegenwärtigen Beziehungen eines Tages zerbrechen werden. Seien Sie dankbar für das, was Sie haben, und betrachten Sie es nicht als selbstverständlich. Selbst wenn eine Beziehung mit dem Tod endet, kann sie geistig fortbestehen. Die Erinnerung an eine liebevolle Person kann sehr kostbar sein.

Beziehungen und Intelligenz

Bemühen Sie sich, authentische Beziehungen zu anderen Menschen aufzubauen. Sie werden nicht perfekt sein, aber Perfektion ist auch gar nicht nötig. Die Reifen an unserem Auto sind keine perfekten Kreise, aber sie rollen gut. Genauso wird keine Ihrer Beziehungen vollkommen auf Wahrheit, Liebe und Macht ausgerichtet sein, aber dennoch ein starkes persönliches Wachstum ermöglichen.

Das Beste, was wir tun können, um neue Menschen anzuziehen, ist, dass wir uns auf unseren kreativen Selbstausdruck konzentrieren. Indem wir uns selbst authentisch ausdrücken, ziehen wir andere an und machen es leichter, neue Beziehungen mit Menschen einzugehen, die zu uns passen.

Wenn ich mich durch Schreiben und Reden ausdrücke, erhalte ich viel Resonanz. Nach einem meiner Vorträge kommen etliche Leute zu mir und stellen sich vor. Nachdem ich einen neuen Artikel auf meine Webseite gestellt habe, senden sie mir per E-Mail ihre Gedanken dazu. Diese Versuche der Kontaktaufnahme haben zu vielen neuen Beziehungen geführt, die letztendlich in meine kreative Arbeit zurückfließen. Neue Kontakte inspirieren mich zu neuen Artikeln, oftmals machen meine Bekannten sogar direkte Vorschläge, und die kreative Umsetzung zieht einen unaufhörlichen Strom von Menschen in mein Leben. Letztlich entsteht dadurch ein äußerst positiver Kreislauf.

Das größte Wachstum, das wir als Menschen erfahren, entsteht durch die Interaktion mit anderen. Manchmal verläuft dieses Wachstum geradlinig und vorhersehbar, wie zum Beispiel im Fall der Beziehung zwischen Lehrer und Schüler. Ein andermal nimmt es viele Abzweigungen und Kurven, wie zum Beispiel in der Beziehung zwischen zwei Liebespartnern. Die reiche Vielfalt an menschlichen Beziehungen ist eine großartige Sache und lohnt auf jeden Fall den Einsatz.

* * *

Das Leben mit einer anderen Person zu teilen, ist einer der besten Aspekte unseres Menschseins, aber eine solche Beziehung ist nicht ohne Risiko. Im Gegensatz zu anderen Aspekten der persönlichen Entwicklung ist der Einsatz in einer Beziehung wesentlich höher, da unsere Fehler einen anderen potenziell zutiefst verletzen können. Dieses Risiko lässt sich nicht vollkommen ausschalten, doch indem wir uns mit Wahrheit, Liebe und Macht verbinden, werden wir die gröbsten Stolpersteine aus dem Weg räumen. Wenn Sie Fehler gemacht haben, sollten Sie sich und den anderen vergeben und Ihre Aufmerksamkeit auf etwas Neues richten.

Herzlichen Glückwunsch, dass Sie mich bis hierhin begleitet haben. Im letzten Kapitel erweitern wir nun unseren geistigen Horizont und betrachten, wie die persönliche Entwicklung jenseits der physischen Ebene weitergeht. Damit betreten wir das Reich der ...

Kapitel 13:

Spiritualität

»Die Geschichte kennt keine Religion, die auf einer
rationalen Grundlage fußen würde. Religion ist eine
Krücke für diejenigen, die nicht stark genug sind, um sich
ohne fremde Hilfe gegen das Unbekannte zu behaupten.
Die meisten Menschen haben nicht nur Schuppen auf dem
Kopf, sondern auch eine Religion. Sie investieren ihre Zeit
und ihr Geld und scheinen eine Menge Vergnügen zu
haben, wenn sie sich mit ihr beschäftigen.«

Robert Heinlein

Ich benutzte das Wort *Spiritualität* in diesem Kapitel, um
damit unsere Vorstellungen vom Aufbau und von der Wir-
kungsweise der Realität zu beschreiben, einschließlich unserer persönlichen Rolle im Universum. Ob wir einer weit
verbreiteten Religion angehören oder unseren eigenen
Weg gehen, ob wir an die göttliche Schöpfung glauben oder
uns objektiv an die physikalischen Gegebenheiten halten,

die Vorstellung, die wir uns von der Wirklichkeit machen, bestimmt den Rahmen, in dem sich unser Leben abspielt. In diesem Sinne sind wir alle spirituelle Wesen, da wir alle bestimmte Vorstellungen von der Wirklichkeit haben. Selbst an nichts zu glauben ist so gesehen ein geistiges Glaubenssystem.

Unser spiritueller Pfad ist ein integraler Bestandteil der menschlichen Entwicklung. Die Prinzipien Wahrheit, Liebe und Macht erfordern nicht zwingend eine bestimmte spirituelle Philosophie, sodass wir die große Freiheit haben, verschiedene Ansätze auszuprobieren. Dennoch besagen die universellen Prinzipien, dass das höchste Ideal unserer spirituellen Philosophie die Intelligenz ist. Wenn unsere Überzeugungen nicht wenigstens im Ansatz ein gewisses Maß an Intelligenz aufweisen, können wir sie nicht als spirituell korrekt bezeichnen, da sie einen Verstoß gegen die universellen Prinzipien darstellen. Wenn eine spirituelle Philosophie der Falschheit erliegt, wenn sie uns vom Leben abschneidet oder uns schwächt, dann verstößt sie gegen diese Prinzipien und führt uns in die Irre.

Soziale Konditionierung bewirkt eine so starke Bindung an unsere spirituellen Überzeugungen, dass diese zu einem Teil unseres Selbstverständnisses werden. Wir sagen »Ich *bin* Christ« oder »Ich *bin* Atheist«, als ob diese Philosophien uns als Menschen prägen und nicht verändert werden könnten. In diesem Kapitel werde ich Sie bitten, Ihre spirituellen Überzeugungen aus dem Blickwinkel von Wahrheit, Liebe und Macht zu beleuchten. Ich habe nicht die Absicht, Sie von einem bestimmten Weg zu überzeugen, sondern möchte Ihnen lediglich helfen, ein größeres Bewusstsein über Ihre spirituellen Vorstellungen zu entwickeln.

Spiritualität und Wahrheit

Eine korrekte spirituelle Philosophie muss fest in der Wahrheit verwurzelt sein. Dazu ist es notwendig, dass wir die Realität so genau wie möglich wahrnehmen. Aber wie exakt können wir sie mit unseren Voraussetzungen überhaupt erfassen? Um die Bedeutung des Lebens zu erkennen, reicht es nicht, einfach unsere Augen und Ohren zu benutzen.

Eine praktische Lösung für dieses Dilemma besteht darin, sich die Wirklichkeit anhand von verschiedenen Glaubenssystemen anzusehen, um ein größeres Bild zu bekommen. Unsere Überzeugungen sind die Linsen, durch die wir bestimmte Aspekte der Realität wahrnehmen. Ein Muslim, ein Buddhist und ein Agnostiker haben zwar ein unterschiedliches Weltbild, aber dennoch gibt es eindeutig Gebiete, in denen sich ihre Wahrnehmungen überschneiden. Wenn wir die nicht übereinstimmenden Bereiche außer Acht lassen, stellen wir schnell fest, dass es auch Gemeinsamkeiten gibt. Erstaunlich ist, dass diese Ansichten aus den universellen Prinzipien Wahrheit, Liebe und Macht bestehen. Dort, wo sich spirituelle Philosophien inhaltlich überlappen, ermutigen sie ihre Anhänger dazu, sich stärker auf Wahrheit, Liebe und Macht auszurichten. An jenen Stellen, wo sie unterschiedlicher Meinung sind, existieren dagegen typischerweise Falschheit, Abgeschnittenheit und Entmachtung. Obwohl es eine große Bandbreite spiritueller Glaubenssysteme gibt, ist es wundervoll, ihren gemeinsamen Nenner darin zu finden, dass alle Menschen diese grundlegenden Prinzipien von Natur aus wertschätzen.

Das Stereosehen ist eine der faszinierendsten menschlichen Fähigkeiten. Unsere Augen nehmen die Umgebung zweidimensional wahr, und unser Gehirn setzt diese Eindrücke zu dreidimensionalen Bildern zusammen. Obwohl jedes Auge die Realität nur in zwei Dimensionen erfasst, besitzen wir ein dreidimensionales Gesichtsfeld, in dem die Informationen beider Augen auf bestimmte Weise miteinander verknüpft werden. Dieses Bild enthält mehr Informationen als die zweidimensionalen Komponenten, aus denen es zusammengesetzt ist. Wir könnten auch sagen, es ist eine nützlichere Abbildung der Realität als die rohen, noch nicht weiterverarbeiteten Eindrücke, die unsere Augen erfassen. Das kombinierte Datenmaterial aller körperlichen Sinne führt zu einem reichhaltigen Netz sensorischer Informationen. Wenn wir mit Freuden zu Abend essen, dann erzeugen die Klänge, Gerüche, Geschmäcker und Beschaffenheiten der Umgebung eine Erfahrung, die größer ist als die Summe ihrer Teile.

Auch in spiritueller Hinsicht haben wir Zugriff auf ein reichhaltiges Datenmaterial. Unglücklicherweise wird den meisten von uns beigebracht, ihre Aufmerksamkeit nur auf einen kleinen Teil dieses Materials zu richten, und den Rest als irrelevant und irreführend abzutun. Diese spirituelle Blindheit erzeugt bei uns funktionale Probleme, die sich zum Beispiel in Depressionen, Einsamkeit, Hoffnungslosigkeit und Bedeutungslosigkeit zeigen.

So wie unsere körperlichen Sinnesorgane als Linsen wirken, durch die wir verschiedene Teilbereiche der Wirklichkeit wahrnehmen, dienen unsere spirituellen Sinne als kognitive Filter. Anhand dieser Filter können wir uns auf jene unverarbeiteten Informationen konzentrieren, die nützlich für uns sein könnten. Je mehr spirituelles Datenmaterial uns zur Verfügung steht, desto erfüllter ist unser spirituelles Leben und desto eher werden wir der Wahrheit dienen.

Zu unseren spirituellen Sinneseindrücken gehören:

- Die Blickwinkel der ersten, zweiten und dritten Person (Singular und Plural)

- Subjektive Sichtweise (das Bewusstsein ist vorrangig) und objektive Sichtweise (die physische Welt ist vorrangig)

- Intuition und Bauchgefühl

- Gefühle und Emotionen

- Logik und Verstand

- Träume und Visionen

- Religiöse und philosophische Überzeugungen (Christentum, Buddhismus, Atheismus, Skeptizismus, Darwinismus, Romantik und Ähnliches)

- Kulturelle, soziale, politische und ökonomische Überzeugungen (Stereotype, Geschlechterrollen, modische Vorlieben, Nationalität)

- Funktionale Überzeugungen (wie wir Geld verdienen, was wir essen, wie wir kommunizieren)

- Persönliche Überzeugungen (Ziele, Werte, Erwartungen)

Nehmen wir an, Sie kochen Ihr Abendessen. Sie können die Zutaten mit Ihren Augen abmessen, Ihre Ohren können auf den Küchenwecker hören, Ihre Nase kann die Aromen riechen, und Ihre Zunge kann das Ergebnis abschmecken. Wenn Sie wollten, können Sie sich bei der Essenszubereitung aber auch auf nur einen oder zwei Sinne beschränken. Wahrscheinlich ist es dann schwieriger für Sie, ein gutes Resultat zu erzielen.

Wenn wir uns die zentralen spirituellen Fragen stellen,

nämlich *Wer bin ich?* und *Was ist der Sinn meines Lebens?*,
können wir ebenfalls das ganze Spektrum sensorischer
Kanäle zu Rate ziehen oder uns auf einen kleinen Teil von
ihnen beschränken. Wenn wir das uns zur Verfügung ste-
hende Datenmaterial zu sehr begrenzen, erschweren wir
uns die Dinge nur unnötig, etwa so, als würden wir ein
Essen mit Augenbinde und Ohrstöpseln zubereiten. Genau
dies geschieht, wenn wir sagen: »Für mich kommt nur
diese eine spirituelle Sichtweise in Betracht, weil es die
einzige Wahrheit ist.«

Unsere Wahrnehmungen sind Linsen, durch die wir die
Wirklichkeit sehen, aber sie sind nicht die Wirklichkeit als
solche. Was wir wahrnehmen, ist bereits zu einem gewissen Grad vorverarbeitet. Einzelne Lichtphotonen oder
akustische Wellen können wir nicht wahrnehmen, sondern
wir betrachten ein Bild oder hören ein Lied. Jedes Mal,
wenn diese sensorische Kompression in Erscheinung tritt,
geht eine große Menge von Rohmaterial unwiderruflich verloren. Jedes Sinnesorgan komprimiert die wahrnehmbaren
Daten auf unterschiedliche Weise und verpackt sie neu –
erst diese stark gebündelten Daten erreichen unsere bewusste Aufmerksamkeit.

Unsere Überzeugungen und andere kognitive Filter
geben uns ähnliche Einblicke in die Wirklichkeit. Auch sie
liefern uns kein Rohmaterial, sondern stark komprimierte
und bereits verarbeitete Nachbilder. Nehmen wir zum
Beispiel an, wir möchten nicht-physische Wesen wahrnehmen. Wie sieht unsere bewusste Erfahrung aus? Durch
die Linse des Christentums können wir uns im Gebet mit
Engeln und Heiligen verbinden. Durch die Linse der nord-
amerikanischen Ureinwohner können wir eine Visions-
suche starten und die Geister unserer Ahnen oder Schutz-
geister in Tiergestalt kontaktieren. Durch die Linse des
Atheisten oder Skeptikers nehmen wir vielleicht gar nichts
wahr oder nur etwas, das sehr verschwommen und nicht

beweiskräftig ist. Und durch die Linse eines Hellsehers oder Mediums können wir einen Dialog mit einem Geistführer oder einer verstorbenen Person führen. Tatsächlich ist es so, dass nichts von alledem existiert. Wir nehmen die Wirklichkeit bewusst nicht so wahr, wie sie ist, da das ungefilterte Datenmaterial unsere kognitiven Fähigkeiten übersteigen würde. Uns bleibt nur die Wahl, uns an die komprimierten Versionen zu halten.

Obgleich jeder Eingabekanal nur über begrenzte Ausdrucksmöglichkeiten verfügt, haben wir Zugang zu genügend anderen Kanälen, die die Daten jeweils auf ihre Weise verdichten und filtern. Auf diese Weise können wir ein korrekteres und vollständigeres Bild der Wirklichkeit entwerfen. Jedes der existierenden Glaubenssysteme interpretiert das gleiche zugrunde liegende Datenmaterial auf eine andere Art und Weise und hilft uns dadurch, die Gesamtsituation besser zu verstehen.

So wie wir unsere physischen Sinne mit Hilfe der Technik verfeinern können, zum Beispiel durch Nachtsichtgeräte oder Radioantennen, ist es uns auch möglich, unsere spirituellen Sinne maßgeblich zu verbessern. Indem wir verschiedene Glaubenssysteme untersuchen und Dinge aus einer anderen Perspektive heraus betrachten, können wir neue Datenfilter schaffen, die wir zu unserer Sammlung kognitiver Werkzeuge hinzufügen können. Diese Filter verarbeiten die gleiche zugrunde liegende Realität wie unsere physischen Sinne, präsentieren ihre Informationen jedoch auf eine andere Weise, wodurch sie oft wichtige Muster aufdecken, die durch unsere früheren Filter nicht zu erkennen waren.

Unsere Augen mögen zwar gut sehen, aber sie nehmen noch viel mehr Informationen wahr, wenn sie durch ein Mikroskop, ein Teleskop oder ein Oszilloskop unterstützt werden. In ähnlicher Weise ermöglicht ein einzelnes Glaubenssystem wie zum Beispiel der Atheismus oder das

Christentum Einblicke in eine größere Wirklichkeit jenseits des Physischen, hat dabei aber auch gewisse Informationsdefizite. Wir können uns diese Probleme als Fehler bei der Komprimierung vorstellen. Wenn wir jedoch die Sichtweisen von einem halben Dutzend Glaubenssystemen in Betracht ziehen, nimmt das große Bild schnell Gestalt an.

Aber wie können wir wissen, welche Linse uns in einer bestimmten Situation die richtigen Informationen liefert? Wir wählen die Linse auf die gleiche Weise aus, auf die wir auch lernen, unsere physischen Sinne zu gebrauchen. Würden Sie jemals den peinlichen Fehler begehen zu versuchen, jemanden kennen zu lernen, indem Sie ihn ablecken? Vielleicht haben Sie das als Baby getan, aber inzwischen verwenden Sie vermutlich lieber Ihre Augen und Ohren dafür. Durch Versuch und Irrtum haben wir gelernt, welcher unserer Sinne zu welcher Situation passt.

Dennoch machen wir sensorische Fehler. Manchmal sind wir nämlich auf den falschen Eingabekanal fixiert. Haben Sie sich jemals dabei ertappt, wie Sie jemanden, zu dem Sie sich hingezogen fühlen, mit Ihren Blicken auffressen, sich dabei aber an kein einziges Wort Ihrer Konversation erinnern? Oder haben Sie schon einmal Ihren Geschmacksknospen zu viel Aufmerksamkeit geschenkt und sich immer mehr Essen in den Mund geschaufelt, während Ihre Augen gleichzeitig sahen, dass Sie dabei waren, übergewichtig zu werden? Von gelegentlichen Ausnahmen abgesehen ist es stets so, dass das Leben reicher wird, wenn wir verschiedene sensorischer Kanäle nutzen und nicht nur einen.

Indem wir lernen, die Wirklichkeit aus verschiedenen Perspektiven zu betrachten, können wir die Begrenzungen einzelner Glaubenssysteme überwinden. Auf diese Weise befreien wir uns nach und nach von falschen Überzeugungen, die unsere Wahrnehmung verzerren, schließen Wissenslücken und richten uns immer mehr auf die Wahrheit aus.

Spiritualität und Liebe

Eine spirituelle Praxis, die sich auf Liebe gründet, hilft uns dabei, mehr mit uns selbst und anderen verbunden zu sein. Obgleich manche spirituellen Sucher die moderne Welt meiden und sich in die Einsamkeit zurückziehen, gibt es keinen Grund, warum Sie sich einen solchen Lebensstil zu eigen machen sollten. Es ist möglich, eine spirituelle Entwicklung in der Isolation zu machen, aber das Prinzip der Liebe legt nahe, dass dasselbe auch in Interaktion mit anderen möglich ist. Wenn wir ohnehin alle spirituell miteinander verbunden sind, warum erkunden wir diese Verbindung dann nicht durch direkten zwischenmenschlichen Austausch?

Stille Reflektion und Meditation können sehr kraftvolle spirituelle Praktiken sein, die uns helfen, mit unserem Inneren in Kontakt zu treten, aber am besten ist es, wenn sie mit regem sozialem Austausch einhergehen. Empfangen Sie spirituelle Lektionen sowohl aus der inneren als auch aus der äußeren Welt. Manchmal kommen die Antworten aus der Stille; ein andermal sind sie das Ergebnis einer direkten Kommunikation. Lauschen Sie auf beide Kanäle.

Persönliche Beziehungen können eine enorme Quelle für spirituelles Wachstum sein. Während es möglich ist, dass wir den Bezug zur Realität verlieren, wenn wir zu viel allein sind, lässt sich diese Gefahr bannen, indem wir uns viel mit anderen abgeben. Sobald unser Denken zu abstrakt wird, werden uns die Menschen in unserer Umgebung schon zurückpfeifen. Im Bereich der Spiritualität geht es um Genauigkeit, denn es ist unser Ziel, ein Modell der Wirklichkeit zu entwickeln, das möglichst exakt ist. Wenn wir andere Menschen nicht in unser Modell einbeziehen, verzichten wir auf zu viele potenziell wichtige Informationen, wodurch unser Modell ungenau wird.

Spirituelle Entwicklung erfordert es, sich mit verschiedenen Teilen der Wirklichkeit zu verbinden, um sie besser verstehen zu lernen. Je mehr wir erkunden, je mehr Verbindungen wir knüpfen, desto größer wird unser spirituelles Wachstum sein. Wenn Sie den starken Wunsch verspüren, sich mit irgendetwas in Ihrer Realität zu verbinden, sollten Sie auf Ihre intuitive Führung hören und die Verbindung eingehen.

Ich kann mir beispielsweise nicht erklären, warum ich in meinen Zwanzigern eine so starke Affinität zu Las Vegas hatte. Dutzende Male bin ich die fast 500 Kilometer lange Strecke von Los Angeles nach Las Vegas gefahren, manchmal zusammen mit Freunden, gelegentlich mit Erin und in anderen Fällen ganz allein. Obwohl die Stadt den Ruf hat, alle menschlichen Laster in sich zu vereinen, fühlte ich eine starke Verbindung zu dieser Oase in der Wüste. Im Januar 2004 zog ich mit meiner Familie von Los Angeles nach Las Vegas. Im Rückblick war dies eine der besten Entscheidungen, die wir jemals getroffen haben. Im Kopf hatte ich wegen des Umzugs zwar Zweifel, aber in meinem Herzen konnte ich fühlen, dass es so richtig war. Nachdem ich nun schon mehrere Jahre hier lebe, gefällt mir die Stadt noch besser. Ich fühle mich an diesem Ort viel zentrierter und mehr zu Hause als irgendwo sonst. Besonders dankbar bin ich für die wundervollen Freunde, die ich hier gefunden habe. Ich habe im Übrigen auch einen Artikel über das Leben in Las Vegas geschrieben, in dem ich darlege, warum ich diese Stadt so sehr liebe (**www.StevePavlina. com/vegas**).

Es stellte sich heraus, dass der Umzug nach Las Vegas meine spirituelle Entwicklung beschleunigte. Die Menschen, die ich hier traf, halfen mir dabei, wichtige neue Erfahrungen zu machen. Ein weiterer Faktor bestand darin, dass ich in einer Stadt, in der es jede Menge Alkohol, allgegenwärtiges Glücksspiel, Striptease-Klubs und zur Schlemmerei verführende Büfetts gibt, mehr darauf achtete, mich nicht von meinem spirituellen Weg ablenken zu lassen. Indem ich meinem Herzen folgte, machte ich die Wachstumserfahrungen, die ich machen musste.

In der Vergangenheit hatte ich verschiedene andere Phasen durchlebt, die mich durch Ladendiebstahl, Trinken, Glücksspiel und andere Laster führten. Obgleich diese Tätigkeiten sozial geächtet sind, muss ich zugeben, dass sie sehr zu meinem spirituellen Wachstum beitrugen. Sie brachten mir allesamt wertvolle Einsichten. Manchmal befinden wir uns auf einem Weg, der uns von Wahrheit, Liebe und Macht wegzuführen scheint, langfristig gesehen aber dazu führt, dass wir uns stärker auf die Prinzipien ausrichten. Wenn ich niemals Laster gehabt hätte, würden wertvolle Erfahrungen in meinem Leben fehlen. Ein Hauptgrund dafür, dass ich heute in der Lage bin, ehrlich mit anderen zu kommunizieren, ist, dass ich weiß, wie es sich anfühlt, unehrlich zu sein. Heute kann ich ein bewusstes Leben führen, da ich weiß, wie es ist, unbewusst zu leben.

Heißt das, ich empfehle Ihnen, willentlich loszuziehen und ein paar Laster auszuprobieren? Ich kann Ihnen an dieser Stelle nicht sagen, was Sie tun sollen, da ich sonst das Prinzip der Autorität verletzen würde. Diese Entscheidung müssen Sie für sich selbst treffen. Ich kann nur so viel sagen, dass ich nicht in der Position bin, mir ein Urteil zu erlauben, wie auch immer Sie sich entscheiden werden. Ich kann Ihnen nur den Rat geben, Ihrem Herzen zu folgen, und abzuwarten, wo dieser Weg Sie hinführt.

Spiritualität und Macht

Eine der besten Entscheidungen, die wir treffen können, besteht darin, unsere spirituellen Überzeugungen von unserem Selbstbild abzukoppeln. Wie fest unsere Überzeugungen im Einzelnen auch sein mögen, sie können uns niemals definieren. Auch wenn wir unseren Glauben wechseln, bleiben wir immer noch wir selbst. Ein starres Glaubenssystem kann unsere Fähigkeit zu wachsen nur eingrenzen; es ist, als würden wir ein Auge ständig geschlossen halten und uns so den Zugang zu unserem natürlichen Stereosehen versperren.

Persönliche Identifizierung mit bestimmten Glaubenssystemen – besonders wenn es sich um kulturelle und geistige Glaubenssysteme handelt – ist leider weit verbreitet. Während es eine weise Entscheidung ist, ein bestimmtes Glaubenssystem auch im Inneren zu erleben, so ist die Vorstellung, dass unsere Identität von bestimmten Dingen abhängt, ein Irrglaube, der uns schwächt. Das Prinzip der Wahrheit offenbart, dass Glaubenssysteme wie Linsen wirken, durch die wir die Wirklichkeit betrachten. Jede Linse offenbart einige Aspekte, während sie andere versteckt. Durch je mehr Linsen wir schauen, desto besser verstehen wir den Gesamtzusammenhang. Selbst wenn wir sehr an einer besonderen Linse hängen, bleibt es dennoch eine Linse, die uns nicht bestimmen kann. Sind wir mit einer speziellen Sicht der Realität zu sehr verhaftet, beschränken wir unsere Macht und begrenzen unsere Möglichkeit, mit Menschen in Austausch zu treten, die sich und die Welt durch eine andere Linse sehen.

Für viele ist dieses gedankliche Konzept nicht leicht nachzuvollziehen, weil ihnen beigebracht wurde, sich mit ihren Glaubenssystemen zu identifizieren. Es kann sehr verwirrend sein, sich nicht mehr über eine bestimmte Sichtweise zu definieren, sondern zu erkennen, dass alle Überzeugungen nur Linsen darstellen, die uns nicht begrenzen können. Erst die soziale Konditionierung fordert uns auf, uns mit einem Glaubenssystem zu identifizieren.

Sind Sie ein Kapitalist? Ein Christ? Ein Skeptiker? Die Art dieser Fragen zielt darauf ab, dass Sie mit einem klaren Ja oder Nein antworten. Aber es ist das Gleiche, als würden

Sie gefragt werden, ob Sie ein Auge, ein Ohr oder eine Nase sind. Sinnvoller wäre es, Fragen zu stellen wie »Verstehen Sie die Sichtweise des Christentums?«, anstatt dieses Glaubenssystem mit unserer Identität gleichzusetzen. Wenn wir anfangen, uns mit bestimmten Überzeugungen zu identifizieren, dann beschränken wir nur künstlich die Möglichkeiten unseres Selbst. Ein solches Verhalten verletzt das Prinzip der Macht.

Die Identifizierung mit bestimmten Glaubenssystemen ist darüber hinaus die Ursache für soziale Konflikte. Unstimmigkeiten, Streitereien und sogar Kriege sind die Folge, wenn wir stur an einer starren Sichtweise festhalten. Viel produktiver ist es zu lernen, die Wirklichkeit aus verschiedenen Blickwinkeln zu betrachten und zusammen nach einer höheren Wahrheit zu suchen, anstatt darüber zu streiten, wer die bessere Linse hat. Spirituelle Sichtweisen beruhen von Natur aus auf bestimmten Werten, daher stehen sie niemals allein für die Wahrheit, auch wenn sie gewisse Teilaspekte davon offenbaren können.

Wenn die Menschen mich fragen, welcher Religion ich angehöre, dann antworte ich ihnen, dass diese Frage keinen Sinn macht. Ich bin ein bewusstes Wesen, keine Religion. Obgleich ich die Sichtweisen vieler populärer Glaubenssysteme nachvollziehen kann und manche sogar aus erster Hand kennen gelernt habe, identifiziere ich mich mit keinem von ihnen. Für mich sind meine Überzeugungen eine Sammlung verschiedener Linsen, zwischen denen ich auswählen kann; sie stellen eine Verlängerung meiner Sinne dar. Wenn ich am Computer arbeite, achte ich auf das, was meine Augen sehen. Wenn ich telefoniere, verlagert sich meine Aufmerksamkeit, und ich höre mit meinen Ohren zu. Wenn ich meine Steuererklärung mache, wechsle ich zu einer ziemlich weltlichen, atheistischen Perspektive. Wenn ich mich mit jemandem über das Leben von Jesus unterhalte, betrachte ich die Realität durch eine christliche Linse. Wenn ich meditiere, übernehme ich eine buddhistische Sichtweise oder eine New-Age-Philosophie. Ich suche jede Linse danach aus, wie sehr sie mich in jenem Augenblick zu stärken vermag.

Wenn wir damit beginnen, die Wirklichkeit aus verschiedenen Blickwinkeln zu betrachten, besonders aus denjenigen, die sich zu widersprechen scheinen, dann kann es sich zunächst wie etwas anfühlen, das unmöglich ist. Wir verhalten uns wie ein Neugeborenes, das versucht, mit Licht, Geräuschen und Druck klarzukommen, und fühlen uns dabei überwältigt und frustriert, als würden wir unseren Geist mit sinnloser Information überfluten.

Haben Sie Geduld mit sich. Mit genügend Übung werden Sie schrittweise lernen, Datenmaterial, das aus verschiedenen Blickwinkeln stammt, zu einem einzigen, in sich stimmigen Bild zusammenzusetzen. Zunächst erfordert es eine beträchtliche bewusste Anstrengung, geistig zwischen den einzelnen Perspektiven hin und her zu springen und sich dabei zu fragen »Wie würde ein Buddhist diese Situation einschätzen?« oder »Wie würde ein Christ dieses Problem lösen?«

Irgendwann aber wird Ihr Unterbewusstsein gelernt haben, diese Fragen zu beantworten, und Sie werden anfangen, das große Bild wahrzunehmen, das aus den vielen verschiedenen Sichtweisen entsteht. Wenn dies geschieht, werden Sie eine neue Ebene der Klarheit betreten, wie ein Neugeborenes, das zum ersten Mal erkennt, dass dieses Etwas, das sich vor ihm bewegt, seine eigene Hand ist. Die erste Erkenntnis wird noch keine vollkommene Klarheit beinhalten, aber vielleicht werden Sie feststellen, dass einige Probleme, die Sie früher geplagt haben, nun viel einfacher zu lösen sind.

Damit wir uns mit dem Prinzip der Macht verbinden können, müssen wir uns von allen Sichtweisen trennen, die uns schwächen. Versuchen Sie die komplexen Zusam-

menhänge zu verstehen, die zwischen Ihrer finanziellen
Situation, Ihren religiösen und spirituellen Überzeugungen
und Ihrem gefühlsmäßigen Befinden bestehen. Die normalen kulturellen Erklärungsversuche ermöglichen nur ein
sehr ungenaues Verständnis dieser Zusammenhänge, wor-
aus klar wird, warum so viele Menschen finanzielle und
emotionale Probleme haben, anstatt genügend Energie in
ihre spirituelle Praxis zu stecken. Wenn wir die Verbindung
von mehreren Seiten aus betrachten, ist es leichter, das Ge-
samtbild zu erkennen. Ein solcher Panoramablick kann uns
helfen, eine praktische Lösung zu finden, die ohne große
Anstrengungen und Konflikte zu emotionaler Stabilität,
finanziellem Überfluss und einer tiefen spirituellen Entwicklung führt. Wenn Sie Ihre Probleme aus verschiedenen
philosophischen Blickwinkeln betrachten, stärken Sie sich
dadurch, und schließlich tauchen ganzheitliche Lösungen
auf. Sie sind jetzt in der Lage, Probleme zu lösen, die Sie
früher nicht lösen konnten.

Eine Möglichkeit, sich finanziell, emotional und spirituell ins Gleichgewicht zu bringen, besteht darin, unser Leben darauf auszurichten, was wir für andere tun. Wenn wir
uns darauf konzentrieren, einen echten Wert zu schaffen
und einen wirklichen Beitrag zu leisten, werden wir irgendwann Glück und Wohlstand manifestieren und das Gefühl
haben, etwas von Bedeutung zu tun. Aus der finanziellen
Perspektive betrachtet, scheint diese Lösung sinnvoll zu
sein. Aus dem emotionalen Blickwinkel funktioniert sie
ebenfalls. Und wenn wir sie spirituell bewerten, brauchen
wir ebenfalls keine Abstriche zu machen. Von allen verschiedenen Blickwinkeln aus gesehen, sticht uns die Effektivität dieser Lösung sofort ins Auge. Dennoch sind die
meisten von uns sozial nicht darauf konditioniert, an derart übergreifende Lösungen auf höchster Ebene zu denken,
da wir an Überzeugungen festhalten, die es uns unmöglich
machen, das größere Bild zu erkennen. Wir leben auf eine

Art und Weise, die uns davon abhält, unsere größten Probleme lösen zu können.

Eine gesunde spirituelle Praxis sollte flexibel genug sein, um uns in den weltlichen Lebensbereichen zu unterstützen, ohne dass wir diese in ihre Einzelteile aufspalten müssen. Unsere spirituellen Überzeugungen sollten es uns ermöglichen, unsere Rechnungen zu bezahlen, unsere Beziehungsprobleme zu lösen und uns emotional gut zu fühlen. Eine Vorgehensweise, die sich nicht am großen Bild orientiert, kann dies nicht erreichen. Die beste Lösung besteht darin, viele verschiedene Perspektiven einzunehmen, da wir uns dadurch mit Wahrheit, Liebe und Macht verbinden. Letztlich besteht die grundlegende Lösung all unserer Probleme darin, uns dauerhaft mit diesen Prinzipien zu verbinden. Indem wir von vielen Perspektiven ausgehen, erreichen wir eine stärkere Verbindung, als wenn wir uns nur auf eine einzige Sichtweise beschränken.

Wenn wir unsere Identität mit einer spirituellen Sichtweise gleichsetzen (zum Beispiel »Ich bin Christ«), dann ist das so, als würden wir unsere Augen verbinden und die Ohren verschließen. Eine solche Vorgehensweise schwächt unser spirituelles Wachstum. Lassen Sie derartige Begrenzungen los und befreien Sie sich von jeglicher festen Perspektive. Seien Sie offen und benutzen Sie Ihre spirituellen Sinne, besonders wenn Sie auf Informationen stoßen, die dem, was Ihnen zu glauben beigebracht worden ist, offenbar widersprechen.

Wie können wir unsere spirituelle Wahrnehmung gezielt vertiefen? Spüren Sie Menschen aus anderen Glaubenssystemen auf, die in irgendeiner Weise Kraft aus ihren Überzeugungen ziehen, und lernen Sie von ihnen. Finden Sie heraus, warum ein buddhistischer Mönch so ausgeglichen zu sein scheint, warum ein Sportler ein so hohes Niveau an Fitness aufrechterhalten kann oder

warum ein Milliardär in der Lage ist, sich an einem so
großen finanziellen Überfluss zu erfreuen. Lesen Sie die
Bücher, die solche Menschen geschrieben haben; treffen
Sie sie persönlich, wenn dies möglich ist, und finden Sie
heraus, was sie antreibt.

Im Rahmen derartiger Studien werden Sie erkennen,
dass bestimmte Perspektiven eher zu positiven Ergebnissen führen als andere. Wenn Sie es beispielsweise nicht
schaffen, regelmäßig zu meditieren, nehmen Sie die Wirklichkeit anders wahr als jemand, der dies täglich tut. Aber
indem Sie erfahren, wie diese Menschen die Welt sehen,
könnten Sie deren Überzeugungen dazu benutzen, Ihre
eigenen Resultate zu verbessern. Wie sehen diese Individuen bestimmte Dinge, und wie können Sie ihre Perspektive nutzen, um Ihre eigene Meditationspraxis zu verbessern? Was sehen diese Menschen, was Ihnen verborgen
bleibt? Welche Sinne gebrauchen sie, die Sie ignorieren?

Eine multispektrale Lebensphilosophie – d. h. eine Philosophie, die die Eindrücke verschiedener Sichtweisen
miteinander kombiniert – drückt das aus, was allgemein
als gesunder Menschenverstand betrachtet wird. Wenn
Ihre Überzeugungen nicht zu dem passen, was Ihr gesunder Menschenverstand Ihnen rät, sollten Sie Ihre Situation
vielleicht aus einem anderen Blickwinkel sehen. Dies ist
effektiver, als an begrenzten Vorstellungen festzuhalten,
die einem den Weg versperren. Ihr gesunder Menschenverstand hat wahrscheinlich Recht.

Wir alle neigen dazu, ängstlich zu sein und uns gegen
das Unbekannte zu sträuben, sodass die Vorstellung, Ihre
Überzeugungen flexibler zu gestalten, Sie an dieser Stelle
überfordern könnte. Werden Sie Ihren Sinn für sich selbst
verlieren? Könnten Sie sich völlig unmoralisch verhalten
und total abheben? Meiner Erfahrung nach sind diese Befürchtungen unbegründet. Wenn wir eine größere Fülle an
Wahrnehmungskanälen zulassen, stärken wir nur unsere

Macht, Entscheidungen zu treffen, die uns mit unseren höchsten Werten und Moralvorstellungen verbinden.

Der Sinn der spirituellen Entwicklung besteht darin, uns dabei zu helfen, bewusste und kraftvolle Entscheidungen treffen zu können. Verschwommene oder unvollständige Wahrnehmungen schränken unsere Fähigkeit dazu ein. Je mehr Eindrücke wir aufnehmen, desto bessere Entscheidungen werden wir treffen, und das hat eine positive Auswirkung auf alle, mit denen wir zu tun haben. Um den spirituellen Pfad stärker werden zu lassen, müssen wir offen bleiben und alle Blickwinkel mit einbeziehen. Immer wenn wir uns neuen Ideen verschließen, schneiden wir uns von unserer Verbindung mit der Macht ab, wodurch unsere spirituelle Praxis stark in Mitleidenschaft gezogen wird.

Spiritualität und Einssein

Da wir alle von Natur aus miteinander verbunden sind, beeinflussen wir uns ständig gegenseitig durch die spirituellen Entscheidungen, die wir treffen. Von daher ist unsere spirituelle Praxis nicht nur eine individuelle Angelegenheit, sondern hat auch eine kollektive Auswirkung.

Als ich 12 Jahre alt war, lernte ich einen anderen Jungen kennen, der Atheist war. Ich nahm an, dass er fehlgeleitet oder sogar irgendwie böse sein musste, denn mir war beigebracht worden, Nicht-Katholiken auf diese Weise zu beurteilen. Er glaubte nicht an Gott, daher dachte ich, etwas mit ihm sei furchtbar falsch gelaufen. Warum sonst wäre er wohl dazu verurteilt, für ewig in der Hölle zu schmoren? Als ich ihn jedoch besser kennen lernte, entdeckte ich zu meiner Überraschung, dass er ein sehr netter Mensch war, und wir blieben jahrelang miteinander befreundet. Sosehr ich auch suchte, ich fand keinen Beweis dafür, dass er böse war. Dies verwirrte mich, da es sich im Widerspruch mit dem befand, was mir mein ganzes Leben lang beigebracht worden war. Mein religiöser Glaube wollte, dass ich mich von diesem Jungen trennte, ich aber entschied mich dafür, mich mit der Liebe zu verbinden und den Kontakt zu ihm zu halten. Auf diese Weise machte ich einen wichtigen Schritt auf meinem spirituellen Wachstumspfad.

Viele ernste Konflikte in der Welt resultieren aus der Entscheidung, Glaubenssysteme aufrechtzuerhalten, die andere Menschen als unwert, verdorben oder böse darstellen. Wenn wir bewusst leben wollen, müssen wir solche Überzeugungen irgendwann aufgeben, da sie nicht mit Wahrheit, Liebe und Macht verknüpft sind. Die Gesundheit des Körpers ist nicht gewährleistet, wenn seine Zellen sich gegenseitig bekämpfen.

Unsere individuelle spirituelle Pflicht besteht darin, Überzeugungen zu haben, die dem Prinzip des Einsseins entsprechen. In dem Ausmaß, in dem wir diese Verpflichtung außer Acht lassen, schaden wir anderen, da wir dann nicht Einheit, sondern Getrenntheit lehren. Nur wenn wir alle uns auf persönlicher Ebene mit Wahrheit, Liebe und Macht verbinden, werden wir in der Lage sein, weltweiten Frieden herzustellen.

Spiritualität und Autorität

Das Prinzip der Autorität macht deutlich, dass es ein Fehler ist, die Kontrolle über das eigene spirituelle Leben an andere abzugeben. Sie müssen die höchste Autorität in Ihrem Leben sein – nicht Gott; und auch kein Guru, Meister oder Lehrer. Sie allein bestimmen, wohin Sie Ihre spirituelle Praxis führt. Sie können sich von anderen Menschen beraten lassen, aber vergessen Sie dabei niemals, dass Sie das Kommando haben. Ihre spirituelle Autorität können Sie an niemanden delegieren. Letztlich müssen Sie allein auf Ihre spirituelle Suche gehen.

Damit Ihre Überzeugungen auch mit Autorität verknüpft sein können, müssen es wirkliche Überzeugungen sein. Das bedeutet, sie müssen letztlich acht Kriterien erfüllen:

1. **Sie müssen korrekt sein.** Wirkliche Überzeugungen müssen mit Ihrer Beobachtung der Realität übereinstimmen. Sie dürfen nicht den Fakten widersprechen, die Sie als wahr erkannt haben.

2. **Sie müssen alles umfassen.** Damit Ihre Überzeugungen effektiv sein können, müssen sie Ihr gesamtes Erfahrungsfeld abdecken. Wenn Sie Erfahrungen machen, die außerhalb Ihrer Überzeugungen über die Wirklichkeit liegen, dann ist Ihr Glaubenssystem unvollständig, und einem unvollständigen Glaubenssystem kann niemals voll vertraut werden.

3. **Sie müssen flexibel sein.** Wirkliche Überzeugungen lassen sich gut auf neue Umstände anwenden. Sie bieten eine geeignete Führung, und zwar unabhängig von unserem Beruf, unserer Einkommenshöhe, unserer Beziehungssituation, unserem Lebensstil und so weiter.

4. **Sie müssen ethisch sein.** Es ist niemals effektiv, Überzeugungen anzunehmen, die dazu führen, dass Sie sich selbst oder anderen Schaden zufügen. Solche Vorstellungen wurzeln in Angst und Unwissenheit. Wirkliche

Überzeugungen ermutigen weder zu Gewalt noch zu Unehrlichkeit.

5. **Sie müssen miteinander übereinstimmen.** Entweder Ihre Überzeugungen stimmen untereinander überein, oder Sie haben eine klare Methode gefunden, um Unstimmigkeiten zu lösen.

6. **Sie müssen bewusst gewählt sein.** Wir erben einen Grundstock an Überzeugungen durch unsere Erziehung und durch soziale Konditionierung. Aber als voll bewusste Erwachsene sollten wir diese Überzeugungen erneut eingehend untersuchen, und je nach Charakter gezielt verändern oder beibehalten. Hierbei handelt es sich um einen permanenten Prozess, der Jahre dauern kann, wenn nicht sogar ein ganzes Leben lang.

7. **Sie müssen das Positive stärken und/oder das Negative schwächen.** Wirkliche Überzeugungen müssen uns ein gutes Gefühl geben, entweder weil durch sie unser emotionaler Grundzustand angehoben wird oder, als Nebeneffekt, weil wir die Ergebnisse erzielen, die wir uns wünschen.

8. **Sie müssen uns innerlich stärken.** Ihre Überzeugungen sollten Ihnen erlauben, mit allem zu experimentieren, was technisch möglich ist; sie sollten niemals das Mögliche als unmöglich hinstellen. Unabhängig von ethischen und moralischen Erörterungen sollten Ihre Überzeugungen Ihre Fähigkeiten nicht

über Gebühr begrenzen. Wenn Sie glauben,
dass etwas für Sie unmöglich ist, dann muss es
auch wirklich unmöglich sein, nicht nur in
Ihrem eigenen Denken. Wenn dagegen, wie
beim Placebo-Effekt, ein mentaler Einstellungs-
wechsel zu einer Änderung Ihrer Fähigkeiten
führen würde, dann ist Ihre Überzeugung
sowohl schwächend als auch unkorrekt.

Nehmen Sie sich einen Moment Zeit, und schreiben Sie auf,
was Sie gegenwärtig über die Wirklichkeit denken. Was
glauben Sie, entspricht der Wahrheit in Bezug auf Ihre Gesundheit, Ihren Beruf, Ihre Beziehungen, Ihre finanzielle
Situation, Ihre Spiritualität und so weiter? Gehen Sie dann
die acht Kriterien durch, um festzustellen, ob Ihre Überzeugungen ihnen standhalten können. Wenn Ihnen das
Ergebnis nicht gefällt, sollten Sie neue Grundsätze aufstel-
len, um die alten zu ersetzen. Denken Sie daran, dass es
sich bei Ihren Überzeugungen nicht bloß um Beobachtungen der Realität handelt, sondern dass sie auch Ihre
Wirklichkeit formen und definieren. Viele Gedanken, die
Ihnen sehr wichtig sind, offenbaren vielleicht versteckte
Falschheiten, sobald Sie anfangen, sich die Alternativen
vor Augen zu führen.

Spiritualität und Mut

Heutzutage braucht es Mut, für sich selbst zu denken, anstatt einfach nur das zu schlucken, was andere uns glauben
machen wollen. Es liegt an Ihnen, ob Sie immer dem Pfad
des Herzens folgen möchten, wo auch immer er hinführen
mag – und unabhängig davon, wie andere deswegen über
Sie denken. Letztlich ist Ihre spirituelle Praxis Ihre persönliche Sache. Sie müssen sich bewusst für sie entscheiden.

Während Sie auf Ihrem einzigartigen spirituellen Pfad voranschreiten, erleben Sie vielleicht Phasen, in denen Sie für mehrere Wochen oder noch länger ziemlich verwirrt sind. In solchen Zeiten fühlen Sie sich vielleicht völlig abgeschnitten von allem. Die Wirklichkeit macht für Sie auf einmal kaum noch Sinn, und Sie fangen an, alles in Frage zu stellen.

Diese *dunkle Nacht der Seele* ist eine Zeit massiver geistiger Umstrukturierung. Unser Geist befasst sich dabei noch einmal mit seinem alten Realitätsmodell, bevor er den Sprung auf eine neue Ebene des Verstehens vollendet. Leider kann es eine Zeit geben, in der unsere alten Muster nicht mehr greifen, aber die neuen noch keine Gestalt angenommen haben. Dabei kann man sich extrem verunsichert fühlen. Sie können in dieser Phase nicht viel tun, sondern müssen sie einfach aushalten. Wenn Sie einen dieser Sprünge abgeschlossen haben, erreichen Sie zum Glück eine Phase unglaublicher Klarheit. Es ist, als wäre Ihr ganzer Geist auf eine neue Ebene der Wahrheit gehoben worden.

Ich erinnere mich daran, vor ein paar Jahren durch so eine Periode gegangen zu sein. Ich wollte meinen anspruchsvollen spirituellen Pfad mit der praktischen Handhabung meiner Firma abstimmen. Auf der einen Seite lag mir sehr viel daran, anderen Menschen beim Wachsen zu helfen. Auf der anderen Seite war ich ein erfolgreicher Unternehmer mit einer eigenen Firma. Mir fehlte jedoch eine übergreifende spirituelle Philosophie, die diese beiden Bereiche meines Lebens in einer Weise zusammenbrachte, die sich gut für mich anfühlte. Ich spürte einen inneren Konflikt zwischen dem Leiten einer Firma, mit der ich mein Einkommen erwirtschaftete, und meinem Wunsch, so vielen Menschen wie möglich selbstlos zu helfen. Mehrere Wochen lang war ich in innerer Dunkelheit und Unsicherheit gefangen. Irgendwann war ich dann aber in der Lage, eine neue grundlegende Ordnung zu erkennen, die mir vollkommen einleuchtete. Ich erkannte, dass wir alle Zellen des gleichen Körpers waren und dass die Gesundheit des Körpers von der Gesundheit seiner Zellen abhing. Dadurch wurde mir klar, dass ich, wenn ich anderen effektiv dienen wollte, auch sicherstellen musste, meine eigenen Bedürfnisse nicht außer Acht zu lassen, denn nur so war ich in der Lage, meine Arbeit fortzuführen.

Spiritualität und Intelligenz

Wenn unsere spirituelle Praxis wirklich authentisch sein soll, können wir sie nicht aufteilen. Wir können nicht für eine Stunde am Wochenende eine spirituelle Person sein und diesen Teil von uns wieder abstellen, wenn wir am Montagmorgen zur Arbeit gehen. Eine intelligente spirituelle Praxis ist holistisch. Sie integriert alle Lebensbereiche, einschließlich Beruf, Finanzen, Gesundheit und Beziehungen.

Entsprechend den Prinzipien von Wahrheit, Liebe und Macht wäre die höchste Ebene spiritueller Errungenschaft die vollkommene Verbindung mit diesen Prinzipien, was eine perfekte Intelligenz voraussetzt. Das höchste Ideal jedes vernünftigen spirituellen Pfades besteht darin, absolut wahrhaftig, absolut liebevoll und absolut machtvoll zu sein. Darüber hinaus erfordert es auch absolutes Einssein, absolute Autorität und absoluten Mut. Das höchste spirituelle Ziel besteht darin, danach zu streben, vollkommen mit diesen Prinzipien übereinzustimmen.

Da die Prinzipien der Wahrheit, Liebe und Macht universell sind, muss auch die spirituelle Praxis universell sein. Dies bedeutet, unsere spirituellen Überzeugungen müssen sich immer auf alles anwenden lassen, was wir gerade tun – und sei es das Ausfüllen der Steuererklärung. Wenn wir auf irgendeine Situation im Leben stoßen, auf die

unsere Sichtweisen nicht anwendbar sind, dann sind sie
nicht universell, d.h. sie können nicht auf Wahrheit, Liebe
und Macht ausgerichtet werden. Selbst wenn wir an so
etwas Weltliches wie Rasenmähen denken, können wir die
Werte Wahrheit, Liebe und Macht nutzen und uns von ihnen führen lassen. Alle anderen universellen spirituellen
Prinzipien müssen dieselben Kriterien erfüllen.

* * *

Wenn Sie die Möglichkeit, bewusste Entscheidungen treffen zu können, dafür nutzen, Ihr Leben stärker mit Wahrheit, Liebe und Macht zu verbinden, sind Ihre langfristigen
Ergebnisse spirituelle Weisheit und Frieden. Ihr Leben wird
von einem neuen Maß an Klarheit erfüllt sein, wenn alle
Teile anfangen, harmonisch zusammenzuarbeiten.

Unsere kollektive spirituelle Entwicklung wurzelt in
unserem gemeinsamen Interesse an Wahrheit, Liebe und
Macht. Diese Prinzipien führen uns sicher durch alle Herausforderungen des Lebens. Wenn es möglich wäre, dass
alle Menschen der Erde zusammenkämen und sich auf eine
einzige spirituelle Philosophie einigen würden, dann wäre
dies eine Philosophie, die die universellen Prinzipien der
Wahrheit, Liebe und Macht mit einschließt. Diese Ideale
leiten uns nicht nur als Menschen, sondern auch als spirituelle Wesen.

Nachwort

Mit meinem Buch *Das universelle Prinzip der Selbstentfaltung* möchte ich Ihnen helfen, sich mehr mit den grundlegenden Prinzipien der Wahrheit, Liebe und Macht zu verbinden (und darüber hinaus mit ihren Sekundärprinzipien). Wenn Ihre Gedanken und Taten wahrhaftig, liebevoll und stark sind, leben Sie bewusst und intelligent. Dies ist das Beste, was Sie als menschliches Wesen tun können.

Obwohl ich stark motiviert war, Ihnen die Ideen mitzuteilen, die ich in diesem Buch zusammengefasst habe, so ist dies auch ein Buch, das ich selbst unbedingt lesen wollte. Wenn ich die sieben Prinzipien aus Teil 1 befolge, läuft mein Leben reibungslos. Ich konzentriere mich auf meine Kreativität, diene anderen gerne und mit Erfolg, bin im Einklang mit dem Überfluss des Universums und fühle mich sehr glücklich und erfüllt. Wenn ich aber von diesem Pfad abkomme und anfange, gegen die Prinzipien zu verstoßen, wird mein Leben mühsam und anstrengend. Ich treffe falsche Entscheidungen, werde von Problemen und Hindernissen überwältigt, schalte in den Überlebensmodus um und fühle mich abgeschnitten und gestresst.

Wenn ich die Kernbotschaft dieses Buches zusammenfassen wollte, dann lautet sie einfach:

Suche die Wahrheit mit offenen Augen. Akzeptiere mutig das, was du entdeckt hast, und die Konsequenzen, die sich daraus ergeben. Verbanne Falschheit, Verleugnung und die Angst vor dem, was ist, aus deinem Leben. Mach die Wahrheit zu deinem Verbündeten, nicht zu deinem Feind. Dies ist nicht leicht, aber es ist richtig.

Drücke deine Liebe offen aus. Verbinde dich mit dir selbst und mit anderen, indem du dich auf die Verbindung einstimmst, die bereits existiert. Das Risiko, zurückgewiesen zu werden, verblasst im Angesicht der liebevollen Verbindungen, mit denen wir belohnt werden. Streck deine Hände aus, wenn du dich abgeschnitten fühlst, und verbinde dich mit einem anderen Menschen. Vergiss nie, dass du immer geliebt wirst.

Entwickle deine menschlichen Fähigkeiten und nutze deine Macht, indem du dem höchsten Wohle aller auf ehrenvolle Weise dienst. Falsche Macht korrumpiert, aber wahre Macht erhebt. Je mehr wir mit Wahrheit und Liebe im Einklang sind, desto besser können wir unsere Macht weise einsetzen. Es dient keinem, wenn du dich weigerst, dein Licht leuchten zu lassen.

Dein Pfad des Wachstums ist einzigartig. Benutze deinen Verstand und deine Gefühle, damit sie dich auf dem bewussten Weg der Wahrheit, Liebe und Macht führen. Wenn du deine Kreativität einbringst, anderen dienst und einen Beitrag zum Ganzen leistest, wird es dir an nichts mangeln. Das größte Geschenk, das du anderen machen kannst, besteht darin, dich in dem mitzuteilen, was du wirklich bist. Genieße den unglaublichen Prozess, den du als Mensch durchmachst. Akzeptiere, dass seine Höhen und Tiefen gleichermaßen wertvoll sind. Erkenne, dass dein größtes Leid deine größten Freuden offenbart. Teile anderen mit, was dich bewegt, und spüre, dass du nicht allein bist. Sei dankbar für die Zeit, die du auf der Erde verbringst.

Lebe bewusst.

Zusätzliche Informationsquellen

Auf den nachfolgenden Webseiten finden Sie zusätzliches (englischsprachiges) Material, das Ihnen bei Ihrem persönlichen Wachstum helfen kann:

Unterstützende Webseite zum Buch:
www.StevePavlina.com/smart
Nutzen Sie den freien Zugriff auf dieses zusätzliche Material, das Ihnen dabei hilft, die sieben Prinzipien in Ihrem Leben umzusetzen.

Steves Blog:
www. StevePavlina.com/blog
Weiterführende und vertiefende (häufig neu erscheinende) Artikel zum Thema »Das universelle Prinzip der Selbstentfaltung«.

Steves Hörprogramme:
www.StevePavlina.com/audio
Hören Sie sich kostenlose Hörprogramme (Podcasts) über verschiedene Themen im Bereich des persönlichen Wachstums an.

Diskussionsforen:
www. StevePavlina.com/forums
Kommunizieren Sie mit wachstumsorientierten Menschen auf der ganzen Welt und lassen Sie sich von einer unterstützenden Community bewusst lebender Menschen helfen.

Kontakt zu Steve:

www.StevePavlina.com/contact

Senden Sie Steve eine persönliche Mitteilung und geben Sie ihm ein Feedback zu diesem Buch.